第二の罪

ドイツ人であることの重荷

ラルフ・ジョルダーノ 著

永井清彦・片岡哲史・中島俊哉 訳

Die zweite Schuld
oder Von der Last
Deutscher zu sein

白水社

第二の罪

ドイツ人であることの重荷

ラルフ・ジョルダーノ
［著］
永井清彦／片岡哲史／中島俊哉
［訳］

白水社

罪なくして重荷を負わされた
息子、娘、孫たちに

第二の罪——ドイツ人であることの重荷

第二の罪●目次

自分がもっともドイツ的な獣のなかの一つであること、自分にとってドイツ的なものとは魚にとっての水のようなものであること、こういった生の要素から抜け出すことができないこと、そしてもし――水と魚の譬えをつづけるなら――自分がドイツ的なものという水から跳び出してしまえば、干からびた乾魚になってしまうこと、このことは承知している。根本のところではドイツ的なものが世界中のなによりも好きだし、自分の歓びでもあるのだ。そして私の胸はドイツ的な感情の書庫のようなものだ。

ハインリヒ・ハイネ

第二の罪？
序にかえて

1

一九四五年十月、ハンブルクでのこと。

二人の女性を連れた長身の中年男性がグリンデル通りで私の数歩先を歩いていた。突然、この男が連れに向かって「ユダヤ人め、なにもかもユダヤ人の奴らが悪いんだ」と身振り手振りをしながら大声で叫びだした。ただしこの男、数秒後には後悔するはめになった。というのは、私が背後からこいつの膝の後ろめがけ、エビのように身を丸めて肩から突っ込んでいったからだ。私の二倍は体重があろうかという男は地面に投げ出され、私は拳、歯、爪で攻めたてたので、男は連れにはお構いなしに飛ぶようにして逃げだしていった。ほとんど防戦しようともしなかった。

私にとっては画期的な出来事だった。この本のアイディアの生まれた瞬間だ。

ドイツでは一九四五年の九月まで、反ユダヤ主義がこの時のように、こんなに公然と口を開くことはなかった。この年の五月、ヒトラー・ドイツが降伏したとき、「ヒトラーを信奉していた国民的集団」(アレクサンダー、およびマルガレーテ・ミッチャーリヒ夫妻共著『哀しむ能力のないこと』)は、「われわれは決してナチスだったことはない」と叫びながら空中分解したのだった。国民全体に広がっていたこの集団的な嘘は、あまりにもみえみえであり、またとなく卑劣であり、ぞっとするほどみなの口が揃っていた。だから、こうした印象は最高に物忘れしやすい人間にも永遠に刻み込まれたかのようだった。暫くの間、当時のドイツにはヒトラー反対者だけしかいなかった――不安からである。良心の呵責の論理に従って、人間性を奪われた自らの心理状態は勝った敵と同様だと考えるほかなかったのである。目には目、歯には歯であろうか。周辺のドイツ人について道徳的にもっとも打ちのめされるような経験を私がしたのは、解放までの間ではなく、こうした不誠実、卑怯、追従を見せつけられた解放後の何か月かであった。第三帝国のかつての信奉者、支持者、ホラ吹き、受益者そして同調者たちが、当時どんな振る舞いをしていたことか――このことを息子、娘、孫の世代は知っておくべきであろう。一九四五年の春から秋にかけての間に見られた自画像ほどに不快なものは、人類史上かつて例がない。

ところが、ナチズムにぴったりと身を合わせていたために厳しい報復を受けることになるのを案じていた大衆が、旧約聖書風に復讐される不安は主として幻想の産物だ、ということに気がついたのだ。とくにイギリス、アメリカ、フランスに占領されていた三つの占領地域、後に西ドイツになる西側占領地域ではこのことが確かに当てはまる。東側のソ連占領地域では酷いことが起こっていたが、だからといって、一九四一年から四四年にかけて自国に攻め込んできたドイツの侵入者の例にならってソ連占領軍が「目には目を、歯に歯を」のモットーを適用したなどと言おうとしているわけではない。もしそうなら、大変なことになっていただろう。

一九四五年の十月には、そんな状態ではなくなっていた。報復されるというショックが見当はずれとわかって、それへの反動が爆発したのだ。確かにハンブルクのあの反ユダヤ主義者は、私の近くに居合わせるという偶然に気付いていなかったのだが、しかしナチズム支持を公然と口にすることに対して、みなが私のように反応したわけではなかったろう。ともあれ、グリンデル通りでのことは悪い徴候だった。多分ヒトラーは軍事面では敗れていたが、イデオロギーの面ではそうではなかったのだ。

第二の罪が姿を現してかけていた。

2

第二の罪というからには**第一の罪**がなくてはならない——この場合はヒトラーの下でのドイツ人の罪のことだ。そして、**第二の罪**とは、一九四五年のあとになって第一の罪を心理的に抑圧し、否定したことだ。今日に至るまでこれが西ドイツの政治文化の本質的な特徴の一つで、この負債はこれからもずっとかかえていかねばならないだろう。というのは、これは単なる言い回しの問題でも、ひっそりと人目に付かない場でのことでもないからだ。それどころか、第二の罪はドイツ第二民主制、つまり西ドイツ社会の体内に深く入り込んでいる。その中心はこの本でいう「犯人たちとの大いなる和解」であって、国の法律によったり、西ドイツ発足最初の十年間に彼らを社会的・政治的・経済的に社会に組み入れ、犯人たちを平然と恩赦したことがそれだ。また、この本の最初の一頁から最後の一頁までを貫いている赤い糸ともいうべき二つ目のキーワードは「人間としての方向性の喪失」で、かつてのドイツ帝国時代の歴史から現代に至るまで作用している欠陥である。「犯人たちとの大いなる和解」と「人間としての方向性の喪失」の二つのキーワードは互いに関連し合い、私の観察の基礎となっている。

主としてドイツ連邦共和国（西ドイツ）を対象とするが、第二の罪はドイツ民主共和国（東ドイツ）でも見られるので、一つの章はこれに当ててある。

主なテーマとなるのは、こんにち中高年となっている世代の大部分が犯した歴史的な決定の誤りだ。これはナチスの過去とそのなかでの自分の役割について正直に対決しようとせず、重苦しい記憶を振りはらい、自ら経験し共に担ってきた国民史のなかの、面目まるつぶれの一章から脱出をはかろうとしてきたことをいう。西ドイツのすべての政党政治家の多くがその共犯で、彼らは選挙民の票を集めたいばかりに、ヒトラーを信奉していた国民的集団がナチスの過去を心理的に抑圧・否定することに大いに迎合し第二の罪に加担したのだ。

罪といった、人をいきり立たせるような言葉はこの国では御法度なのに、本書ではこの言葉をのっけから断固として使うことにする。過去の記憶を心理的に抑圧している人びと、かれらの票を集めることに汲々としている政治家は、大目に見るという念入りに編んだ網をもう四十年も社会にかけているのだが、罪という言葉をもちだしたりするのは、この網の目に逆らうことだし、『西ドイツ・政治作法の書』などという本が書かれることがあるとしても、これにしっくりとくるテーマではない。本書ではそういう悪しき習慣をほとんど考慮していないことに、読者はすぐにお気付きになるだろう。

この本が**非難攻撃**の書であるという異議がでたとしても、私は反論しない。ただ、**私個人**が非難攻撃しているというのであれば、反論する。このテーマにとって非難攻撃はごく自然なことであり、しかも道徳的なカテゴリーだけではなく、かつて例のない規模の、血と現実の背景——アウシュヴィッツと、これが象徴し、具体化していることのすべてが問題なのだ。個人的なことを付け加えるのは余計だというだけでなく、不遜である。歴史の審判に個人が付け加えるべきことはもはやなにもない。審判は下りてしまっている。

ナチスの時代に関連する罪をテーマにすることは、すべて思い上がりであり偽善的だ、と疑ってかかる態度が西ドイツに定着している。**非難攻撃**に対するこのような独特のアレルギーの背後には、罪の問題をジャーナリズムで扱うことを頭から誹謗しようという意図が隠されている。西ドイツ社会一般の意識は、罪への不安でパニックに襲われたようになってきたし、今でもその傾向はある。こうしてその罪への不安が人びとを威嚇する見事な処方を発見したのだ。それだけに、この処方に抵抗し、父母と祖父母の世代が自分たちの行動を正当化しようという強迫観念で自分の息子、娘、孫たちを悩ませなくなるのはいつのことか、と問うのは一層重要だ。それは、この世代が生物としての終わりを迎えたときなのか。それにはまだ二十年もかかるだろう。それまでの間に、罪なくして重荷を負わされている後の世代が歴史、政治、道徳をみる目はたっぷりと歪められていることになる。

非難攻撃は、思い上がりなのか偽善なのか。いまでは年老い、中年になっている人びとが執拗に心理的抑圧行為をつづけているため、彼ら自身の子や孫が落ち込んでいる暗闇——私が望んでいるのはこのなかに少々光を当ててみよう、というだけのことだ。あの時代に追随した連中、だめな連中の生き残りを非難攻撃してみたところでもうなんの役にも立ちはしない。罪を**解明する**ため罪を**取り扱う**こと、これがこの本の基調である。これを書くに当たって謝辞を述べておくべきものはあるが、さして重要なものはほとんどない。

ドイツ人であることの重荷。

度し難さ、心理的抑圧、否定は間もなく、一九四五年十月のあの日のハンブルクのグリンデル通りでのようにプリミティブな形をとらなくなり、もっと隠微で戦術的に振る舞うようになっていきはしたものの、第二の罪が始まったのは第一の罪の直後だった。四十年間の経験をたっぷりと踏まえた今、第二次世界大戦後に年老い、中年になっている世代の大多数を動かしてきたのは、自らをさらけだすことへの不安からくる頑固な拒絶であって、子供たちの幸福ではなかったといえる。もちろん彼らはこうした結論を自分たちの歴史の判断の誤りと重ね合わせようとはしない。拒絶からうまれる結果を主観的に意識しないこととは別にして、客観的にはこれが結果になっていった。

このために両親、祖父母たちは、驚くべき忍耐で「マスク」とでもいったらいいものを自分たちの顔につけていた。自己防衛のため、明かすことを許されたところ**だけ**が見えるようになっているが、この部分はほんの少しだった。その他の、より大きい部分は一九四五年以降、子供や孫たちの目の前から術策を弄して隠されてきた。何百万もの人びとがこのマスクを付けたまま葬られていった。

ヒトラーのもとではマスクのないこの顔がはっきり見えていた。当時多くの人びとが本当に考え感じていたことは顔の表情にあらわれていた。演出されたわけでもないのに、ヒトラーに我を忘れている、まさしくヒスリックな大衆の様子——これをまざまざと見せつけてくれる、きわめて印象的な写真・映画の記録が残されている。しかし、あのころ喝采を叫んでいた人びとが、あんなに心を奪われていたことの原因・本質・内容をどう受け取ったのか、これについてのちに告白したものはほとんどない。ナチズムの成功、偉大な民族の体内で狂気の観念が成功したことを細部にわたって正確かつ包括的、そしてまた深く掘り下げて説明できるのは、かつてのヒトラーを信奉していた人たちの巨大な集団をおいてほかにない。ただし、かれらが口を割るとしての話だが、じっさいには口を割ることなく、ドイツ人がナチズムに感染したことの由来やその状態を究明する唯一のチャンスを逃してしまった。そうしていれば自分のためにも後世の幸福のためにもなっていたのだが。

トーマス・マンは一九四四年七月十七日、カリフォルニアのパシフィック・パリセードで次のようなことを日記に書いている。

「ナチズムが熱狂的で火花をとばすような革命であり、信仰と感激との大掛かりな精神的投資を伴うドイツの民衆運動だったことを忘れてはならない。このことについて言い逃れをしてはならない。」

これが真実であって、ほかのすべては嘘だ、私は目撃者としてそう言う。一部を残して融合は完全であり、これといささかでも匹敵するほどに指導者と民衆がアマルガム状になった例はドイツ史上、他にない。人間としての方向性をすっかり喪失したからこそ可能だったのだ。

ヒトラーの世代、つまり年齢からして第三帝国に責任があった人びと、そしてこの意味での責任はなくても、第三帝国から人並み以上に精神形成上の影響を受けているナチス小国民団、ヒトラー・ユーゲントの一員だった人びと――かれらはいつの日か死に去ってしまう。しかし、過去を否定し抑圧する多数派は、かれらの大嘘によって後に続く西ドイツ社会に影響を与えることに成功した。これを生み続ける母体は健在だ……。

ナチスの指導層と当時のドイツ国民とがあれほどまでに心を通わせ合ったのはなぜだったのか――この研究を成功させなくてはならない。市民的自由と人権が一切禁止され、政治的信条、あるいは人種のせいで迫害され、何百万人もが虫けらのように殺害されていったのに、多数派にとってはこの時代が「こんなに素敵」「こんなに感動的」だった（飲み屋の常連の会話。テレビの画面から）のはなぜなのか――われわれはこれを究明しなくてはならない。

当時のドイツ人が「万歳《ハイル》、万歳《ハイル》」の叫び声で喉をからし、恐るべき努力を傾けて犠牲をだしていったのはなぜなのかを探求しなければならない。一言でいって、人間としてのこういう方向性の喪失はどうしておこったのか、二十世紀も終わろうとしている今日までこれが第二の罪と一緒に伝染病のように生き延びられたのはなぜなのか、を探りださねばならない。状況は決して「素敵」でも「感動的」でもなかったから（ずっと後になってみずからこう告白した人がいたが）、彼らがそう感じたのは当時のドイツ人の状態に関わっているのだろう。まさにこうした状態と国家の中で制度化されたナチズムとが内面で絡みあっていたことを解明すること——当事者やその後継者たちにとってこれがたとえどんなに痛みを伴うものであり、暴露的で屈辱的なことではあっても、これなしには第三帝国の歴史の真実を認識することはできない。

そのための手段が第二の罪の分析である。一九四五年以後になって、ナチスの時代には「圧力を受けて」行動してきたのだと言い続けてきた人びとの行動を辿ってみなくてはならない。しかし同時に第三帝国の没落後、ナチスの時代がもっていた結合作用がどれほど深いものであったかがおのずと明らかになり、「圧力」を口実にすることはできなくなった。なにか隠しきれないものが現れてきた——機会主義、責任の回避、自ら関わりがあったのだと感じる能力のなさであり、これらはヒトラーによる一九三三年政権獲得、そして熱狂的な勝利がどのようにして可能だったかも説明している——第二の罪は第一の罪の裏返しなのだ。

というのは、条件がどうであれ、第三帝国とその前の時代に精神形成をした世代は、民主主義体制下の後継国家においても同じ規範に従って行動しているからだ。

3

長らく観察してみた結果、あの頃に生まれた多くの人びとが道徳的に根本から再生することを希望するのは、現実の誤認であり、誤った期待だと判った。彼らはナチズムとの関係があまりにも深く、ナチズムと同一化していた結果、人間としての核心の部分をすっかり破壊されてしまっているので、これにケリがつけられなくなっていた。経験の教えるところでは、彼らは自分自身にも他人にも、ことに隣人に対して誠実である能力を欠いている。

だがこれは、一九四五年後の心理的抑圧が画一的だったということを意味しない。その抑圧のパターンは、古いナチズムの狂信に不安げに固執したり、自分の考えを述べ伝えられない弱さ、共犯関係を意識的に継続し、組織的に贖罪の意思を示さないようにすること、さらには重度ないしは最重度の鬱状態にまで及ぶ。もちろんかつての国家社会主義者も時間の経過とともに学ぶところがあり、ナチズムに誘惑されたこと、そしてそのことからくる行動に悩んできた。しかしかつてのヒトラー信奉者は、行動の面ではさまざまではあっても、積極的にナチスと係わりのあった十二年の年月について沈黙するという点では多くの場合に共通していたし、集団での行動だったのだ、と厳密かつ首尾一貫して主張することが今日に至るまで極めて否定的な効果を及ぼしている。

第二の罪の担い手がファナティックなナチスの宣伝家で、口からアジテーションの泡を飛ばしているような人物だ、と考えるのはまったくの見当外れだ。相変わらずこういう手合いがいることは事実だが、そういうのはここで問題にしようとしている大衆の典型ではない。大抵は州議会、国会選挙のときに真面目に投票する人たちで、政治は自分の生活では比較的小さな役割しか果たしていない、と主張するのだが、これは嘘ではない。それはそのとおりなのだが、ハーケンクロイツ（鉤十字《カギ》）のもとで史上例のない政治的な動員をされたのも、これと同じ人たちだった――ないしはまだ生きているのだから、同じ人たちだ、と現在形でいってもいい。「日常のナチズム」の怖いところは、その信奉者がまさしく正常であることなのだ。

西ドイツの最初の何十年かを支え、いまも影響力をもっているこういう世代の自己防衛の楯の背後に、ナチズムの過去から身を守る化石化した組織ができあがっている。この組織からは憂慮すべきものが多く生まれているが、その一つはナチスを真似る若い世代で、彼らはナチズムとその犯罪に対して法の上でも事実としても罪がないことを根拠に、議会制民主主義に対して敬意を払おうとしない。こうしたグループは今までのところ力がないが、自分たちが範としていることについての歴史的知識がまるでなく、極右の巧妙な旧ナチたちよりはるかに過激で危険好きな行動をとる。

第二の罪の担い手に正面から立ち向かっていくと、ふつうは抑圧し否定するテーマについて真面目に話すことを避ける。もちろん状況次第で、こういうしぶとい人物が一人だけのときに出くわすと、面白いことが見てとれる。つまり一人だけだと、不動の確信をもって自説を擁護するわけではなく、腰が定まらない。二人だけでの討論、という条件で「かってはナチだった」という人たちとも若いネオ・ナチとも何度か話してみたが、自分の立場を説明するのに大いに弱っていた。ところが、意見が同じ連中だけになると、様子は一転する。数が多ければ多いほど、一人一人は大胆になる。孤立しているときは弱いだけでなく、分別さえ見せる。しかし、群れになると、雄が雌にみせるような威圧行動に身を隠してしまい、守られているように感じるのだ――多分、常連客のテーブルで気炎を上げている連中の惨めな秘密の一つだろう。

西ドイツではナチスの遺産ははっきりと違う二つの方法で扱われる——ひとつは民衆の意見の一部、「飲み屋の常連客のテーブル」での大声の議論、もう一つは公の場での意見、つまり新聞、雑誌、ラジオ、テレビである。この二つの意見の対立は大きい。メディアの方はたえずナチスの時代とその遺産について取り組み、それも通常は反ナチスの立場、ないしはけっしてナチス賛成の立場からではないが、民衆の意見の中心部分の方はこれに耳を傾けようとはせず、動じる様子がない。四部作のテレビ・シリーズ「ホロコースト」の効果のようなのは例外的で、むしろ痛み、同情、哀しみ、思いやりを示す水位計が動くことは西ドイツではきわめてまれだという見方を裏付ける。迫害された人びとの運命を一括して話題にするより、個人のレベルに還元するほうが分かりやすいことは、見やすい道理だ。にもかかわらず、現実をはっきり見せるドキュメンタリー・フィルムの惨劇に対する無感動が広がっているのは不思議なことだ。

ナチスの時代に関するすべての政治的・倫理的な根本問題では、公の場での意見と「民衆の声」との間にしばしば深淵が覗いている。その際、世代間の格差は周知のことで、年長者の方が不利な立場に立たされている。

活字メディアでは、何十年にもわたって反動的な見解の最悪の舞台となっている欄がある。「読者からの手紙」欄だが、ここに覗いているのは氷山の一角だけだ。担当の編集者たちが恥ずかしく思ったり、嫌悪感をもったりするものや、また匿名のものは公表しないという原則のために、大抵は印刷されないからだ。このところ、そういう匿名の投書が減り、住所・氏名を明記したものが増えるという憂慮すべき傾向がある。八三年のコール保守政権への「転換」以来は、生まれつき臆病な手合いがそうしても危険ではなくなっていると信じるようになったからなのだ。(もちろん、以前も危険だったわけではない。

ただ転換以後にみられるようになった「新しい勇気」の民主主義理解には、そうしても危なくないという考えがみられる点、特徴的だ。)

自らが危険にさらされているということうした見方は、われわれの憲法に照らして時代に合わないようにみえる。しかしこれは、そういう人たちが国家に対して前民主的な関係をもっていることを証明している。ナチスの時代からずっと持ち続けている心のなかの警報器が、ドイツ第二共和制というまったく異なった社会的条件下でも作動しているのだ。

しぶとくナチスの考えのままでいる人びとよりはずっと広汎な層が、民主主義に不信の目を向け、これに距離を保っている。かれらは相変わらず議会主義はしっくりこないものと受けとめ、けっして自分自身の内面に取り入れようとはしない。ナチスの考えは、目立つ形ないしは攻撃的な形で彼らの心のなかに残されているのではない。残っているにしても控え目な形、ある意味では懐疑的な形での繰り越し勘定になっている。自分たちが担ぎ回っているものは、公の場では大声で口にしない方がいい、と感じている――自分との決着がついていないのだ。

ドイツ人であることの重荷だ。

4

この本は第三帝国に奉仕したり手先になった人びと、工業家、銀行家、軍人、外交官、軍需産業や党の指導者たちの責任を無視はしない。しかし彼らの問題よりはむしろ、「総統」の杖とも柱ともなった「小さな人びと」、「普段着の男女」、一民族の大多数を占める何百万の普通の人びとを取り上げる。一九四五年**以前**、ことにそれ**以後**の彼らの態度を話題にする。

公平を期すために言っておかねばならないのは、彼ら自身も息子、娘、孫だったことがあり、その親や祖父母も彼らに対して罪を犯している、ということだ。ドイツ帝国の歴史の深部から切り出した石でできた階段が一九三三年のはるか以前にできていて、これがヒトラーにおおいに役立ったのだ。ここで観察の中心になる世代は、今日では考えられもしないような方法で国家主義に予め汚染されていた。年齢からいって第三帝国に共同責任のある人びとの集団は、他の世代には例を見ないほど、今世紀の歴史に痛めつけられ、法外な要求をつきつけられている。

こうした中には、生きている間に五つの異なった政治体制を経験した人がいる。カイザーの帝制時代、ワイマール共和国、ヒトラーの第三帝国、それに西ドイツ、東ドイツの五つだ――たいていは東ドイツを経験してから西ドイツの順だが。

たしかにこの親や祖父母の世代は殴って回った、しかも四方八方とひどく殴り回ってきた。しかし、彼ら自身も殴られ、巻き上げられ、さまざまな負け方も経験してきた。それも酷い目に遇っているので、彼らの伝記を扱うとなると、否応なしに共感、同情、ときには彼らが耐えてきた前代未聞のことへの感嘆、驚嘆を禁じえなくなる。第二の罪の概念が当てはまる人びとの大多数は、単純な悪人というわけではなく、心の中の一種の羅針盤を失った人たちなのだ。

ここのところで、このテーマのもつ重要度は相対的なものだ、という点について一言いっておこう。ここでのテーマは、例えば世界の飢饉・貧困とか米ソ両超大国の危険きわまりない反目であるとか、気違いじみた軍備拡張とか、第三次の、つまりは最後の世界大戦の核の黙示録への恐怖のような、人類にとって焦眉の急である素材を扱っているわけではない。エコロジーの面からみて地球上の人類の生存はますます疑わしくなっていて、チェルノブイリの放射能雲はこれを象徴しているのだが、第二の罪というテーマはこの雲のようにわれわれの時代を脅かしているわけではない。アジア、アフリカ、ラテンアメリカの人口が驚異的に増加し、都市部ではますます過密化する中心部の周囲にスラム地域が年輪状に不断に広がっていき、農村は過疎化する――第二の罪というこの本のテーマはそれほどの迫力もなければ、それほどの規模でもない。

それに失業者が恒常的に二〇〇万を超えるぞっとするような状態が続き、今後の見通しも暗いという社会的破局、こういう国内問題の方が西ドイツの市民にはより切実だ。あるいはエイズ、これは自己保存とセックスという人間の二つの生の衝動を、予見できなかった形で互いに衝突させており、現代のペストともいえる。これも切実だ。

一般の意識の中では、これらはいずれも第二の罪以上の位置を占める。しかしながら、第二の罪は以上のような問題と二つの共通点がある。一つは長期にわたるという点、もう一つはこれについての発言が国際的な関心を呼ぶという点だ。

ローカル・ニュースの形をとるか、レーガン米大統領とコール首相のビットブルクでの失敗（訳注＝八五年五月、二人はビットブルクのドイツ兵の墓参をしようとしたが、ここにナチス親衛隊の兵士も埋葬されていたことから問題となった）の形をとるかはともかく、隠されていたナチスの過去が姿を現すと、不眠不休で目を光らせている敏感さの針が振れる。それも東ヨーロッパだけでのことではなく、北、南、西側のどこでもそうである。ヒトラーは軍事的には破れた、しかしイデオロギーの面ではそうではない、との結論を引き出せるときにはいつでも、ヨーロッパと世界との記憶力とが薄いベールの下から顔を出す。理解できることだし、歓迎すべきことでもあるが、それにしても時にはグロテスクなこともある。

第二の罪というのは大がかりな退却のプロセスだ、と私は固く信じている。それは、第一の罪の歴史的局面とはまったく異なる条件下にある。ナチズムとファシズムは今世紀前半の、ことを決定する大きな勢力だった。第二次世界大戦の反ヒトラー連合の勝利、そして戦後の崩壊はまったく新しい状況を作りだした。確かにかつてヒトラーを信奉していた国民的集団はドイツを分割した超大国同士の反目におおいに助けられはした。しかし、もはや古い意味での世界問題ではない。

第二の罪を討議するにあたっては、西ドイツが第二の一九三三年一月三十日（訳註＝ヒトラーの政権奪取の日）、ナチズムの再興の危険にさらされているかどうか、は問題ではない。むしろ、罪なくして生まれた息子、娘、孫たちに対する、罪を犯してしまった年長者たちの重大な犯罪が問題なのだ。祖父母、父母が返済しなかったものは息子、娘、孫の肩にかかってくるのだから、彼らこそ第二の罪の本来の犠牲者ということになる。

第二の罪は、国民全体の精神衛生の問題で、これが第二の罪によって見分けがつかぬまでに傷つけられているのだ。

5

ここで読者に私自身の立場をはっきりさせ、この本を書く動機を記しておこう。

一九三三年と四五年の間、私は大抵のドイツ人同様苦しい生活をおくっていた——母がユダヤ人だったから、ニュルンベルク法の対象とされ、私自身も家族にも災難がふりかかったが、これを基に『ベルティーニ家の人びと』という、迫害されるハンブルクの一家の小説を書くことになった。四十年間かけた作品だ。

これに対して一九四五年以後は大抵の人びとより楽な生活だった——私は「生き残った犠牲者」とい

うことになった。だれも私を非難するものはなく、反対に過去のせいで私は道徳的な意味で特権的な地位を与えられたのだ。多くの人に較べて、もっと有利なこともあった。偶然ユダヤ人の血をひいているので、ナチズムをありのままに観察し、始めからこれに断固として反対しやすかったからだ。

様々な目にあい、解放の暁にはドイツを離れようと固く決心していたのだが、実際に解放されてみるとこの地に踏み止まることになった。どうして残ったのかと問われるたびに、いつも答えてきたのは、迫害や、暴力で殺されたり拷問され強制労働をさせられることへの不安、そしてまた非合法的に生活していることによる恐怖のせいで私の心の中に刻み込まれた傷よりも、生まれた土地への愛着の方が大きかった、ということだ。この決断はいまでも変わらないし、撤回したこともない。ただ、第二の罪と対決する必要があったから、この決断には大変な重荷が伴ったことは告白しておかねばならない。

ただし私は、ナチス体制に迫害された側の人間でなければ、こういう本を書けない、などとは考えていない。まったく別の人生を歩んできた著者にだって同じように書けたかもしれない——げんにこの問題については何冊もの本が出ている。ナチズムとその遺産についての対決をするさい、年齢からいって自分自身の経験にもとづくわけにはいかず、ヒューマニズムと道徳性とに導かれて筆を走らせた文筆家も多い。

私としては、すでに簡単にスケッチした人生の一端を動機としているが、これは**一つの**動機にすぎない。もう一つ別の動機もある。

私は政治的な理由からの罪責と罪責感、それもハーケンクロイツの下での罪責と罪責感ではなく、「ハンマーと鎌」の下でのそれがあることを承知している。敵の敵——つまりナチスがユダヤ人に次いで憎み迫害していた共産主義者——は味方、と信じていたから、私は解放後まもなくハンブルクでドイツ共産党に入った。一九五七年、「この地球を人類にとってより住みやすくするために、私なりの寄与をする」という、入党とまったく同じ理由で脱党した。反ファシズムに深く関わっていた経歴そしてまた強力にアンガージュしていたことから、嘘を嘘として、非人間性を非人間性として認識し、誤った行動の決着をつけて、党を離れるまでに十一年もかかってしまった。

世界の没落の個人版のようでもあったが、一九四五年五月には外部勢力によって解放されたあとでの、まったく新しい自己解放の経験でもあった。自らの過ちを告白することが前提だった。ジャーナリストとしてまた党員として、スターリン時代とポスト・スターリン時代の最初のころについてはひとかけらの責任があった。それにケリをつけたかったし、つけねばならなかった。まずは本の形にしたが、これは一九六一年までかかって本心から書いたもので、有名な党歌の題を借用して『党はつねに正しい』という象徴的で皮肉なタイトルだった。幻滅した共産主義者の自伝ではない。スターリニズムが人間の心を捉え、政治的に搾取し、しばらくの間は放さないでいることに成功するが、やがてプロパガンダと現実の間の内面的矛盾からこの人間に背を向けられることになる――という、スターリニズムを解剖するためのものだった。他人には似たような過ちをさせたくない、というだけのつもりの仕事だった。

しかし、このように過ち、責任、罪を自分自身に対して告白することも同様に大切だった。そうしなければ私の人格、人生は偏ったものになって、個人としての人格発展を破壊していただろう。これらについて否定し、身構え、沈黙することは、知的な解体に通じるほかなく、将来の道を閉ざし、一切の創造力を窒息させ、なによりも人間的な尺度を取り戻すことを妨げていただろう。

私がより詳しく検討したいのはまさに最後の点についてだが、それというのも私がこの本で狙いをつけている人たちと私との息の詰まるような二つの類似点がここのところに見られるからだ。

最初の類似点は、**超父親への無批判な信仰**だ。というのは、ひとつの政治神、私の場合には**スターリン**という名の神に献身していたことや、そしてばかばかしいお笑い草、しかも人殺しに耽っていた、とのちに判明した、スターリンをめぐる個人崇拝のあらゆる問題を私は熟知していたからだ。

第二の点は、イデオロギーの立場から**人間性を分割すること**で、「自陣営」の非人間性については否定する一方、相手側については極度に目を光らせる。収容所列島と巨大な抑圧組織について絶えず示唆を受けていたのに、私はこれに従わず、こういう報道は「階級敵」の病的な産物だといって退け、「篤い信仰」に身を捧げていたのだが、これこそ私の公然たる敵も要求していたものだった。つまり、イデオロギーの盲目ぶりと現実を気の向くままに非現実化するそのメカニズム、これを私は自らの経験から熟知しているのだ。また、政治的過激主義の誤れる優越感も知っている。

こういう類比の仕方に反対する議論もよく承知している。いわく、共産主義者になるのはナチスになるのとは動機が違うのだから、両者の比較は、本来できないことをやっているのだ、とか、別々の方向に向かうのは動機がまったく異なるからだ、というのだ。また、ヒューマンな意図からナチスの組織に入ったためしはない、ところが、共産党に自発的に入るのはまさにこの規準からなのだ、しかも、かつて思い違いをしていて、党をはなれたあとで有名になった人もいて、これには著名な人物の名前を挙げることができる、というのだ。

こういう素朴な単純化に同調しようとは思わない。ただ私は一九四六年から五七年にかけて西ドイツの共産党員として活動していたが、その私にソ連の勢力圏内での出来事に対する共同責任があるとしても、このことは、ヒトラーのもとでの一人の平均的ドイツ人が祖国と見なした国家、世界史上最悪の犯罪をおかした国家に国民として包み込まれていったこととは事情が異なる、ということも明白だ。

しかし、ナチズムと共産主義というまったく異なった信条を対比することが正当か否かという論争より、政治的な過ちからどのような結論を導き出すべきか、つまりたとえ苦痛は伴っても認識と告白とによってこれを克服するのか、それとも心理的抑圧と否定とでこれに固執するのか、という問いのほうがより重要である。

しかし、まさにこれこそ第二の罪の本質なのだ。

ハンブルクの被害者の史伝小説『ベルティーニ家の人びと』を書いたことで、私には一般からの関心や同情が大いに寄せられた。しかし、第二の罪をジャーナリズムのうえで扱うことによって私は静かな小径を去り、「迫害と大量殺戮とはどのようにして起こったのか」という厄介な向かい風の吹く沖合へと漕ぎ出して、罪の研究にあたることになった。迫害を加えたのは誰だったのか、誰が手助けしたのか。ことに迫害を加えた者、犯人が**その後**どうなったのか。こういう問いに答えようとするのは、歓迎されることではない。

6

序章を締めくくるに当たって、もう一言いっておきたい。特殊な設問というものは、ある一つの断面を切り取ってみせる傾向が避けられず、常に複雑な現実の一つの局面に限定されてしまう——こういう必然的な危険についてである。

当然のことながら、西ドイツ国民がこぞって新旧のナチスもしくはナチスのなり損ないであるわけではない。年齢からいって第三帝国に責任のある世代に属している多くの人たちが、一九四五年以後に生物としての自然死をとげた。現在の国民の大半はナチスの時代にはまだ若くて責任を取る立場になかったか、第二次世界大戦のあとに生まれたかのいずれかだ。ドイツ第二民主制では強力な民主化の過程が進められていったこと、また他の点ではまったく意見の異なる人びともナチスの過去からの諸問題については大きく意見が一致していた――これを看過するわけにはいかない。毎年この国を訪れる数百万の外国人にとって、西ドイツのごく一般的な対外イメージとこの本のテーマとを直接具体的に結び付けることは困難だ。

この国はまことに注目に値する。一九八〇年代後半の西ドイツは、この国の人間にとっても外国人にとっても、他に例のないほど興味深くきわめて活発な社会だ。ドイツの歴史では前例のないくらい多様で自由だし、旅行にでるのに制約があるとすれば、財布と休暇とに限りがあるからというだけのこと。どのキオスク、書店を覗いてもありとあらゆる意見が溢れんばかりに見られるし、いろいろと批判はあるにせよテレビの画面からはいぜんとして毎週きちんとした番組がいくつか流れてくる。

西ドイツはタオルのような形をしていて東西の幅は狭く、人工密度は高くしかも分散しているが、自然は美しく、文化財、芸術品も数多い。よその国に住んでみて西ドイツほど快適な文明がないことを残念に思ったことのある人、**そういう人こそ**この国の文明の水準を高く評価する。ではこの国の人間はどうか。争いを好まない、という点は考えられないほどだ。まだある。東ドイツの同胞も含め、ドイツ人の平和を愛する心は、もしかすると他国の人びと以上に際立っていて、深く根ざしており、自明かもしれない。というのも、ヨーロッパの心臓部にあたるドイツというごくごく限られた土地に、最大の絶滅能力、つまり核兵器がひしめいているからだ。

弱者の手助けをしよう、という気持ちを見てとることも難しくはない。飢えや自然・戦争の破局の犠牲者に対して繰り返し巨額の寄付をするのも、キャンペーン風のところはあるが、単に自分は裕福だということからくる良心の痛みによるわけではない。それも一つの動機だが、しかしそれだけではない。テレビによる映像の氾濫に麻痺することなく、他人の困窮はいぜんとして今日のドイツ人の心に訴えかけるものをもっている。

だがしかし、西ドイツにはローマ神話のヤヌスのように二つの顔がある。というのは、外国人への反感、左右の過激主義、左右のテロリズム、そして左のテロリズムだけに反応する制度化された反過激主義も同時に見られるからだ。外から与えられた民主制を全方向に向かってたえず防御していなくてはならず、殊にはるか昔からの勢力や、年長者から中年以下の人びとの一部に伝達された昔からの考え方に対して身を守っていなくてはならない国なのだ。ドイツ第二民主制とその自由とは、一九四九年にはじまり未来永劫に自明のことなのではなく、絶えず脅かされている貴重品なのだ。

多くのことが変わった。そして、はるかに公正な生活感情をもった世代が育ってきていて、しかめっつらをした先輩連と違い、ゆとりのある外見からして好感が持てる。それなのに、一切がこうだというのに、西ドイツはできることならさっさと終わりにしてしまいたい過去にケリをつけることに困難を極めている。しかし……

「ドイツの指導的な政治家たちは戦後期は終わった、という希望を繰り返しているが、これは誤りだ。なぜなら、あんなにも多くの人間の生命と幸福を奪いさった過去から充分な結論を出したかどうかは、われわれだけで決めることではないからだ。」

一九六七年にでた『哀しむ能力のないこと』にこう書いたのはアレクサンダー、マルガレーテのミッチャーリヒ夫妻だ。この本はヒトラーのもとでの平均的ドイツ人、そして一九四五年以後の二十年の平均的ドイツ人の性格を辛辣に描写した古典的なもので、これからも何度も引用することになるだろう。

この本がでてからさらに二十年経ったいま、戦後期は終わってしまっているかもしれない。だが、ナチズムの遺産を避けて通り過ぎていこう、という試みは終わりになっていない。逆に、罪を心理的に抑圧・否定するのは長い間むしろ庶民の言葉だったのに、今では学者・インテリの論争家がナチスの時代を相対化し、軽視しようとかなりの大声を挙げている(これについては後述しよう)。

しかしこうした一切の努力も水の泡、決定的な無駄になるだろう。なぜならずっと後世になっても、人類が「千年王国」の問題を忘れない限り、この言葉は真実であることが証明されるはずだからだ。ただし、これを造語した人間が考えていたのとは違った意味でのことではある。これまでにジャーナリストがどんなに努力をしてきたとしても、怒り、哀しみ、そして希望のうちに書いた『第二の罪——ドイツ人であることの重荷』というこの本と同様、そうした努力はやっと緒についたばかりなのだ。

一九八七年八月　ハンブルクにて

ラルフ・ジョルダーノ

「他の連中だって罪を犯したのだ」

人間としての方向性の喪失について

ミッチャーリヒ夫妻は『哀しむ能力のないこと』のなかで、第三帝国の没落は破局的な出来事で、大部分のドイツ人たちが第三帝国などというのは矛盾した考えだ、と次第に思うようになっていたけれども、これが没落することには心の準備ができていなかった、と書いている。全能だという幻想をもっていたばかりに、現実にもとづいて未来を予見することができなかった、というのだ。戦争努力に総力をあげ、恐るべき犯罪を重ねていたために自尊心は妄想のように膨張し、自己愛がグロテスクなほどに育っていった、という二人の見方に照らしてみれば、自尊心が全面的に崩れさり、鬱病を引き起こす危険があったに違いない。だから人びとは、事実を心のなかで否定する作業によって、この危険を芽のうちに刈り取ってしまったのである。

この分析はこの本が書かれるまでの戦後二十年間のドイツ人の集団的行動を正確に描写している。しかも、その後の二十年に生きてきた人たちの行動も、いぜんとしてほとんど変わりがない。

否定作業は一九四五年とともに始まり、到るところで同じような表現をとっていた。互いに会ったこともないも知り合ったこともない何百万人、ドイツ中の人びとが、まるで同じ表現で罪を免れようとしていた。その勢いたるや大変なもので、当時伝染病のように広がっただけでなく、今でもほとんど変わることなく続いている。

私はこれを「集団的情動」と名づけた。「集団的」というのは、こうした情動が画一的である点が、過去のことを再処理するのではなく心理的に抑圧するという、大衆的な、いや国民的な基本感情――歴史の誤りもここからでたのだが――に対応しているからである。また「情動」と名づけるのは、突飛で、無反省で、最初の恐怖の時を克服できないでいる反応に関わるからである。罪を拒否することと同様に、これに対する集団的情動もまずは**恥**を出発点にしているのだろう。少なくともかつてのヒトラー信奉者たちの多くの場合はそうだろう。これはいわば**道徳的**反作用で、十二年のナチスの時代が残した灰のなかに埋没しきっていない人間的な火花を示唆している。しかし、ごく初期の段階ではそうだったのだが、自ら経験しそして参加してもいた時代の歴史との対決がそういう形でつづいていたら、心が石になる結果となってしまうのは避けられまい、というのは始めからはっきりしていた。げんにそうなったケースはあまりにも多い。

集団的情動は、ドイツ人の人間としての方向性の喪失ぶりをまざまざと現している。他の民族にはこれほどまでの規模の経験はない。こうした情動がどのように表現されてきたかは年長者には周知のことだろう。しかし年少の読者のために、この四十年間、罪を拒否するための表現の仕方がまるで変わっていないことを以下に繰り返しておこう。

これからその例を八つ掲げ、分析し、人間性の喪失ぶりを検討するが、これが完全なものであるというつもりはない。

●集団的情動　その1

「殺されたのは六〇〇万ではなかった、そうじゃなくて……」

このあとに、五〇〇万から数十万の数が続く――「アウシュヴィッツは嘘だ」という論者は別として。この情動を生む観念の世界では、第二次世界大戦中にドイツに占領されたヨーロッパでのユダヤ人のジェノサイドは単なる数、量の問題に還元されてしまう。その論理によると、殺されたユダヤ人の数が少なければ少ないほど、その分だけ心安らかでいられるというのだ。ナチスの犠牲者に対する心のつながりは一切ないから、絶滅そのものはなんら驚くことではない。当惑する場合があるとすれば、自分自身との関連で、こういう大量犯罪を犯した組織に仕え、信奉し、歓呼の声を挙げてきた、と告発されたときばかりだ。西ドイツの一般の人びとは、ソ連の軍民双方の捕虜やジンティ・ロマ（訳註＝ジプシーの自称）といった非ユダヤ人の犠牲者グループを殺害したことをいまだにほとんど意識していない。

「集団的情動その1」の傾向をもち、犠牲者の数を極小にする同じ人が、他のところでは逆にこれを極大にする。ただし、たとえば連合軍の空襲、とくにドレスデン空襲の死者の数を語る場合など、ドイツ人に関係するときに限られる。

一九四五年二月十三、四日のドレスデン空襲での死者は、公式には三万五〇〇〇となっている。しかし「ユダヤ人の最終的解決」の死者の数に疑いをはさむ人たちは、空襲の犠牲者は十二万から二十万だった、というのが普通だ。どちらの数字が当たっているかどうかはともかく、ナチスの犯罪に対しては石のように完全に心を閉ざし、その犠牲者の数を故意に引き下げようとしてそうはできないでいる人たち、あるいはまたナチスの犠牲者の数を少なくいい、軽視し、それどころか否定することを生きがいにしている、あらゆる世代の人びと——こういう連中はドイツ人の犠牲者数が低すぎると思うと怒り狂いだす。ただし、第二次世界大戦の終結が明らかに目前に迫っているのに、ドレスデンを空襲し焼きつくす軍事的必然性が一切なかったのはもちろんのことだ。「集団的情動その1」を信奉する人びとが本当に惨めなのは、ユダヤ人の死者は六〇〇万以下、ドレスデンの死者は三万五〇〇〇以上だ、と固執するところにある。

●集団的情動　その2
「しかしわれわれは何も知らなかったのだ!」

何のことをいっているのだろう、「何も知らなかった」とは何のことなのか。

アウシュヴィッツのこと、そしてこの地名が象徴し、具体化しているすべてのこと、つまり一九四一年から四五年の一連の大量殺人、ジェノサイドのことをいっているのだ。しかしナチスの犯罪的な性格というのは、なにもその絶滅機構とともに始まったわけではない。民主的な自由を廃止し、第一共和制を破壊する措置をとったときにすでに犯罪は始まり、かつての政敵の逮捕、拷問、殺害、強制収容所の設置、焚書、一九三三年四月のユダヤ人商店ボイコットと続いていった——ドイツ人ならだれもが知っていた事件だ。よくよく知っていていたから、一九三三年一月三十日のヒトラー政権奪取から間もない頃に、いわゆる「ドイツ人の眼差し」が始まっている。これは、顔見知りでなかった二人が出会うと、まずは相手が自分を強制収容所に送りはしないか、と探り合うことをいうのだ……。ニュルンベルクの人種法発布、ヒトラーがレーム一味を殺させたときのひどい残忍さ、帝国内のユダヤ人に対するかつてなく非道な迫害《ポグロム》である一九三八年十一月のいわゆる「帝国水晶の夜」――これらについては皆が知っていた。一九四〇、四一年からのユダヤ人移送は、全ドイツで、しかも白昼に行われたことだから、これも皆が知っていた。

「しかしわれわれは何も知らなかったのだ」という集団的情動は、ヒトラーの「権力奪取」から帝国治安本部の管轄下に絶滅機構が設立され、これによる大規模な殺人の実施が始まるまでの間、つまり一九三三年から四一年の間をいわば犯罪のなかった時期に仕立ててあげてしまう。この論法によると、この頃までの第三帝国は同時代の他の独裁的な社会と同じであり、このブルジョア文明社会を攻撃したり、これに対してレジスタンスをする動機は一切ないことになる。

ナチス国家の全犯罪がある一部の組織の仕業だったとか、一定の時期だけのことだったとかいう傾向は、今日まで続いている。この情動には、ナチズムが骨の髄まで犯罪的だったのだ、という意識が欠けていることを示している。一九三三年一月三十日からヨーロッパの「ユダヤ人問題の最終解決」が決定された一九四二年一月二十日までの九年間は、決して相対的に犯罪的だったのではない。ナチス国家における最高の制度化として機動部隊とホロコーストとの殺人機械を生み出した、絶対的に犯罪的な時期だったのだ。絶滅機構は、このナチス国家に総力を挙げて奉仕する国家機構の頂点に立っていた。

「しかしわれわれは何も知らなかったのだ」という集団的情動には多くの場合、これと双子の関係の、いわば下部情動があって、これは「そうはいってもどうすることもできなかったのだ」という言い方をする。

こういう反応には、いったい何に対してなのかと一切の悪気なしに尋ねることにしよう。「知らなかった」ことに対して、何をどうすることができなかった、というのだろうか。

こういったあやふやさは、罪を拒否する態度全体に内在している。

●集団的情動　その3

「強制収容所はドイツ人の発明ではない、かってブーア人と闘っていたころのイギリス人が発明したのだ……」

ごく身の回りの自分の国で起こった、全国民で責任を取るべき出来事については知らないと言い張る一方で、何千キロも離れた外国でのずっと昔の出来事については知っているのだ。妙な話だ。

●集団的情動　その4

「ヒトラーがやったのは悪いことだけじゃない、いいことだってあるんだ、例えばアウトバーンの建設のように……」

この情動はよく見受ける。ヒトラー・ドイツについての情報が完全に自由になって四十年経つというのに、ヒトラーは二人いた、とでもいわんばかりに「いい総統」と「悪い総統」、そしてアウシュヴィツのナチズムとアウトバーンのナチズム、の二分法が行われている。これは、アウトバーンがナチスの軍需計画・戦争準備計画の一部だったという意識が欠けているだけではない（「集団的情動その4」では、ナチスの時代の「歓喜力行団」の休暇船がしばしば取り上げられるが、これもすぐに部隊輸送船に模様替えされた）。相殺してはならないのに、それへの感受性も欠けている。この例は、心のなかでのヴァリエーションだが、心の外のそれもある。

●集団的情動　その5

「他の連中だって罪を犯したのだ。われわれだけじゃないさ！」

疑う余地のない、うちひしがれるような真相だ。そうではあっても、「集団的情動その5」の動機に賛成できない以上、この真相に拍手喝采するわけにもいかない。つまり、この動機の底にあるのは**すべての**犠牲者に対する哀れみの情ではなく、相殺し、心理的補償をしようという原則なのだ。ドイツ人も含めてのことだが、犠牲者は単に言い訳をしたいという願いを満たすための対象でしかなく、涙も涸らさずに死者を算えるときの——歓迎すべき——一単位でしかない。心の重荷を下ろそうという願いがまったく非人間的な形をとることもある。ドイツに無関係な大量虐殺には驚かないだけでなく、これを聞くと心が休まるのだ。ここまでくると人間としての方向性の喪失もある程度極まれりだ。だが、以下に述べるいくつかの集団的情動も似たようなものだ。

●集団的情動　その6

「ナチ犯を告訴するのをやめろ、ドイツの裁判所でナチス審理をするのをやめろ——一体だれが金を出しているんだ。」

ここには心の重荷を下ろしたいという個人的な願いが露骨に姿を見せている。刑法犯が赦免され、司法機関から文書で無罪の証明をされると、かつての同調者、下っ端の党員、「ハイル！」と叫びはしたが、手を血に染めなかった非ナチス党員たちはどんなにかホッとすることだろう。つまり、刑法に触れることはしなかったか、たいして責められる必要のない人びとの良心が休まるように、人殺しを免罪にしようというのだ。

自分の心の重荷を軽くするためにはどうするか、もっぱらこの視点から第三帝国の全殺人行為をみるのが、第二の罪なのだ。

免罪を求める声はナチ犯だけを対象としている。「集団的情動その6」の信奉者たちは、他の犯人グループ、例えばタクシー運転手殺し、風俗犯罪者、子供誘拐犯、それにもちろんのことだがテロリストに対しては処罰を求めるだけではなく、死刑の導入さえ要求する。

ところが、私自身の経験では「ナチ犯にも、死刑か」と問うと、見識のなさが露呈、なかには面くらった顔をする人がいる。死刑制度再導入を求める人びとは、このナチ犯グループをまったく除外している。かれらのことなどだれも考えてみなかったのだ。

●集団的情動　その7

「ヒトラーの下では秩序、規律があった。夜でも安心して外出できた。それなのに、いまは……」

こうなると、見識のなさも完璧だ。当時のドイツでは殺人が国の手で制度化され、たった一日、一時間のあいだに政治的・人種的理由で殺された人びとの数は、建国以来の西ドイツでの殺人の数（国とは関係のないことはいえ）より多い――このことは考えてもみないのだ。四十年前の価値観が相も変わらず続いている。こういうものの見方をする人びとには、強制収容所と絶滅の現実はいぜんとして関係がない。もろもろの集団的情動を総括してみると、あのころヒトラーが凱歌をあげたのは人びとのどんな態度と関係しているのかが判る。そしてこれが今も残っているのだ。

こうして指摘している集団的情動の最後のものの本質もここにある。

●集団的情動　その8

「もういい加減に忘れなくてはならない、もういい加減にケリをつけねば……」

この要求は一九四五年に私自身の耳で聞いたことがある。それは別として、この集団的情動を擁護する人こそ真の記憶の巨人なのだ。厄介なことがなさそうな場合には、一九三三年から四五年の間の個人生活、政治生活のあらゆる分野について素晴らしい記憶力を持っているのだ。ところが、不快、恥、罪責感にかかわりそうな一切の出来事に対しては記憶が消えてしまう。忘れるべきこと、そうでないこと、がきちんと分類されている。強制収容所とホロコースト――これは忘れる。ドイツ人への暴力行為、空襲――これは忘れない。どうにもしようのないときは、相殺原理を持ち出して、アウシュヴィッツを擁護する。

人間としての方向性の喪失は、以上の集団的激情のなかにきわめてはっきりと表現されているが、これだけに尽きるものではない。

苦しみは他人事だと受けとめて拒否し、これを拒否しつづけるために人間としての反応を長らく抑えつけていると、代償を求められることになる。自身の側の、ドイツ人の犠牲者の世界にも転移してくるのだ。というのは、ナチスの犠牲者の世界に内面的な関係を持てない人びとは、犠牲者一般に対してもそうなってしまう。しばしば話題になる爆弾や焼夷弾による犠牲者、前線での死者も含めてのことだ。この点についてミッチャーリヒ夫妻は次のように書いている。

「戦場や戦争末期に瓦礫の山となっていた都市で死んだ人びとたちも、たとえ栄光の思い出に包まれているにせよ、こうした非現実、脱現実化のヴェールのかげに隠されている。……われわれが戦死者を思い起こすのは、敬虔な気持からというよりは、罪を相殺するという意図からのような印象を受ける。そこでわれわれは、自国の側の同様な行い、例えば敵の都市を〈殲滅〉するという、手のつけられない脅迫よりも、連合軍の不注意ないしは破壊欲によるドイツの都市の——避けられるはずだった——破壊をありありと思い起こすのである。このように自分の方に加えられた破壊を一方的に遺憾とする態度は、心理的防御による自己防衛の典型である。自らの苦悩は原因・結果の因果関係から切り離されてしまう。これが疑問の余地のない不正行為であるにしても、これが不当だというのは、自己欺瞞である。」

六〇年代に書かれたものだが、この分析はみごとに的を得ており、いまでも有効だ。

罪を拒否するための集団的情動がいかにも根強いことは、あの世代の人びとが一九四五年以前の時代に深く組み込まれていたことを示している。もう一度繰り返すが、両者はまったく異なった国家・社会の条件下における同一の態度の反応なのだ。昨日までヒトラーを信奉していた国民的集団は、今日の民主主義体制下にあっても、ナチスの原型にあったように行動している。ここのところから集団的情動、第二の罪が生まれてくるのだ。これが赤裸々に示されている非人間性を見ると、ナチズムがかつてあれほどまでに成功できたのはなぜかがはっきりする。心理的抑圧・否定は、けっして第三帝国とその総統とを擁護しようとしているのではない。自分自身に対しても他人に対しても罪を告白しようとはしない自らの自我の問題である。ヒトラーの幻想的な理念とすっかり同一化したことからくる人間としての方向性の喪失は、ヒトラーの肉体が亡びて久しい今も続いている。こうした人間としての方向性の喪失は、ナチス国家とその歴史的先駆とが遺したこの上なく厄介な遺産なのだ。この点はのちに見よう。

これに該当する人の内面は、私的には人間的なままの半身、そして政治的には非人間的な半身——この二つにはっきりと分裂している。親戚だとか隣人、病人といった周囲の人びとを助けることを同情、心づかい、愛と同様に当然と考えている人たちが、同時にファナティックな政治的暴力理念に同意したのだが、その首尾一貫ぶりは前例がない。集団的情動の形をとっている一九四五年以後の罪の拒否が、こうした人格分裂と人間としての方向性喪失とを保存してきたのだ。この点についてミッチャーリヒ夫妻は次のように言う。

「国民の大部分は自分が〈関係はなかった〉と述べたてた。苦しい経験や罪責は自我のなかにおいて成熟に向けての進歩をもたらすことはなく、罪責の圧力のもとに考えを深めたり、自らの行動への幻滅に耐えることができるなどといった能力を動員することもない。そのかわりに、自我のエネルギーは心理的に抑圧したものの再生を防ぐことで手一杯なのだ。自我は記憶の隙間をうめず、ほぼもとのままの姿にとどまる。こうして自我は後退的となり、煩わされることなく過去を直視する能力を失うのである」。

そしてその代わりに、哀しむ能力を失うのだ。人間としての方向性の喪失を詩的な言葉で、そして現実に則して言い直したものがこれだ。

集団的情動の単純さ、いや素朴さ、はっきりと感じられる感受性のなさ——この情動を擁護する人びとと話しをしていると、大人を相手にしているのではなく、子供の行動様式を相手にしているのだ、という印象が自然に沸いてくる。この人たちは、普段の知性のレベルでは行動せず、はっきりと拒否・反抗の態度をみせるのだ。年齢不相応の反応様式は危険な誤謬を示している。しかし、一九四五年以後の大多数のドイツ人による罪と哀しみとの拒否は、幼稚な自己防衛だが、罪の舞台装置をみると、この血なまぐさい残酷さがけっして子供らしい性格のものではなく、本物だったということをはっきりと物語っている。

「こうした集団が熱狂して参加しなかったら、結果としては失敗に終わった侵略行動・根絶計画に着手することはできなかったはずだが、そのことがもたらした結果から子供っぽいやり方で責任を逃れようとする様子は、驚くべきものがある。このようにして過去を押さえつけようとする試みは、距離をおいて観察している人間にはグロテスクな印象を与える。こういうふうに観察している人びとはドイツ民族主義的なトーンに対して敏感過ぎるかもしれない。にもかかわらず、あまり考えのない子供っぽい行動、予期せぬ突然の出来事がありえないことではなく、個人の責任を解消してしまう服従行動がまたしてもドイツの政治になりうる、という不安をかきたてるのは、理解しうることであるに違いない。」

ミッチャーリヒ夫妻はこうもいっている。罪の出来事と罪に直面することとの間にある溝をみると憂鬱だし、危険でもある。このような心理的抑圧と否定とは、自由で偏見のない人格の発達を不可能にする、というのがいい過ぎなら、大いに妨げることになる、とはいってもいいだろう。このことを理解するのに心理学を学ぶ必要はない。精神が集団的に奇形化する、という推測はすぐにつく。自国史・国際史のすべてを決定する破局の頂点としてのナチズム、これと広く不断に関わりあい、その現実、結果との公けの対決をやめないこと――このために何百万のドイツ人が、はっきりとした意思に反して、本来は関わりたくない問題とたえず関わることを強制されてきた。

しかし救済を願う気持ちはかなえられず、過去の優勢はびくともしていない。重苦しい重圧から脱したい、との欲求はしだいに人生の憧れとなっていくが、これの実現を希望することは許されない。一番抵抗の少なそうに見える道さえ、一番の痛みを伴う道だということがはっきりする。もはや告白するか否定するか、の二者択一の段階ではなく、心理的に抑圧するのだとの最終的決定が下されていて、無数のドイツ人が展望のない状況に追い込まれている。人間としての方向性の喪失が全生涯をつうじてつきまとうのだ。相殺原理が自動的に心の苦しみを慰める働きをつづけ、どこかほかの所での不法行為、虐殺がヒトラーの下でのドイツ人の犯罪と関係づけられる。そして、毎日のように恐ろしいことがあらたに起こり、視覚を通じて伝えられるので、希望どおりの結果がより完全に得られることになる。つまり、ヒトラーが死んだ後になっても平和のない世界で暴力がインフレ現象を起こしていることが、ドイツの国家犯罪と行政機関による大量殺人に蓋をしてしまうのだ。

しかし気持ちが軽くなるのは見かけだけにすぎない。人間としての方向性の喪失には独自の法則があり、心の苦しみがこじれて悲劇になることがしばしばある。しかし反対の例もある。誠実さによって自己を解放し、見かけばかりは痛みが少ない道を回避し、心理的葛藤を伴う自己告白を選び、これを自分の子供たちに伝え、過去を拒否することの上に成り立っている権威的立場を解体することだ。これらはすべて、自由な会話と自由な考えとを可能にする新たな、より確固としたアイデンティティと結びついている。

ときには予期しない魂の救済が起こることもある。そうなるとダムが決壊し、何年もいや何十年も溜まっていた苦悩が爆発したように流出する。例えば、罪の赦免のことなど考えてもいないのに、まったく偶然の機会に生き残っているナチスの迫害の犠牲者に対して、堰をきったように話しかけるような場合だ。こういうケースを私は何度も経験したことがある。演技じみたところがなく、一気に痙攣がとまったようになり、自分自身への驚きをどうしていいか分からず、判ってもらえたことへの感謝の気持ちに満たされる——これらが互いに豊かにし合うことになる。根本のところに罪責感を抱えている人間が、あらかじめ仕組まれたわけでも計画されていたわけでもないのに、まったく偶然の出会いから告白をはじめること——一九四五年の解放の後、これほどまでに私の魂をゆさぶり、大きな意味のあったことは他にほとんどない。

人間としての方向性の喪失は強力な伝統があるにせよ、修正できないものではない。そしてこれは一九三三年になって始まったわけではないのだ。

ドイツ帝国一八七一—一九四五への訣別

人間としての方向性の喪失の歴史

人間としての方向性の喪失は、一八七一年のドイツ帝国誕生の深部に根をはっている。第三帝国に責任を負う世代を正当に評価するには、その前史を知らないですますわけにはいかない。彼らは延長線上にあり、組織的な脱人間化は彼らのところで始まったわけではない。

権力の座を目指しているときも、そして政権奪取後も、ナチズムは伝統的な行動様式に頼ることができた。それは、たとえば命令と服従、臣下意識とお上への隷従、大いに自己目的としての性格をもつ義務についての考え方——こうしたものに慣れている行動様式で、一言でいえばヒエラルキーの色彩の濃い前史に頼ることができたのだ。権威主義に彩られたこうした秩序の例は、夫や父親の像が圧倒的な力を持っている悪名高いドイツの平均的家庭での支配関係に忠実に反映されている。これらや他の類似の要因がナチズムを助けてきたことは疑いない。

しかし、一九一四年までの、そして一九一八年以後のドイツ帝国の歴史の経過についてのナチスの解釈、これを集団的に取り入れることによって助長された人間としての方向性の喪失、これこそがナチズムを育てた最大の要因だ。すでにこうした解釈には、ナショナルな誇大妄想とめそめそした劣等感とのすべての要素が宿命的に混じり合っており、こうなると一切の現実的な洞察力が失われ、屈辱的な歴史の経過はすべて相手の嫉妬・妬みだけのせいにされてしまう（こうした調子は今日に至るまで完全に払拭されたわけではない）。

ドイツ帝国は前世紀の九〇年代ころから、武力を用いて世界情勢を自国に有利に転換しようとする政策をとっていたが、人間としての方向性の喪失の根は、広汎な国民大衆がこの政策に同一化していたことにある。隣人たちと同様、統一された国民国家に生きたいとのドイツ人たちの当然の願いは、一九一四年と一九一八年の間の戦争で未曾有の国民的・国際的破局に終わった。そしてそれから一世代も経たないうちに、ヒトラー・ドイツがはるかに乱暴な試みに着手したのだった。

ドイツ帝国は自国民以上に他国民に犠牲を強いたが、この犠牲がなかったら、帝国の歴史は古典的な自己処罰の歴史だった、ということもできよう。しかし、統一的・集権的に指導されたドイツの世界支配欲が天文学的な流血のなかで失敗したことは、帝国に歴史の刻印を捺すことになっただけでない。その後の世界の人びとが、ドイツ再統一の要求に対して極端に神経質に反応する原因にもなっている。

ナチズムの歴史観を採用したことによってはじめて、この本のテーマである恐るべき結果が生じたわけではない。一九三三年以前の段階の国粋主義的な歴史観の結果なのだ。皇帝に支配され、民主制以前の段階にあったプロイセン帝国の前ナチズム的・ドイツ民族主義的な解釈、およびワイマール共和制期の反民主的な主流――この二つと同一化したことが巨大な脱人間化の作用を果したのに違いない。

以下、人間としての方向性の喪失から第二の罪にむかう長い道筋の基本的な発展段階について語ることにしよう。一八七一年から一九四五年にかけての統一ドイツ国民国家は君主制、ナチズムという主要な時期を経過してきた。道を踏み外したこの時期は血にまみれているが、これに対して今日の子供、孫の世代が祖父母、両親とはまったく異なった関係をもってほしいとの訴えだ。

オーストリアを除いた「小ドイツ的」解決として帝国の統一が達成されたのは、下からの革命的市民運動による成果ではない。三つの戦勝――一八六四年の対デンマーク、六六年の対オーストリア、七〇、七一年の対フランス――の結果だった。しかし、この帝国の成立と人間としての方向性の喪失は、時期としては直接に一致しない。帝国の建設者オットー・フォン・ビスマルク侯爵の外交政策からは、二つもしくはそれ以上の戦線でヨーロッパの列強と武力紛争を起こすことによってせっかく獲得したものを危険にさらさないように、との願いがはっきりと見て取れた。「鉄血宰相」の平和主義は疑う余地はなく、武力衝突がいずれはありうる、と見ていたとしても、彼の節度ある外交・同盟政策にそうしたヴィジョンはうかがえない。

プロイセンの覇権的立場が統一帝国にもある程度入り込み、ビスマルクがまだ宰相の座にある間にすでに過熱した、不吉を感じさせるショーヴィニズムが姿をみせていた。「遅れてきた国民」（訳注＝H・プレスナーに『遅れてきた国民』の著書がある）には有機的に育ったアイデンティティが欠けているため、このショーヴィニズムは一面ではわざとらしく、不安定であり、他方ではかつて例のない爆発的な権力政治からたっぷりとインスピレーションを受けていた。ヴェルサイユ宮殿での戴冠式から二十年ちょっとで、旧大陸の中心部の新しい帝国は、火山のようなエネルギーをもつ経済力・軍事力を自慢するまでになっていた。

中世の巨大な皇帝国家以来、ヨーロッパの心臓部にこのような重力の場があったことはない。しかし、このドイツ帝国が置かれていた状況は、カロリング、オットー、ザリエル、ホーエンシュタウフェンといった王家の巨体のそれとはまったく違っていた。というのは、このドイツが鋼鉄の筋肉を自覚したとき、輝かしい先発の隣人たち、ことにイギリスとフランスが世界を事実上分割してしまっていたからだ。両国は何百年も前に国民的統一を果たし、中央政府があり、軍艦に守られた海外領土をもっていた。ツァーのロシアも潜在的な敵で、東方のシベリアの無限の広さに満足せず、バルカン半島、黒海、地中海に向けて頑固に汎スラブ主義的欲望を満たそうとしており、こうして西部、南西部ではドイツ帝国に隣接するハプスブルク王朝の利害圏にぶつかっていた。大西洋の彼方の未来の巨人アメリカはすでに輪郭を示してはいたものの、まだ世界政治の中心としてのヨーロッパを脅かすまでにはいたっていなかった。そうはいっても、アメリカ大陸へのヨーロッパからの干渉に反対するモンロー主義の立場からの孤立政策、フィリピン併合（一八九八年）、カリブ海に残っていたスペイン領に対するセオドーア・ルーズベルトの義勇騎兵隊の勝利で、アメリカ合衆国はすでに新旧両大陸にまたがって無視できない力をみせてはいた。

ドイツ帝国はこうした世界の基本的状況の中に置かれていた。貴族・大ブルジョアの指導層が世界政治の現状を自らに有利になるよう変更しようとするなら、技術的に劣った有色人種に対して他の大国が遠いところですでに何回となくやってきたこと、つまり暴力による征服によるほかなかった。今やドイツは技術的に同等ないしは同盟関係でむしろ優位に立っているヨーロッパの白人国家を相手にそれと同じことを試みなければならなかった。これでは多正面作戦、世界戦争になるのは避けられない。これこそビスマルクの悪夢だったのだ。

皮肉なことに根っからの大陸政治家であるビスマルク自身が、収拾つかない結果になることをほとんど意識しないままに、ドイツ帝国の政策にはめられていたヨーロッパの枠をはずしてしまった。まず最初は一八七八年の六、七月のベルリン会議でのことで、ビスマルクはイギリスのベンジャミン・ディスレーリ首相とともに、全速力で解体しつつあったオスマン帝国を支持し、ロシアのコンスタンチノープルとダーダネルス海峡への進出に反対することを決めた。ペテルブルグにいる全ロシア人の独裁者が譲歩したとき、ビスマルクの手によってドイツははじめてヨーロッパの大国の地位につくことになった。二度目は一八八四年十二月から一八八五年二月にやはりベルリンで開かれたコンゴ会議でのことで、このときビスマルクは一八七八年の結果を大きく踏み出し、帝国主義の利害にもとづいてアフリカを地図のうえで分割して、個人的には気乗りのしないままドイツ帝国を植民大国に仲間入りさせたのだ。

ドイツが新たな大国としての地位を獲得しても、先発諸国は依然としてはっきりと優位を保っていた。しかしこれ以来、愛されはしないが、無視することのできない新入りは「世界政治と直結」することになったのだ。


ドイツ帝国の指導者たちはまず、ヨーロッパの心臓部に一種の半覇権的な核、言い換えれば関税・通商同盟の形で全方向に向けた大経済圏の中心を作ろうという計画をたてた。これははっきりと反ロシア・反イギリスをめざす一方、ドイツの支配する中央ヨーロッパ的「民族連立」にフランスを引き込もうという、かなり現実離れのした、漠然たる希望をこめていた。

こうした限定された計画でもかなりの変化を伴うはずだったが、間もなく、より広範囲にまたがる、世界的な野心がこれにとってかわった。ドイツ帝国の帝国主義的原則によれば当然の結果だった。大陸国家としての覇権的段階に甘んずることは、世界強国としてのドイツの地位を断念することを意味していただろう。十九世紀から二十世紀への変わり目にあって、ヨーロッパ最新の大国ドイツは、自らがもつ経済・産業・人間の潜在力からして、必要なら武力を行使することによって、世界強国の地位に達する力をもっていると感じていた。

このことを確信させてくれるのが、いわゆるティルピッツ計画だ（一八九二年から海軍最高司令部幕僚長、一八九七年から海軍省次官を勤めたアルフレート・フォン・ティルピッツ海軍元帥にちなんだ計画名）。これによれば、当時世界最強だったイギリス海軍の総トン数・装備に匹敵するだけでなく、大規模な海戦の場合にはドイツ側の優位を保証する艦隊をつくることになっていた。こうしてしばしば「ドイツの特別の道」とよばれたものが姿をみせてくる。新たな権力政治の目的は、伝統的・慣習的な国内・国際政治のありかたでは達成することができず、のちに過激化していくナチズムの考え方に対応する途方もないものなのだが、これを追求することで旧来の国内・国際政治から離脱していく——つまり「まずはヨーロッパ、しかるのちに世界」という二段階論が「ドイツの特別の道」とよばれたものなのだ。

国民国家的な時期に支配的だった理念、つまり支配者の理念を、当時のドイツ人の圧倒的な部分が受け入れていったが、ここのところで人間としての方向性の喪失が芽をだしてくる。こうした考えはあらゆる階層に浸透したが、労働者階層よりはブルジョア層に（貴族は別として）一層深く根をおろし、反映していた。出身の社会階層とは無関係に、相当数の反体制少数派がたえず非常に激しい反対の声を挙げていたが、当時も今もこうした人びとの声に耳を傾けないのがドイツの宿命なのだ。

こうして皇帝の下のドイツには国防協会、全ドイツ同盟、艦隊協会（彼らにはティルピッツ案が不十分だったのだ）など、ショーヴィニズムの団体が、雨後の筍のように生まれてきた。このほかにいろいろな種類の軍国主義的グループがあった。なかには大真面目にクーデターを計画していたのもあって、出番こそなかったが、そのメンバーたちは「内なる敵」、つまりとくに社会民主主義者、自由主義者たちに「耐えがたい自由」を許している帝国憲法を廃止しようと考えていた。

ヨーロッパと世界の勢力関係・所有関係を力づくでドイツに有利に変えよう、というあからさまな要求がだされていたし、いわゆる植民地スキャンダルも衆人環視のなかで展開していた。こうした動きの頂点をなすのが一九一三年に出版されたフリードリヒ・ベルナルディのパンフレット『ドイツと次の戦争』だろう。彼の簡潔きわまりない定義をかりれば、「世界の大国か、没落か」というのがその内容だ。

これが大衆心理に合致していたことに一点の疑いもない。

私はフリッツ・フィッシャーの学派とその代表作『世界大国への道』（訳註＝邦訳・岩波書店）を信奉している。しかし、たとえ帝国の政策があらゆる手段で戦争の準備をしていた、とまではいわないまで、さまざまな帝国主義の利害が交錯していた当時の情勢のなかでは、歴史に「遅れをとり」、分け前が少ないと感じていたドイツ帝国が現存の勢力関係の変更にもっとも関心をもっていた、という事実だ。そういう変更を求める強い願いをもっているのはドイツだけで、しかもその変更は武力によるほかない。第一次世界大戦はハプスブルク帝国のセルビアの地域紛争に端を発するものではあったが、以上の事情はドイツの単独責任論を説明しきれないにしても、主責任論の説明としては充分だ。同盟国オーストリアが最後の瞬間に弱腰になりはしないか、とベルリンがどれほど恐れていたかを知るには、フリッツ・フィッシャーの本を読み直せばいい……。

一九一四年八月に人びとが歓呼の声を挙げていたのは周知のことだ。国民は帝国首脳部の戦争政策を圧倒的に支持していた。このことをはっきりと示しているのは、現代の機械戦争についての実際を知らずに熱狂していた国民大衆ではなく、ショーヴィニズムの嵐の前に降伏したドイツ社会民主党だった。敵国の兄弟党同様、社会主義インター最大の勢力であるドイツ社会民主党が崩壊、直前に開かれた有名なバーゼル会議で採択した反戦の連帯の誓いをすべて裏切ったのだ。カール・リープクネヒトを除くドイツ社会民主党国会議員団は戦時公債に賛成し、それまで反帝国主義の立場から煽動していた国民大衆に対して戦争の狂気を非難しつづけることをやめ、皇帝の旗の下に馳せ参じるよう呼びかける有様だった。現実には利害の対立などいっさいない多くの人びとが、競合する少数の人たちの権力政治のために互いに何百万人も殺し合う戦争だった。彼らが死んだのはそのためで、「祖国」のためでも「国家の名誉」のためでもない。事情に詳しい受益者の側はいつの時代でも、犠牲者たちに戦争の真の理由を美化して聞かせようとするものだが、そんなことのために死んだわけでもない。彼らは**斃れた**、のではない。**殺された**のだ。

ドイツの戦争計画を立案した指導部は、この企みがまったく異なった条件の下で世界中からきわめて厳密に吟味されることになるとは予想していなかったが、この計画を読むと啓発されるところが多い。ルクセンブルク、ベルギーおよび北フランスの大部分の併合計画は、目指す戦勝後の要求のなかでも無害な部類に属していて、これは一九一四年のテオバルト・フォン・ベートマン゠ホルヴェーク宰相のいわゆる九月計画に示されている。この計画はヨーロッパの相当の部分、つまりフランス、ベルギー、オランダ、デンマーク、スウェーデン、ノルウェーそしてポーランドを包括する、共通関税協定をもった中部ヨーロッパ経済同盟を目指していた。外見上は平等だが、実際にこのブロックを指導するのはドイツだった。全ドイツ同盟の一九一四年十二月の戦争目的文書は最初、ベートマン＝ホルヴェーク宰相に公表を妨げられたが、一九一八年春になって第三最高参謀本部（ルーデンドルフ）の鶴の一声で発表された。これによれば略奪の一番の目的はロシアだった。ドイツが勝利した場合、ロシアの領土はピョートル大帝時代以前の国境の内側だけに限られ、つねにドイツに隷属することとなっていた。いわゆる「東方解決案」だ。こうして獲得した土地に東方の各地に散在するドイツ人住民と海外から帰還するドイツ人を入植させるため、現地住民の大規模な追放が予定されていた。この「中部ヨーロッパ・ブロック」には地中海に面するフランスのトゥーロン港もドイツに帰属することになっていた。

戦争目的計画によって明らかなことは、カイザーの時代のドイツが西側の隣人に対してよりもロシアの多民族国家に対してはるかにきびしい併合・略奪計画をもっていたことだ。このころすでにドイツ人の側に、スラブ人、ことにロシア人、ポーランド人を民族主義的・生物学的に蔑視する傾向があった。その後ドイツ人が世界支配を狙って二度目の攻撃をかけていったとき、これが恐るべき結果を生じることになる。

西側での戦争目的計画とは反対に、東側での計画は机上の理論に止まらなかった。一九一七年にツァーリズムが崩壊したあと、内戦と外国の干渉に引き裂かれた大帝国でこの計画の実行が可能のようにみえた。この弱点を利用したドイツ軍は、北はフィンランド国境からドニエプル川をへてドン川にいたり、クリミヤ半島を含み、コーカサスに及ぶ線にまで到達した。

こうした大規模な領土獲得によってドイツ帝国の歴史のおおきな連続性、「まずはヨーロッパ、そして世界」が具体化した。さしあたり一九一八年三月の大攻勢が成功したことで、西側でも勝利の希望が大きくふくらみ、ドイツの支配下にある大陸要塞の考えがでてきた。東側への侵略によって食料の自給を可能にし、軍事的・軍事経済的にも難攻不落になり、西側ではドイツの軍備・工業の潜在力とやがて占領する陸軍国のそれとを統一する——これが第一段階の、最初の戦争の目的で、海軍国・イギリスとアメリカとのより大きな、雌雄を決する第二の戦争の基盤、出発点、と目されていた。

しかし、状況はそうはならなかった……。

のちの七首伝説によれば、「戦線では無敵」の軍隊が国内の左翼革命勢力に止めを刺されたことになるが、これとは違い、参謀総長エーリヒ・ファルケンハインはすでに一九一四年十一月十八日の時点で、ドイツがフランス・イギリス・ロシアの敵側同盟に対して軍事的には勝利できないこと、せいぜいのところ和議の平和をかちとれるだけだ、との確信に達していた。他の参謀たちや帝国の指導層は、公式にはこうした現実的な評価には同意しなかったが、非公式には充分にありうることとして受けとめていた。しかし、このあと戦争が四年つづいたことは周知のとおりだ。

しかし、ファルケンハインの認識もけっして二段階説の終焉を意味してはいなかった。というのはドイツ政府は、もともとの目標ほどではなく、引き分けの和平になった場合でも、中部、西部、東部ヨーロッパでのかなりの領土併合、つまり第一の段階の実現を期待していたからだ。一九一四年の段階では、もっとも批判的な将校さえ一九一八年十一月ほどの敗北はまったく想像できなかったろう。エーリヒ・ルーデンドルフはドイツ軍が西部戦線で破れた「暗黒の日」（一九一八年八月八日）から一か月半たった一九一八年九月二十八日、ドイツが軍事的に戦いに破れたと認め、帝国政府に即時和平・休戦の申し出をするよう願い出たが、このときでも彼はどうやらまだ十一月の敗戦の規模を思い描くことできなかったようだ。七首伝説の信奉者は、このことも、ファルケンハインがはるか前に認識していたことも平気で無視してしまう。

しかし、一九一八年三月二十一日に開始されたドイツ軍の大攻勢が失敗したあと、第一次世界大戦の軍事的決着はすでについていたのだ。


当時のドイツ人の多くはこの敗北を消化する力がなかった。現実とはかけ離れた勝利の幻想を実際に則して修正する能力がなく、倫理的弱点をもっていること――これが国粋主義・ナチズム的な歴史の嘘を育て、人間としての方向性の驚くべき喪失が第一次世界大戦の時代をはるかに超えて保存されていくうえで最適の土壌だった。

どの戦争も脱人間的な結果をもたらすことは避けられない。このことは一九一四年から一八年にかけてドイツ帝国の敵側だった国についても確実にあてはまることで、その程度もしばしばひどく不快になるほどだ。しかし、皇帝時代のドイツでの人間としての方向性の喪失には二つの特性があった。一つは戦争前夜の、欺瞞的に「平和」と呼ばれていたころにすでに生まれていたこと、また度はずれた政治的目標に規定され、その根深さ・時間的長さは他に例のないこと――この二つだ。これに比べれば、ドイツの敵だった帝国主義諸国の、もっとも恥知らずな戦争計画さえまるで顔色がない。

ドイツにもオーストリアにも、戦争が勃発した後に人間としての方向性の喪失が文字どおり爆発的に高まっていったことを如実に示すドキュメントが残されている。これらは「庶民」の脱人間化の言い訳にはならないまでも、相対化するには適当で、いくつもの先例がある。

有名な人物たちが多かれ少なかれ上手に書いたこれらの記録は、憎しみから罵詈雑言を吐き、首まで血につかった表現をつかい、この上なく戦争を讃美していて、ライナー・マリア・リルケ、フーゴー・

フォン・ホフマンスタール、カール・ツックマイヤー、ゲルハルト・ハウプトマン、トーマス・マンなどといった高貴な名前が署名をしている（マンは『ある非政治的人間の考察』ではまだ、時代遅れになった保守主義に言語の力で活力を与えようという不可能なことを試みていて、後に恥じることになる）。何も彼もがひっくり返ってしまうことには、いくつもの驚くべき例がある。たとえばカール・シュテルンハイムはそれまで好色な筆でプロイセン・ドイツの規律を完膚なきまでにやっつけていたのに、今や突然国家主義の甲高い声を挙げはじめた。それまで人間的な伝統に従っていたユダヤ人の同時代人たちのなかにも「時代精神」に心を奪われ、思慮をなくす人がでてきた。アルフレート・ケルとか、『イギリスへの憎しみの歌』を書いたエルンスト・リサウアーがその例だ。だが、改宗者に讃美された祖国がのちにこの二人に感謝するようなことはなかった。リサウアーは一九三三年のあとは忘れ去られ、一九一四年に『犬が家に入ってくる／笞で追い出せ』を書いてチャーチルを侮辱したケルは、その後ヒトラー・ドイツを去り、かつてあれほどまでに攻撃したイギリスに亡命した。

デーメル、ビンディング、ヴィルトガンス、バール――「困窮の時」にあたり、かつては偏狭さ、圧政、愚鈍のシンボルとみなしていた皇帝の旗を大声で賞賛するようになった文学者はいくらも数え上げることができる。それに対して不動の立場をつらぬいたのはごく少ない。岩のようにしっかりしたハインリヒ・マン、同様に決して揺らぐことのなかったヘルマン・ヘッセ（『友よ、この調子ではなく』）、さらにカール・クラウス、アルフレート・ポルガー、ルネ・シッケレ、シュテファン・ツヴァイク（彼は少々の混乱をさっさと修正した）たちだ。その傍らで一切の知性を欠き、愛国主義的狂乱をみせる非エリートの領域がある――それを示しているのがドイツとオーストリアの、「愛国絵はがき」だ。

この絵はがきは一八六九年に発明され、独仏戦争ではもう醜く復活していた。人間としての方向性の喪失がその後の四十五年間にどこまで進んでいったかは、一九一四年の戦争勃発から終結までの間の絵はがきが証明している。

本質を暴露する例がある。新兵が犬の頭をなでている絵があって、そのキャプションには「ほら、これは野蛮人じゃないぞ」とある。こういう非難にたいして防戦したい、という欲求が広がっていたことは明白だ。ただし、「愛国絵はがき」は野蛮きわまりない気分を暴露していて、野蛮人攻撃に対する防戦能力と資格の点では最低だ。

「ヨーロッパ文化救済のための敵の招集」というのもある。二十年、二十五年後のユリウス・シュトライヒャーの反ユダヤ的な俗悪雑誌「シュチュルマー」にぴったりのものだろう。戯画ふうのタッチと誇張、憎しみの筆致、ユダヤの下等人間の顔——どこをとってもそっくりだ。

こういうのが何度も何度も繰り返される。「ドイツ・オーストリア料理。麵棒で伸した一級麵」というのがあって、節くれだった拳が握る麵棒でセルビア人やロシア人、その他のスラヴ系のならず者の体をぺっちゃんこにしてしまい、残るは泣き顔だけ、という図柄。「今週のメニュー一九一四」というのもある。ドイツ人新兵が月曜から土曜まであらゆる種類の人食いを楽しむ趣向で、コサックの肉にロシアの卵やら、爆弾のアントレ付きイギリス風ビーフステーキ（これは、体にくくりつけられた爆弾が爆発したため残さず食べられるようになったイギリス人が皿の上に乗せられている恰好になっている）。さらに「オステンデ牡蠣のソース付き」では、湯気を立てているソースのなかで火傷をしたベルギー兵が頭だけ出している。「セルビア風肉料理・米添え」も似たようなもので、三人のどっちみち役にも立たないバルカン住民が焼かれている。腹をへらしたドイツ人新兵、金曜には食べごろの敵のジューッと焼けた尻にナイフを突き立てて、肉を切り分けようとしているが、これには「モンテネグロ風マトン・ステーキ」と説明がついていて、国籍は見間違えようもない。そして、最後の土曜には鶏だが、ここでは日本人がフォークを突き刺されている。日本政府がドイツとその同盟国に宣戦布告をしたあとの話だ。

こんな調子ならもっと続けていける。絞首刑にされたり、典型的なドイツ人の鉄のほうきで虫けらのようにどぶのなかに掃き入れられ、打ちのめされて溺れかかっている敵だとか（「セルビアに死を」）、オーストリアとドイツの巨人が小人を空中高く放りあげ、脱穀用の殻竿で打ちのめす、といった具合だ。言葉にしがたいこうした残忍な行為には、もちろん不自然に誇張された感傷が付きまとうのは避けられない。杖をついた兵卒の胸に皇帝自身が鉄十字章をつけてやるとか、霧につつまれたブランデンブルク門を飛び立った鷲が勲章をくちばしにくわえ、死に瀕している人間に確実に届ける、といった例だ。

ここにはキリストも欠かせない。どっちみちドイツ側が祝福されるのだし、正義の兵士たちは傷ついて跪いたり、勝利の合図をしながら「神とともに皇帝と帝国のために」と唱えながらキリストの傍らを通り過ぎていく。また、休暇の兵士と恋人の睦まじい二人が観客に背を向けてベンチに腰掛け、平和な故郷の風景を見やっている絵もお馴染みだ。兵士が口ずさむのは

愛しい人よ、三本の指がどうしたのさ
ほかので充分
君の顔から
憂いの皺を吹き去るには

というカール・プファイファーの詩だ（第二次世界大戦中の「兵士は何を夢見る」というおセンチな歌の先輩格）。当然コウノトリも登場してきて、「新兵の輸送」ではこの鳥が生まれたばかりの小さなドイツ人を入れたかごをもち、帝国の旗に先導されながら空を飛んでいく……。予定の時間としてはまさにぴ

ったりで、二十年、二十五年後に彼らはヒトラーの戦線で「使命」を吹き込まれることになる。

気高い猛禽類、鋼鉄のような若きジークフリート、クリスマス・ツリー、「火葬会社クルップ&スコダ」といった広告のもじり、そして相も変わらず子供たち――こんな絵はがきがわんさとあった。子供が「アントワープ」のラベルのついた夜間用便器に座って「ベゼッツト」（訳注＝「占領」「使用中」の両義がある）と叫んでいる。もう一人の少年は玩具の兵隊を車にのせ、ガールフレンドに「ハンジ、どこへ急ぐの」と聞かれ、「皇帝陛下のところさ。兵隊がご入り用なんだ」と楽しげに答えている。新兵の恰好をしたおチビさんが「ヒンデンブルク靴墨　革をよくなめします　メイド・イン・ジャーマニー」と書いてある大きな缶を頭上に持ち上げている。四番目の子供は外国人風でドイツ風にはみえず、おしめを当ておしゃぶりをくわえ、兵隊帽をかぶって右手に鉄砲、その上に「フランスの最も幼い招集兵」とある。西側の敵の状況らしきものを描写しているのだ。

山のような憎しみ、血への飢え、悪趣味、露骨なへつらい、不自然な優越感、日和見的ななれなれしさ、これらはあまりにひどく調子が高く、倒錯しているから、もしこれらがそんなに馬鹿正直でなければ、知らず知らずに自らを風刺しているかのような印象が生まれてきそうだ。これらの絵はがきが文字と漫画で表現していることは、みせかけではない。全部本心なのだ。

ドイツの敵も似たようなことをしていたとしても、私には慰めにならない。というのはわれわれのように後に生まれ、生き延びた者なら知っているように、こういう「愛国絵はがき」とそのメンタリティは単なる先駆けでしかなかったのだ。歴史をちょっと見てみよう。現実におきたことと較べてみれば、こんな絵はがきなどとるにたりない些事でしかなかった。

以上のことを知ったのはハンス・ヴァイゲル、ヴァルター・ルーカン、マックス・D・パイフスの三人の編著による『ロシア人に一発、フランス人に一刺し——ドイツとオーストリアにおける文学とグラフィックによる戦争宣伝一九一四年—一九一八年』という本による。

ナチズム以前の時期と第三帝国との間にはなんの関係もない、ドイツ帝国の歴史の一定の前段階がヒトラーの道をしっかりと準備したとのテーゼはドイツに敵対する観念の産物だ、などという主張——こういう主張は憎悪と恥の洪水に流されている。「まずはヨーロッパ、そして世界」という二段階論の軍事戦略面での継続性の一方で、皇帝の時期とナチズム期との間には、これに見合った形のイデオロギー面での持続性があることを愛国絵はがきは証明しているのだ。

皇帝時代の絵はがきの特性について「ヴィルヘルム期の戦争絵はがきをみているとアドルフ・ヒトラーの憂鬱な輪郭が浮かび上がってくる」と書いたのは、一九四五年以後のドイツの新聞の学芸欄で活躍した大家ヴィリー・ハースだった。

適切なコメントだ。

第一次世界大戦の軍事的敗北の誤りを自ら認めこれを受け入れる能力を欠くことは、この破局に自ら関与していたことを認識する能力を欠くことでもある。当時大部分の人たちはこのことに気付かないままドイツ第一民主制の時期を迎えた——これが古い秩序と考えを遺していくうえで決定的な安定要素だった。しばらくの混乱のあと、ワイマール共和制の力関係ははっきりした。国家の形態としての君主制は崩壊し、「カイザーは去ったが、将軍たちは残った」（訳註＝テオドーア・プリヴィエに同名の小説がある。邦訳白水社）。これとともに古い国家官僚制、司法、警察、そして戦前の所有関係もほとんど手つかずのままに残った。時代遅れのドイツとその伝統の中心を鉄壁のように守る、帝国軍隊も生き延びた。軍は外見は驚くほど共和制に忠実だったが、内心では民主制にたいして完全に禁欲を守っていた。戦後ドイツの兵力が十万人に制限されたことは、ヴェルサイユ条約のなかのもっとも不名誉な条項と受け取られていた。

ドイツのナショナリズムが、戦いに勝った場合には相手に対して最悪の計画を押しつけるつもりだったことは知られている。ヴェルサイユ条約はそのドイツ・ナショナリズムから「屈辱条約」とよばれ、今日にいたるまでナチズムの誕生を助けた主役とされてきた。広く受け入れられている考えだが、これを信奉している人はナショナリズムとナチズムの本質を根本から誤解している。

ヴェルサイユ条約がなくても、ナショナリズム、ナチズムの二つとも、同じように攻撃的で、煽動的、まやかしのものになっていたことは歴史が証明している。二つともこの条約を自分の都合に合わせて利用しただけだった。ナチズムの誕生、権力を握る前の段階、それにつづく勝利は、一九一九年六月二十八日付の条約よりももっと深いところに根をはっている。

ヴェルサイユ条約の基本的な考えは、大国としてのドイツを永遠に消し去り、永続的ないし非常に長期間の監視下におく、というところにあった。何百もの条項に示されているそのための手段は、設備の解体、賠償支払い、約七万平方キロの領土の譲渡（エルザス・ロートリンゲン、ザール地域、ポーランド回廊、東シュレージエンの一部、そしてベルギーへの小さな土地の割譲）だった。しかし、人びとは植民地の全面的喪失を残念がり、センチメンタルな伝説につつんで、歴史離れした独特の雰囲気をうたいあげていた。国際連盟は一九一八、一九年にドイツとオーストリアの統一を全会一致で承認していたのに、ヴェルサイユ条約はこれを一切禁止した。

この条約には、ドイツを抑圧したいという、一面では当然の、しかし反面では不誠実な気持ちが同居していた。帝政ドイツが戦前の世界の勢力関係を根本的に変えようとして大変な努力をしているのをみて、相手側の同盟は——これには一九一七年にアメリカも加わったのだが——大いにショックを受けた。この目的のためのドイツ側の荒々しさ、根気、忍耐力は国際的に恐怖をまきおこしていた。そして連合国側は、ドイツが勝利した場合の戦後計画を細部にいたるまで承知していた。

こうした経験から、またしてもおおがかりな力が行使されることへの恐怖が広くゆきわたっていた。一世代たらずのうちに証明されることになるように、あまりにも当然の恐怖だった。このかぎりではヴェルサイユ条約に歴史的な正当性があることは間違いなく、世界の意見と一致していた。

しかし、これとともにに、戦勝国が辛うじて手にいれた経済的な成果を確保し、世界市場から有力な競争相手を排除しようと考えたことによって、ドイツを抑圧したいという当然の気持ちが格下げされることになった。第一次世界大戦の原因・勃発については、ドイツ側により大きな責任があったにせよ、参戦したのは例外なく帝国主義国家で、これらの間の戦いだったのだから、驚くことではない。

しかし、ドイツのナショナリズム、そしてやがてはナチズムのアジテーションがつねに繰り返し主張したのとはちがって、ヴェルサイユ条約はドイツを経済的に排除することも狙っていたとはいえ、これだけが目的ではなかった。全体としてみてこの条約は、その父であるウッドロー・ウィルソン（アメリカ）、ロイド・ジョージ（イギリス）、ジョルジュ・クレマンソー（フランス）が遠い将来を展望した政治的理性をもっていなかったことを証明している。条約を忠実に守っていたら、かつての敵国への賠償支払いは最終的には一九八〇年代の今日までかかっていたはずなのだ。

ヴェルサイユ条約の狙いの中心、ドイツの敵の側が公言していた戦争目的は、ドイツをいつまでも大国の仲間にいれないことだったが、これは達成されなかった。ヴィルヘルム二世の戦争目的に照らしてみると、ドイツが勝った場合、負けた側にそういう可能性を認めていたかどうかは大いに疑わしい。

ドイツをふたたび大国の地位につけようという歴代政府の試みは、ヴェルサイユ条約調印の直後から始まった。その前提には二つの基本があった。一つは、帝国は解体、賠償および領土の喪失によって人間と物資を多く失ったが、しかしだからといって自力で大国の地位を回復するのはまったくの幻想だというほどではなかった。そして二つには、ただちに国際対立が始まったため、負けたドイツは潜在的な同盟仲間の立場にたつことになった。西側の民主制と二〇年代初頭に内外の敵に勝ち残ったソ連との世界史的な対立がこのときから始まったのだ。

第二次世界大戦が終わったあとも同様だったが、第一次世界大戦の勝者も、状況がかわるとたった今負けたばかりの国と同盟関係を結びたがっていた。この場合、西側はモスクワへの対抗力としてのドイツ——当時は分裂しなかった——と結ぼうとしたのだ。ただしドイツ政府としては、たとえば一九二二年四月のラッパロ条約やドイツ軍と赤軍との関係に見られるように、東側に自分の利益を追求することに成功しなかったわけではない。一九三九年八月のヒトラー・スターリン協定も含め、ドイツは当てにならない、との印象を西側に与えることになった。こうしてドイツの政策は少なくとも一歩一歩漁夫の利をえる可能性を手にいれていったが、西側に立つという選択が真剣に疑問視されたことはないのだから、これを脅迫というのは言い過ぎだろう。それにしてもこうした東西の対立が、ヴェルサイユ条約を修正しようというドイツの努力に役立ったわけだ。三〇年代後半の第三帝国にとっても同様で、西側諸国は宥和政策によって、ミュンヘン協定のあとのヒトラー・ドイツの膨張エネルギーはもっぱら東に向けられるだろうと期待していたのだった。

ロンドン会議での賠償問題の暫定的処理、国際連合の前身である国際連盟への加盟によって、ドイツは一九二六年までに特にフランスに対して、ヴェルサイユ条約を修正させることにはっきりと成功を収めていた。こうしてドイツは自主性を回復したが、議会の内側、ことに敗北を認めようとせず、復讐を念頭においている軍の動きを知っていた多くのドイツの民主主義者にとっては、あまりにもゾッとする事態だった。

軍の指導層には当面の目標が二つ、遠い目標が一つあった。当面の目標は、条約修正交渉においてヴェルサイユ条約の軍備制限の撤廃を政府の要求の最重要項目とすること、そしてドイツの経済力を完全に展開するため分離された領土を回復することだった。この際、軍がことに軍備の潜在力を考慮していたのは当然のことだ。

遠い目標については、皮肉なことに国防省軍備縮小局長のヨアヒム・フォン・シュテュルプナーゲルが、内輪の場のことではあるが露骨に「ドイツにとって、これからの政治の発展段階ではさしあたりヨーロッパにおける地位の回復だけが問題であり、世界における地位の回復はずっとあとのことだ」と語っている。

ここでも「まずヨーロッパ、それから世界」の二段階論があらわれている。ドイツ帝国の指導層、そしてその手先の軍部はワイマール共和国でもこれの継続性を保っていた。

ヒトラー台頭の主因としてヴェルサイユ条約をあげるのと並んで、真相を隠蔽する第二のテーゼがあることはよく知られている。一九二九年の世界経済の危機とこれがその後のドイツに及ぼした影響だ。この危機はアメリカを発端にするものだから、ヴェルサイユ条約の場合同様に、ここでも国内の責任を外国にしわ寄せする傾向がある——どちらの場合も第二の罪の議論のプログラムにしっかりと組み込まれている。

ドイツ第一共和制の終焉が、六〇〇万におよぶ失業者を頂点とするぞっとするような苦境に包まれていたことは事実だ。私の父は当時、五年以上も職がなかったから、これがどんなことなのか私には分かっている。この大苦境がヒトラーとその党に有利に働いたことも事実で、この点なんの疑問もない。しかし、一九三三年前後のナチズムの成功にとって決定的なのは他の動機だったに違いない。その一部はすでに語ったし、これから詳説するのもある。というのは、あれから五十年たち、二十世紀も終わろうとしているいまも、二〇年代、三〇年代、四〇年代のイデオロギーが多くのドイツ人の意識・無意識のなかに牢固として残っていることは、限られた期間の間奏曲風な経済危機で説明することはできないからだ。

ナチズムを生んだ内政面での本来の原因を免責するためにもうひとつ愛用される口実は、社会民主党員と共産党員との「兄弟喧嘩」、左翼の分裂がなによりもナチスの独裁を助けた、という説明だ。保守の口からしばしばこの説明が出ることもあるが、これは政治的な不誠実さも極まれりというべきだろう。ワイマール共和制時代の右翼が、憎き左翼の分裂はもっぱら自陣営の利益になる、と心から歓迎したことは別としよう。そして、一九一八年の戦争の破局は右翼が招いた事態なのに、その右翼がこれを収拾するために平然と社会民主主義を利用し、その後ふたたび戦前のやり方で「内部の敵」とスタンプをおそうとしたことも別としよう（これはいまもある種のグループにお馴染みだ）。そしてまた、ドイツの右翼反民主主義は、社会民主党にとって受け入れられるパートナーになれず、またなろうともしなかったモスクワ路線のドイツ共産党の反民主主義に勝るとも劣らないことも別としよう。その上でいうのだが、ナチズムの誕生から勝利にもっとも深くかかわっていたのはドイツの保守主義なのだ。例外はあるにしても、それは原則を証明しているだけのことでしかない。

ワイマール共和制の状況をクルト・トゥホルスキーのようにつき刺すほど辛辣に、ぐさりと傷つけるように、それでいて愛情をこめて描いた作家はいない。時代の仮面を剝ぐ『ドイツ、世界に冠たるドイツ』（訳註＝邦訳・ありな書房）は写真と文章を組み合わせた作品だ。社会闘争、政治的緊張、時代遅れの連中の厚かましい権力、未来をおびやかす褐色――まさしく彼のいう「一九四〇年の裁判官」の、閃くような予言だ。時代の栄光と暴利、恐ろしい軍事的性格を備えている一方で、虹色に輝き、高度の文化の花を咲かせるかと思えば、未解決の、内部で深く分裂した共和制を敵のさまざまな攻撃から守って安定させようとする民主主義者たちの不退転の試み。そしてさいごに「故郷」とか「祖国」といった概念をショーヴィニズムの誤った要求にまかせるのではなく、これを誇張ぬきで誠実で内面的そして有用なものにしようという、トゥホルスキーの感動的なアピール――二〇〇頁あまりのこの本は、これらすべてに展望がないという予感にみたされている。事実、これが正しかった、相手の力の方が強かったのだ。

一九一八年の君主制の崩壊から一九三三年三月二十一日の「ポツダムの日」――この日ドイツの代理皇帝、かつての陸軍元帥、当時の大統領パウル・フォン・ヒンデンブルクは、宰相アドルフ・ヒトラーに対して彼が実際上ずっと前からもっていた権力を象徴的な意味でも譲渡したのだ――にいたる道程にはひたすら目標をめざす保守陣営が関わり合っていた。この道で指図をしていたのは、政党、団体、秘密組織、軍部など帝国の社会的指導層で、これらはナチスのテロとおおかれすくなかれ手をくみ、共和国憲法の精神、議会制民主主義の本質に反対していた。わけてもこれら不屈の右翼は、技術的に高度化する大量宣伝手段をつうじてジャーナリズムに強力な影響をおよぼす可能性をもっており、反動的な歴史観を根本のところで修正することを妨げていた。右翼はひとのいうことに耳を傾けない態度を育て、匕首伝説を活性化し、社会主義や自由の伝統を公衆の笑いものにし、おかまいなしに反ユダヤ主義を信奉し、すべてのヒューマンな伝統を軽蔑していた。こうしておおいに現実からの遊離に寄与したが、この現実遊離のお蔭で「総統」が自分の妄想観念を民衆の間に広めることが容易になった。ドイツのプチブル、粗暴になった俗物たちがおあつらえむきの人物を見つけたのだ。

ヴェルサイユ条約がヒトラーを手助けした、というのが本当なら——とにかく邪魔はしなかった——この「勝者の命令」は敗者の手で破棄されることになるのを避けられなかった。ヴェルサイユ条約は、これを仇と信じていた連中がいうほどの力はなく、手の付けにくい耐久力も破壊的なエネルギーもなかった。その弱点がハッキリしているというのにドイツでは、ヴェルサイユ条約は繰り返し、そういう力のある、嫌悪すべきものとして扱われてきた。

ヴェルサイユ条約がなくても、大多数の人びとはドイツが第一次世界大戦で軍事的に敗北したことを認めようとはしなかったろう。この条約の条文は愚かで、卑劣だが、反ドイツ的な意味では決して首尾一貫してはいなかった。だが、そうした条文がなくても、国粋主義的なナチズムのアジテーションが実際以上に礼儀正しいものになりはしなかっただろう。ワイマール期の右翼の悪名高い分裂の原因が何であり、民主的なものも含めて他の政党・政治集団がどれほど激しく争っていたにせよ、だれもが「ナショナルな」立場から引き合いに出すのがヴェルサイユ条約だった。この条約が諸悪の根源だという見方くらい、世界支配を目指すドイツの二度目の計画を隠蔽したものはなかった。結局のところヴェルサイユ条約は、本来の意図に反して、より大きな破局を妨げることはできなかった。これはドイツに屈辱感を味あわせたばかりではなく、しばらくの間は共和制の敵を手なずけてもいた。この条約がなくてもドイツは世界支配を目指す二度目の攻勢にでていただろう。ただし、もう少し早い時期に。

一九三三年以前の悲劇的な時代のドイツ人は、きわめて厄介な、多分他に比肩することのできない状況におかれていた。かれらは、帝国の時代の歴史が達成したのとは違ったものになったほうが身のためだったろう。彼らと他の民族があれほど多くの血を流したものを厳しく批判していたほうがよかったし、犠牲も少なくてすんだことだろう。めそめそした自己憐憫への傾き(その最高の快楽の対象がヴェルサイユ条約だ)と劣等感からくる激しい優越感が克服されていたならば、そして新しい民主制がたとえどんなに虚弱で、見すぼらしく、腐敗した姿を見せていたとしても、ドイツ人たちがもっと努力してこれを支持していたらならば——これにとって替わった「英雄的な」ハーケンクロイツよりも最低のドイツ共和制のほうがずっと我慢もできるし危険も少なかった、という経験をしないですんだことだろう。

反対の声は最後まで大きかった。ドイツ帝国の君主制と議会制の二つの時期には、疲れをみせずに不幸な運命と闘う、抵抗力のある批判がいたるところにあった。多数派はこれに従わず、おためごかしの嘘、ひどい約束に耳をかし、国民の歴史の過ち・悲劇は自らに責任があるのだと認識することができなかった。これに対してかれらは、ドイツ第一共和制が終わる前に、人間としての方向性の多くを失うという対価を支払わねばならなかったのだが、これは人間としての方向性をすっかり喪失してしまったナチズムの時期が始まる前のことだった。

一九三三年から今日にいたる間のこうした人間的としての方向性の喪失が本書全体の基本テーマだから、十二年のナチズムの時代の人間としての方向性の喪失の歴史についてここで詳論する必要はない。

それなのに、この章で不幸な時代を簡単にスケッチするのは、「まずはヨーロッパ、そして世界」という二段階論がドイツ帝国の最終段階まで継続していたことを読者に示すためなのだ。

ナチス時代に流行した歌の一節が「今日ドイツがわれわれに**耳を傾ける**《ヘールト》。明日は全世界だ」だったのか、「今日ドイツは**われわれのもの**《ゲヘールト》……」だったのかという、馬鹿げた論争がある。「**耳を傾ける**……」だという連中は一体何をいおうとしているのだろう。

ヴィルヘルム時代と同様に、ナチス政府の征服政策も大陸の力の中心としてのドイツが大きな海軍国家に負けることはなく、軍事的に勝利を続けるとの前提に立っていた。世界支配をめざす攻勢の第二の、そして最後の局面で、イギリスとアメリカに勝利することを狙っていた。

一九三三年九月一日にヒトラーがひぶたをきり、一九四一年からは第二次世界大戦に拡大していった全世界での大闘争の経過は、第一の局面の完成を保証しているかにみえた。即戦即勝、たいした抵抗もうけずに奇襲にも似た占領を続けながら、ドイツ軍は圧倒的な戦力でポーランド、ベルギー、オランダ、ルクセンブルク、フランス、デンマーク、ノルウェー、ユーゴスラヴィア、そして――イタリアではそうはいかなかったが――ギリシアを征服していった。一九四一年夏、イギリスを屈伏させようとして失敗したあと、ドイツ軍は不可解なほどに備えのなかったソ連に侵攻した。実証ずみの「電撃戦」モデルによるドイツ軍の強力な攻撃にあって、ソ連はすぐにも崩壊するかに見えた。ヒトラーは一九四〇年に、ドイツの指導下に数十万の奴隷を投入したヨーロッパ大経済圏を作ろうという計画を策定していたが、この世界征服案の第一段階は予想よりも早く実現したのだ。

明らかに第一段階の実現を完全に確信したヒトラーは、すでに一九三九年一月二十七日に第二段階の出発サインを出していた。いわゆる「Z計画」、陸空軍の計画のすべてに優先して強力な海上艦隊を進水させるという計画の実施を命じた。

しかし、状況は今回も違っていた。

ドイツ軍はついに、自軍と対等な、いや優勢なソ連陸軍という敵に遭遇したのだ。一九四一、一九四二の両年の二度の攻勢のあと、ドイツ軍は一九四三年七月以降、かつて例のない激戦を展開しつつ、戦争史上最大の戦線をずるずると西に後退させ始めた。

皇帝の陸軍が第一次世界大戦勃発直後、戦いが軍事的には計画どおりにはいかないと思い知らざるをえなかったように、ドイツ軍による一九四一年冬のモスクワ・レニングラード攻撃が失敗したあと、ヒトラー大元帥は「敵の両グループは絶滅しなかったので、交渉による平和にならざるをえない」（一九三八―四二年の間ドイツ陸軍参謀総長を勤めたフランツ・ハルダー陸軍中将の日記）と嘆いた。しかし、この点でも「総統」は誤っていた。第二次世界大戦の反ヒトラー連合、つまり原理的にまったく異なってはいるが、おそるべき脅威に直面して期限をきって手を結んでいたアメリカ、ソ連の両大国は、世界支配をめざすドイツ二度目の攻撃を完敗させることができたのだ。

ドイツ帝国の破局には、その歴史の三段階――帝政、ワイマール、ナチズムの三期――がいずれも分かちがたく絡みあっている。ヴィルヘルム期と第三帝国との中間のワイマール議会制は失敗に終わったが、これは互いに関連する多くの伝統の圧力を十五年にわたって受けつづけて崩壊した橋のようなものだった。ミッチャーリヒ夫妻はナチズムのイデオロギーの説得力があれほどの勝利を収めたのは、それ以前の歴史に結びつく可能性が多くあったためで、事前に作られた「自我理想《イヒ・イデアール》」と服従義務が結びつく多くの可能性があったのがその例だ、と書いている。

事実、ワイマール共和制期にも命令と服従は社会のガイドラインだった。搾取する者、される者の間のさまざまな社会関係にみられる服従を活用することこそ、帝国の歴史全体の特徴だ。当時の状況から、従属と父親の権威に憧れる大衆の気持ちが期待どおりに満たされなかったため、大衆は強力な命令をする新たな権威、「強い男」の到来を待ち望んでいた。これこそ非常に多くのドイツ人が当時憧れていたことで、ヒトラーはみごとこれに応えたのだった。西ドイツでしばしば賞賛の的となっている民主制以前の伝統は――プロイセンを不自然に再生させようという執拗な試みの場合には、これがインフレ的に膨らみ上がる――歴史的・教育的な利用価値の点では大いに問題がある。

そうはいっても、ヴィルヘルム主義とナチズムとを同一視するのは完全な誤りだろう。とりわけ両者を同一視するという許されないことをすると、実際の対応関係が覆い隠されるかもしれないからだ。両者の同一視は帝政時代を悪者に仕立てあげ、ヒトラー・ドイツを矮小化することになるだろう。

ドイツ最後の君主制は立憲制で、部分的には時代にさきがけた社会福祉の考えを取り入れていた。ここでは野党にも一定の場が与えられていて、このため社会民主党はともかくにも一九一二年までに議会内で最大の会派になっていた。ヨーロッパの隣人にとって戦前のドイツは、文化の面でもかつて例のない関心の的で、偉大な人物、作品が数え切れないほど輩出していた。これはすでに述べたヴィルヘルム時代とナチズムの二つの時代の対応関係、そして伝統を**否定する**ためにいうのではなく、両者が対比される場合の歴史の真実のためにいうのだ。世界史上かつて例のない怪物を生んだナチスの親衛隊国家、これと過去・現在の一切の社会との距離ははかりしれないものがあるが、これは帝政ドイツとの関係についても同様だ。

しかし、同一視は許されなくても、ナチズムにとってヴィルヘルム主義に「応用できるところ」があったことに変りはない。この関連で、帝政ドイツの反ユダヤ思想について一言しよう。

百年前にはユダヤ人解放運動の発祥地だったところに、十九世紀の八〇年代初頭、最初の国際的「反ユダヤ人会議」があり、現代の反ユダヤ思想が誕生した。宗教的な動機からだけのユダヤ人憎悪ではなく、これに社会的、生物学的な要素を加えたものだ。一八九三年の帝国議会には十六人の反ユダヤ主義政党の議員がいた。地主同盟、ドイツ国粋主義店員連盟といった影響力のある団体は、「ユダヤ人およびユダヤ人を祖先とすることが証明できる人物」を除名した。「全ドイツ連合会」のような大組織がすっかり反ユダヤ思想に染まっていたことは当然だ。農民や従業員の連合会に組織されている通常の住民層と同じに見られないように、多くの学生組合がユダヤ人学生の加盟を拒んだ。

世紀の変わり目頃の反ユダヤ政党の盛況は一九一四年まではつづかなったが、超党派的な、いわば「社会的」反ユダヤ思想がその分だけ成功していた。この頃の反ユダヤ的な偏見は一種の共有財産で、労働者階級はさほどでなかったが、あらゆる社会階層に広まっていた。この過程で生物学的人種観が現代の反ユダヤ思想のイデオロギー的安定にとってますます重要になっていった。ハンブルクの歴史家、ヴェルナー・ヨッホマンはこの点について『解放と反ユダヤ思想／歴史的結線——帝政ドイツの反ユダヤ的〈ユダヤ人問題〉』で次のように書いている。

「反ユダヤ思想をもつ政党が没落したこと自体が、過激な反ユダヤ主義者たちの小さなセクトやサークルの間で人種主義的な反ユダヤ思想がますます激しくなっていくことに役立った。これらの小グループ、極小グループのなかで、反ユダヤ的な政治観が育ち、これにナチズムが簡単に結び付いた。広範に広がっていた〈社会的な〉反ユダヤ思想は、こういう考えとの直接の関係はほとんどなかったが、ワイマール共和制、〈第三帝国〉のころに反ユダヤ思想にもとづく犯罪的政治に対する抵抗力が決定的に弱まったのは社会的反ユダヤ思想のせいだった。」

ナチズムの支配はドイツの歴史のうえでの偶発事だった、と片づけるわけにはいかない。帝政ドイツがナチズムのためにどういう下準備をしたかは、両方の体制が同じだということからは説明できない。その下準備は、ドイツの世界支配という大目標も含め、理念・物質の両面で数多くの要素を採用することができた点にある。ナチズムは前の時代の想像力も及ばぬほどこの大目標を膨張させたのだが、事前の準備がなければこうした膨張も不可能だったろう。

歴史家アンドレアス・ヒルグルーバーは『失敗した大国——一八七一年から一九四五年のドイツ帝国のスケッチ』で次のように書いている。

「大ドイツ帝国の没落を意味する一九四五年の世界史的転換点から遠ざかれば遠ざかるほど、歴史家としての私には四分の三世紀のドイツ史がそれだけで完結した統一体だった、との印象が一層強まる。ビスマルク時代、ヴィルヘルム期、第一次世界大戦、ワイマール共和制、そうして第三帝国と第二次世界大戦とを区切る時代の切れ目にかかわりなく互いを結び付けている要素、一貫した流れは、多くの断絶、新出発こそ現代ドイツ史の特徴だとみなしているとりわけドイツのたいていの同時代人が意識している以上にはっきりと浮かび上がってくる。」

この要約は明確だ（ただし、アンドレアス・ヒルグルーバーについては重苦しい問題との関係で後述する）。

今日の息子、娘、孫の世代は、十五年に近いワイマール共和制期の弱々しく気乗りのしない時期を含め、一八七一年から一九四五年にいたるドイツ帝国の歴史は過ちであった、とみなすだけの大胆さ、独立心をもつべきだろう。口先だけで義務的にナチズムとは距離はとるものの、本質的には七十四年間の時代全体を正当化するばかりの歴史観をきっぱりと捨てるべきだろう。たまたまある国に生まれたからといって、自分の国の歴史を擁護したり、美化する必要などありはしない。歴史を判断するのに、国籍を尺度にすることはできないし、そうするのは許されることでもない。自分の故郷、自分の国に深い愛着をもってはいても、他の国にあてはめる評価の基準と自分の国へのそれとは不可分だ、ということを承認することはできる。

人間としての方向性の喪失が第三帝国において頂点に達したことは疑いない――そのひどさは、第三帝国の無茶苦茶ぶりに見合っている。しかし、第二の罪はこの方向性の喪失を現在にまで持ち込み、あの当時の立場からの議論を続けている。人間としての方向性の喪失は今も残り、これからも長く続くだろう。これこそ一八七一年から一九四五年にかけてのドイツ帝国の歴史の遺産のなかでも、もっとも不安な残存物だ。

レジスタンスとその敵対者

悪用された少数者

この章で扱うのは、一九三三年から一九四五年にかけてのドイツのレジスタンスの歴史ではなく、それを取り巻く政治的な分野である――このレジスタンスの名声と偉大さをもっともはっきりと示しているのは、これがナチズム賛成の大海のなかの小島のような存在だったことだ。ドイツのレジスタンスは、ナチズムに**賛成する**民衆の興奮という大宇宙の中の小宇宙だったのだ。

ドイツのレジスタンスを評価することばを探すなら、「勝利の栄冠」ではなく、「特別な地位」ということになる。この時代のレジスタンス全体のなかで、もっとも長期間つづき、もっとも孤独なのが、ドイツのレジスタンスだった。

国民が支えたのではなかった。

ドイツのレジスタンスは、アリバイであり、まったく不適切な機会にまったく不適切な人物の式辞に濫用される、たんなる飾り物として悪用されている。ヒトラーに反対したドイツのレジスタンスについての公式な、いわば国家としての解釈の特徴は、特定の局面、ことに後述する一九四四年七月二十日の事件に限定されていることだ。ある方面のレジスタンスがけっして「人前にでる」ことなく、したがって通常は保守政党から社会民主党にまたがる全政党に簡単に無視されているのは、西ドイツでこのテーマが誠実に扱われていないことを鮮やかに示している。つまり、社会民主党の左、ことに共産主義者のレジスタンスのことだ。政治的な立場からナチズムにレジスタンスをしたなかで、もっとも多くの血を流したのは彼らだったのに……。

共産主義者たちは自ら独裁制を打ち立てようとしていたのだ、というのが無視の理由とされる。たしかにそうで、ソ連に対する奇襲がヨーロッパの心臓部に独裁制を招き寄せたおかげで、彼らはドイツの東半分にも独裁制を確立した。しかし、だからといってドイツ共産主義者のレジスタンスの歴史的事実まで軽視したり、完全に無視したりしていいものだろうか。こういう機会主義に首を突っ込んでしまう社会とは、なんと不安定で脆弱だろう。しかし、ここにはもう一点、ヒトラーは反共主義という「この点では」「いずれにせよ正しかったのだ」という多くの人間の考えが隠されている。われわれには何を相手にしなくてはならないかが分かっている。非民主的、非人道的で、ナチズムの時代から生き延びてきた反共主義だ。西ドイツではこの反共主義は相も変わらず、しかも最上層部にいたるまで姿をみせている。またスターリン主義、ポスト・スターリン主義的な相手との闘いでは、ともに全体主義的な危険思想をもつ兄弟の間の空騒ぎの闘いであることも証明している。「第二の罪」というわくのなかでもきわめて重要な問題なので、本書でもこれに一章をあてよう。

レジスタンスは危険なものなのだから、国民全体が英雄になれるわけはない、という異論がいつも繰り返される。たしかにそうかもしれないが、そういういい方は話を間違った方向にもっていく。というのは、ナチズムに反対するレジスタンスの規模が小さかったのは、当時のドイツ人が英雄ばかりではなかったという当然の事情によるのではなく、大多数がナチズムに共感していたという事情による。ドイツのレジスタンスに大衆的基盤が欠けていたのはこのためなのだ。

レジスタンスにはあらゆる社会階層の人びとが加わっていた。しかし、たとえ次第に弱体化したとはいえ、明確な政治的態度としてのレジスタンスが労働者階級の間に一番はっきりと根を下ろしていたことに疑いはない。第三帝国では、政治的カトリシズムと告白教会といったキリスト教の反ナチス勢力の代表者たちよりも左翼の方が多く犠牲になった。しかし、レジスタンスをしたのは彼らだけではなかった。中産階級、大小のブルジョア階級、軍部、貴族（最後の二つはよく重なっていた）も同様に血を流したのだった。

ドイツのレジスタンスは規模が小さいのに、内部は多様だった。**積極的な**レジスタンスに加わった人たちだけでなく、どの場合もレジスタンスはごく少数だけのことだった。あの時代が終る一九四五年ころに破局が見えはじめ、敗戦がはっきりしてきたとき、不穏な状態がいわば増殖していったが、レジスタンスは質的にも量的にも本当の意味では拡大しなかった。

ナチズムに反対するレジスタンスがヒトラーの権力掌握直後に弱体化していったのは、さまざまな理由がある。まずはナチスの抑圧機構の完成したことにもよるが、当初はハーケンクロイツに反対だった国民の大多数が次第にヒトラーの気違いじみた考えに染まっていき、何百万もの先輩のあとを追って同調者ないしは心からの信奉者になっていったからでもある。勢力関係は明々白々であり、これは第三帝国が没落するまで変わらなかった。
消極的なレジスタンスをしていた人の数が積極派をはるかに上回っていたのは当然だ。ナチスの時代全体を通じてヒトラーを拒否したか、あるいはのちに拒否するようになった消極的なレジスタンス参加者はけっして少なくない。たとえ消極的レジスタンスから積極的レジスタンスへの壁を超えようとせず、ないしは超えられずにいたとしても、この人たちはナチズムの反対者だったと主張する権利がある。私自身の経験では、消極的レジスタンスはむしろ多くの場合、意識的な反省や分析の結果ではなく、**人間として誘惑に身をまかせない態度**からくる。一九三三年以前にショーヴィニズムとナチズムへの防御・拒絶が深められていれば、それだけナチスのプロパガンダによる破滅への誘惑に対する免疫性が高かった。

レジスタンスが困難だったもう一つの本質的な理由は、**国家**に反対する一切の反抗はいわば神に対する冒瀆、死罪にあたるとみなす伝統がドイツにあることだ——もちろんこの国家が権威主義的ないしは全体主義的だとしてのこと。民主的な国家にたいしてはまったく別だった。ワイマール期の第一共和制は原則の例外だ。国家に対するレジスタンスなど考えられもしなかった伝統主義者は一九一八年以降、国家を代表していた議会制にたいして闘いを挑む義務があると感じていた。ドイツの保守主義は、いつでも何に対して忠節を守り、何に対して守らないのかをしっかりと見ていた。

ナチズムに対するドイツのレジスタンスは、当然のことながら国家に対するレジスタンスでもあった。歴史がナチズムに有利に働いていた分野はほかにも数多いが、この場合もきわめて特殊なお上への従順さがナチズムを助けることになった。こうした従順ぶりの古典的な産物がハインリヒ・マンの小説『臣下』に登場するディーデリヒ・ヘスリングという人物だ。

ヴィルヘルム期からワイマール共和制を過ぎナチズムの時代にいたる間の個別の安定要因には、まず第一に国家と祖国、支配と祖国とを同一化する態度があげられる。ただしこの同一化は、一般の考え方では一八七一年から一九一八年の間の帝政期にも一九三三年から一九四五年のナチズムの支配期にも当てはまるのだが、多くのドイツ人にとってワイマール共和制の十五年間には**あてはまらない**ことが特徴だ。

前述の時期には、支配体制と祖国とを等置することが国民の生活感情だったことは当然だが、このことから国家に対するレジスタンスは祖国に対するレジスタンスでもある、との誤った結論がでてくるのは避けられない。

以上、要約すればこうなる。帝政期・ナチス期の、短い統一ドイツの歴史のなかで、国民の大多数は国家と祖国とを同一視するのを当然のこととしていたが、一九三三年からのドイツのレジスタンスの悲劇はこうした歴史的背景のもとに展開されたのだ。

ドイツのレジスタンスが比較的小規模だったことを説明するのに、こうした基本的事実を知らないですますわけにはいかない。ドイツ人たちはナチズムに要求されたことを歯を食いしばりながら我慢したのだ、という話はよく聞かされるが、事実はそうではない。こういう擁護論は、大多数の国民の積極的かつ熱狂的な参加がなければナチス支配期があれほどの成果をもたらすことができなかった、という事実を否定することになる。ナチスの支配体制と祖国とがじつに完全に等置されていたので、当時の市民の大部分は「ナチス体制」という概念さえ知らなかったくらいだ。こんな言葉を使うのは、ナチスに反対する人間の言葉の特徴だったのだ。

ナチズムとドイツが等置されていたことを示すもう一つの証拠は、ヒトラーがヨーロッパと世界に対して始めた戦争を祖国の防衛戦争ないしは他の戦争同様だ、と解釈し直すことだ。歴史的真理をこのように歪めることは今日でも変わりがない。

この点についてはのちに一章をあてるが、ここではさしあたりのところ、戦争の性格をそういうふうに解釈し直すことは、ナチス国家と祖国の同一化がいかに進んでいるかを示している、ということをいっておく。一九三九年九月一日の開戦までヒトラーを拒否していた人びとでさえ「祖国の命運がかかっているいま、内部の不和はお終いにしなくてはならない」といいだすので驚いたことを私は覚えている。妙な論理だ。ヒトラーが人類史上かつてない不幸を檻から放った時点、武力によってヒトラーが犯罪的な体制をドイツ国境のかなたにまで拡げ始めた、つまり他の民族を軍事的に抑圧し始めた瞬間に、「祖国の命運」が問題とされる。こうした議論が消極的レジスタンスの周辺にまで及んでいたとしたら、ヒトラーに無関心だったり、同意したりしていた人びとになにが期待できたろう。

換言すれば、戦時中のドイツの反ナチズム・レジスタンスは、道徳的にかつて経験したのと同様の困難にでくわしたのだ。ナチス国家と祖国を互いに等置する人にとっては、レジスタンスとは内乱であり、国家に対する裏切りにほかならなかった。自分の首切り役人に喝采をおくっている当の民族を含む全人類に対するナチズムの犯罪、その頂点がヒトラーの戦争だ、と考えるドイツ人はどんなに周囲から切り離されていたか——当時の経験を欠く若い世代にこれが想像できようか。ドイツのレジスタンス以上に孤立したものを想像できようか。ドイツ軍に占領されていた他のヨーロッパ諸国のレジスタンスには、同様の困難はなかった。外の敵、外国の支配者を目の前にして、敵への協力者も含め、敵・味方の関係は明白だった。

ただし、亡命中のドイツのレジスタンス参加者のなかには、ドイツもナチスに「占領」されているのだ、というテーゼを長らく悲劇的に信じていた人びともいた。故郷を追われた公然たる反ナチス派の人びとがこういう意見だったのは――本当にそう信じていたのか、それとも見知らぬ人たちの間で底無し沼にはまり込んでしまわないように、との自己保存欲からだったのかはともかくとして――当時の衝撃的な真相だ。その好例が一九七八年に死亡した作家アルフレート・カントロヴィッツで、かれはドイツ亡命文学の番人でもあった。彼は三十年近くもドイツ共産党・社会主義統一党の党員だったあと、一九五七年に脱党したのだが、一九三五年にパリの避難先で次のように書いている。

「わが祖国の敵は、ドイツの地にいる褐色の占領軍だ。」

当時のカントロヴィッツにとって、ヒトラーとドイツの両者は統一のできないものだった。彼が常に繰り返していたのは「ドイツ人とナチスを取り違えるな」というアピールで、これを亡命先のフランスにもアメリカにももってゆき、ドイツが外の世界で孤立の度を加えるにつれ、一層この立場を擁護していった。

まず東ドイツに、そして西ドイツに帰ってきたあとになって、カントロヴィッツは「ドイツの地にいる褐色の占領軍」が重要ではなかったことを教えられた。六〇年代半ばになってハンブルクで書いた『ドイツ日記』に、生涯の過ち、七十歳近い人物の愛国的幻想が告白されている。

「今世紀の三分の二が終わろうとしている今、随分と経験を重ねてきたあとの今になって私に分かってきたことは、年長の世代のドイツ人の大部分がヒトラー帝国とドイツを等置し、自らとヒトラー帝国とを同一視したこと、この〈民族共同体〉を離脱したり、これから排除されたすべての人びとは留保をつけないと仲間に入れなかった、ということだった。ヒトラーはわれわれ亡命者が主張していたほど非ドイツ的ではない、との意識は長らく抑圧されてきたが、これが最近二十年の私のわずかな作品の中に見えてきている。かつて保証されていた人権が法的に失効したことはけっして不幸な偶然ではなく、二十世紀ドイツ史の構成要素だった、と告白しなくてはならない。ドイツ人への私の信頼は盲目、私の帰属感は不動だった。あのころ、私はヘルダーリンの『ヒュペーリオン』からの有名な引用を思い出していた。〈そこで私はドイツ人の中へ入っていった。私は多くを要求してはいなかった。少しでもいいから見出せばいいと思っていた。謙遜な態度で私はやって来たのだ。故郷を失った盲目のエディプスがアテネの門に近づいていたときのように……〉

私は謙遜ではなくなっていた。」

ナチズムに対するドイツのレジスタンスはけっして人気のあるテーマではない。これは以前もいまも変わりはない。ヒトラー殺害を目的としていたいくつかの試みを別とすれば、ナチズムの支配を内側から打倒するだけの力は多分なかった。しかし、これらの試みが戦前あるいは戦争勃発後に成功していたとしても、国民の態度ははっきりしていなかったろう。例えば高級軍人の初期の暗殺計画、ないしはミュンヘンのビアホール、ビュルガーブロイ・ケラーでの一九三九年の襲撃が成功していたとしても、民衆の多くがどう動いたかははなはだ問題だ。後になってからの話というのは、自己欺瞞、事後的な願望ないしは正当化によるところが大きく、本当のところとは一致しないことが多い。第二次世界大戦の結末が誰の目にも明らかになっていたころの一九四四年七月二十日の事件が、別の結果に、つまりヒトラーが爆死することになっていたとしても、ナチズム支配が無条件に崩壊していたとはいえない。こうみると、それ以前にどうなっていたかは大いに疑問というほかない。

私がここで語っている仮説は証明することはできない。しかし、年齢からいって第三帝国に責任のある、一九四五年前後の世代の行動と五十年近くも付き合った上での結論だ。体制の側からみて、国民の政治的意見がナチスの抑圧機構を必要としていたかといえば、おそくとも一九三六年のオリンピック以後の抑圧機構は余計だとはいわないまでも人員過剰だった。親ナチス的な賛同の意見やナチス国家と祖国との同一視に照らしてみて、強制収容所体制の超充実ぶりは馬鹿げていた。

もちろんこれは歴史を仮定した場合のことで、実際には抑圧機構、殺人機械なしの第三帝国など考えられはしない。しかし、私の仮説では、ナチズムが支配確立後の数年間に民衆の心に入り込み圧倒していったことを示すことだけが問題なのだ。ドイツの積極的なレジスタンス、ことにヒトラーの逮捕ないし殺害を目的としていた軍部のレジスタンスは、民衆のヒトラーに対する集団的賛同、「総統」へのある種の惑溺を承知していたため、暗殺が成功した場合、一体どうなるだろうかというのが最大の心配の種だった。

これとの関連で、一九四四年七月二十日事件に対する西ドイツの国家としての公式の関係、公式の儀式としての顕彰と、これとはどうしてもそぐわない裁判の実際との矛盾に関して、二、三の点をやや詳しく述べることにしよう。まず、七月二十日事件はドイツの全レジスタンス運動のなかで組織的に過大評価され、またその中心としての地位を与えられている。これに参加した人びとはある種の看板になっていて、これ以外にはほとんどレジスタンスはなかった、という印象を後の世代の多くの人たちに与え、伝説になってしまったほどだ。しかし、伝説というのは現実にヴェールを被せるだけのものだ。その好例が暗殺事件のカリスマ的な主役であるクラウス・フォン・シュタウフェンベルク伯爵で、最初から反ヒトラーだったと持ち上げられているが、これは事実ではない。むしろシュタウフェンベルクは一九三三年以後もずっとあの耐えがたい事態に協力していたのだが、自らの命を賭けてこれを終わらそうとしたのは後になってのことだ。シュタウフェンベルクは始めヒトラーの傍らにいてヒトラーと共に爆弾の犠牲になろうとしていたのだが、事件が成功した場合の彼の政治的重要性を考慮した仲間たちが説得してやめさせたのだった。

一九四四年七月二十日の事件に参加していた人びとのなかには、はじめからのナチズム反対派もいて、彼らは妥協せず、第三帝国にいささかも心を動かされることはなかった。失敗に終わった暗殺事件のシンボルであるシュタウフェンベルクはそうではない。しかし、だからこそ彼の功績はいっそう輝かしいのだ。古き世代の末裔の一人として、長らく国家への服従というモラルの中で育ってきた彼ははじめナチズムを信奉し、のちに断固としてこれに反対したのだが、こういう道を辿る人がもっと多かったらよかったのだ。

さすがに今はいないが、かなりの数の西ドイツ市民が何十年ものあいだ、反逆者たちは国家危急の際に祖国を裏切り、内乱罪・外患罪を犯したのだ、と考えてきた。にもかかわらず、一九四四年七月二十日事件だけは公式にほとんど国の記念日なみの地位を与えられてきた。ところが、第二の罪の支配下にある西ドイツの代表者たちの調子はずれぶりは、ナチズムの犠牲者たちの世界に対して内面的なつながりを欠いていて、悪名が高い。初代大統領テオドーア・ホイスが事件から十年たった一九五四年七月十九日、ベルリン自由大学で行った演説はとくにひどい。

「告白することを許され、感謝することができて、ドイツ人の魂は感動している。誇り高い死によって国民の命に贈られた遺産に感謝している。」

こんなひどいことはあろうか。古代ローマ人は世界史のなかでの自分の役割に無邪気なまま、古いラテン語の表現「祖国の為に死ぬは甘美なり、名誉なり」を信条としたが、ホイスの発言はこれの不誠実なバリエーションだ。当然のことながら、一九四四年七月二十日事件の犠牲者たちに死刑を執行した連中はどうなったのか、という問いが浮かび上がってくる。

彼らに焦点を当ててみよう。徹底的な調査をするイェルク・フリードリヒが『冷たい恩赦――西ドイツのナチ犯たち』（フィッシャー書店）に書いているフッペンコーテンのケースだ。

ヴァルター・フッペンコーテンは「七月二十日事件特別委員会」で、ハンス・オースター将軍、ハンス・フォン・ドーナニー帝国最高裁判所顧問官、ヴィルヘルム・カナリス海軍提督のケースを取り扱った。帝国治安本部の建物が一九四五年二月に爆撃で大破したあと、事件に加わっていたフォン・ドーナニーは首都の警察病院に、他の二人はザクセンハウゼン＝オラーニエンブルク、フロッセンビュルクの強制収容所に移送された。帝国治安本部長エルンスト・カルテンブルンナーはフッペンコーテンに対して主任検事を命じ、レジスタンスに加わっていたディートリヒ・ボンヘッファー、ゲーレとカール・ザック博士も含め即決裁判を開くよう命じた。フロッセンビュルクの即決裁判の裁判長はミュンヘンの親衛隊‐警察裁判所の主任裁判官オットー・トーアベック博士で、二つの強制収容所では所長が「陪審」を務めていた。被告全員とも死刑を言い渡された。ザクセンハウゼンのフォン・ドーナニーは担架に乗せられたままだった。

ヴァルター・フッペンコーテン主任検事は全員に死刑を求刑していた。

一九四九年十二月、四十二歳になっていたフッペンコーテンはアメリカ軍から釈放された直後、ミュンヘンの検事局に逮捕され、ミュンヘン地方裁判所に殺人の罪で起訴された。一九四五年四月九日、ザクセンハウゼン・オラーニエンブルク、フロッセンビュルクでの死刑執行から六年後、ミュンヘン地方裁判所はフッペンコーテンに無罪を言い渡したが、その理由たるや「処刑されたレジスタンスの闘士は当時の法律に照らして内乱罪・外患罪に相当する」という理解しがたいものだった。

しかし、フッペンコーテンは刑を免れたわけではなかった。「七月二十日事件特別委員会」の検事としては無罪だったが、帝国治安本部の役人としては三年六か月の懲役となったのだ。その判決理由は、西ドイツの陪審裁判所（訳注＝地方裁判所内に設けられている）がナチズムの犯罪をどんなに形式的に取り扱うかを実に奇妙な具合に示している。「ハンス・フォン・ドーナニーは担架に乗せられて判決を受けたとき、まだ完全には治癒していなかった」が、主任検事フッペンコーテンの職場は帝国最高裁判所顧問官ドーナニーの「指揮下にあり」、したがって彼の判決は「職務中の傷害」に相当する、というのがフッペンコーテンを有罪にしたミュンヘン地方裁判所の判決理由なのだ。

しかし、西ドイツの民事・刑事の最高裁判所である連邦通常裁判所はこの見解には同調しなかった。一九五二年二月十二日の修正判決では、ミュンヘン陪審裁判所が「即決裁判所のいわゆる判決なるものが、実際には判決の形をとった恣意的な権力の要求にすぎず、委任をした人間の希望または命令に従うものであった可能性を排除していない」と述べているが、これこそが当時の現実と一致している。

ミュンヘン地方裁判所での第二審には、あらたにフロッセンビュルクの即決裁判の裁判長、親衛隊－警察裁判所の主任裁判官オットー・トーアベック博士も被告として加わったが、ザクセンハウゼンでもフロッセンビュルクの強制収容所でも法律違反はなかった、という結論だった。レジスタンスの闘士たちに対しては法的な事情聴取がおこなわれ、結論が出され、三人の軍事裁判官を前に審理はおこなわれ、判決は多数決、理由を付けて明文化されている、というのだ。

これは、西ドイツの法律家が「犠牲者の側から」考えることができず、その一方でナチ犯たちの世界へは深い内面的な結びつきをみせる、ほんの一例にすぎない。この点についてはのちに詳論したい。

フッペンコーテンとトーアベックは一九五二年十一月五日、殺人については無罪判決をうけた。フッペンコーテンはミュンヘン地方裁判所の中庭で崇拝者たちの歓呼の声に迎えられたが、連邦通常裁判所はこの判決は「審理不十分」だと判断、アウクスブルク地方裁判所に移管した。

連邦通常裁判所が不満としたのは、二人の被告の無罪判決理由が、犯人に有利にはたらく構成になっている点だった。即決裁判所での審理とはべつに、帝国治安本部からの処刑命令があったかもしれない。この場合、死刑判決ではなく、ベルリンからの命令こそが死刑執行の原因だった、というのだ。

アウクスブルク地方裁判所も一九四五年四月九日の出来事についてミュンヘン地方裁判所とはまったく別の見方をとった。一九五五年十月十五日の判決にははっきりと、レジスタンスの闘士たちはヒトラー、ヒムラー、カルテンブルンナーらの途方もない破滅願望の道連れにされた、と書かれている。即決裁判所の狙いはもっぱら敵の絶滅にあり、これは一切の適法性を欠いていた、というのだ。以下に原文を引こう。

「これによれば、形式的な規則の遵守も、当時の法律の規定に基づき内乱罪もしくは戦争反逆罪あるいは他の犯罪行為による死刑が客観的に可能であったか否かも、ともに問題とはならなかった。……両人には認識しうるし、かつまた両人が認識したとおり、命じられた訴訟手続きはこの殺害に正当性の仮面、つまりさしあたり必要な関係書類を調達するという目的をもっていた。」

訴訟手続きの対象であった事件についての、現実と完全に一致するこうした明快な解釈にもとづいて、アウクスブルク地方裁判所はフッペンコーテンに懲役七年、トーアベックには四年の判決を下した——依然としてむしろ寛大な判決ではあるが。

被告は上告し、訴訟は七年目にして三度目に連邦通常裁判所に持ち込まれた。二人の被告は、アウクスブルクの担当裁判官がかつて人種的にかつまた政治的に迫害をうけた経験から、ナチズムに対して「ファナティックかつ深い憎悪」をもっているため、「不公正」であると異議を唱えた――このことが、フッペンコーテンとトーアベックの二人の目には一九四五年から十一年たった後になっても、誤ったことであり、理解できないことと映ったのだ。

今度は連邦通常裁判所がこの論法にいささか耳を傾けることになった。というのは、一九三七年から四五年までナチスの帝国裁判所に属していたヘルマン・ヴァインカウフが所長になっていたからだ。事件はクライマックスに達した。

連邦通常裁判所第一部は、一九五六年五月二五日付けの判決理由にこう述べている。

「レジスタンス運動における活動の故をもってレジスタンスの闘士を裁かねばならず、異論の余地のない訴訟手続きによって犯罪の証明を行った裁判官は、当時の法律に従った結果として、レジスタンスの闘士にはより高度の、国法による処罰の上位におかれる抵抗権という視点から超法規的な緊急事態という違法性阻却事由があるのではないか、と思考せず、反逆罪・国家反逆罪ないしは戦時反逆罪の故をもって有罪と認識し死刑に処すべしと信じた場合には、刑法の見地からは今日非難すべきものはない。」

西ドイツの裁判官の頭がどんなに曲がりくねっているかがよく見える――このヴァインカウフの場合などは、自己免責のためだということがあまりにも明白だが、連邦通常裁判所第一部の判決理由の、次の部分はもっと露骨だ。

「トーアベック博士がフロッセンビュルク即決裁判の裁判長として殺人幇助の罪を犯したか否か、の問題にとって決定的なのは、一九四五年四月の出来事が今日の視点からどう見えるかではない。かような回顧的評価は被告にとって正当とはいえないであろう。抗告人の刑法上の犯罪を判断するにあたってはむしろ、彼が従い・フロッセンビュルク即決裁判の法廷に立たされたレジスタンスの闘士たちが反対していた当時の法律の苛酷さに鑑みて、行為時の法状況及びその他の与件からみたる抗告人の任務を考慮すべきである。その際出発点となるのは、国家にも自己主張権がある、ということである。」

ホイス大統領が「誇り高い死によって国民の命に贈られた遺産」に感謝したあとにでた、司法の最高機関の判決がこれなのだ。

ナチス国家がレジスタンスに対して、この場合は一九四四年七月二十日事件の闘士に対して自己主張する権利がある、とのヴァインカウフの擁護論にもかかわらず、そして七月二十日事件の犠牲者に対してドイツ連邦共和国が七度目の公式賛辞を贈ったあとになって、トーアベックは無罪、フッペンコーテンは奇妙なことに六年の懲役になった。フッペンコーテンの判決理由はまたしても西ドイツの裁判官の心情を覗かせている。フッペンコーテンは上司のカルテンブルンナー帝国治安本部長から判決の確認をもらうことを忘れている、そのかぎりでは処刑は違法性をもち、検事としてのフッペンコーテンはこの点から処刑を妨げる義務を負っていた、というのだ。核心の部分はこうだ。

「判決確認が欠如するため、レジスタンスの闘士の殺害そのものが違法である。」

言い換えれば、帝国治安本部なる殺人機械の長であるエルンスト・カルテンブルンナーがこの確認をしていたならば、一九四五年四月のある朝、一九四四年七月二十日事件の闘士がザクセンハウゼンとフロンセンビュルクで死刑執行人の手に渡されたことにまるで問題がなかったことになるというのが、西ドイツの最高司法機関の見解なのだ。

フッペンコーテンがカルテンブルンナーの判決確認を断念したことだけが、役所における絶滅行為のうちでただ一つの問題点とされたのだ。一九六五年にベルリンで始まった「七月二十日事件に関与した人びとの訴追、有罪判決、処刑」を調査する捜査手続は、一九七一年三月十二日付けで、内乱・外患罪は「とくにナチズム的な規定とはいえない」と、次のような結論に達している。

「であるから、レジスタンスの闘士たちに対する判決が法の核心部分にかかわるかのように、簡単に前提してはならない（原注＝ゲルデラー、フォン・ハッセル、フォン・ヴィッツレーベンら一九四四年七月二十日事件に加わった人物への訴追をいう）。以上すべてを総合して、一九四四年七月二十日のレジスタンスの闘士たちが処刑されたのは、最低限度の法的訴訟手続を無視し、従って見せ掛けの訴訟手続によって死刑判決をうけたものであると、必要な確実性をもって証明することはできない。」

この理由書が書かれていたころには、「民族裁判所」長官ローラント・フライスラーが七月二十日のひとびとを「変質者」、「敗北主義の意気地なし」、「卑劣な悪党」、「汚物の山」などと罵っている光景を示す映画の場面、記録文書が一般の目に触れるようになっていた。こんなことがあったのに、ベルリンの捜査手続を担当した裁判官たちは、レジスタンスの闘士たちに対する訴訟手続が「最低限度の法的訴訟手続」を欠くものではないとの意見を変えることがなかった。

法律家たちのこういう実際と、裁判に裏切られ、侮辱されたあの歴史的事件の犠牲者たちを西ドイツが公にむやみと褒め称え、彼らを悪用するという、札付きのことやっているのとを比べてみるがいい。

ドイツ第二民主制はナチズムへの関係をきちんと清算せず、ナチズムへのレジスタンスについてもろくにはっきりさせていない。一九四四年七月二十日とその遺産に対する対処の仕方は、このことを白日の下にさらけ出している。

イェルク・フリードリヒは『冷たい恩赦——西ドイツのナチ犯たち』で、以下のように結論づけている。

「西ドイツでは一度もナチズムを正面から取り上げたことはない。正面から粛清したことも、正面から復権させたことも、正面から刑事訴追したことも、正面から恩赦したこともない。レジスタンスが正面から受け入れられたこともなく、その処刑人たちが正面から批判されたこともない。ヒトラーの法秩序が正面から無効とされたこともなく、承認されたこともない。……西ドイツはこれらすべてを正当化するための構造物だったのだ。西ドイツはナチスの民族共同体の成員とその敵の、烙印を押された者と良くも悪くもない者の、そして迫害する者とされる者との祖国だった。この裂け目は西ドイツについてまわってきた。」

第二の罪の定義としてこれ以上に優れたものはまずない。

基礎——犯人たちとの大いなる和解

われわれの間に残った人殺したち

一九四五年のドイツの社会に、体面を汚していない権威は一つとしてなかった。……ナチズムへのレジスタンス運動から生まれてきた政治的な構想はヨーロッパの統合という漠然とした希望だけだった。体面を保っている権威を求めようとすれば、とうに過ぎ去った皇帝時代のドイツ国家で育った人物にまで遡らなくてはならなかった。いかにも古臭い父親権威の支配が始まった。「国家」を代表するのはこの権威にまかされ、リビドー的なエネルギーは経済の領域に集中していた。

ミッチャーリヒ『哀しむ能力のないこと』

非ナチ化からグロプケへ

アデナウアーの時代は西ドイツの復古時代、伝統的な社会状態を維持した時代だ。伝統的な社会が根本的に変えられたことがない以上、これを再興したというわけにはいかない。所有関係についていえば、ユダヤ人少数派に対する国家の手による略奪を除けば、ワイマール共和制と第三帝国との間には、なんの断続もない。しかし、ナチズムの時代から西ドイツへの移行にも、計画的・組織的な真の変化があったわけではない。「財産没収」が行われたとすれば、戦いによる惨禍があったところだけだった。

西ドイツの復古には二つの面があって、同一の歴史のメダルの両面に対応している。一つは心理学の側面で、他の一つは物質的なものだ。心理学的な側面についてては、すでに述べもしたし、これからも述べることになる集団的情動やその他の態度との関連で話題にした。

「基礎——犯人たちとの大いなる和解」の章では、三つの節に分けて復古の物質的側面と今日にまで及んでいるその影響について述べることにしよう。基本となるのは一九四五年からの十年で、つまりこれは一九四九年九月の西ドイツの建国以前に国の内外からの力によって復古が準備されていたということを意味する。

非ナチ化。政治的な態度とその結果にてらして、ほとんど全国民を粛清しようというかつて例のない試みは、ヤルタとポツダムでの連合国の決定に基づいている。ここでは差し当たり、イギリス、アメリカ、フランスの三占領地域、つまりのちのドイツ連邦共和国（西ドイツ）の領土でのもろもろの措置を扱うことにしよう。

非ナチ化は五つのカテゴリーに分けられる。有罪者（戦争犯罪人を意味する）、容疑者、準容疑者、同調者、潔白の五つだ。この際、非ナチ化はアメリカ軍占領地域でもっとも厳しかったという事実、またアメリカの監督官庁が当初から有罪者を寛大に取り扱うかぜんぜん処罰することなく逃がしたがっていた、というのは左翼の側からの抜きがたい伝説だという事実——この二点を言い添えておこう。しかし、粛清をまかされたイギリス人、フランス人のなかには戦闘部隊の一員もいて、彼らはまだ解放された強制収容所の恐怖のシーンのショックから抜け出せないでいた。

起訴は公の原告によって当時の**非ナチ化裁判院**に対して行われ、これがさまざまな制裁措置を決めた。たとえば、抑留、十年までの懲役、財産没収、公職・職業・年金の剝奪、罰金、選挙権剝奪などだ。第二審は**控訴院**といわれた。

ギリシャ神話ではヘラクレスがアウギアス王の汚れきった馬小屋をただの一日できれいにしろといわれた、というよく知られた話がある。事実、彼は馬小屋に激流を流して、この不可能事をやりとげる。戦後のドイツには、ヘラクレスもいなかったし、こんなに強力な水もなかった。

連合国はまずは大真面目に贖罪と正義とを求めていた。もちろん彼らはいわゆる「質問表」に頼り、アメリカ軍当局のオフィスだけでも、一九四五年末にはこれが一二〇〇万枚にもなっていた。ということは、ドイツ人の協力なしにはどうにもならない、ということだった。そこで三占領地域の州首相たちが一九四六年三月、「ナチズムおよび軍国主義からの解放のための州法」を発布、依然として連合国の監督下に置かれてはいたが、非ナチ化はドイツ側の手に移された。

アメリカ地域軍政官ルシアス・クレイは非ナチ化の強力な推進者だったが、その部下が当時の興味深いメモを二通残している。これによれば、第一にドイツの州首相たちは精力的な粛清計画を立案する気持ちが一切ないことが明らかだったこと、第二に当時自由選挙をしていたら、形を変えたナチス政権が成立するだろうとドイツの指導的政治家たちが認めていたこと、の二点がわかる。こうした気味の悪い告白は、ナチズムは「やり方は拙かった」が「いいことだった」とたいていの人びとが信じていることを明らかにした調査でも確認される。公の活動には連合国の許可が前提となっていたから「ライセンス政治家」ともよばれていたが、「最初の政治家たち」は、自分たちの潜在的な選挙民のかなりの部分がどんな危険思想の産物であるかを示すこのシグナルをよく理解していた。この点についてはのちに述べることにしよう。世界史は大変な産みの苦しみを味わっていたが、当時のドイツの多くの人びとの頭の中ではナチズムについて好意的なイメージが変わることなくつづいていたのだ。

それに加え、こうした政治的粛清の試みは多くの疑問をはらんでいた。その問題点が、一体誰が誰を裁くのか、ということなのは明白だった。かつてのヒトラー信奉者が数え切れないほどいるこのドイツで、ナチズムに反対していた、潔白な人びとの潜在力はどれほどのものだろうか。潔白な人がより罪の深い人を裁くのが一番いい場合だが、罪の軽い方が罪の深い方を裁くのはともかく、その逆の場合もある、といった状況が成立してしまった。そのうえ、戦争、空襲、解体の結果——つまり飢餓、寒さ、行方不明の家族、囚われの親戚、つまり心の休まり、食料、燃料、住むところ、これらすべてが欠乏しているという外部の状況もあった。東部の故郷を去った、ないしは去らざるをえなかった何百万の人びとの苦難もこれに加わる。のちに難民問題団体の幹部たちが口にしたがったように、彼らはどこでも「敗戦の緊急共同体」に大手をひろげて迎え入れてもらったわけではなく、警察と裁判所の助力、ときには銃弾を脅しにして、やっとのことで雨露をしのぐ場所を見つけたのだった。

しかし、非ナチ化裁判所では、二つのとてつもない矛盾が拡大していった。つまり一方には目には見えない舞台装置として巨大なナチス犯罪の背景があり、これと、かつてのように制服姿ではなく、みじめな民間服を着て非ナチ化裁判所に立たされている個々の「旧ナチ」たちとの間の矛盾だ。私は一九四六年から四九年の間、ハンブルクでこういう非ナチ化裁判所の現場を何回も見る機会があった。個人的に迫害された恐怖は依然として切実だったが、同情とか自然の共感という感情、情状酌量の理由をさがして寛大な結果を願う気持ちを心の中で抑えることは不可能だった。かつてのナチス党員が面目を失い、権力をかさにきていたついこの間までの半分にも足りないほどに小さくなり、取るに足らない人間でございます、といったポーズをとっている。個人としては「善意から」でたことで、政治的には悪意はなく、誘惑されやすいだけという、被告の立場の人間がいつの時代にもとる態度をみせている。この人間が無罪を唱えているのだ。もはや存在することなく、修理もできなくなった組織のなかの小さな歯車だったにすぎない——少なくとも、告訴された本人はこの組織の解明、自分の関わり合いについてはなにも申し上げることはございません、といっている。皆と同様、自分はヒトラーに歓呼の声をあげたことはないと主張し、それにユダヤ人にたいしては友情を感じている、生きていればユダヤ人の友だちだっていた、と誓っている……。経験豊富で、記憶力もよく、隣人たちの昨日までの心理状態を忘れることなく洞察している各地の非ナチ化裁判院の反ファシストたちの目には、一九四六年から五二年の間の非ナチ化時代の光景は奇妙だった。というのは、れっきとしたかつてのナチス党員が、俳優としての能力に大小はあっても、外に対してはかつての自分と今の自分との間にできるだけ大きな違いを際立たせようと努力していたからだ。

非ナチ化は恥知らずな態度、お構いなしの嘘を山ほど生み出したが、これほどの嘘はドイツ史上かつて例がない。一人一人の詐欺師たちは厚かましいのもいれば良心の痛みを感じているのもいたが、後になって「質問表」やその他の場合についた嘘を告白しても大丈夫ということになると、あれは正当防衛だったのだといいだした。しかし、現在・未来の履歴を保証してくれ、過去を否定するこの嘘は、かなりの西ドイツ国民にとっていい気持ちのものではなかった。いずれにせよ、当時の人びとが集団的にごまかし、自らの誇りを傷つけたことは、国民的性格の強化にはほとんど役に立たなかった。非ナチ化が始まってすぐ、一九四七年にはもう、この動きの鈍い粛清機械は、だれも探り当てることのできなかった秘密のメカニズムのお蔭で、本来の目的とはちょうど反対のものを生み出してしまった。つまり、政治的責任を負わせる代わりに、**名誉回復**が始まったのだ。より明白だったのは、非ナチ化裁判所にトンの単位で送りつけられたいわゆる「潔白証明書」だが、これは「千年王国」の間の政治活動に問題はなかったことを証明するもので、「旧ナチ」がもう一人の「旧ナチ」に発行していたこともよくあった――なによりもその量が印象的だ。全貌をつかみきれないほどの、恒常的に需要のあったこの証明書の背後には、本格的な「免罪工場」、とりわけ教会のそれがあった。ナチズムに対してレジスタンスをしなかったことを二度と非難されないように、とのスローガンのもとに、両方の宗派の主教・監督たちは「新たな迫害」に対して抗議したが、状況が変わってみれば、この抗議はなんの危険を伴うものではなく、かなり多くの人びとがレジスタンスに加わらなかったことを「新たな迫害」への抗議で相殺にした。

ドイツ側はどんどんこういう方向に進んでいったので、アメリカの軍政官ルシアス・クレイ将軍は州評議会第十四回会議の席上で怒りを爆発させ、容疑者を処罰するのではなくかつての地位に戻すために非ナチ化法が公然と悪用されている、「ドイツ民族が公の場を非ナチ化する用意がないなら、ドイツ民族が自治権を回復するのを軍政部は許すわけにはいかない」と苦情をいった。

このあとクレイは机をたたき、「誤解してはならん、非ナチ化は**ぜひともやらねばならんのだ**」と叫んだ。

将軍はここのところで間違っていた。非ナチ化は決して「ぜひともやらねばならん」ものではなかった。クレイは、経済がどうなり、どれだけ時間がかかっても非ナチ化の作業をふたたび連合国の手に取り戻す、とも脅迫したが、それでも容疑のあるナチスを大量に「同調者」ないしは「潔白」に分類してしまう非ナチ化裁判所の実際になんの変化もなかった。役所によっては、第三帝国時代よりもナチス党員が多いところさえあった。三占領地区では約六〇〇万の非ナチ化事案のうち、有罪者と分類されたのは〇・五パーセント、バイエルンでは同調者または嫌疑のはれた者が最高の九十四パーセントに達した。

非ナチ化時代の本当の敗者は非ナチ化裁判院の所員たちで、だれも「非ナチ化党」に入りたがらなくなったあと、労働組合員、社会民主党員が目立つようになり、ますます評判を落としていった。社会民主党はどっちつかずの状態、つまりナチズムに迫害をうけた経験のある党員たちの要求と、非ナチ化裁判所からしだいに手を引いていったブルジョワ政党に対する競争との間で、せっぱつまった状況におかれてしまった。

政治を粛清しようという試みはこういう手のつけられない条件下にあり、惨憺たる結果に終わった。この章はすべてイェルク・フリードリヒの『冷たい恩赦——西ドイツのナチ犯たち』の記録によっているのだが、その彼は非ナチ化とその時代について次のように書いている。

「ナチズムに対して真剣な責任をとるためアメリカ人、ドイツ人がどんなことをしようとも、それはボルシェヴィズムを利し、まるで見当外れの人間に命中し、善意の人を辟易させ、民主主義の信用を落とし、反ユダヤ思想を促進し、ナチズムを前進させ、指導層を憂鬱にし自殺に追いこみ、密告・不信に駆りたて、家庭を崩壊し、経済を崩壊し、神信心と慈悲心を破壊し、一切の洞察を妨げ、かたくなな態度をそだて、法治国家を空洞化し、国際理解を脅かし、正義の人を誤れる人の腕のなかに追い込み、誤れる人を蜂起・反乱に駆りたて、真の新生を妨害するばかりだった。史上、極度の残忍さと極度の愚痴っぽさとがこれほど身近に同居していたことがあろうか。」

非ナチ化のころのドイツ国民の諸相を鮮やかかつあからさまに列挙したこの文章は、非ナチ化のころの混乱の全貌について信頼に足りる印象を伝えてくれる。多くの場合自分に罪がある、深く罪があると感じていながら、これを告白する力のない大人たちが、自分自身を罰するはずになっていたのだ。これでは失敗せざるをえなかった。ナチズムに反対しレジスタンスの勝利を目指す革命が起こらなかったこと――これを埋め合わせるものはないことが証明されたのだ。

しかし、政治の粛清を一場の笑劇に、本来の狙いとは正反対のものにしてしまった国内の推進力と並んで、ドイツ人が自らの過去に精力的に取り組むことを妨げるような国際状況が生まれた。つまり、第二次世界大戦の反ヒトラー連合が崩壊し、米ソをそれぞれの頂点とする二つの対立するブロックが分立したのだ。冷戦の誕生で、きのうの同盟国は今日の敵、かつての敵は今日の同盟国になってしまった。西側の仮想敵は、敗退したナチズムからきわめて元気のいい共産主義の中心・ソ連へと瞬時のうちに移り変わった。新たな力関係の中で、西ドイツの非ナチ化の推進者、ルシアス・D・クレイ自身が、当初はほとんど解決不可能とみえた課題に直面することとなった。

その課題とは、一九四八年六月と一九四九年五月の間、スターリンによるベルリン西側三地区の封鎖に対抗する手段を見つけることだった。当時はまだ原子爆弾をもっていないものの、クレムリンは戦闘状態に入ることを明らかに計算に入れていたが、アメリカとしてはこれを回避する構えだった。クレイは西ベルリンの空の物資輸送路、「空の橋」を考え出した。

クレイの目には非ナチ化は完全な失敗であり、事実としてもそうだったが、かれは二度とこのテーマを公の場に持ち出すことはしなかった。共犯者たちは急激に変化していく世界情勢に足並みを合わせ、目くばせしながら非ナチ化の実施を抑えていた——そして西側諸国は潜在的な同盟相手に対し、過去と対決するという不人気な課題と取り組むよう求めることに重点を置かなくなっていた。

西ドイツ部分国家の大西洋同盟への統合が不可避だったことについてはいくらでも理由をあげられるとしても、その過程はすでにその前段階からして、当時の国民の自己粛清と再人間化とにとって潰滅的な結果をもたらした。これがナチ・イデオロギーのある部分、きわめて本質的な部分を大いに促進するものだったからだ。私のいうのは、非民主的、非人間的なあの反共主義のことだ。これはソ連の独裁と収容所列島とを引き合いに、ヒトラー・ドイツの犯罪的な対ソ侵略戦争も、ソ連領土内でハーケンクロイツの旗のもとでおこなわれたジェノサイドも一緒にして正当化し、自らは民主主義の旗手であると倦むことなく自賛していた。だが実は、反目しあってはいても、宿敵と称している相手とは兄弟関係だったのだ。

非ナチ化がなくもがなの苦難、明々白々な不正を伴っていたこと、「小者は首括られ、大物は歩き回っている」という古い原則がここでも生きていること——これは否定すべくもないし、否定してはならない。ただし、あとから振り返ってみればわかることだが、非ナチ化を拒否する理由を当時の飢餓、住宅難、難民の困窮、寒さ、絶望状態といった状況から説明する議論は、批判的な検討に耐えられない。というのは、ここでいう窮乏に代わって過剰の時代になったとき、同じ人たちが過去と対決する気持ちを一切見せることはなかったからだ。これから判断して、外的な生活状況とは無関係に、たとえ状況が違っていても同じ行動しかとらない生活態度が支配している、との疑念を強める。これが、今日にいたるまで続いている大嘘の素なのだ。

戦後のドイツ人は長らくヒトラー・ドイツ時代の住民と同一だったわけで、その態度は次のように要約できる。ナチズムの黙示録、それが勝利し国境を超えて拡張することに協力し、自国民にとって恐るべき結末を招くことに寄与したあと、彼らはそっとしておいて欲しいと願っていたのだ。ドイツの力づくの要求を拒んだという理由で世界を罰しようと出陣したドイツ人が、あれほどの大殺戮の終わった今、愛を要求していたのだ。

国内政治の面では、一九四六年から五二年の間の非ナチ化の時代の六年は、典型的な状況を示していた。つまり、過去と対決したり、過去の償いをすることへの嫌悪だ。これが、新たにうまれたドイツの諸政党の目の前の赤信号だった。

戦争直後の政治家には、ワイマールの伝統を継いでいる人が多かった。彼らが代表する政党は、犯罪者の国家にたいする国民の蜂起が成功した成果ではなく、ドイツ側の激しい抵抗を排して外から強制された議会主義の産物だった。前民主的ないし反民主的な潮流は強力で、民主的にうまれた政党の一部は、五〇年代の末ごろまではそうした潮流を多少とも公然と体現しているものもあった。決して不思議なことではない。ドイツ第二共和制は、国民の歴史意識が根本から変わる**以前に**定着してしまっていたのだ。このことが各政党の戦略・戦術を本質的に左右し、ヒトラー・ドイツ降伏四十周年のときのさまざまな事件がはっきりと示しているように、西ドイツの選挙民のかなりの部分の支持をえつつ、いまも各政党を規定している。

キリスト教民主同盟・社会同盟とその連立パートナーが五〇年代に圧倒的な勝利を収めたのは、前民主的ないしは反民主的な思考・行動様式に応えてきたからだという事実――ただしこうした後ろ向きの潜在力を吸収・統合・無害にすることによって、という限定をしてのことだが――を否定するのは馬鹿げている。事実、アデナウアー時代のキリスト教民主同盟・社会同盟の政策ははっきりとこういう対応の仕方を示している。しかし、社会民主党も含めた他の政党も課題を直視したとはいえない。十二年のナチス時代との対決は人気を集めることにはならないという意識、かなり多くの選挙民がそのことをはっきりと拒否している事実は、すべての政党がしっかりと計算に入れていた。一般的にいって十二年間の国民の責任は組織的に縮小され、ごく少数の指導的なエリートになすりつけられていた。この事情は今も変わりない。「政治的意思の担い手たち」はかたくなな民衆に向かって、自分自身との誠実な、しかし痛みを伴う対決を迫るかわりに、恥知らずにも当初から大掛かりな免責をして票を集めようとしていた。西ドイツの全政党は、相変わらずナチズムの褐色に染まった選挙民の口のまわりに蜂蜜のように甘い選挙スローガンを塗りつけてきた。これは政治の方向性、道徳的ルネサンス、歴史的明察そして再人間化に破局的な結果をもたらした。

政党がこうした態度をとるのは、民主制の組織そのものの本性、つまり選挙民に依存していることに原因がある。なにも学ぼうとしないナチに対して君はナチだというと、このナチに投票してもらえない――これが西ドイツの選挙民たちの典型的な姿だった。成熟した民主制の歴史のない民主制とはこんなものなのだ。ドイツ第二共和制は類をみない暴力国家の後継者で、戦後ずいぶんたってもそのとおりだった。そして繰り返しておくが、一九四五年以前とまったく同じ人びとの国だったのだ。歴史のある時期の指導者たちは追放されたかもしれないとしても、彼らを担ってきた民衆はそのままだった。民主制下の後継者たちは好むと好まざるとに拘わらずこの民衆をあてにせざるをえず、避けて歩くわけにはいかないのだ。民主制が以前の独裁者を片づけないについては、一定の法則性があることは明白だ。責任追及は民主制というかよわい植物を危険に陥れ、成長をひどく妨げることになる、ひょっとすると完全にダメにしてしまうかもしれないとはよくいわれることだ。犯人たちがよく用いるこの論法は、けっしてドイツの歴史だけに当てはまることではない。危険にさらされている民主制の名によって、道徳的、法的な犯人に対してこうした配慮をするのは、他にもずいぶん例があって気が重い。ムッソリーニ後のイタリア、帝国主義的軍国主義の支配期のあとの日本、フランコのあとのスペイン、サラザールのあとのポルトガル、陸軍大佐の独裁後のギリシア。アジア、南米の独裁者の後を継いだ人たちについてはいうまでもなく、これらの独裁者はひとりとして根絶されていない。だからあとで責任追及される心配のない民主主義者はだれ一人としていない。

そのうえ一層厄介なのは、民主制への配慮はかならずしも、犯人を免責したり、罪を軽くするための口実だとはいえない、ということだ。実際にその心配は本当かもしれない。実に広範な民衆のグループが過去の暴力体制と絡み合っていたという事実、こんなに多くの人がかつての独裁制の政治的・法律的犯罪に結びついていたことをみれば、妥協——それも恐るべき妥協であることがしょっちゅうだが——以外に手はないという苦い認識なのだ。こういう風に絡み合っているからこそ、トップ・クラスの犯人にも免罪を求める声がでてくるのだ。彼らを赦免したあと、自分も赦免されるからだ。

こうした二十世紀の恐るべき真理、民主的な組織が暴力体制にとってかわっても、犯人と受益者はほとんど処罰されることなく退いていく、という真理は繰り返し繰り返し記録されている。こういう貸借対照表のなかで、いわば頂点に立っているのが西ドイツなのだ。

西ドイツが一九四九年に建国されたとき、失敗に終わった自己粛清という基礎の中心部はすでにでき上がっていた。しかしこれはまだ発端だった。一九四八年の社会民主党党大会の席上、民主的社会主義者クルト・シューマッハー党首はこの発端を次のように性格付けている。

「昨日のナチはそのままでいることができ、決定的に変わる必要はありません。彼らはいまや民主制の内容に対して積極的な関係をもつことなく、民主制の形態を操作することができる立場なのです。このことはとくに、ワイマール共和制よりはナチズムの影響を強く受けている官僚のかなりの部分について当てはまります。」

アデナウアー国家のこの基本形は五〇年代半ばに至るまで補強され、完全なものにされていき、「専門家」の勝利にいたる。これはかつて、破壊に大きな役割を果たし、今度は建設する事を許された人びとで、違いといえば今度は悪くいわれないで済んだことだった。

一三一条の人びと

この名称は、他でもないヒトラー・ドイツの公務員に対する社会福祉の規定を憲法の任務として約束した、ボン基本法一三一条に由来する。基本法では、ナチス体制の犠牲者・被迫害者がこういう関連で問題になることはない。

この条項は、ナチス時代の官僚機構のほとんどを西ドイツが採用することに通じていく。

ただ実際には、差し当たり社会福祉の面での規定をしておこうという意図があっただけであることは明白だ。そのことは西ドイツの十一の州議会から選ばれた憲法制定機関である議会評議会の草案をみればはっきりしている。

「一九四五年五月八日に公務にあった官吏および労働者は、再雇用の権利を求めてはならない。」ヒトラーにたいして忠誠を誓った官吏たちにとっては年金ではなく、正にこの点こそ問題だったのだ。ことここに至るまでに、彼らは各地の裁判所で大いに成功を収めていた。のちにアデナウアー内閣で法務大臣を務めたトーマス・デーラーは一九四八年、次のように憂慮している。

「このような判決の流れにはブレーキをかけなくてはならない。一九四五年五月八日に官吏であった、つまりヒトラーの官吏だった人間は官職に対して何の権利もない。しかしながら、財産上の権利については、何らかの方法を講じなくてはならない。」

換言すれば、社会福祉規定の点で、基本法の父たちの考えていた一三一条の規定は避けて通るわけにはいかなかった。少なくとも、当時の政治的リーダーたちの一部が避けたいと思っていたのはナチスの官僚群を再び採用することで、この点についての大がかりな訴訟を前に、ノルトライン・ヴェストファーレン州内務大臣メンツェルは恐怖のシーンを次のように書いている。

「かつてヒムラーのもとのSD（訳註＝ナチスの秘密情報機関）で働いていた連中に復職の権利を認めるなら、ノルトライン・ヴェストファーレン州では彼らを再雇用するために今の警官全員を免職しなくてはならないだろう。これが内政面、財政面でどういうことを意味しているのか、分かっていないところがあるようだ。」

ヘッセンのゲオルク・アウグスト・ツィン法務大臣はこれを補完していう。

「新しい行政機構が辞めた人間たちの再雇用を強制されるような事態は避けなくてはならない。……旧国防軍についても同様で、これは公務だったのだし、武装親衛隊でもあったのだから。」

第一三一条の解釈と本文とはドイツ連邦議会に提出され、多数を占める保守派は一九五一年五月十一日に憲法のいう要請にしたがった。このいわゆる一三一条法は決して原則的な解明はしていないが、大方針は示している。一切の要求を認められていないのは非ナチ化条項のI、IIに該当する人びと、つまり有罪者と容疑者とで、彼らはほとんどかつてのゲシュタポに属していた。再雇用されなかったかつての官吏は、社会福祉の面では請求権があったが、一三一条法はその詳細については定義していなかった。直ちに三十四人の「かつての連中」が連邦憲法裁判所にたいして、自分たちの官吏としての権利、年金請求権は第三帝国の崩壊後も有効である、と提訴した。

この件に関して西ドイツの司法は二つの判決をだしている。

第一は、一九五三年十二月十七日のもので、これでは連邦憲法裁判所第一部が訴えを拒否した。第三帝国の国家権力を支えていたのは第一に官吏たちだが、その法律関係がいまも続いているとはいえない、「総統」にたいする忠誠がひきつづき請求権の源泉であることはない、「ヒトラーの政治的兵士」にとってそのような法律関係は一九四五年五月八日をもって消滅した、というのがその骨子だ。

これに反論したのが一九五四年五月二十日の連邦通常裁判所民事大法廷の判決で、裁判長を務めたのはヘルマン・ヴァインカウフ。前述したようにヒトラーのもとで国民裁判所の一員だった男だ。この判決は、大法廷は連邦憲法裁判所の歴史的価値判断に同意できない、ナチスの権力者たちがドイツ人官吏から期待していた願望を取り違えているからである、官吏のヒトラーにたいする宣誓は、実はヒトラーが人格化していた国家機関にたいする宣誓であって、ヒトラー個人にたいするものではない、ナチズムの犯罪的目標と方法とが明らかになっていくにつれ、こうした強制された関係には不本意になっていき、心の中では厳しく拒否していても、きわめて厳しいテロのもとでじっと耐えていたのである、と述べている。さらに、財源節約の見地から一三一条法が予定している請求権の制限は具体的には代償なしの財産没収で、基本法一四条によれば財産は保護されているのであるから、憲法違反の疑いがある、民主的国家はかつての官吏に対して終身の身分保証をしなくてはならず、本人と家族とに対して生涯充分な生活の保証をしなくてはならない、とも述べていた。

ナチスの職業官吏も被迫害者・犠牲者とみなす一三一条法についての第二の判決がもたらした結果について述べる前に、ヒトラー時代のこの身分に関するもう一つの評価について記しておこう。ナチスの官吏たちが置かれていた情勢、状況、服従の伝統の真相について検討した連邦憲法裁判所第一部の判決からとったもので、西ドイツの司法界でその後このような訴訟手続がとられたことはない。きっかけとなったのは、かつてゲシュタポの一員だった男が年金と公務員としての雇用を求めて訴えを起こしたことだった。フィッシュバッハ枢密顧問官を中心とする批判者たちは、かつてのナチスの官吏たちに不利な判決は「官吏層を階級闘争によって廃絶するもの」だといって、法の叱責をつづけていたが、判決の主旨はこれに関連していた。フィッシュバッハは一九三七年の「ドイツ官吏法」の注釈者で、「いわゆる基本権は妥当性を喪失した」、将来はもっぱら「信念の義務」のみが必要とされ、この義務によってドイツの官吏は「総統の意思の執行者」となる、と書いていた。その彼が一三一条法をめぐる論議では、当時の公務員にとって「ナチス的装飾」はまったく問題になったことはなく、ヒトラー式の敬礼、ハーケンクロイツの掲揚によって「職務の客観性」が害されたことは絶対にない、と語ったのだ。

この点に関連づけながら、連邦憲法裁判所第一法廷は、ナチスの官僚層について以下のような罪のカタログを作り上げた。

学校制度は「ナチズムの人種理論をとくに考慮しつつ、全授業を政治化するという指導理念の下に」はなかったか、教育省の一九三五年の官報によって「彼らの手に任されている青少年の心と頭に、本能と悟性に応じて人種の意味と人種感情とをたたき込む」ことが教員の義務となってはいなかったか、拒否すれば職務規定上の措置が取られなかったか、教師たちは「公正の原則に反しユダヤ人の生徒に対して学校の賞、学校費の免減、教育費補助、学校給食の対象から除外し、法的根拠なしに学校から追放する」ことに力を貸しはしなかったか。

検事たちは、一九三九年二月一日の法務大臣と検事総長との会談のあと、全ドイツ帝国で「帝国水晶の夜」に行われた犯罪行為の追及を中止しなかったか、裁判官たちは一九四一年以後、「いわゆる異民族の被告たちにたいする刑事手続を取る代わりに、ゲシュタポに移管する」ことはなかったか。

労働官庁は一九四一年十月三十一日の指令のあと、ユダヤ人を強制労働につかせ、失業した場合には「生命の維持に欠かせない必要物だけを供給」しなかったか。

労働基準監督官は一九三九年十二月十二日の指令のあと、ユダヤ人を労働保護の規定から除外しなかったか。

経済官庁、食料関係官庁は一九四〇年二月以後、ユダヤ人にたいして靴、靴底、紡糸原料の配給切符を支給せず、食料配給が減った病院はユダヤ人を診察せず、社会保障機関は一九四二年十二月以降はユダヤ人にたいする保護をやめ、交通警察はユダヤ人にたいしては盲人用の腕章を「きわめて厳重な審査」の上でなければ交付しないようなことはなかったか、税務署はユダヤ人とポーランド人にたいしては特別の税計算をしなかったか、税官吏は「受取人がユダヤ人と推量される」外国小包を毎週食料官庁にたいして通知することはなかったか。

これらが「装飾」だったというのだろうか。このような例に限りはなく、だから実際のところ、個々の官吏にとっては通常の実務と「ナチズムの目的に倒錯された行政での勤務」との区分はなかった。ドイツ帝国が没落したかどうかは問題ではない。一九三三年から四五年の間の仕事の内容だけで、官吏たちは古くからの権利を主張することができないのだ。それに、彼らは古くからの義務も果たしていない。内面的な確信の有無にかかわらず「ナチス国家の官僚としての仕事につき、このことによって第三帝国の継続している間に経済的な生存の基盤を確保した者は、自らの決定に伴う結果を基本的には自ら担わなければならない」のだ。

連邦通常裁判所民事大法廷の一九五四年五月二十日の判決に対する、このきびしい反論がでたのは一九五七年。つまりかつてのナチス帝国裁判所の一員でいまや連邦通常裁判所長官であるヘルマン・ヴァインカウフのもとで、ヒトラーの官吏たちがドイツ第二共和制の国家・行政機構に再雇用される道を開く判決が出てから三年、これが最高の司法機関による判決で否定されたのだ。しかし、国庫に没収された官吏の全財産を返済するには一三一条法をさらに四回改正する必要があった。偶然のようだが、これらの改正は一九六五年までいずれも連邦議会選挙の直前に行われた。

連邦憲法裁判所第一部の判決は、ナチスの官吏の態度・実践の実際について怒り狂った弾劾をしたわけだが、すでに述べた元ゲシュタポの男の訴えはやはり認められなかった。裁判官は、出身、人種、ないしは政治的見解のために差別されているというこの男の言い分を認めず、それはかつての勤務先の任務が「もっぱらユダヤ人の根絶と、その他の異民族および政治的に好ましからざる人物の大幅な絶滅」であったからである、したがって提訴の権利はない、と証明したのだ。

この点に関してイェルク・フリードリヒの『冷たい恩赦』はこう書いている。

「これも必要はなかった。一三一条法は権利のない人物を公務に雇うことは禁じてはいなかった。憲法裁判所の判決がでたとき、H氏はとっくにドイツ連邦郵政省に公務員としての仕事を見つけていた。月に額面三〇五マルク九プフェニヒに加えて児童養育費を受け、彼はかつての勤務地からほど遠くないヴュルテンベルクのランゲンディンゲンで郵便局長になっていた。」

償いではなく復権をする結果になった非ナチ化の場合と同様、一三一条法の場合も当初の狙いとはまるで逆の結果になった。つまりたんなる生活保障（これを要求する権利があるかどうかは政治的にも道徳的にも大いに問題だが）ではなく、再雇用だったのだ。

五〇年代半ばのこのころまでに、第三帝国のエリート官僚たちのほとんどがナチスの時代と同じかそれ以上の地位についていた。ヒトラーのころの人事と西ドイツのそれがもっとも重なり合っていたのは外務省、連邦国防軍の幹部、それと上級官吏の年長グループだった。つまり、西ドイツの歴史家たちの学問的な調査によれば、弾圧・暴力・殺害措置のすべての分野でヒトラー総統の計画を実現する上で決定的な役割をはたした職業身分が、民主制下の国家・行政機構に組み込まれていた。まったく通常の、どぶネズミ色のナチス官僚機構がスムーズに機能することが前提とされていたのだ。たとえば戦時中、ドイツ国鉄がこれという停滞もなくヨーロッパ各地の占領地からアウシュヴィッツなどの絶滅収容所にむけて死の輸送を運行できたのは、こういうナチス官僚機構のお蔭だった。

非ナチ化、一三一条法は、いぜんとして過去にとらわれている西ドイツの有権者の気分を「政治的意思の担い手たち」に有利に仕向ける意味をもっていたのだが、そのさい政治家たちは民主制について心配するというよりは楽観していた。振り返ってみると、六〇年代にいたるまでのアデナウアーの時代は、過去との対決を好まない選挙民の多くにたいして保守の支配層が巨大な買収の申し出をしていたのではないか、ある種の支払い猶予の申し出のようなもので、これは社会一般が密かに謀議をこらす雰囲気のなかから生まれたものであるとともに、強力に組織されたものでもあったのではないか、との深刻な疑問が沸いてくるのを抑えがたい。この申し出の内容は、深刻な容疑者のグループでも集団的に再雇用し、ナチスの時代に到達した水準で年金を継続し、気前のいい社会保障の規定に従う——これらすべてに**民主的な正しい態度**をとろう、というのだ。

この申し出は受け入れられた——犯人たちとの大いなる和解というわけだ。これがドイツ連邦共和国の歴史の基礎なのだが、このことを書いている歴史の教科書はひとつもない。犯人たちとの大いなる和解については以下でも詳細に述べるが、ドイツ第二共和制が戦後二十年にわたってお伽話のような物質的向上、「経済の奇跡」と一九六八年までの見せかけの平和を達成できたのはそのお蔭なのだ。西ドイツはこれに道徳的な対価を支払っただけでなく、物質的な対価も支払ったが、数十億マルクにおよぶその額たるや、いわゆる戦後補償に比べればマッターホルンとモグラの作る丘ぐらいの差がある。生き延びた犠牲者とイスラエルにたいする支払いも、これを計画し立法した人びとの目から見れば、犠牲者・加害者の**全員**を勘案し、全員を買収しようと試みる、冷静な計算に基づくバランス思考の一部だったのではないか、との考えを捨てきれない。実際のところ、「かつてのひとびと・旧ナチ」たちの利益の方が大きかったのだ。

ここでは、**戦後補償**という実に欺瞞的な概念の具体化についてはこれ以上詳しく述べないことにする。流れた血に、金を支払う、それも生きている人びとに対して、という原則そのものがおかしいのだ。なにしろ死者は受け取れないのだ。だから、金を支払う側は良心の痛みを和らげ、受け取る側は道徳的な迷いがでてくるのは避けられない。それがことの本質だから、どうしようもない。善意もみられたし、複雑極まりない法律のジャングルに歯向かって正義を貫こうという試みのあったことも否定してはならない。もちろんその反対に、組織的な妨害、受給者ないしそのグループにたいしての個人的な敵意、言葉の背後、解釈の裏に隠された密かな憎悪といったひどいケース、耐えられない話もある。しかし、ここで行われたことは大規模で、あらゆる機会をとらえて賞賛されている。

このため、いままで戦後補償で見落とされていたことへの目がくもることにもなる。犯人たちとの大いなる和解のために費やされた膨大なエネルギー、広範な立案、多少の犠牲を払って達成した意見の一致にてらしてみて、この欠落は興味ぶかい。

ここでは戦後補償に忘れられた**一つの**グループだけについて問題にしておこう。ヒトラー時代に**社会的に迫害された人びと**、さまざまな社会政策的絶滅計画で殺されたり、そこから生き延びた人たちのことだ。この計画の犠牲になったのは、「社会生活不能者」「非生産的人物」、つまりアルコール中毒患者、売春婦、精神障害者(いわゆる安楽死による大量殺人に加え)、反抗する若者、精神病患者、犯罪人、同性愛の人たちなどだ。この殺害計画は、主として下層のマージナルなグループを対象とし、かれらを「社会問題の最終解決」に委ねたのだが、一九四五年以後これについて語る人はいなかった。この問題を解明し、四十年間も打ち捨てられたままになっていた暗部に社会の関心を集めようという、おずおずとした、それだけに一層賞賛に値する試みが行われるようになったのはやっと最近になってからのことだ。ナチス時代には「人間の屑」といわれていた、約百万のこれらの人びとに対する社会の態度は、今日に至るまでほとんど変わっていない。法的にも道徳的にも放置されたままだ。

社会的に迫害された人びとのうちで多くの部分を占めるのは精神病患者だ。ナチス親衛隊も彼らを苦しめたが、実は「適応不全者」を扱ったのは、「普通の」社会福祉、保健、労働、住宅関係の官庁、警察などだった。ナチス犯罪国家の新語発明能力は無限で、彼らはナチス用語で、矯正不可能者、劣悪者、労働嫌悪者、厄介者、反社会者、継続失業者などと呼ばれたが、その数は統計上はっきりしない。

社会的に迫害された人びとの運命、今日までの歴史の解明に努力している、ヴェストファーレン州立病院のクラウス・デルナー教授(精神医学)によれば、その数は百万に達する。

強制的に断種された人は四十万で、この数はかなり正確だ。十五万人がいわゆる治療的殺害の犠牲となったが、この中には一九四一年半ばまで行われていた安楽死による死者も含まれている。殺害のための主な手段は餓死、注射によるほか、一九四一年から四五年までは人体実験も行われた。クラウス・デルナー教授の研究では、社会的に迫害された人びとはこういう手段だけではなく、強制収容所、養護施設、大会社の奴隷帝国の工場での労働によっても殺害された。約四十五万人が直接、間接に死亡ないしは一生障害を負う身となった。こう計算していくと、社会的に迫害された人びとの総数は約百万ということになる。

苦しんだのはこれらの人びとだけではなく、これの何倍もの家族も残されていたが、だれも話題にしない。これら生き延びた人たちが自分たちの権利を求めて闘わなかった、と非難することはできない。彼らはそうしたのだが、官庁にも裁判所にもはねつけられたのだ。

ナチス時代から残っているものは多いが、いわゆる遺伝病質法も今日まで有効だ。連邦損害補償法の審議の際、この法律が有効か否かが問題となったが、ナチス時代に強制断種手術をしたり、これに賛成した精神医学、法律、行政などの「専門家」自身から事情を聴取したのだった。

社会的迫害を生き延びた人びとに対する損害補償は行われていない。デルナー教授の驚くべき報告によれば、これらの人びとの多くは、医師、官庁、裁判所の基本的な態度は今も昔も変わりがないとみている。だから、何十年もの間に一層立腹し、孤立し、言葉も希望もなくしてしまっただけでなく、「もし西ドイツがナチス国家同様にわれわれわれわれをみているのだとすれば、われわれが劣っているというのはいくぶんは本当かもしれない」という、ぞっとするような結論を出してしまうのだ。

こういうことを聞いたり、読んだりすると、そしてまた犯人たちとの大いなる和解のためにどれほどの力が費やされたか、彼らの圧力団体が疲れをしらぬ活動をしているかを思い浮かべると、背筋がぞっとしてくる。その一方で、文字どおりもっとも弱い犠牲者たち、足や目の悪い人びと、心身障害者、性と個人としての証を奪われた人びとは、なにひとつとして手に入れられなかったのだ。

今日の息子、娘、孫の世代が西ドイツの公式の年代記にこういうことを探し求めようとしても無駄だ。犯人たちとの大いなる和解のスキャンダルについても同様で、公式の人たちの意識にはまるで上ってこないのだ。

しかし、ここではこのスキャンダルの年代記を続けるとしよう。

ハンス・グロプケ――もしくは「より悪いことを防ぐために」のテーゼについて

西ドイツでの復古、一九四五年以後にはじまった期待、希望、光明のすべてに対して過去の力がいまだに有効であることを病的なかたちで象徴し、これを反論の余地なく人格化しているのが、ハンス・グロプケ博士だ。コンラート・アデナウアー首相の次官を務め、首相府というポストを創ったが、一九三五年のニュルンベルク・ナチス人種法に注釈をつけた人物でもある。

非ナチ化のどん底から這い上がって各省の局長、部長や行政区画の長などになった一三一条法の人びとのうちで、レーンドルフの老人といわれていたアデナウアー首相の背後にいたこの大いなる影はさしずめ出世頭だ。グロプケ博士は、ネガティヴな意味で伝統が継続していること、独裁制だろうが、民主制だろうが、国家や社会の形態は変わってもおかまいなしに仕事に熱心なこと、の記念碑的存在だ。

では、ハンス・グロプケ博士とはどんな人物だったのか。

この「CDU（キリスト教民主同盟）国家の象徴」の性格については、のちにニュルンベルクで処刑された第三帝国の内務大臣ヴィルヘルム・フリックが一九三八年四月、ヒトラー総統の代理ルドルフ・ヘスにあてて書いたものがある。

「上級参事官グロプケは、本省でもっとも能力があり、有能な官吏であることに疑いない。……彼は以下に述べる法律の立案にあたってきわめて重要な寄与をした。

a　一九三五年九月十五日付けドイツ人の血統およびドイツ人の名誉保護法

b　一九三五年十月十八日付けドイツ民族非遺伝病質保護法

c　一九三七年十一月三日付け人事法

d　姓名変更法」

グロプケの書いた「人種法指針」のⅣに、最後に述べた法律についての彼の次のような注釈が記されている。

「ユダヤ人の名前を名乗ることがユダヤ系の人物にとって不名誉である、との立場は首肯できない。ユダヤ系人物が、ユダヤ人の名前の放棄または変更によってユダヤ系の出身であることを隠そうとする努力を支持することはできない。キリスト教への改宗は姓名変更の理由とはならない。また、反ユダヤ主義的傾向をもって姓名変更の理由とすることもできない。」

ヴィルヘルム・フリックのほかにハンス・グロプケを賞賛したのは、後の民族裁判所長官ローラント・フライスラーで、「この法律および付属する規定についての注釈のしっかりしていること……実際に必要なことのすべてはここに書かれている」と、述べている。

「ユダヤ人とドイツ人の血をもった国民との間の結婚」を規定した「血統保護法」についてのグロプケの注釈書は三〇〇頁にわたる。このなかで、後に大量殺人、連続殺人、ジェノサイドの犠牲となった大きなグループが正確に定義されている。

「異質の血とは、ドイツ人の血をもたずドイツ人の血とつながらないすべての血をいう。異質の血とは、ヨーロッパにおいては通常、ユダヤ人およびジプシーである。」

一九三〇年半ば当時、人種法の注釈を書いていたころのグロプケはドイツが占領していたヨーロッパ各地でのユダヤ人にたいする百万単位の殺人を予見できないでいたはず、との反論に私はしばしばでくわした。これは「しかし、われわれはなにも知らなかったのだ」といって、アウシュヴィッツとこれが象徴する一切に伴う罪を振り払おうとする、例の集団的情動の一つにあたる。この言い分だと、ナチズムの犯罪行為が始まったのは絶滅機構ができたところからで、これ以前に一切の自由と人権とが廃棄され、血なまぐさい独裁制が樹立されていなかったかのような話になってしまう――ヒトラー・ドイツは一九四一年**以前の**段階ですでに犯罪者国家だったのだ。

それも人種政策のためばかりではない。たとえあの人種差別のあとに抹殺が行われなかったにしても、そしてまた後の歴史的結果がなかったとしても、グロプケの注釈は最も唾棄すべき知性と恐るべき非人間性の記録だ。しかし三〇〇頁におよぶ彼の注釈は、歴史が実際にどう展開したかとの関連で評価すべきであるのは当然だ。人種法と物理的絶滅とを結び付ける原因となるものが、そしてガス室の地獄への階段の一段一段がこの注釈に詳細にかかれている。

連邦議会の委員会の調査では、ほかならぬこの男が、アデナウアー首相の人事担当責任者として、外務省の三分の二をかつてのナチス外交官で埋めた。コンラート・アデナウアーはこの点について「少なくとも要所要所にかつての歴史について少々理解のある人間がいなければ、外務省は態をなさない」と語っている。

無邪気というべきか、無神経というべきか。

ハンス・グロプケにたいする非難攻撃、抗議の一切は役に立たなかった。アデナウアーはこの男を終始側近においたままだった。いや、正確にいうならこの男が代表していた当時の優勢な政治勢力、ドイツ連邦共和国の保守主義のお蔭でかれは職に止まり、名誉を失うことはなかった。グロプケこそ、犯人たちとの大いなる和解の指導的精神だ。

しかしながら当時、西ドイツに生き延びていたユダヤ人が、イスラエルとその指導者たちの「グロプケが去るか、さもなければ彼を抱えている政府との協力を断る」という最後通牒との力をかりていれば、グロプケを追放できたかもしれない。

今でも私は、どんなことがあっても、そうすることが西ドイツに対してユダヤ人がとるべき唯一の政策だったはずだ、と確信している。国家の定めた反ユダヤ主義に従うこの卓上殺人者、したがってニュルンベルク人種法によるドイツのユダヤ人にたいする緊急措置の直接責任者——こんな人物を自分の側近にしている首相と断絶することだ。アデナウアーに一番の責任があることは確かだが、グロプケなる怪物へのユダヤ人の反応にも疑問の余地がある。「ドイツ・ユダヤ人週間一般新聞」の発行人カール・マルクス、そしてドイツ・ユダヤ人中央評議会書記長のヘンドリック・G・ファン・ダムとの交遊があったから、私は彼らの困窮と心の苦しみとを至近距離から見てきた。私は二人をいつも「上級ユダヤ人」と呼んできた。それぞれに西ドイツのユダヤ人社会の指導的人物だったからだ。ともに法律家、評論家で、カール・マルクスは高度に統合力のある人物、そしてヘンドリック・G・ファン・ダムは鋭い理解力と揺るぎない道徳性をそなえた人物として傑出していた。二人を羨むことはなかったし、二人の役割を果たしたいとも思わなかった。というのは、権力をもち、権力と付き合う場合には欠かせないことだが、二人には策略も、妥協も必要だったのは当然だ。容易な仕事ではなかった。それはそうとして私は、純粋主義者が攻撃する人びとが担う重荷——これを自ら担うことのない純粋主義者をかわない。しかしながら、ハンス・グロプケに対するユダヤ人の意見は**ひとつ**であるべきで、そこから実践的な結論を出すべきだったろう。

ユダヤ人内部に問題はあったとしても、グロプケを重用し、一切の抗議を無視した政府に第一の責任があることに変わりない。

彼自身の証言だけで証人はいないが、グロプケは手をあげないで「総統」への宣誓をしたので、自分ではこの宣誓に内面からの義務感がなかったと解釈している、といっていたことはよく知られている。周囲の人びとが、こんな無理な話を易々と信じてしまうとの思い込みか、それともここに顔を出している先覚者ぶった態度か——そのどちらに感心したらいいのだろうか。まるでハンス・グロプケは——似たようなことをいうのは彼だけではない——一九四五年のヒトラー・ドイツの没落をずっと以前に予見し、のちに民主主義の法廷で弁解できるよう、この予見にしたがって行動してきたように見える。だが、グロプケとその一味は、「千年王国」が歴史的に永続するものとみなしていた、というのが真相だろう。もっと怪しげで問題があるのは、「より悪い事態を防ぐために」その場にいたのだ、というグロプケのテーゼだ。このテーゼはより詳細に検討する必要がある。というのは、ずいぶんと多くの人に受け入れられている考えだし、罪の防衛には大切な役割を果たしているからだ。

この関連でグロプケは、ヴィルヘルム・シュトゥッカルト次官の合意のもとに、いわゆるユダヤ人「第一級混血者」、ナチスの俗語では半ユダヤ人の問題では、彼らに有利なように解釈した、と述べている。一九三一年からのナチス党員で、ナチスの内務省でユダヤ人法制定を担当していたが、差別措置の緩和に努力したベルンハルト・レーゼナーはのちに、グロプケが法律解釈の上で「完全ユダヤ人」と「半ユダヤ人」を同じ扱いはしないように求めていたグループの一員だったと語っている。ヒトラーは法案中の問題の文章を最後の瞬間になって抹消したが、官報はすでに新聞社に送り済みだった——ここには「完全ユダヤ人」と「半ユダヤ人」を区別する文章が無傷のまま掲載されていたのだ。レーゼナーによれば、ヒトラーはどうせ新聞に載っていることなどどうでもいいという意見で、訂正は要求しなかったという。

事実、一九三五年九月のニュルンベルク党大会が終わったあとの数週間、「血統保護法」の施行細則をめぐって、ぎりぎりの「合法性」を求める内務省の官僚たちと、この省の内外の強硬な反ユダヤ主義者たちとの間で対立が起こった。一九三五年十一月十四日にこの施行細則が公表されたとき、それまでは恣意的に扱われていた「第一級混血者」の立場が半ばはっきりと定義された。「半ユダヤ人」（祖父母のうち二人がユダヤ人）も「第二級混血者」（祖父母のうち一人がユダヤ人）も「完全ユダヤ人」とは別扱いされることになった。第三帝国が終るまでこの文言に変更はなかったが、「混血者」の特別な地位はニュルンベルク人種法が発布されたあとの十年間、繰り返し極度に脅かされた。ヴァンゼー会議の席でも、「特権的第一級混血者」に対する攻撃が行われた。このグループの移送も考慮していたアイヒマン、ハイドリヒの二人にとって「特権的第一級混血者」と「完全ユダヤ人」との違いは、のちにガス室へ送り込む時期だけの問題だった。今日になってみれば、一九四四年半ば以降、「混血者」を強制収容所に集める措置の準備が行われていたことが示しているように、ナチス指導部が彼らも根絶しようとしていたことは、疑う余地はない。これは「アーリア人」と結婚しているユダヤ人のパートナー、また「ユダヤ人と姻戚関係にあるアーリア人」についても同様だった。全部で五万人ほどのこの種の人びとにとっては、ナチスの「最終的解決」と連合国側の最終的勝利のどちらが早くやってくるか、文字通り両者の競争だった。世界史の流れのなかで、ヒトラー・ドイツはその絶滅計画を実施する時間がなかったのだ。

ニュルンベルク人種法の注釈書の表紙には、ヴィルィルム・シュトゥッカルト次官（「混血者」の強制的断種を希望し、このためニュルンベルクの国際法廷に告訴された）に並んで、ハンス・グロプケ上級参事官の名前も書いてある。グロプケは目ざましく出世した人物で、考えのうえではナチではなかったと証言する人もいる。しかし、人種についての狂信者たちの法律を、該当するユダヤ人の一定のグループに対してだけは緩和しようというのが彼の本当の意図だったにしても、法そのものはこうした狂信者が定めたものだった。何の保護も受けず、迫害された人びとはこのほかに多くいた。人種法の注釈者グロプケは彼らの運命にも係わっていたのだ。

「より悪い事態を防ぐために」その場にいたのだ、というテーゼはニュルンベルクの継続裁判の一つ、いわゆる「ヴィルヘルム街裁判」(訳註=外務省関係裁判)でも見事に論破されている。主要被告の一人は外交官のエルンスト・フォン・ヴァイツゼッカー男爵で、リヒャルト・フォン・ヴァイツゼッカー大統領の父親だ。この人の口からでる「より悪い事態を防ぐために」その場にいたのだ、残ったのだ、というテーゼはまるで信用できないわけではない。アメリカ側裁判官さえ、エルンスト・フォン・ヴァイツゼッカーがイデオロギーのうえではナチではなかった、と確信していたし、ヒトラーの政権奪取後に私生活にこもりきらなかったのは「利己的な動機から重要なポジションでのレジスタンスを放棄することになり、旧外務省の敗北を意味したであろうから」というエルンスト・フォン・ヴァイツゼッカーの言を信用している。彼は言葉をついで「このポストにつくことは、たとえどんなことがあろうと、これに伴う一切を甘受することだ。ユダヤ人迫害、非人間的行為を外務省の側から正面きって防ぐわけにはいかなかった。反対できたのはケース・バイ・ケースだ」ともいう。「より悪い事態を防ぐために」その場に残ったのだ、というテーゼを証明するため、フォン・ヴァイツゼッカーの弁護陣は、一九四三年ローマの僧院に隠れていた一八五人のユダヤ人を移送しようとした親衛隊と警察に対して、これを妨げるために書いた彼の保護状を提出した。だが、イタリアの首都にいた一〇〇七人のユダヤ人は終着駅アウシュヴィッツというこの移送の運命を逃れることができなかった。エルンスト・フォン・ヴァイツゼッカーは当時、ヴァチカン駐在のドイツ大使だった。

アメリカの裁判官は外交官フォン・ヴァイツゼッカーの反ナチス的態度を情状酌量の余地あり、と認めたが、「より悪い事態を防ぐために」その場に残ったのだ、という彼のテーゼにはきびしく反論し、その矛盾を余すことなく暴いている。

「被告フォン・ヴァイツゼッカーは、一見協力していたかにみえるが、その実たえずサボタージュを行い、レジスタンス運動の積極的なメンバーだったといって自己弁護する。実際と表面との差をいい、口先では仕えていたが実は密かにサボタージュを行い、〈イエス〉といいつつ実は〈ノー〉を意味していたのだ、と主張する、こういう弁護策は極悪犯でも利用できるものであって、ニュルンベルク裁判でもその他の場合でも何ら新しいものではない。意図がよければ処罰に値する行動が正当化され、他の犯罪を防ぐための大犯罪は処罰を免れる、また一般に個々の人間に対する好意ある行動は無名の大衆に対する犯罪の隠れ蓑ないしは正当化である、といった見解をわれわれは拒否する。

検事側はこれに先立ち、反論を許さない論法で問題の核心、「より悪い事態を防ぐために」その場にいたのだ、というこのテーゼの矛盾を以下のように暴露していた。

「何千人もを追放できた人間だけが二、三人を救えるのだ。ほかの立場の人間にはまるでそんな機会はない。」

そうなのだ。より悪い事態を防ぎたいと願い、防ぐことができるための前提は、みずから最悪の事態に参加していることなのだ。

ただし、西ドイツの司法はそうはみず、むしろ上述のテーゼを法律の上で制度化してきた。これについては、後の章でくわしく語ることにしよう。

コーブレンツで行われた裁判では、精神病患者を絶滅センターへ輸送していた被告が裁かれたが、かれの仕事はリストを作成することで、名前を抹消することができる立場だった。名前を消された人たちは死ななくてもよかった、ないしはまだ死ななくてもよかったのだが、消されなければそうはいかなかった。裁判所は次の理由で被告を釈放した。

「かりに千人が殺されることを承知していても、被告のサボタージュによって二五〇人が救われたとしたら、いずれにせよ二十パーセントという割合がでてくる。言い換えれば、被告の行動によって五人に一人が救われることになる。」

他の四人の殺人に関わっていたという代償をはらって――裁判所はこういう計算の仕方もできたことだろう。しかし、「いずれにせよ二十パーセントという割合」という計算をしてみせる、法服をきたコーブレンツの数学者はそうはみなかった。「より悪い事態を防ぐために」その場にいたのだ、というテーゼを法律のうえで通用するようにしたのだ。連邦裁判所もこの論法を承認、一九五二年十一月二十八日、直接に殺人行為に加わっていた安楽死の医師にたいする上告審で、これが違法ではないと次のような判決を下した。

「被告たちが殺害されることになっている患者をできるだけ多く救済する義務があると感じていた場合、この目的を果たすためには、不可避と考えられる他の精神病患者の絶滅に遠回しな方法で手を借すことを不当とはみなさなかったことを単純には排除できない。」

司法の最高機関はこういういい方で、「患者」の一部を救うため、他の人たちの殺害を手助けしたのは正当である、という弁護人の論法に与したのだ。こうして、五人目を救うため四人を殺すのを助けた人は無罪である、とのコーブレンツの裁判所の論理が採用された。訴えられた安楽死の医師は、何人殺すのを手助けしたかではなく、何人殺さなかったか、をもとに裁かれた。ドイツ裁判史上まったく新たなことだ。

フォン・ヴァイツゼッカーを裁いたアメリカの裁判官と異なり、連邦裁判所は「意図がよければ処罰に値する行動」が正当化され、「他の犯罪を防ぐことを希望して」いれば「大犯罪は処罰を免れる」ことを許される、と明確に判断する。また連邦憲法裁判所は、「一般に個々の人間に対する好意ある行動」は「無名の大衆に対する犯罪」を正当化しうる、という見解をとる。これに対して「ヴィルヘルム街」の官僚たちに対するニュルンベルク継続裁判の裁判官たちは、きわめて厳しい抗議をしていたのだ。

一九六七年から一九七二年の間に、安楽死に関係した医師たちは全員無罪釈放となった。このなかにはかつての親衛隊中尉クルト・ボルム博士も含まれていて、判決理由では「主犯」（ヒトラーとヒムラー）の低級さと奸計とを理解できないでいたのではないか、と指摘されている。連邦検事局は控訴したが、連邦通常裁判所は再度無罪判決を下した。フランクフルトの裁判所はクルト・ボルムが六六五二人の精神病患者を殺したことを証明していた。

大いなる和解は道徳的犯人、間接的犯人に限定されない。核になるグループとして刑法上の犯人——殺人者とその協力者——も含まれる。次にこれについて語ることにしよう。

ナチ裁判——第一の波、第二の波

最初のあいだ、ナチ犯たちを裁いていたのはずっと連合国だった——これが第一の波。これは二十三人の主要犯罪人を裁くニュルンベルクの国際法廷の世界史的な号砲の音とともに始まった。人類史上未曾有の犯罪にたいする償いと正義とを求める類例のない裁判だ。歴史の恐ろしい皮肉で、ドイツの侵略にひどい被害を受ける一方、自らの側ではすざまじい規模の抑圧体制をしいていた**ソ連**がこの裁判に参加していたけれども、類例のない点では変りがない。収容所列島によって自国民を抑圧するこうしたソ連の組織の存在が、ヒトラーが一九四一年六月二十二日にソ連に侵攻した動機だったわけではない。ヒトラーはソ連を全滅させるために攻撃したのであって、これはほとんど成功するかに見えた。二〇〇〇万の市民、兵士を殺したドイツの犯罪はニュルンベルク裁判できわめて重要な役割を果たしており、ソ連の軍事裁判官を排除するわけにはいかなかった。一九三九年八月の独ソ不可侵条約によって、スターリンは九月一日の第二次世界大戦勃発の重要な前提を作った、という民主主義陣営からの非難にたいして、モスクワの独裁者が西側、それもとくに英仏に責任のある戦前の二、三の出来事を持ち出すのはわけのないことだった。「一九三八年ミュンヘン」という言葉がそのキーワードで、チャーチルは後に回想録でこのことをずいぶんはっきりと認めている。それにしても、ニュルンベルクの国際軍事裁判ではドイツ側の人間がしばしば、ソ連の裁判官に向かって、ドイツ占領下のソ連で「起こったこと」は、ソ連自身の犯罪によってご破算になっており、処罰するに当たらない、という意見をぶつけたものだ。裁判所はこうした道徳的に破産した言い分には従わなかった。また、あの時期にたいする「他人の側の」二次的な責任と攻撃をかけた側の一次的な責任とを比較し、このごった混ぜの論理でヒトラー・ドイツの歴史への責任を免罪しようというドイツ側の試みに動かされることもなかった。

一九四六年九月三十日と十月一日の両日、ニュルンベルク国際裁判法廷はゲーリング、ボルマン、フォン・リッベントロープ、ザウケル、カルテンブルンナー、フリック、フランク、シュトライヒャー、ザイス゠インクヴァルト、ローゼンベルク、カイテル、そしてヨードルの主要戦争犯罪人十二人に死刑を宣告、うち十人は死刑を執行された――ゲーリングは自殺、欠席裁判のボルマンは消息をたったたま、終身刑をふくむ自由刑はヘス、フォン・ノイラート、レーダー、デーニッツ、フンク、シーラッハ、シュペーア。ライは判決前に自殺し、シャハト、フォン・パーペンとフリッチェは無罪となった。

主要戦争犯罪人にたいする裁判のあと、大規模な裁判がいくつもつづいた。もっぱらニュルンベルクの主要裁判に関わったことのあるアメリカの法律家の手によるもので、いわゆる継続裁判だ。前にも書いたように、ほかならぬアメリカがナチの加害者の処罰を当初から包括的に妨げようとしていたというのは、左翼の間でいつまでも消えない大きな神話だ。むしろ反対なのだ。国際司法史上で前代未聞のこと、かつて前例のないこと、つまり第三帝国の**職務エリート**に対する告訴をしようとしていたのこそアメリカだった。職務エリートというのは、国家権力の座にあった連中と並んで、一般には知られておらず、だれも犯人とは思っていない本来の犯人たち、つまり大工業家たち、第三帝国に物資を供給していたクルップ、フリック、IGファルベンなどの経営者たち、法律家、外交官、高級将官、「出動グループ」と呼ばれ、一般にはほとんど知られないままだった移動絶滅部隊の一級殺人者たち、それにあらゆる殺人計画に唯々諾々として従っていった職務熱心な医師たちのことだ。

アメリカ人の手によるドイツでのこうした裁判はどれも、その徹底した準備ぶり、厳密な実行、法的独立性の点で前例がなく、国際法の歴史を飾る輝かしい一頁だった。第一の波のナチ裁判の判決の三分の二が執行されなかったのは事実だが、これは裁判所、裁判官の責任というわけではない。判決が破棄されたのは、訴訟の精神のせいでもなく、何かの形式的な誤りのせいでもない。アメリカの――イギリス、フランスの場合も多少はそうだったが――軍事裁判所で裁かれたナチ犯たちが大規模に恩赦されたのは、国際関係が両大国の世界的な軍事ブロック政策に転じていき、これが分裂ドイツでは非ナチ化の結末と基本法一三一条の解釈を決定的に左右したためなのだ。昨日の敵ドイツ人は、いまや同盟のパートナーとして西側でも東側でも必要とされるにいたった。西ドイツの西側への統合は、道徳的「間接的」加害者だけでなく、大量殺人者にも有利に働いたが、それも連合国の勧告によるばかりではなく、西ドイツが積極的に参加してのことだった。同盟のためには、戦争犯罪人の免罪、という対価が必要だったのだ。

一九五一年一月九日、ドイツ連邦議会のヘルマン・エーラース議長はじめ、ホフラー、アルトマイアー、フォン・メルカッツ、カルロ・シュミートの各議員、法務省のヴァルター・シュトラウス次官らの代表団がアメリカ軍高等弁務官ジョン・マックロイを訪問し、いわゆる「ランツベルクに収容されている人たち」のなかのまだ残っている人たちを釈放するよう要請した。理由は、彼らの刑罰が再軍備にとって大きな重荷だから、ということにあった。

この時期、まだランツベルク収容所にいたのは誰だったのかを知っておく必要がある。つまり、ニュルンベルクの主要裁判に次ぐトップ・グループの被告たち、大量殺人者、絶滅機構の中心人物たちなのだ。そのなかには、強制収容所・絶滅収容所全体の責任者のひとりである、オスヴァルト・ポール親衛隊経済・行政本部長、一九四一年から四二年にかけてクリミアとコーカサス地方で九万人のソ連人を殺した「出動グループD」のオットー・オーレンドルフ隊長、キエフ付近のバビ・ヤール峡谷で約三万人のユダヤ人を殺害した「出動グループ・特別部隊4a」のパウル・ブローベル隊長、リトアニアで毎日五〇〇人のユダヤ人を殺すことを命じていたエーリヒ・ナウマン親衛隊少尉、国防軍の関係者が「ユダヤ人のいないクリスマス」を祝えるように、クリミアのジムフェロポルで一万人のユダヤ人を殺害した「出動グループ・特別部隊D」隊長のヴェルナー・ブラウネ博士らがいる。

一九五一年一月のあの日、ドイツ連邦議会の代表団がジョン・マックロイのところへやって来たのはこの五人の釈放を求めるためだった。誰を釈放することになるのかは知らなかったと、逃げ口上はいえない。一九四七年九月十五日から一九四八年四月十日までニュルンベルクでの出動グループ裁判でアメリカの主任検事を務めたテルフォード・テイラー将軍は、この殺人部隊が残した「事件報告」、その細部にわたる記述と取り組むのに大汗を流している。組織された大量殺人、連続殺人、ジェノサイドの詳細極まりない記述のなかから三つの例を見てみよう。

出動グループC、一九四二年一月二日付け事件報告一五〇号
「一九四一年十一月十六日から十二月十五日の間に、ユダヤ人一万七六四五人、クリミア・チック人二五〇四人、ジプシー八二四人、共産主義者二一二人を射殺。シンフェロポル、イェフパトリア、ケルチュ、フェオドシアは非ユダヤ人地区となった。」

出動グループA、一九四二年一月十六日付け、リガからの事件報告
「ユダヤ人二万六〇〇〇人射殺。」

出動グループD、一九四一年十月一日から十五日の間の事件報告
「部隊が新たに占領したところは非ユダヤ人地帯となった。上記の間にユダヤ人四八九一人、共産主義者四十六人を処刑。総数四万六九九九人。」

北部兵団、南部兵団、中央兵団に配属され、出動グループは組織の本来の目的をひたすらに追求していた――殺人だ。バルト海から黒海にいたる広大な地帯で、人間の人間にたいするかつてない凶行がくりかえされていった。嫉妬、復讐、激情、羨望からの殺人ではない。奴隷主、専制君主、独裁者たちの古典的な動機からの殺人ではない。純粋に行政の仕事としての殺人なのだ。しかも、ベルリンの殺人セ

ンター、帝国治安本部に寄せられる特別部隊からの報告には、はちきれんばかりの熱意がこもっている。これらの報告にくりかえし登場する名前が、親衛隊の中尉であるオーレンドルフと、共に起訴された二十三人の仲間だ。このうち、残った五人の恩赦をアメリカの高等弁務官に求めたのが、例のドイツ連邦議会代表団だったのだ。ジョン・マックロイは国際情勢の展開に照らしてこの要請にはっきりと好意的で、代表団を丁重に迎え入れ、注意深く耳を傾けたが、この陳情にたいしては約束、決定はしなかった。ドイツ側はかなり当惑しながら退散したという。理由のないことだった。というのは、ジョン・マックロイはその数日後、一九五一年一月三十一日に十五年以下の懲役囚全員の恩赦を発表したのだ。

ヒトラー国防軍、武装親衛隊の旧軍人たちは大喜びだった。再軍備問題が五〇年代初頭——いまでは誤って大変美化されているが、じつは多くの点で名状しがたい時代だった——に登場してくると、彼らは直ちに「ドイツ兵に対する侮辱」を止めるよう要求した。換言すれば、輪郭を見せ始めていた北大西洋条約機構の枠内での西ドイツの再軍備、これにたいする支持をこれらのグループ、「専門家」たちから得ようというなら、その前提はヒトラーの国防軍の復権、つまり非歴史化、非ナチ化だというのだ。制服をきた多くの大量殺人者の免罪もその一部だった。連邦議会の代表団は、「出動グループ」のリーダーたち、帝国治安本部の職員で死刑宣告を受け、まだランツベルクに収容されている人たちの処罰は「再軍備計画にとって重大な障害である」とはっきり言っていた。

しかし、この人たちは一九五一年六月七日に絞首刑になった。恩赦を求める陳情が殺到したが、アメリカはこの点では譲ろうとしなかった。西ドイツの一部の新聞はこれに激しく抗議、アデナウアーの右腕フランツ・ブリュッヒャー副首相を動かして、刑の執行は「不公正」だと公然と非難させたほどだった。

アメリカ政府の修正主義的司法政策は、捜査、審理を模範的に進め、多くの点で功績をあげた自国の軍事裁判を裏切ったのだが、五人の大量殺人者を処刑したのはこうした恥部を隠すためのイチジクの葉だった。

こうしてナチス刑事犯との大いなる和解は、西ドイツと連合国が協力して一歩一歩進められていった。死刑囚四十人が無期刑に減刑された（しかも、一人残らず刑期途中で釈放された）。一九五一年二月末、いわば一九五一年のマックロイの恩赦の副産物として、ニュルンベルクの産業家裁判の被告たちが釈放された。

一九五二年二月十二日、米英仏三国は西ドイツと連合国の代表が対等の立場で協議するための公の機関を設置した。「刑罰を免除したり、場合によっては宣誓後に釈放する措置」を取るかどうかが、そこで再審査されるはずだった。しかしこの審査も、西ドイツ国内では該当する者が少なくなっていた。西側連合国による第一の波のナチ裁判で有罪判決を受けた犯人は、すでに一九五一年のうちにその大部分が自由の身になっていたからだ。

一九五二年五月二十六日、「西ドイツと三大国（アメリカ、イギリス、フランス）間の関係についての条約」（ドイツ条約）が調印され、これが再び釈放の波を引き起こす発端となった。

一九五二年九月十二日、第一期連邦議会の第二三〇回会議でアデナウアー首相は、質問に答えて、外国で拘留されているドイツ人戦争犯罪人（公式にそう呼ばれることは決してなかった）の数について明らかにした。

「我々の努力が実を結んでいることは次の数字が明らかに示している。東側ブロック以外の諸外国には一九五〇年四月一日現在、三六四九人のドイツ人が拘留されていた。一九五二年九月十三日現在、まだ残っているのは一〇一七人である。したがって二六三二人が釈放されたことになる。」
そして一週間後、一九五二年九月十七日に開かれた国会の質疑では、こうした釈放について、かつてドイツが占領していた近隣諸国から不満の声が上がっていることが報告されたが、これに関して首相は次のように述べた。

「もし、そして私はこれが一番大事な目的だと思うが、拘留されている同胞を助けたいと願うならば、西ドイツ政府とわが国の世論は、問題全体に粘り強く、忍耐をもって取り組まなければならないことはもちろんだが、巧妙かつ如才なく振る舞うことも必要だということをはっきり知っていなければならない。」

戦後初の西ドイツ政府の首相が公にした、殺人犯を助けようという陰謀にたいして、当時、社会民主党も含め憤慨する人はいなかったし、反対の声もあがらなかった。これは当時の雰囲気から説明できる。外国に拘留されているドイツ人の釈放を実現することは、その当時大いに歓迎されていた。例えば、西ドイツ初代大統領テオドーア・ホイスが、一九五一年の年頭挨拶で、「ランツベルクの人たち」にも呼びかけたとき、それを問題にしたのはほんの少数の人たちだけだった。ヒトラーの下で外務大臣、後に無任所大臣をつとめ、ニュルンベルクで主要戦争犯罪人として十五年の判決を受けたコンスタンティン・フォン・ノイラートが刑期満了以前に釈放された際、「同じシュヴァーベン出身者として」ホイスが個人的に歓迎の意を表わした時も、苦情を述べたのはやはりほんの少数の人たちだった。だから、出動グループAのリーダーの一人がランツベルクで処刑された五人とちがって運良く釈放されて、まもなく経済を専門とする法律家として出世したことも驚くにはあたらない。当時の国民の大多数は、ナチス犯罪の首謀者と共犯関係にあることは道義的に何ら批判されるものではないと見なしていたのだ。アデナウアー国家がいかに何も考えず、何も反省しないでいたか、そしてどこまで倒錯した反共主義に駆り立てられていたか——それを証明するのは、政府が一九五五年五月、第二民主制の公的機関として「ゲーレン機関」を引き継いだ時だ。ヒトラー国防軍の最高司令部のなかの一つの部隊（東部方面軍）が、そのまま内閣の機関になったのだ。対ソ殲滅戦の舞台で、スパイ活動をとおして重要な役割を演じた部隊が、今度は西ドイツの連邦情報局に変身して、キリスト教ヨーロッパを守る仕事をすることになった。

有罪判決を受けたランツベルクの戦争犯罪人は、今後いっさい政治活動をしないことを約束したうえで、一九五六年までに残らず釈放された。彼らにたいする監視は全く行われなかった。これで、連合国による第一の裁判の波で有罪となった人たちのうち、ドイツ領内に拘禁されているのは一人もいなくなった。ただヒトラーの副総統でニュルンベルクの主要裁判で終身刑となったルドルフ・ヘスだけは九十以上の高齢で、私がこれを執筆している今もまだベルリン・シュパンダウの牢に拘禁されている（訳注＝一九八八年獄中で死亡）。その終わることのない苦しみは、なにか人の運命の目に見えない摂理を物語っているようだ。一人の、非常に罪深い人間の肩に負わされた重すぎる荷。

西ドイツが西側陣営へ組み込まれたことは、絶滅行為の実行者たちにさえあからさまに有利な作用を及ぼした。五〇年代後半にさしかかったころには、彼らの事件は「処理済み」になった。政治を浄化し、非ナチ化することに失敗し、西ドイツの行政機構のなかにナチス国家機構の大きな部分が再編入されたあと、犯人たちとの大いなる和解は、第三のグループにも波及したのだ。

今から見ると、「五〇年代」はまるで遅れて来たナチス時代のようだ。今の時代の、息子や娘そして孫の世代には想像もつかないような、ナチスに好意的な風潮が国じゅうに流れていた。それは心理的抑圧と否定との完全な勝利であり、集団責任を否定する論理の勝利だった。刑事犯とまで大いなる和解を結んだのは、当時の西ドイツ政治指導者たちにとって一大関心事だった、といっても過言ではないだろう。十分に計算し、十分自覚しながら、外に対してはナチスをにくむ姿勢を示し、国内に向けては恩赦の道をゆくという綱渡りに全力を尽くそうとしていたのだ。ただし、西ドイツ政府が旗幟を鮮明にせざるをえなくなった出来事もあった。政府がやったのは要するに、犯人の擁護だった。一例がヨーロッパ会議の「基本的人権および自由保護のための条約」だ。

この重要な取り決めの七条二項において、調印したヨーロッパ諸国は、基本的人権として**遡及効**禁止の原則を保証した。ただしナチス犯罪をはっきりとこの原則の例外とすることを目的とした**一つの**制限を設けていて、この制限は正義を阻むのではなく、盛りたてるために役立つべきであるとされていた。「文明民族が承認した普遍的な法の原則に従って、過ちを犯した時点で罰せられるべきものだったある行為、あるいは不作為によって罪を犯した人間にたいする判決や処罰が、この条項によって停止されてはならない。」

一九五〇年十一月、アデナウアー内閣もこの取り決めに調印した。他のヨーロッパ十四か国は無条件でこれに同意したが、西ドイツは、付帯条項の一つを受け入れなかった。第七条二項だ。この条項を除外した動機ははっきりしている。遡及効禁止の原則につけられた制限をナチ犯に適用させてはならないからだ。

犯人擁護の姿勢は明白だった。これ以降、西ドイツの政策や判決のうえに犯人擁護の姿勢がますます強く打ち出されるようになった。こうして堅持された遡及効禁止の原則は非常に重要な意味をもっているので、それについてはここで別個に取り扱わなければならない。

一九五二年一月十二日、西ドイツ政府は国連総会で決議された「ジェノサイド犯罪の防止と処罰のための協定」にも調印した。これによって西ドイツ政府はジェノサイド犯罪にたいする刑事訴追の義務を負うことになった。一九五四年、政府は刑法二二〇条a項という形でこの義務を具体化した。ただし、行われてしまったジェノサイドにとっても、第三帝国内や大戦中ドイツ占領下にあったヨーロッパ各地で絶滅行動をとった大勢の人間にとっても、こうした義務化は何の意味もなかった。彼らはボン基本法に定められた、遡及効を有する法を排除した例の条項で保護されていた。第一〇三条二項のいわゆる「遡及効禁止の原則」がそれだ。そこには「ある行為は、その行為がなされる前に、その可罰性が法律で定められていた場合にのみ、これを処罰することができる」と規定されている。この条項はローマ法の罪刑法定主義に依拠したものだ。

基本法一〇三条二項は、数え切れないほどのナチ犯にとって法的なお目こぼしとなった。この条項ができたことで、第三帝国が残していった犯罪を本当の意味で清算する唯一の可能性が憲法上なくなってしまった。これによってナチス犯罪に対する追及は、未曽有の政治的犯罪に対してはほとんど無力といっていい刑法の範囲内に限定されてしまったからだ。ヨーロッパ中央に位置している、古い文化を持つ民族のなかから予測もしなかったものが現れ、初めは自国の領土内で、そのうちにその外でも、想像も及ばぬほど荒れ狂い、猛威をふるった。やっと一つになった世界が力を合わせてそれを打ち倒したとき、そこには刑法では犯人とならない無数の犯人が残ったのだ。こうした犯人はそれまで存在しなかった、というもっともな理由から。

ドイツ刑法の核心部は前世紀（一八七一年五月十五日）に成立したのだが、刑法の産みの親たちには、大量虐殺といっても、せいぜい狂気の列車転覆計画ぐらいしか想像できなかったろう。法典はこの間に、多くの改正法によって部分的に変更され、近代化されたけれども、アウシュヴィッツにそれを適用するのは、虎を爪揚枝で仕留めようとするようなものだった。偉大な哲学者カール・ヤスパースの言葉を借りるならこうなる。

「伝統的な法という文化風土の美しい運河に、悪臭を放つ熔岩流のような新しいタイプの犯罪を導き入れる、というようなもので……行政機関による大量虐殺は歴史に例のない新しい犯罪だ。この犯罪は新しい国家のタイプ、犯罪者国家を前提とする。この犯罪にたいしては、現行法は全く役に立たないように思われる。遡及効を完全に排除したのは、あたかもナチス国家を法の世界秩序のなかに含むことができると見なすようなものだ。」

明晰きわまりない言葉だ。

連合国は解放した強制収容所や絶滅収容所に悪夢のような印象をうけ、遡及効が絶対に必要だとみており、こうした認識から「ニュルンベルク条項」が生まれた。遡及効を持つ新しい法ができてはじめて、国際法上の刑事訴追とニュルンベルク裁判の判決が可能になった。ヒトラー、ヒムラー、ハイドリヒのような犯人、「ナチス党大会の都市」ニュルンベルクで被告席に座っていた犯罪者、そして民間および軍部の無数の共犯者、手先きになったり、甘い汁を吸った連中——こうした種類の犯人は既存の刑法の枠にはまらないのだ。

イェルク・フリードリヒは『冷たい恩赦』の中で、ヒトラー・ドイツの犯罪のせいで伝統的な判決が直面した行きづまりについて書いている。

「何百万という人間の殺害を合法的であるとか、あるいは非合法的であるとかいうことはできない。

法律はそのような行為を想定していないからだ。もし法律そのものが、犯罪の根源であるならば――裁判官たちは当時刑法を正確に適用し、一九四一年から一九四五年の間に少なくとも三万人を殺した――法律的な議論は先に進めようがない。判決としての大量殺人は、犯罪構成要件としてどこにも明記されていない。収容所の看守が、金の入れ歯を集めるために強盗殺人を犯したわけではなかったのと同じように、二〇〇人に政治的な死刑判決を下した裁判官も、二〇〇の法的殺人を犯したことにはならない。こうした裁判官も看守も国家犯罪の雇われ人だ。国家犯罪は、司法とも、強盗とも、日常的な殺人とも、ただうわべだけ関わっていたにすぎない。」

そうなのだ。法律は未知の世界に直面したのだ。伝統的な刑法は「行政機関による大量殺戮」も「国家犯罪の事務官」も想定していなかった。だから遡及効を持つ法律がなかったら、どうやってそれらを法的に処理することができようか。もっと簡単で自然な方法は、ドイツ人が自らヒトラー的なものを捨てさること、国民の力でヒトラーに片をつけることで、刑法自体を修正することだったろう。というのは、当然のことながら、そうしたカタルシスはすべての革命同様、遡及効をもつ法律を作っていたはずだから。ところがそうならなかったのは、周知のとおり。蜂起は起こらなかったので、正義と贖罪をみつける試みは、遡及力のある法しか道はなかった。それ以外はすべて数知れないナチ犯罪者の免罪を意味する。彼らの犯罪にはどの条項も適用されないのだから。

ボン基本法（訳註＝西ドイツ憲法）が出来上がった時点で、すでにこうした二者択一しかないということははっきりわかっていた。憲法の産みの親たちは、それにもかかわらず遡及効の法的原則を認めようとしなかった。

ナチ犯を擁護するために産みの親たちがそうしたのだ、と責めたり疑ったりする者はいないだろう。

しかし客観的、歴史的にみて、基本法一〇三条二項は犯人擁護の役割を果たしてきた。そして世界史の例外的状況の贖罪をするには例外的な法によるしかない、ということをまったく考慮していなかった。この点で、西ドイツ憲法の制作者たちは非難を免れることはできない。

「アイヒマンの場合、犯罪行為があったことは誰も否定できない。しかしこの犯罪は、どの刑法にも規定されていないという特殊性をもっている。」

カール・ヤスパースはイェルサレム裁判の直前にこう書いた。第三帝国中央保安本部ユダヤ人局の責任者で、絶滅収容所へユダヤ人を移送した時の組織者であるアドルフ・アイヒマンにたいする裁判である。別の箇所では西ドイツでのナチ裁判について次のように述べている。

「現行刑法で間に合わせようという試みは無駄だ。殺害の欲望から、あるいは性衝動を満足させるために、あるいは強欲から、そしてそのほかの卑しい動機から卑劣で残忍な殺人を犯した連中にたいしては、刑法二一一条で十分間に合う。……こうした犯罪行為には刑法を適用できる。しかし本質的なことがかくされている。なぜならサディスティックな特徴がみられず、ある種の人間のグループにたいする純然たる絶滅の意志として現れたもの、それこそが新しい点であり、未来の暗雲の兆しのなかでとてつもなく大きな脅威なのだ。」

しかし西ドイツ司法機関は、自分たちの出番がきても、まさしくこうした見解を受け入れることができなかった。

隠れ蓑の探索

連合国側によるナチ裁判の第一の波では第三帝国の職務エリートたちが裁かれたのだが、ほとんど何事もなかったかのように彼らが西ドイツ戦後社会に受け入れられた後の一九五八年になって、西ドイツの司法機関は、今なお続く第二の波としてのナチ裁判に多大な努力を注ぎ始めた。

この時代の幕開けとなったのは「ティルジット出動部隊」にたいするウルム裁判だ。一九四一年六月二十二日のソ連攻撃開始後、ドイツ・リトアニア国境の幅二十五キロにわたる地域のユダヤ人を皆殺しにした、というので十人が告発された。

何か月にもわたる審理が終わった一九五八年八月、ニュルンベルクで行われたアメリカによる出動グループ軍事裁判ではまったく表面化しなかった出動グループAの担当地域で、悲劇の一部が明らかになった。どんな犯罪がまだ闇に葬られているのだろうか。こうした疑問とともに西ドイツの建国以来、その上空を脅かしていた雷雲が姿を現した。ナチス犯罪にたいする西ドイツのそれまでの刑事訴追が偶然性に依拠し、組織的なものではなかったことをウルム裁判は暴露した。ティルジット出動部隊がリトアニアで行った大量虐殺は、その首謀者として告発されたかつてのメーメルの警察署長、フィッシャー＝シュベーダーが一三一条法を根拠にかつての警察組織への復帰を切望しなかったならば、隠蔽されたままだったろう。それまで偽名で生きていたセールスマンが提出した、公務員として再雇用してほしいという申請から、検察は初めてメーメルの警察幹部の手掛かりをつかんだ。ヒトラー・ドイツが降伏して十年、それまでナチス犯罪の解明に専念していた司法官庁はなかったのだ。

このことを認めざるをえなくなったドイツ各州の法務大臣は、ルートヴィヒスブルクのバーデン州刑務所内に、その時代全体の特徴となった例の予備捜査局を発足させた。これは「ナチス暴力犯罪解明のための州司法行政機関の中央組織」、略して「中央組織」と呼ばれた。その仕事は西ドイツ国外の一般市民にたいする戦時犯罪のなかで、本来の戦争行為をはずれたものを追跡することだった。その種の犯罪にたいしてそれまで西ドイツには裁判の場がなかった。

以来「中央組織」は幾千にものぼるナチス犯罪を告発し、訴訟手続きに持ち込んだ。そのなかにはフランクフルトのアウシュヴィッツ裁判やデュッセルドルフのマイダネック訴訟のように、世界裁判史上最大級のものもあった。ところが中央の捜査機関が参加し、すなわち多数の判事や検事がかかわり、また計りしれないほど完璧に資料が集められたにもかかわらず、三十年たって振り返ってみるとき、やはりナチ犯にたいする**ドイツ**司法の精一杯の努力であった第二の波のナチ裁判は、茶番にすぎなかったと言わざるをえない。

なぜなのか？


私は十二年以上もの間、こうした裁判の多くに、傍聴人ないしは報道記者として立ち会ってきた。そのうちに私は、この被告席に座っているのは本当は誰なのか、通常どういった犯人グループだけが告訴されているのか、との疑問を持つようになった。何年もたたないうちにすべての疑問が解けた。その答えが正しかったことは今でも変らない。ドイツの行った第二の波のナチ裁判でその法廷に立ったのは、工場生産にも似た連続・大量殺戮、ジェノサイドの連鎖のなかで一番下っ端の者たちであり、「行政による虐殺」の末端にいたちっぽけな「国家犯罪の職員たち」であった。法廷に引き出されたのはナチス親衛隊長グスタフ・ゾルゲやベルリン郊外のザクセンハウゼン＝オラニエンブルク強制収容所のカール・シューベルトのような、あるいはブーヘンバルトの獣、マルティン・ゾンマーのような、そして彼らと同じようなタイプの「殺人労働者たち」だった。彼らに命令し、「死の製粉所」に「人間の粉」を納入したあの連中ではなかった。この「殺人労働者」グループは、自分たちの手で、自分たちの銃うち靴や棍棒や銃で殺人を犯したことについて、何も知らなかったとは言えなかった。そして例外を除いて、もちろん全員、殺人の罪を認めようとしなかった。彼らが陪審裁判所の法廷に立たされたのはまったく正当だが、ほとんどの被告がこうした「小者たち」だった。いったい「大物たち」、立案しながら、自らは手を下さずに命令だけした者たち、中央殺戮組織すなわち第三帝国保安本部ＲＳＨＡの上層部はいったいどこにいるのか。全員が自殺したわけでもないだろうとの疑問はますます切実となった。軍事産業のリーダー、ナチス親衛隊の大物、軍の高官や責任者、彼らがいなければ何も起こることはなかったはずで、そうした連中のほんの一部だけは、イギリス、アメリカ、フランス占領軍の特別裁判にかけられはしたものの（そしてとうの昔にまた自由の身になっている）、彼らはいったいどこにいるのだという疑問だ。

基本法一〇三条二項の遡求効禁止はひとまず置くとしても、第二の波のナチ裁判による刑事訴追を行うには様々の難問題、障害、障壁があったことは確かだ。西側連合国は一九五二年五月二十六日のいわゆる「一般条約」（訳註＝ドイツ条約）において、連合国の裁判所で判決を受けたナチ犯をドイツの裁判所がもう一度裁判にかけることを厳しく禁止する項を設けた。聞くところによれば、連合国はナチス犯罪を本当に追及する心構えがドイツ司法機関にあるとは信じていなかったからだということだ。そうした不信がドイツの陪審裁判所に訴訟手続きを禁止した本当の理由であったにせよ、それとも単なる口実であったにせよ、このことは連合国が自らの裁判所でナチ犯にたいする訴訟手続きを止め、もともと軽かった刑罰をさらに減じ、犯人を最終的には完全に釈放するという、連合国の全体的傾向に合致していた。忘れてならないのは西ドイツの世論とまさに合意のうえで、こうしたことが起こったということだ。

遡及効を禁止する条項、ドイツ条約の条項――犯人にとってはまずこの二つの隠れ蓑があった。西ドイツの司法が他の隠れ蓑を独自に探すことがなかったとしても、一九五八年以後の西ドイツ司法にはさらに三つの法基準が許されていた。「主犯に関するテーゼ」、「命令遂行の強制」についてのテーゼ、「殺人の幇助」についてのテーゼの三つだ。

ティルジット出動部隊にたいする公判でウルム陪審裁判所はヒトラー、ヒムラーそしてハイドリヒを主犯として確認した。彼らは刑法二一一条に基づく殺人罪で有罪だというのである。リトアニアの国境地帯で、大勢の女性や子供を含む四〇〇〇人以上のユダヤ人を極めて残酷な手段で殺戮した十人の被告も、すでに死んでいるあの三人と同様、法を犯しているという自覚があったことを、法廷は認めた。しかし、判決理由は続けて、主犯であるヒトラー、ヒムラーそしてハイドリヒがいなかったならば、被告たちが自分からリトアニアに進駐することはなかったろうし、そこで罪を問われることになるような殺戮を行うこともなかったろう、という。被告たちは進んで、そして全力をあげて殺戮を行ったかもしれないが、それは「単に」、**命令**に従っただけだった、というのだ。原文はこうだ。

「しかし、命令の実行に際して、命令を受けたものが犯人として行動するのではないことは原理的に予測される。命令されたものは通常、命令されたから実行するのであり、命令者に従い、命令者を幇助したいと思って行動するからである。」

こうして第二の波の最初の裁判ですでに、犯人のための二つの隠れ蓑が発見された。主犯に関するテーゼと命令遂行の強制というテーゼだ。後者については、同じ法廷で、殺人命令を拒否しても処罰されなかった件が報告されていた。ハルムス警部がティルジットのゲシュタポ隊長ベーメから（二人とも起訴されていた）、女性と子供たちの射殺を引き受けよ、と要求された時、彼は反論した。「隊長、私にはできません。」するとベーメは、「では君をナチス親衛隊の隊員にする。そして職務命令をする」と言った。ハルムスがそれでも拒否し続けると、ベーメは、「わかった、もう行ってよろしい。やる必要はない。君にも妻も子供もいる」といって彼を立ち去らせたのだった。

その後行われた別のいくつかの裁判でも、殺人命令を拒否しても何の処罰も受けなかったことが確認されている。その場の状況と関係者の特徴を明らかにするため、こうした拒否は極めてまれで、従って大量殺戮を実行するのに何の障害にもならなかった、ということをいっておかなければならない。必要な場合にはいつでも、人殺しがその場にいたのだ。西ドイツの責任において行われた終わりなきナチ裁判の最初の公判では、犯人にとって典型的な三番目の隠れ蓑も発見された。フィッシャー＝シュベーダーは「殺人幇助」で十年、ベーメも同じく「殺人幇助」で十五年の懲役となった。「殺人幇助」は他の被告全員に適用された。これについては判決理由のなかに二、三興味あるコメントが付されている。五二六人を殺害した罪で三年の懲役刑を受けた被告の一人には、「射殺に際して礼儀を保つ」ように努めていたことが証明された。四二三人の殺害で四年の懲役となった被告については、彼は不幸な少年時代を送ったので「いささか愚直な印象」を与え、「精神が不安定」だと書いてある。五二六人にたいする殺害で三年の懲役になった第三の被告に関しては、「節度のある精神的特性」と「劣等感を引き起こす」ような「軟弱な素質」をもっていたと述べている。ウルムの裁判官は犯人たちにたいして大いに理解ある態度を示す。しかし間もなく明らかになるように、他の裁判官とくらべて特別に異常というわけではなかった。こうしたことはその後のおびただしい数の裁判において繰り返されたのだ。

判決が軽かったことを理由づけるにあたって、ウルム陪審裁判所は、明らかに不本意ながら、集団責任論に近づいていた。すなわち恐ろしい出来事は「官僚機構の上層部や軍隊の上層指導部を含めたあらゆるグループと身分の人たちの失敗によって」引き起こされたという説明である。まったくそのとおりだ。ただ社会も西ドイツ司法機関もこの疑いのない事実から、避けることのできない政治的結論を引き出そうとはしなかった。同じ判決のなかには、ヒトラーとナチズムについてのドイツの責任を外国政府の責任にする場合の一つのバリエーションも見られる。「外国政府もやはり無能だった。恐らくそのほうが都合が良かったからだろうが、彼らはドイツ人以上にこの出来事から正しい帰結を引き出せたはずなのに、そうはせず、権力者と交渉したのだった。」ティルジット出動部隊の犯人たちにはさらに、「数百年にわたる教育が生み出した、ドイツ人の権威にたいする盲従」ということも酌量された。

ウルム裁判所の態度はいろいろな矛盾を含んでいる。一面では被告に有利になるように、被告たちとその犯罪はもっと大きな集団の責任と関連づけた。しかし他方、そしてこれも被告たちに有利になるよう、起こったことすべてにたいする責任を国家の最高首脳部であった三人の指導者、ヒトラー、ヒムラー、ハイドリヒに限定した。そうすることでナチス指導層と当時の大半のドイツ人の間に通いあっていたものがすべて否定された。このことは、例の恐ろしい出来事は「あらゆるグループと身分の人たちの失敗によって」現実となった、という表現ですでに承認されていた。

犯人に有利になるように法の根拠付けが行われたことは最初からはっきりしていた。主犯に関するテーゼ、命令遂行の強制、殺人幇助、これらは初めから法定刑の範囲を限定する。起訴されるのは原則として、既に述べたようにどっちみち「殺人労働者」に限られた。しかしそれだけではなかった。被告たちの大部分を占めるこのグループがさらに分割されたのだ。しかも、これから見るように、またしても犯人にとって有利になるような具合にだ。

第二の波のナチ裁判は時とともに、殺人に一般的な形で加わっただけではなく、国家の命令による大量殺戮に**独自の**貢献をしたと推測されるような、**そういう**タイプの犯人に関心を集中していく。単に事件に加わったというだけではなく、独自の貢献をしたということだけが、西ドイツ陪審裁判所の目には本来の、唯一の不法行為と映った。絶滅機構の衛兵か実行部隊の一員で、「秩序だった経過」に参画していた人びとに対しては、第二の波のナチ裁判の法廷ではほとんど、あるいはまったく何事も起こらなかった。要求された「通常の」行為をこえて、被告が個人的に**過剰行為**を行った、と証人が証言したとき、犠牲者をガス室や死刑執行のための穴におくる途中で、殴ったり蹴ったりしたとき、母親の腕から子供をひったくったり、その子の頭を床や壁に打ちつけたりしたとき、そうした場合に初めて西ドイツの裁判官は有罪判決を言い渡す必要を感じた。ヒトラーに傾倒しその世界観に同意しているが、主犯ではなく命令に従ってのみ行動し、有能で、余計なことは考えずに殺害行為に加わったような職業的「最終解決担当者」にたいしては、裁判官と陪審員は人殺しという汚名をきせなかった。スムーズに機能している殺人装置の一部として規律正しくまた狂いなく回転している歯車ではなく、恐ろしい場面に自分の憎しみを、個人的怒りをつけ加えた連中だけが判決の対象になった。「最終解決」のベルトコンベアーに従事していた連中ではなく、喚きちらし、蹴ったり殴ったりした手合い、強制収容所の獣、ナチスのサディスティックな殺しを西ドイツ司法は典型的な犯人のタイプとして選び出した。その他の、沈黙していたもの、何の感情もあらわさずに職分を果たしていた連中は、この選択基準に従って、いずれにせよ不十分な法律の網の目をくぐり抜けた。もっぱら過剰行為者だけに向けられた捜索は、いわば抜け穴のなかの抜け穴だった。

陪審裁判所は個人的な過剰行為を立証することに歳月を費やしてきた。例えばデュッセルドルフのマイダネック裁判で、ここでは捜査と審理のために膨大な時間が費やされた。この収容所の犠牲者数はかなり正確に、二十五万人と確定した。しかし抜け穴のなかの抜け穴のメカニズムによって、この大量殺戮に加わったことではなく、一人一人の被告に殺害の欲望がはっきり認められなければ有罪に値しない、と判断された。ボーゲン判事は非のうちどころのない崇高な人であり、そのままでは途中でしりすぼみに終わってしまったかもしれない第二の波のナチ裁判史上、最も長い裁判を支え続けた一人だった。しかしこのマンモス裁判は、完全に過剰行為者を対象にしていた。

デュッセルドルフ陪審裁判所は、被告ヘルミーネ・リャンこそ疑問の余地のない個人的な動機による過剰行為者だとみなした。以下に判決理由から引用する。

「被告リャンはとくに冷酷さを示した。被告は自分から進んで、収容所から連れ出された小さな子供たちのうち少なくとも一人の足をつかんで、怪我をするかもしれないことなどおかまいなしに、車の荷台の上に生命のない物のように放り投げた。積み込み終了時には、ぎゅうぎゅうづめにされた子供や女性たちは車の荷台を埋め尽くした。」

過剰行為の傾向のある同被告の判決に際し、裁判所は次の結論に達した。

「被告人の著しい性格的特徴はこの個人的職業的功名心にある。」

判決理由はさらに、「体制の方針に従って精力的かつ良心の咎めを感じることなくいつでも出動できる態勢にあることとの報酬として、どんな昇進の可能性が約束されていたか、彼女は知っていた」、そのため彼女は「強大な国家による殺人委託装置の単なる小さな歯車であった」という確かな心証を与えることができない、とも述べている。

典型的過剰行為者のタイプであったヘルミーネ・リャンは終身刑の判決を受けた。これに対して同じ犯罪に加わったヒルデガルト・レッヒェルトは、その行為に「犯行の首謀者との内面的合意が見られなかったこと」が認められ、十二年の懲役刑であった。ヘルミーネ・リャンと同じく、ワルシャワ強制収容所でユダヤ人の子供たちの大量殺戮に加わったヒルデガルト・レッヒェルトは、陪審裁判所の解釈によれば、こうした行為にもかかわらず、ヘルミーネ・リャンとは異なり、どこにも「彼女に与えられた命令の枠を」越えていなかったということだ。

「イデオロギーの点では、彼女はナチズムにあまり感銘を受けていないことが明らかになった。彼女には反ユダヤ主義やそのほかの人種主義的な優越意識も、ほかの個人的な利害意識も彼女には少ないことが証明されている。」

ヒルデガルト・レッヒェルトが、表向きかあるいは実際そうなのかはわからないがナチズムに関心がなかったとしても、そのことは犠牲者にとって何の意味もなかった。しかし法廷はそれを刑の軽減の理由として認めた。しかし、ほかの被告たちには逆に、つまり同じくこのナチスにたいする確信が、例えばナチス親衛隊員ラウリヒ（一九五人の殺害で八年の刑）には逆に有利に働いた。デュッセルドルフ陪審裁判所の見解では、「彼が以前のズデーテン地方に生まれ育ったドイツ人として、誤った民族意識からナチス親衛隊への道を選んだ」だけのことなのだ。

だからといって「引き出された囚人の顔を鞭で打って〈自白〉を強要する」という尋問の専門家になるものだろうか。

被告ヴィラインは一万七〇〇〇人の殺害に加わったことが立証された。射殺される人びとは、「最初の犠牲者が地面に横たわると、次の人たちはその犠牲者の背中に頭が載るように、墓穴の方向に向かって屋根瓦状に顔を下にして横たわらなければならなかった」。判決は六年だった。なぜならヴィラインが「義務の遂行ということを誤って理解していた」ための行動だった可能性が排除しえないからだ、という。ここまでくると、避けることのできない必然的な疑問が起こってくる。殺された人たち一人一人はそうした判決を受けた殺人者の何時間分、いや何分相当の拘束に値するのだろうか。

冷酷な原則を超える「個人的な付加行為」を立証すること、そして有罪に値する唯一の被告の基準を過剰行為者だけに限定してしまうこと——こうした考え方はすぐに見つかり、またでっち上げられるものので、第二の波のナチ裁判の根底をなしていたが、現行刑法の及ぶ範囲がいかに無力で限られたものであるかを、改めて露呈したにすぎない。裁判では数え切れないほどの加害者が全くお咎めなし、あるいはごく軽い刑で見逃された。ドイツ陪審裁判所でのナチ裁判が始まって三十年、公の判決で初期の、一定の原理をもちだして犯人に有利にはからうのは、争えないことだった。

というのは、強制収容所の獣はユダヤ人や非ユダヤ人の大虐殺の典型的な犯人タイプには入らなかったからだ。

一九六七年、功績もあり忘れ得ぬ人でもあるヘッセン州の検事総長フリッツ・バウアーは、第二の波のナチ裁判が誤った方向に展開してしまった原因について次のように書いた。

「例えば〈ユダヤ人問題の最終的解決〉や、圧倒的多数の関係者——共犯か幇助だったたはともかく——の事件への関与をエピソードに分解したり、事件とそれに加わった者たちの行動を、スローモーション映画のように細部にわたって解明するのは、歴史的にも法的にもなんの意味もない試みであり、まさに我慢のならない企てだ。」

しかし、第二の波のナチ裁判がたどってきたのはまさしくこの道で、フリッツ・バウアーが正しいと考えたこと、すなわち大量殺戮、連続殺戮そしてジェノサイドへの加担を事実どおり**一連の継続的行為**として把握することはなかった。もう一度フリッツ・バウアーを引用しよう。

絶滅収容所の所員は、ふつうは収容所に足を踏み入れたとたんにこれが殺人機械になる任務を意味しているのを知ることになるのだが、収容所の管理のために、したがって「最終的解決」のため自分の身体で何を寄与したかは別として、一人ひとりの活動は、入った時からここを出るまで一つの自然な流れになっている。継続して、不断に協力したことになるのだ。自然に観察すると、全体の活動が統一され、時々刻々連続した行いなのだ。すべての意志表示が、一つの全体的行動のなかでの非自主的な構成要件であり、その場に居あわせるということ自体が心理的な幇助であり、社会学の立場からみれば大衆現象の場合に看過してはならないことなのである。一人ひとりが隣人の手助けをし、犯罪行為を容易にしているのであって、その人間が収容所に勤務していた間の犠牲者たちは、彼の責任に帰すべきである。

収容所自体が過剰行為を生み出し、すべての関係者が法の上で裁かれるべきだという、この真実を伝えた叙述をカール・ヤスパースが補完する。彼は告発されるべき犯人、有罪判決を受けるべき犯人の範囲を次のように定義した。

「殺人の実行に含まれていたのは、計画と準備、国外追放、建物やガス室や火葬場などの建設、殺害現場やガス室への移送、射殺、ガス管の開放、事務室での仕事——机上で殺人計画をねった人間から殺害命令をタイプした秘書にまでいたる。この秘書にまで死刑の判決が下されることを誰も望んだりはしないだろう。しかし彼女は、自分が何をやったのかを知っていたし、これはタイプしない、と言うこともできたはずであり、しかも仮にそう言ったとしても、なおかつ軽い刑罰は受けるべきなのだ。本当の首謀者はすでに死んでおりもはや捕らえることはできないが、犯罪の実行に際してどういったやり方で、どの段階で協力したのか、その行動を細かく明らかにし、しかも決して免責してはならない。この戦慄すべき犯罪を本当に認め、それを償い、そして将来、同じ犯罪を再び企て、何らかの形でそれに加担するかもしれないすべての者にたいして償いの手本を示そうとするならば。」

第二の波のナチ裁判とその結果は、そうした潜在的な未来の犯人に恐怖感を与えることはできなかったようだ。というのは、西ドイツの社会も司法機関も「実行行為」に加わった者のほとんどを、法的にも現実的にも免責したからだ。彼らの多くにはまったく捜査の手が伸びていない。なぜなら、殺人システムへの協力を一貫した集団行為のなかの個人的関与だと見なしたバウアーやヤスパースの考察は、ドイツ第二共和制のナチスの遺産にたいする法的、政治的訴追に際して、一般にも司法界にも受け入れられることがなかったからだ。また約九万件の捜査の大半が中止になっている。訴訟手続きが取られ、実施されたのは二、三百件だった。有罪判決と捜査手続は一対九十九である。一般に知られる犠牲者の数が多くなればなるほど、そのことに責任のある犯人を見つけ出し責任を負わせることは、ますます難しくなった。

死者だけ、つまりヒトラー、ヒムラー、ハイドリヒだけを首謀者にするという、第二の波のナチ裁判の犯人に有利になるようなこの重大な事実をみて、ナチ訴訟に詳しいチュービンゲン大学の刑法学者、ユンゲン・バウマンは深い溜め息をついて、「一人の犯人と六〇〇〇万の幇助者——ドイツ国民とは幇助者の国民だ。げんなりさせられる考え方であり、筆者の私にとっては恐ろしい考え方だ」という。

ルブリン近郊のマイダネック収容所では、一九四一年の冬から一九四四年の夏にかけて、少なくとも二十万人が殺害された。デュッセルドルフ陪審裁判所は、一万七四三八人の殺害に加わったことが証明されたとして八人の被告に終身刑を、他の七人には四十六年と六か月の自由刑の判決を下した。彼らはすべて行政による大量殺戮機構の末端部分であった。

第二の波のナチ裁判は量的に膨大な、ある種の畏敬の念さえ起こさせる業績だったが、そのなかで絶滅を指揮、計画したインテリ、そのための官僚機構の力に対する裁判はほとんどないに等しかった。しかしたまたま、あるいはうっかりした手違いから、そうした犯罪が裁かれるようなことがあっても、典型的な犯人タイプとはサディスティックな強制収容所の獣だと限定してしまう判決はいかにも無力だった。

たとえば――ドイツ帝国鉄道の場合。

死の輸送をした機関士――帝国治安本部の失敗弁護人と証人

ドイツ帝国鉄道がなかったならば、ドイツ占領下のヨーロッパにあった絶滅機構は機能しなかったはずだ。東ヨーロッパのホロコーストの場へ向けて各地から大量輸送するためには、鉄道は必要不可決だった。戦争半ば、大規模な軍事輸送の必要が起こったときも、ドイツ帝国鉄道幹部はアドルフ・アイヒマンと密接な協力態勢をとりながら、必要とされた追加輸送力を確保して、非常に柔軟な処理能力のあることを証明してみせた。歴史学者ラウル・ヒルベルクはこれの鉄道管理局幹部を――死の輸送を実際に行った機関士ともいえる――典型的な犯人集団と規定する。鉄道はナチスの組織ではないし、意見を求められることもないが、要求されたことを時間どおり、確実にそしてわかりきったことのように実行した。ヒルベルクは、全く新しい次元の問題を含んでいるこのような現実の中に「全体主義」の概念がはっきり現れているという。被支配者にたいする支配組織の完全な統制という、よくいわれるようになった意味ではなく、支配者の目的に国民の大多数が完全に同意していたのだ。支配者の意志と一体になるために、熱狂的な政治信条は必要なかった。効率だけが必要だった。

一九七〇年、デュッセルドルフ検察庁は元ドイツ帝国鉄道副総裁アルベルト・ガンツェンミュラー博士にたいする訴訟手続きの開始を請求した（彼の上司で当時の運輸大臣だったユリウス・ドルプミュラー博士は一九四五年七月五日に死亡していた）。起訴状には次のようにある。「故意かつ下劣な動機から〈最終的解決〉に際して、また時として数百万にのぼるユダヤ人の残酷な殺害行為に……自己の行為がどういう意味を持つかを知りながら協力した。」

裁判所は訴訟の開始を拒否したが、それには証拠不十分という理由がつけられた。そしてガンツェンミュラーは刑事訴追を免れた。

この拒否が何を意味するのかをはっきりさせるために言っておこう。帝国鉄道の列車は何年もの間、東ヨーロッパ各地の絶滅収容所の専用ホームまで走っていて、満載した貨車の帰りはいつでも空だった。同行した帝国鉄道の人間は、そこで何が起こっていたのか正確に知っていた、という証拠だ。

十二年にわたる捜査の結果、その間には訴訟手続きが再度棄却されたりしたが、ようやく一九七三年四月十日、デュッセルドルフ上級裁判所の決定でガンツェンミュラーにたいする公判が開かれた。証人リストには一一九人の名前が挙がっていた。

この訴訟の性格を見てみよう。裁判の過程で一通の手紙が読み上げられた。親衛隊帝国指導者ハインリヒ・ヒムラーの側近だったカール・ヴォルフ親衛隊人事局長が一九四二年八月十三日付けでガンツェンミュラー宛に書いたもので、これはすでにニュルンベルク裁判で証拠として提出されていた。

「選ばれた民ユダヤ人に属する者を五〇〇〇人ずつ積んだ列車が、この十四日間、毎日トレブリンカに向けて走っているという通知をいただき、大変喜んでいます……」

これはガンツェンミュラーが一九四二年七月二十二日付けで、ヒムラーにも回すようにと、カール・ヴォルフに送った書状にたいする確認の手紙だ。両方の証拠書類がデュッセルドルフ裁判所に提出されていた。裁判長と被告とのやりとりをみよう（裁判記録からの引用）。

「五〇〇〇人のユダヤ人を毎日ということは、一週間に三万五〇〇〇人のユダヤ人を、月にすると約十五万人ということになる。運んだ先で彼らはどうなるか、考えてみたことはなかったのですか。」

「前にも言ったように、私はこの報告の内容を内面的なあるいは精神的な問題としては受け止めませんでした……。」

「あなたは親衛隊帝国指導者ヒムラーの司令部に、つまり第三帝国で二番目の地位にあった人間に宛てた秘密文書に署名はしたけれども、内容については何も知らなかったと言うのですか。」

「そのとおりです。確かに文書は下部組織で、つまりグループLで作成され、私はただ単に型通り署名しただけでした。」

「それはしかしあなたの個人用箋です。それではグループLは、どうやってあなたの個人用箋を手に入れられたのですか。」

「たぶん私の秘書から受け取ったのでしょう。」

「あなたが主張するようにグループLによって実際に作成されたのならば、その書状が日誌番号なしに文書保管室に保存されたのはなぜですか。」

「私はそうした細かいことにには本当に関心がなかったのです。」

百時間後、アルバート・ガンツェンミュラーは心筋梗塞に陥り、訴訟はさしあたって当面の間、そして一九七七年三月二日には最終的に中止になった。

ガンツェンミュラーは罪状の完全な否認、つまり個々の事実もまた重大なことについても何も知らなかったふりをすることで、自己を弁明した。このやり方は、第二の波のナチ裁判でほとんど全部の被告が見せた恥しらずなごまかしの典型だった。しかし、自分が免罪される可能性を見いだしたと被告が思ったときには、集団的な記録喪失はたちまち消え失せて、仲間を裏切る。彼らの口から詳細があけすけに止どまることなく語られるのだ。

殺人装置を指揮・管理し、最高段階での計画を立てる頭脳の中心で、ヨーロッパ大陸の絶滅実行網を支配する中央司令部の成員を、西独ナチ裁判の法廷に召喚しようとしたことがたった一度だけあった。帝国治安本部（RSHA）のメンバーたちだ。彼らを起訴するために、一九六三年、ベルリンの検事長ギュンターが十一人の検事と二十三人の警察官からなるグループを組織したときには、西ドイツには帝国治安本部の成員がまだ七万人生きていた。彼らはみな自由の身だったが、その中で、ラインハルト・ハイドリヒの副官だったヴェルナー・ベストは、ミュルハイムのシュティンネス・コンツェルンに地位を得ていた。ブルーノ・シュトレッケンバッハはソ連に囚われていたが帰ってきて、ハンブルクにいた。両者とも出動部隊の管理責任者だった。

その彼らが起訴されることになった。

六〇年代の初め、ルードヴィヒスブルクのナチス犯罪解明中央組織はアメリカで帝国治安本部の書類を発見した。膨大な記録資料で、その中には八〇〇〇人の名前と階級を記した「職務配分計画」、さらに十五万のファイルと二七〇〇人の証人も含まれていた。容疑者はこの発見された証拠を基に三種類の犯人グループに分けられた。

1 「最終的解決」に加わった者

2 出動部隊に影響を及ぼした者

3 大量処刑に加わった者

一九六七年には、三〇〇人にのぼるかつての「大量殺人行政機構の職員」にたいして十八件までの訴訟準備が整った。訴訟内容は「国家犯罪」を指揮・管理した者の行為を対象としていた。元帝国治安本部の成員に対する起訴は、西ドイツでの、第二の波の裁判にとって画期的な意味を持っていた。それについてイェルク・フリードリヒの『冷たい恩赦』はこう書いている。

「殺人を指揮した行政機構の人間を裁かないかぎり、実行に加わった収容所の人間に対して有罪判決を下したとしても、それは、行政機構の人間にとって都合のいいアリバイになるだけだ。頭の弱い粗野な人間を公に弾劾することが、知能犯を免責する結果になるのだ。形式上ヒトラーから発せられた命令は、帝国治安本部のレベルで実行段階に移された。総統はひとこと〈殺せ〉と命令した。それは合言葉にすぎなかった。行動戦略は中間段階で立てられた。彼らは多様な専門領域の力を駆使して、合言葉を行政機構による大量殺戮にまで具体化する。彼らは技術を提供し、適当な法形式を考え、官僚的に進行させ、調整する。彼らは国防軍や外務省と折衝をすすめ、犠牲者を工場奴隷として生かしておくか殺すか決定し、カムフラージュの方法を考え、そして実行者を操り人形に、そして操り人形を犯人集団にする人員計画を立てる。帝国治安本部にたいする裁判では、官僚精神と国家犯罪との歴史的な出会いが暴かれるはずだった。欺かれていた理想主義者の力が及ばなくなり、親衛隊の鞭の音が響くアウシュヴィッツの降車場――ここでユダヤ人の最終的解決は始まったのだという国民の自己催眠は、厳しい挑戦を受けたはずだった。つまり、最悪の事態を阻止しようと思っていたと主張する者にたいして、毎日毎日の計画の犯罪性が証明され、総責任者である帝国治安本部こそが共犯者や下部組織の者を無理に引きずり込んだことが明らかになるはずだった。そして最後は、本当の犯人はごくあたりまえの、鼠色の国家機関だった、と結論づけるはずだったのだ。」

六〇年代の後半、ベルリンのギュンター検事総長の捜査指揮下で膨大な準備がととのった段階で、次のことが明らかになった。それは、帝国治安本部にたいする起訴は西ドイツの司法当局によるナチス時代の刑法上の遺産を解明するための巨大な努力の中心、核心になるはずだ、それまでの努力は方向が間違っていた――ということだった。

ところがこの裁判は開かれなかった。なぜか。

すでに述べたように、第二の波のナチ裁判で西ドイツの出した判決は、十五年以内の自由刑である「殺人幇助」を一般的な犯罪類型として、過剰行為を行った者だけを殺人者とした。虐待の場で自ら進んで何か付加行為をするようなことのなかった者はすべて「幇助者」と見なされ、終身刑という重い罪を免れた。例えばオットー・ブラートフィッシュで、ミュンヘン地方裁判所は一九六一年、彼が一万五〇〇〇人を殺害したことを証明していた。親衛隊総司令官でヒムラーの側近カール・ヴォルフの場合は、三十万人のユダヤ人をワルシャワの収容所からトレブリンカへ移すための輸送手段を準備したが、西ドイツ法廷は一九六五年、彼には「犯罪者の意志」が欠けていたことを証明した。つまりヒトラー、ヒムラー、ハイドリヒのような「主犯」の「陰険な動機」を知り、それを承認していた人間が、それにもかかわらず、殺人者の枠に入れられなかったのだ。殺人について定められた刑法二一一条の残忍性、陰険、殺害嗜好等々の特徴が見受けられないという理由だった。彼らは「幇助者」とされた。ところが、犯人の下劣な動機を知ってはいたが、それを承認はしなかった者も同じように全員「幇助者」と見なされていた。

こうした同列視は実状に合わず、改善の必要があると一般に認められていた。犯人の悪意に満ちた動機を自分でも承認していた幇助よりも、「中立的幇助」は軽く罰せられるべきだという考えだ。それもナチ裁判だけではなく、あらゆる犯罪行為における主犯と幇助者の関係にも当てはまるものとして考えられていた。

一九六八年十月、国会は刑法第五〇条第二項（現行二八条）の改正案を決議した。「殺人幇助」はたった三年ないし十五年の自由刑に相当するとされた。連邦裁判所第五刑事部は、一九六八年三月、キール陪審裁判所が一人のナチ犯に下した判決を以下のような理由から破棄したが、このとき初めて、この改正がナチ裁判にたいしてどういう意味をもつかが一般に明らかになった。

「州裁判所の確認したところによれば、被告は一九四二年と一九四三年に刑事助手および秘密情報機関の〈ユダヤ人局〉職員として、クラカウで多数のユダヤ人絶滅措置を幇助した。さらに、犠牲者たちが単なる人種的憎しみから殺害されたことを、彼が知っていたことが確認された。彼自身はしかしこうした下劣な動機は持っておらず、そのことが犯罪的であることを知りながらも警察署員として、また親衛隊員として命令に従ったにすぎなかった。一九六八年十月に発効した改正刑法五〇条第二項によれば、そうした殺人の幇助は単に三年ないし十五年の刑に相当する。彼にたいする刑事訴追は、それゆえ刑法第六七条第一項に基づいて十五年で時効になる。被告の行為にたいして法的措置をとる以前に、この期間はすでに過ぎている。」

つまり、十五年までの自由刑に相当するナチス時代のすべての行為、すなわち故殺と殺人の幇助は、一九六〇年五月八日に——一九四五年五月八日から十五年後に——時効が成立した。刑法五〇条第二項の新しい規定には、元帝国治安本部に属して殺人を立案・命令した者も含まれていた。これは国会の意図したことではなかったろうし、もちろんキージンガー＝ブラント大連立政府当時の法務大臣グスタフ・ハイネマン（訳註＝社民党、のち大統領）の真意でもなかったはずだ。ハイネマンとしては、この新しい規定によって、故意にナチス犯を擁護したり、犯人を処罰できなくしようなどとは考えも及ばなかったはずだ。新しい法律の文面にはこじつけて解釈されそうな所はなかった。殺人を立案・命令した者たちは、首謀者であるヒトラー、ヒムラー、ハイドリヒの下劣な犯行動機は知っていたが、その陰険さ、残忍性、殺人嗜好を分かちあったことはなかったと供述をした。そして彼らは一九六〇年五月八日以降、刑事訴追から自由になった。

連邦憲法裁判所の第五刑事部の判決によって時効が始まった時期は、帝国治安本部の三〇〇人の元職員を対象に準備された十八の訴訟のうち、ちょうど最初の裁判が開始された時期と重なった。この訴訟のためにベルリンのギュンター検事長たちは念入りにかつ長い時間をかけて準備をしてきたのだが、それが突然中止されたのだった。「最終的解決」の事務官僚たちは難を免れた。なぜなら彼らが異議を申し立てた場合、彼らの残忍性、陰険さ、低劣な殺害動機を反論の余地なく証明することができたであろうか。それについてイェルク・フリードリヒは言う。

「ユダヤ人名簿を彼らは冷酷に管理していたろうか。強制収容所への移送を陰険に命じていたろうか。民族的憎悪のゆえに絨毯に噛みつくなどということでもしていなければ、彼らの有罪を証明するわけにはいかない。」

ベルリンの検察官は、こうした証明が可能と思われるいくつかの事件を分離して取り上げた。そこでは四件の実刑判決がでたが、いずれも六年以下の禁固刑だった。殺人者は帝国治安本部という巨大な「クモ」の体のなかに隠れてしまって見つけられなかったのだ。ゲシュタポのなかの最大組織、ベルリン司令部の責任者、オットー・ボーフェンジーペンは三万五〇〇〇人のユダヤ人を首都から移送したことなどの責任を問われた。ヴェルナー・ベストはポーランド出動部隊の組織者だった。二人とも都合よく病気になり、裁判を受けられない状態であることが認められた。同じくブルーノ・シュトレッケンバハはソ連での出動部隊の組織者だったが、「少なくとも百万人を死にみちびいた」ことで起訴されていた。シュトレッケンバハは一九七七年、処罰されることなくハンブルクで死亡した。八〇〇〇人の殺害で起訴されていたベストにたいする刑事訴追は、一九七二年に中断された。ハイドリヒの副官だったこの男の健康がマンモス裁判の負担に耐えられないという理由だったが、一九八二年には裁判は完全に中止された。それ以後八〇〇キログラムの書類と一〇〇〇〇ページの起訴記録は埃りをかぶったままになっている。

第二の波のナチ裁判一般にあまり関心を示さなかった西ドイツの世論は、殺人中枢機構で殺人を企画・命令した者にたいする恩赦にもほとんど注意を払わなかった。「法律の条文は明確で他の解釈が生じる余地はない」と連邦裁判所は嘆いた。テュービンゲンの刑法学者ユルゲン・バウマンはそれに反論して、問題は表面的なもので「殺人と故殺との内面的な関係」における二、三の余計な独断を判決が捨てさえすればいい、それでスキャンダルはなくなるのだ、と述べている。ところが現実には西ドイツの法機構にはそれができなかった。ナーゲル検事も一九六九年五月二十八日、帝国治安本部全体にたいする最初の裁判が始まったばかりのところでまたも中止されたモアビット陪審裁判所の法廷で、憤慨して次のように言う。

「ドイツ法治国家は被告に首を贈った。なぜなら彼らが支えた政治体制が没落し、その後すぐに法廷に立っていたのならば、死刑判決を受けて首がとんでいたはずだからだ。今度は十分な検討もしない法改正で、国は彼らに自由まで贈ることになった。結果的には、ここでは裏口からの恩赦がなされたことになる。ナチ犯の巨大組織にたいする恩赦のような重大決定をする際には、立法関係者がオープンに、しかもきっぱりとした態度でことに当たり、決定について十分な政治的責任をとるぐらいのことはせめて期待してもいいと思うのだが。」

これは問題の本質をついた言葉だ。国会の悪意はみてとれないので、帝国治安本部のマンモス訴訟の挫折についてはいくつかの偶然の要素が、ショッキングな形で集中してしまったように見えた。しかしこの「失敗」には偶然とはいえないもっと上層部での計画が関連していたのではないか、という疑いは当然起こってくる。「失敗」は西ドイツ司法がこれまで歩んできた全般的傾向にうまく合っているのだ。それがナチス裁判に関する限り、予期されなかった断絶とは思われない。逆にそれまでの判決を補完し、引き継いだ結果と考えられるのだ。とくに「失敗」とそれのもたらした結果は、戦後ドイツの裁判史上、「法治国家」に依拠することはいつもナチ犯に有利に働くという奇妙なことをまたしても証明することになった。わが国のように判決と世論との間に内面的合意が成立していることが露骨に現れる例は珍しい。

国家犯罪の中枢であり、大量殺人行政機構である帝国治安本部にたいする訴訟が挫折したこと、この第一級の政治的な負の結果も、以下に述べるもっと重大な負の結果には及ばない。後者の意図は誰の目にも明らかであり、それに対しドイツ司法は重大な責任を負っているのだが、この点については次の章で述べよう。

その前に、第二の波のナチ裁判に見られた特殊な点、つまり証人にたいして弁護人はどんな関係にあったか、そしてどんな態度を示したかということについて、ここで少し述べておこう。

すでに述べたように、私は記者としてまた傍聴人として裁判に関わるうちに、被告として選ばれた人たちのタイプに疑問を持つようになっていた。「ここにいる殺人労働者たちの上官はいったいどこにいるのだ。彼らはどうなってしまったのだ」という疑問だ。当時の戦慄が蘇る法廷で多くの弁護人のやり方を見ていると、さらに疑問がわいてきた。「ここはいったいどこなんだ。この連中は何をやっているのだ。連中を法廷につれ出すことは、かつての収容所の現実と何の関係があるのだ。しょっちゅう被告と目くばせをしながら、あからさまに同じ立場をとり、法の枠内で許されることを、裁判所の忍耐を、そして生き延びた犠牲者の苦痛に耐える力を、許容できる限界をはるかに越えて、さんざん利用している連中――この連中のいうことはなんと現実から遠いことか」。弁護人が弁舌さわやかに被告に完全無実のマントをすぐに着せてやれないときには、検事側証人に対し、彼らの運命に本当に罪があるのは自分たち自身なのだという烙印を押し、殺人労働者の方はそそのかされての行為だと指摘する――こうした弁護の試みは数え切れない。

たいていの弁護人は収容所から生きて帰った者は原則的に疑わしい証人とみなす。今や再現されている当時の犯罪の日時を正確に記憶しておこうという努力を怠っていたとか、将来の、はたして行なわれるかどうかも怪しい裁判のために、法治国家として処理できるように地獄におかれながらすべてを詳細に準備しようとしなかった――という意味でかれらの申し立ては不正確だ、というのである。証人は正確な日時を記憶し、迷わず犯人を確認でき、適確に描写する能力を持ち、自分でも確信し他人をも納得させるような記憶力を備えて出廷すべきもの、と弁護人はいう。

もちろん、弁護側がそのような卓越した検事側証人を望んでいるというのは口実にすぎない。本当は、実体験のある普通の証人のほうが弁護側にはずっと都合がいい。なぜならそうした証人は、目前の驚愕と闘わなければならないからだ。彼は不慣れな公の場に立たされ、無表情な顔でそこに座っているかつての虐待者を再び見なければならない。生き残った犠牲者はなんらかの形で現在もまだ苦しめられている当時の光景を思い起こさせられる。その結果、証人は言語障害に陥るか、苦痛に身をよじることになる。

そうなるのは、弁護人が咳ばらいをしたり、意味深長な表情をみせたり、陪審席へはやさし気だが意味ありげな一瞥を投げかけたりするからだ。実際、ナチ犯の弁護にとっては、取り乱し、ひどく虐待され、困惑した証人の方が、例のめったにないタイプ、つまり興奮をまったく気付かせない、いわゆる弁護側が理想とするようなタイプよりもずっと好ましいのだ。ときには正確にはっきりと答え、動揺せず告発し、自分の曇りない記憶を立証する証人もいる。弁護人のもったいぶった仰々しさにも、また職業的威嚇や疑いの念という弁護人の諸手段にも、何の威圧も感じない証人もなかにはいる。しかしこうした証人はもちろん極めてまれで、弁護士たちから敬遠され、評価もされない。むしろ弁護士にとっては都合がいいのは、もっと扱いやすく、被告席に座っている害意のなさそうな市民、虫も殺さなかったような、誰にも危害を加えなかったような顔をしている被告が、かつては制服を着た権力志向の人間、生と死の全能の支配者だったことが分かると、時として平静を失うような、そうした証人なのだ。

ここで私が弁護というものの鉄則を疑問視している、と主張する人がいるかもしれない。しかしそういう人は、私が十二年間法廷でどんな光景を見てきたかをまるで分かっていない。なぜなら、いま述べたような人たちとはタイプの異なる弁護人はいたし、現在もいるからだ。はっきり人生に傷を負ったことがわかる、そして多くは打ちひしがれて見える証人を有無を言わせず尋問することに苦痛を感じている法律家たち。生き残った人たちに自分たちがどんなことを要求したのか知っているし、理解もしているので、居心地悪く感じていることがはっきり見て取れる弁護士たち。こういう人たちがこの法廷で虐待を行い、人間の尊厳を犯すような劇を演じようとしているとはとても思えなかった。本当の罪があるのはここでは検事側証人で、彼らはまったく無実の人たちに罪を着せているのだ、との逆の結論を導こうと努力する、弁護人としての役割を隠れ簑としている幾人もの同僚の、ばかげた誠意のない姿勢を明らかに退けようとしていた弁護士もいた。

私自身の観察によれば、生き伸びた犠牲者の運命や彼らが証人として出廷することに心を動かされることのない弁護人のタイプは、第二の波のナチ裁判ではかなり多く見られた。西ドイツの陪審裁判所で彼らが行ってきたことについては、改めて書かねばならない。そこで語られた褐色の狂気、証人を弱気にさせる仰々しい体系化、そのためにまったく無意味な証拠申請がなされた際限のない空想、躊躇と混乱、そしてうんざりさせる以外には何もない目的。忘れることができないのは、デュッセルドルフのマイダネック裁判での裁判長の表情だ。弁護人の一人がまたしても証人は噂好きの人間だ、身の毛のよだつような作り話をしているのだと、おとしめるようなコメントをしたとき、あるいは実に手のこんだ無理な要求を、州裁判所が刑事訴訟法二二条に基づいた証拠申請として許可しなければならなかったとき、裁判長の顔は（この数十年の他の多くの裁判長のそれのように）突然奥歯の神経に触ったかのように歪んだのだ。

　第二の波のナチ裁判で訴訟委任されたときにすでにネオナチまたは旧ナチスだったり、あるいは裁判の途中でネオナチになった弁護人に出会ったことがある。また、疑いのない重罪犯を扱っていたのに、彼を弁護すること、依頼人自身になんの違和感も抱かなかった弁護人もいた。あるいはますます自分自身を被告と一体視し、民主主義国家を誹謗し、もはや被告の代理人としての**役割を演じている**のではなく被告そのものに**なりきってしまい**、ついには裁判にたいしても証人にたいしても被告の側からの告発者として出廷していた弁護人もいた。彼らはいつでも、スタンリー・キューブリックの映画「ニュルンベルク裁判」のマクシミリアン・シェルが俳優としてすばらしく表現をしたような効果をあげた。現代の陪審裁判所が過去のナチス裁判所に変わり、現在の証人が過去の被告になり、現代の弁護人がかつてのナチス検事になった。ただこの効果にはもちろん限界があり、おのずからその効果をなくし、真実によって不合理は証明された。しかし、私が一番無気味に思ったのは、依頼人の利益をはかるために戦術としてそうしたのではなく、自分の発言を無条件に信じていた弁護人が何人もいたことで、それを一度ならず確認したことだった。

　しかし、本当に悲惨なのは、第二の波のナチ裁判の弁護の、全部とはいわないまでも、その大部分のスタイルなのではない。本当に悲惨なのは、西ドイツ司法の及ぶ範囲が**過剰行為者**に全面的に限定され、彼らの「個人的な付加行為」が非人間的なものであることが立証されなければならず、彼らは組織による一貫した**行動の連鎖**との関連において審理されることはなかった、という点である。

　過剰行為者にこだわるとはいうものの、西ドイツ法曹界はもっとも目につきやすいところでこのような犯罪者を原則として免責してしまった。つまり、身内の司法の世界そのものの中で、そうしたのだ。

連邦司法‐ナチス司法――拭えぬ恥辱

司法の独立に役立つべき裁判官の特典が、この場合には、ドイツの法律史の上でも最も従属的で他者の言うなりになったナチス時代の司法を保護している。……それ（原註＝民族裁判所）は、法意識をもつ諸国民の眼前で血にまみれ、蔑まされたままである。戦後ドイツの司法がそれにどう対処しようとも、そのことに変りはない。にもかかわらず、民主的な司法は、民族裁判所と特別裁判所の法衣をまとった殺人者を保護する法律条項を拡大するならば、その名誉を失わなくてはならないであろう。

（四十人の女性大学教師がベルリンの司法当局に宛てた公開書簡より）

ナチスという人種のなかでも、ハーケンクロイツの下における裁判官ほど犯人との大いなる和解から徹底的に利益を受けた者はいない。ナチスの検事や裁判官に対していかなる訴訟も行なわれなかったことは、ほとんど伝説化した周知の事実だ。事態はもっとひどい。ごくわずかな被告人もすべて例外なく無罪判決を受けたのだ。次にいくつかの例を挙げるが、私は再びイェルク・フリードリヒの著書『冷たい恩赦』の中の卓越した研究を拠り所にした。さらに、同じく彼が書いた『ナチス司法は無罪なり――ナチス裁判官に対する一九四八年以降の判決』（一九八三年、ロロロ・アクトゥエル・シリーズで刊行）という著作をも参考にされたい。この著書は実に忌まいましい事にこと欠かぬ連邦司法の歴史の中でも最も醜い時代と、十項目にわたって取り組んでいる。一九四五年以後の裁判官自らの浄化の問題である。

だが私たちもこれから見ていくように、連邦司法はまさに綱渡り師のように法をくぐりぬけ、もううんざりだといいたくなるほどの化物じみた対応でやり通した――すなわち、裁かれる者と裁判長の**双方**ともに、かつてナチス裁判官だったのである。というのは、裁判官という身分の浄化などに手をつけることなど決してなかったからだ。

東ドイツは一九五〇年代の後半――これもきっとこのことと関連した動機から――西ドイツで再び職位と尊厳を保ち続けている元ナチス裁判官と検事ら数百人のリストを流布させた。このリストは、西ドイツが彼らを刑事訴追する素材ともなりえたものだった。しかし一九六〇年、西ドイツ各州の法務大臣は、このようなリストを認めれば東ドイツをある意味で国として承認することとみなされかねないという理由で、否認してしまった。さらに内密にではあったが、「あちら」こそ反省すべきだと言ったという……。西ドイツでは通常東ドイツとの比較すら行なおうとしないのだから、何といっても不思議な論法である。

しかし、われわれの側の世論は東ドイツの助けなど全く必要としていなかった。西ドイツ国内でも、犯人たちとの大いなる和解がナチス司法の分野にどんな結果を及ぼしたかは、ずっと以前から評判になっていたのだ。ヒトラー時代の罪の重い、いや極めて罪の重い裁判官が地方裁判所の上級検事と首席検事に昇進したし、二人は連邦裁判官にすらなり、さらにもう一人はリューネブルク地方上級裁判所の部長にまでなっていたのだ。

さらに、悪名高い「民族裁判所」の裁判官でさえ西ドイツの司法機関に継続雇用されていること、また多くの外国人、特にポーランド人とチェコ人を「ドイツ国防力の破壊」の廉で死刑にしたいわゆる「特別裁判所」の所属員までが再雇用されていることが判明していた。死刑になった者の中には、ナチス親衛隊がユダヤ人用に指定した地域外でユダヤ人女性に避難所を与えたウクライナ人も入っていた。彼に死刑判決を下した裁判官は、一九四五年以後、ハム上級地方裁判所の上級裁判官に昇進した。シュレスヴィヒ上級地方裁判所では、かつて民族裁判所で一九四四年七月二十日のヒトラー暗殺未遂事件を歓迎した廉でベルリンの一女性に死刑を求刑した人物が上級検事になっている。裁判所の記録によると、彼女は「冷静かつ泰然として」断頭台で処刑を受けた。法衣をまとったこんな殺人者が連邦司法によって告訴されると、どんなことになるだろうか。

食肉用家畜の闇屠殺の廉で八件の死刑判決を下した特別裁判所の陪席判事は、彼に対する取調べが行われた時には区裁判所の判事をしていた。彼はこの身分を守り通した。取調べに当たったブラウンシュヴァイク地方裁判所の首席検事は、この同僚があのとき闇屠殺の廉で下した死刑判決は当時支配的だった刑罰の慣行に一致していたし、「肉の需要の充足を故意に危くする」という犯罪事実の構成要件は肯定されるべきものである、という結論を出した。すなわちこれは、ドイツ第二民主制の検察当局がナチスの判決と裁判官の立場、およびその主張に同意しているということだ――これは、これから考察するように特殊なケースではないのだ。西ドイツの司法がナチス裁判官の身の潔白証明に援用した原則がここで明らかになる。法律だったものは正しかったのだ。こうした実証主義的見解に従えば、ナチス特別裁判所による死刑判決も肯定される。話は外れるが、闇屠殺に八件もの死刑判決を下した廉で告訴された同僚を守ったブラウンシュヴァイクの首席検事は、一九四五年五月九日、つまりヒトラー・ドイツの降伏の一日後に、オーストリア兵に対して脱走の廉で四件の死刑判決を強引に下している。

連邦司法とナチス司法との関係をこの上なく特徴づけうる典型的な例は、一九四二年以降、民族裁判所第一部におけるローラント・フライスラー長官の陪席判事、ハンス・ヨアヒム・レーゼのケースである。

レーゼは二三〇の死刑判決に署名している。

一九六三年六月二十五日、ミュンヘン上級地方裁判所はレーゼが「拘束力ある法とみなしていた当時の法律に服従」していたことを証明し、「眩惑された結果」彼がそれらの法律を正しいとみなしていたという理由で、連邦司法による彼への最初の攻撃を撥ねつけた。判決では先述の文のあとに、レーゼに特定の**故意**があったとは証明しえない、ナチ裁判官は故意に法を破ったことが証明される場合にのみ有罪である、と述べられている。こうして西ドイツの司法は、ナチス司法関係者の大多数が告発されていない中にあって、その告発された小数グループにも抜け穴を与えたのだ。

この抜け穴理論は、他のナチ犯の取調べの場合とはまったく異なる犯罪者の態度を生んだ。ベルリン＝モアビート地方裁判所の裁判で七人の殺人の廉で起訴されたレーゼは、これらの死刑判決以外にも二二三の死刑判決を下したことを公然と認めたのだが、これはまさにそうしなければ彼は故意に法を破ったことになるという言い分だった。こうしてナチス裁判官に対する連邦司法の故意＝抜け穴理論によって、レーゼはナチス時代に「反逆者」を死刑台に送り込んだのと同じ理由で、当時の彼の死刑判決を改めて正当化した。すなわち、彼は、一九四三年以降ドイツ人の間に「敗北主義の危険な波」が拡がっており、ドイツ帝国の存続を維持するためにはいかなる厳しい手段をもってしても制圧しなくてはならなかった、と主張したのだ。

換言すれば、ハンス・ヨアヒム・レーゼは正犯《テーター》であることを欲したのだ。そうでなければ、フライスラーの民族裁判所の陪席判事としての彼の「自主性」は疑わしいものになるだけでなく、連邦司法の故意＝抜け穴論理によって――完全に否定されることになっただろう。ほとんど信じ難いことだが、「確信犯」であるレーゼは他方では裁判中くり返し「われわれは従わ**ねばならなかった**」と、法律の命令を盾にとった。モアビート地方裁判所は、奇妙なことに、「眩惑された確信」と「強制的な服従」との間にある矛盾を認識できなかった。その認識があれば当然、故意がなかったという抜け穴への入口を固く塞ぐはずであった。

にもかかわらず、ベルリン陪審裁判所は司法による大量殺人者の意のままになったわけではない。一九六七年七月三日、同裁判所は殺人者としてのレーゼに対する検察側の無期懲役の求刑を、「七つのケースにおける故意の法律の歪曲」を理由に懲役五年に変えた。この判決は、民族裁判所の陪席判事たるレーゼを「幇助者」に格下げした。

しかしレーゼは――「われわれは従わ**ねばならなかった**」と呪文のように懇願していたにもかかわらず――幇助者にされることを望まなかった。再度言おう。レーゼは正犯であることを望んだし、また上告審で勝とうとするのなら、彼は正犯でなくてはならなかった。無罪になるためには彼は幇助者であってはならず、「自主的」で、彼の良心にひたすら従っていたのでなくてはならない。その良心に従って「反逆者」に対する二三〇の死刑判決に署名したのだ。これはまったく驚くべきことだ。なぜなら、第三帝国の支配関係には心ならずも従ったのであって、なんとか我慢しながら、時には反抗しながら協したのだという声が、戦後ドイツの至る所で二十年以上もこだましているというのに、裁判官たちだけがヒトラーの道具だったことを認めようとしないからだ。むろん民族裁判所や特別裁判所の裁判官たちも同様だった。裁判官が他の全ての人が口実にしているのと同じように道具に過ぎなかったことになれば、周知の「低次元の動機」が彼らについて証明できることになるからだ。連邦裁判所によれば、ヒトラーの下でこうした動機だけで死刑に賛成したもののみが犯人《テーター》とされ、またそのような者として処罰しうるのだ。したがってレーゼは正犯ではあるが、「低次元の動機」からではないと主張したのだ。こうして彼の裁判はさらに続いた。

いまや茶番劇が悲喜劇になった。

レーゼが次に出くわした裁判官はベルリン出身のオスケ博士だった。彼は民族裁判所にかけられた七つの殺人事件の告訴について、ローラント・フライスラー裁判長は必ずしも正しい訴訟指揮を保っていたわけではなかったが、そのことは民族裁判所にそのつどかけられた「対象」の扱いについても誤りを犯したことを意味するものでは決してない、という結論を下した。一九六八年十二月六日にオスケ博士が下した判決文は言う——レーゼ事件に関する立証によって、裁判長の「訴訟指揮はすべての事件において必ずしも一様ではなく、特に一九四四年七月二十日の事件に関する審理行為は他の刑事事件における彼の態度から部分的には著しく相異していた」ことは明らかになった。しかし、一見とっつきが悪そうな振舞いを度外視すれば、「本法廷は、フライスラーがここで審理すべき七つの事件で被告の法的立場を悪くするために裁判規範に違反したことは確認しえなかった」。例えば七件の事件の中の被告の一人であるメッツガー神父には、弁護士もいたし最終弁論を行うことも許されていた。証人はだれも召喚されていなかったので法廷に現われなかっただけだとされた。

こうした主張がなされているからには、ここに述べられている事件の本質を検討するのは興味あることだろう。同時にこの事件は、連邦司法によるナチ密告者の取り扱い方を明らかに示すことにもなる。

ゲシュタポの手先である主婦「バップス」(訳註＝スパイ名)の密告により起訴されたカトリック神父のマックス・ヨーゼフ・メッツガー博士は、陪席判事ハンス・ヨアヒム・レーゼが同席する民族裁判所法廷で一九四三年十月十四日、「利敵行為」の廉で死刑を宣告された。

カッセル地方裁判所は一九五四年十一月十六日、この密告女性に有罪判決を下した。それは全部で六回行われた裁判の中の第三審だった。「バップス」はただちに連邦裁判所に上告したが、同裁判所は「メッツガー神父に対する有罪判決と死刑判決の執行は刑事裁判を隠れ蓑とした故意の違法殺人である。被告人の行動は、外見上この犯罪に対する従犯であることを示している」と宣告した。

カッセル地方裁判所はまったく異なる見解を表明していたのだ。このゲシュタポの手先は、ナチスとしてではなく生来自己顕示欲とある種の冒険心から、策略・陰謀をめぐらすことへの快楽に基づいて行動したと判断したのだ。カッセル地方裁判所はこの冒険好きの女性に有罪判決を下したが、民族裁判所の司法犯罪人の幇助者としてではなく、メッツガー神父を民族裁判官の拘留命令なしで三か月拘留したゲシュタポの幇助者とみなしたためである。これは刑事訴訟法第一二八条違反だった。したがって、第六審かつ最終法廷において密告者「バップス」に対して――裁判所の見解によればその他の点では法に従って処刑された――メッツガー神父の職業上の自由剝奪に協力した廉で十五か月の重懲役刑がなされた。一九五六年六月二十八日、連邦裁判所は「ある程度の懸念」をもってこの判決を確定した。

さてオスケ博士は、次にハンス・ヨアヒム・レーゼの件を処理しなければならなかった。この男の署名がメッツガー神父に対する死刑判決文に書き込まれていたからである――オスケ博士はこの判決について何ら非難すべき点を見出せなかった。

これでは耳を疑い、それがどこで起きたことか問いたくなる。第三帝国の没落後二十年もたって西ドイツの一裁判所が、形式さえ守られていればナチスの最高法廷が下した死刑判決に何ら非難すべき点はないと大真面目に確信していたのだ。さらにベルリンの裁判所は、ナチス敵対者に対する死刑判決は、法――ヒトラーの法――が命じたのであるから適法だったことを血まみれの裁判官について証明した。また同裁判所は、犯罪的なドイツの侵略戦争は正当なものであり、守られるべきものなので、メッツガー神父のごとき行動は「戦争遂行のために整えられた民族の力」を弱めると証明したことにもなる。メッツガー神父は防衛力を崩壊させる発言のために死刑を宣告されたが、「ここでは彼の発言の真の内容が問われているのではないのだ。防衛力を崩壊させる発言は、国家の指導的人物の性格的・政治的・軍事的能力と防衛に対する疑念を覚醒または強化し、勝利の確信と今後の忍耐への意志を低下させかねない」――こう言ったのは、例えばフライスラーの民族裁判所ではなくて、戦後十数年もたったベルリン裁判所のオスケ博士の判決文だったのである。

ドイツ連邦共和国の法廷はナチスの「法律」の立場を完全に認めているのだ――くり返しになるが、耳を疑い、それがどこで行われたのか問いたくなる。ベルリン陪審裁判所はこの判決文の中で、レーゼにとって当時どんな発言が死罪に値すると考えられていたかを確認している。「戦争は負けだ。ドイツや総統は意味もなく、軽率にも突然戦争を始めたのだから負けるに違いない。NSDAP（国家社会主義ドイツ労働党）は退陣しなくてはならないし、またそうするだろう。総統は病気で、無能であり虐殺者だ等々。」

フライスラーの民族裁判所の陪席判事にとって基本的に「死罪に値する」とされたことはすべて、誰にでも知られているように歴史によってその正しさが確認され、執行された。レーゼが死刑台に送った人びとは正しいことを述べ、また出来事の経過を正しく予見していた。オスケ博士の下でベルリン裁判所は、メッツガー神父のケースにはそのような発言の内容をはなから問題にせず、ハンス・ヨアヒム・レーゼの意味でそのような発言が死に値することを疑わなかったので、被告たちを無罪にした。検事側は上告した。一九六八年末のことだった。それ以上の裁判は行われなかった――レーゼが死亡したからだ。彼は法律上は前科なしとされた。

西ドイツの裁判所は周知のように民族裁判所の裁判官を含めて、起訴された元ナチス裁判官のすべてに無罪判決を下してきた。ところが一九八五年二月、連邦議会がその法務委員会の勧告を受けて、民族裁判所の全ての判決・決定を無効と宣言した。その時、連邦司法がナチス時代の誤った判決に加えられた平手打にも等しい厳しいこの判断をどう思ったのか、思わず問いたくなる。連邦議会の宣言は、一九三四年ヒトラーの命令で設置された民族裁判所は決して裁判所であった時はなく、「ナチズムの暴政を貫徹するテロ手段」だった、と決めつけたのだ。

西ドイツの裁判官たちは、世代を問わずこの宣言についてまったく別の見方をしていた。たとえヒトラーの下でも法律とされたものは正しかったのだ、という実証主義的な原則論がくり返し蒸し返される。ナチス時代、空襲のあとで靴を一足盗んだり、密輸をしただけの人びとに死刑を宣告してきた裁判官たちが、西ドイツで地方裁判所の主席検事や所長におさまりかえっている。イェルク・フリードリヒは著書『ナチス司法のための無罪放免』の中で、ナチス法律家を無罪にした西ドイツの法的根拠からは次のような結論しか出せないことを証明している――ナチスに対する抵抗は当時の法に違反していた、したがって当時ナチス法廷がしたような法的判断しかしようがなかった、という結論だ。こうした判断について、驚くほど大量の記録文書による証拠が集められた。メッツガー神父の場合には「国家と国防軍の指導者」に反対する発言が彼らの「個人的・軍事的能力」を疑わしいものとし、裁判官オスケが言ったように「勝利への確信と忍耐し続ける意志」を損うとされた。もしこうした発言が死罪に値するという判断が正当だとすれば、ナチスに対するもっと積極的な抵抗、例えば一九四四年七月二十日のヒトラー暗殺未遂事件などは死刑にして当然であるべきものになる。

西ドイツの陪審裁判所がナチス裁判官を原則的に免罪にした事実に直面すると、ぞっとするような疑問がどうしても頭をもたげてくる。民族裁判所のローラント・フライスラー長官が一九四五年二月、ベルリンの空襲で死亡していなかったら一体どうなったか、もし彼がすでに証明したように物分かりのよい連邦司法の手に渡ったとしたらどうなっただろうか、という疑問だ——むろんフライスラーがニュンベルク裁判やその後続裁判でも断罪されずに生き残れたという、極めてあり得ない場合を前提にしてのことだが。

この疑問はそれほど的はずれではない。こうした疑問が切実な理論上の問題になる状況が実際に発生したのだ。しかもそのきっかけは彼のケースで非常に特徴的なものだった。フライスラーの死後四十年たった一九八五年に彼の未亡人の年金、正確に言えば複数の年金が問題になったのである。マリオン・フライスラーはいく種類もの年金を受領していた。彼女はローラント・フライスラーの「公務」の関連で未亡人年金をもらうほか、一九七四年以降、いわゆる「損害補償年金」をもらっていた。これは当時ミュンヘンの戦争犠牲者援護庁から、フライスラーがもし生存していたら「弁護士か地位の高い公務員として活動していたであろう」という全く根拠がなくもない想定の下に支給されていたのである——われわれは年金支給当局がこうした想定を批判すべきものとみなしていなかったと確信している。ところが地位の低い他の公務員たちが、フライスラーというナチス時代の血まみれの最高裁判官が生きていたならば、という仮空の戦後経歴を根拠とする「損害補償年金」の支給に批判的な目を向けたのだ。彼らは一九八二年、フライスラーが生きていたとしても、おそらく殺人者として断罪され、死刑か終身刑になっていたに違いないので、妻の生計にはほとんど役立たなかっただろうという見解を開陳した。その間に、一九四二年から一九四五年の間にフライスラー民族裁判所長官が自ら裁判長として毎日平均十の死刑判決を下していたことが明かるみに出ていた。それも積極的なレジスタンス闘士に対してだけでなく（そうした闘士はそう多くなかった）、否定的な考えを表明したり、飢えた「外国人労働者」や捕虜に食物を与えたり、連合国の放送を傍受した何千もの平凡な市民を相手にしてのことだった。下級公務員たちが、未亡人マリオン・フライスラーに八年前から支給されていた「損害補償年金」の正当性に疑問を抱いた時に、彼らの念頭にあったのはこの事実だった。しかし、彼らの意見は、上級のミュンヘン州援護庁と当時のキリスト教社会同盟出身のフリッツ・ピルクル社会大臣からまるで歓迎されなかった。「恩赦や、職業がある期間だけ禁止された場合をも特に考慮しなくてはならないのであって、そうした場合、フライスラーが習熟していた職業なり、その他の職業で働き続けた可能性もありえる」というのが回答だった。

この回答の背後にひそむ言語を絶する思考態度について一言だけ言っておこう――このシニシズムが間違っていなかったことが十分ありうるのだ。連邦裁判所がすでに一九五〇年代にすべてのナチス裁判官について申し渡してきた、いわゆる「法律歪曲以外の免責の特権」が、ローラント・フライスラーにも適用されねばならなかっただろうからだ。くり返し述べておきたいのだが、この特権によれば、裁判官は法律解釈の歪曲に責任があると判定された場合にのみ、殺人やその他の犯罪について有罪とされうる。しかしそのためには、歪曲の直接的意図の証拠提出が求められるし、犯行者に当時有効だった法秩序に意識的・意図的に違反したことを認めさせねばならなかった。しかしこの点については、レーゼのケースが余す所なく情報をすでに提供していた――血まみれのナチス裁判官の中でナチスの信条をもっともらしく貫ぬけた者は、連邦裁判所の指示に従えば、免責され**ねばならない**。フライスラーが生き残った場合、彼の法律歪曲の故意の立証は、第三帝国を生き延びて法廷に立たされた彼の部下の場合よりもはるかに難しかっただろう。そんな例は少しあれば十分だ……。フライスラーが熱狂的なナチであり、ナチ・イデオロギーに感染しやすい単なる保守主義者どころではなかったことは、いささかも疑いえないのだ。連邦司法が、ナチ司法の同僚のための逃げ道を探し、実際それを発見してここまでこぎつけたのだ——ナチスとしての信条の証明＝元ナチ裁判官の免責！

フライスラーほど自信をもって、超法規的なナチス独裁の「法」をもっともらしく真実と信じさせた者はいなかった。彼はナチス独裁に余すことなく身を賭けた。西ドイツ司法の論理、経験的判断、最高法廷の方針に従えば、ローラント・フライスラーが生き延びていたら、免責し、世間に留まることを許さねばならなかっただろう。西ドイツの司法がナチス裁判官を刑事法に基づいて扱う際には、およそ常識では考えられないようなことまで言われた。「現代ではなく当時の状況を根底に想定しなくてはならない」とか、「民族血統保護法の適用が当時合法的に行われたことに疑いはない」といった表現までされたのだ。

ナチス司法は、一九三三年から一九四五年の間に約三万二〇〇〇の死刑判決を下したが、そのうち三万件以上が一九四一年と一九四五年の間に集中している。戦争の転換点である一九四二年以降、ナチス裁判官は月平均七二〇人に死刑を宣告したことになる。この首切り組織の責任者どもは、ごく少数の例外を除いて罪を逃れたが、その中には法衣をまとったすべての殺人者が含まれているのだ。

連邦司法とナチス司法は拭うことのできない恥辱なのだ。

ナチス体制の血まみれの裁判官との関係で、ドイツ第二民主制の裁判は、犯行時に法律であるものは正しい、ただしその法を制定した者が誰であったかを問わない、という実証主義の障害を飛び越えられなかった。もう一度書いておく、「民族の血統保護法の適用が当時合法的に行われたことに疑いはない」。この文は、元裁判官エドムント・ケスラーに対するカッセルでの裁判で一九五〇年に文字通り使われた。他の二人の裁判官とともにケスラーは、一九四三年四月二十一日、ユダヤ人技師ヴェルナー・ホレンダーに「人種の面汚し」の廉で死刑判決を下した。一方、ケスラーは戦後無罪判決を受けた。

こうした判決とその根拠が、結局は当時「犯罪事実の構成要件」を満たしていた事実に基づくものであることに疑念の余地はない。しかしそれは、ナチス司法の犠牲者についてなされたことであって、彼らを裁いた裁判官についてではなかった。まさに個々のケースについて「総統」が侮辱されたとか、防衛力が傷つけられたとか、敵に便宜が供与されたといった犯罪事実の構成要件が問題にされたのだ。犠牲者と犯罪者、真の犠牲者と犯人とを区別しえない無能さが明らかになる。西ドイツの司法はナチスの法律家そのものをナチ犯の中に組み入れることを拒んだ。それは、ナチスの本質的要素であり、法衣をまとったギロチンとも言える民族裁判所というヒトラーの死刑執行機関を、未曾有のもの、紛れもないテロ手段として認めることを明らかに拒否したのだ。

しかし、民主主義的司法への信頼を蘇生させてくれるような法律文もある。そうした文は、ナチス時代に告訴された者たちが投げ込まれた状況や条件について、これ以上は望めない明晰さをもって書かれ、基本的な法の原則に対する違反を情熱をこめて告発している。

「この種の主な法律違反には次のような事実がまず挙げられる——被告たちに、おしなべて充分な弁論の余地が与えられないか、そうする道が閉ざされていたこと。刑事訴訟法にそった証拠調べが行われず、警察の多かれ少なかれ不完全な調書や密告が有罪判決の根拠とされたので、確実な根拠に基づく罪の確定が行いえなかったこと。裁判の公開という原則が、いわゆる見せしめの裁判というわずかな場合にしか認められなかったこと。判決があらかじめ一定の方針によって確定していたこと。宣告された長期または最高の懲役刑および死刑という刑が、たいていの場合、法律違反と公正な均合いがとれておらず、その不適正さのために、あらゆる法治国家で認められている原則に反していたことである。このようにして下された判決は、絶対的かつ変更の余地なく無効であることを証明する。」

この文は、第三帝国における司法状況をまさに模範的に記したものと言えないだろうか。ハーケンクロイツの下での裁判の状況をこのように解明すれば、その本質が明確になるのだ。こうした状況が元ナチス法律家に対する訴訟においてたいてい隠蔽されてしまったのは、非常に辛いことだ。先の引用文は、一般的にはナチス時代の訴訟状況全体を、特殊的には民族裁判所での訴訟を決定づけた現実と雰囲気を納得がいくように再現したものではないか。一九三三年から一九四五年の間に現実に下されたあらゆる判決を単なる茶番にすぎないものにしてしまう決定的要因が、明確な、法治国家的な根拠に基づいてこの文中に列挙されているのではないか。そういえば、この文は一九八五年二月、西ドイツ連邦議会がナチスの民族裁判所のあらゆる判決を無効と宣言した、あの法務委員会の勧告から抜き出したものと言ってもおかしくはない。

おそらくそうもありえた。だが実はそうではないのだ。この文は、一九五四年三月十五日、ベルリン上級地方裁判所がいわゆる「ヴァルトハイム裁判」でドイツ民主共和国が下した決定に反対して行った決議の中にあるのである。一九五〇年、ケムニッツ地方裁判所に特に設置された特別法廷が下したヴァルトハイム判決は、すでに数年間も収容所に入れられていた三四三二人に、それぞれ二十分間の審理をした後に下された。これらの人は、人道的法に違反したり何らかの形でナチス国家の犯罪に関与した疑いで収容されていた。

連邦司法は、民族裁判所を含めたナチ裁判官に対する訴訟で、自らの主張を貫徹できないでいた。すなわちその不法性を「もし」とか「しかし」などを加えずに確言することができなかった。——それがいまヴァルトハイム裁判について貫徹されたのだ。ベルリン上級地方裁判所の決議はさらに次のように述べている。

「一九五一年三月十五日の公示の中に特に示されている連邦法務大臣の司法に関する見解と、西ベルリン刑事部の見解は一致している。この見解によれば、これらの判決にはいかなる法的効力もない。」

ナチス法廷により断罪された者や、同じくナチス法廷によって「犯罪行為」をなすりつけられた者に対する態度と全く対照的に、連邦司法はヴァルトハイム裁判の場合には、いかなる曖昧さも残さない。

「この裁判で断罪された者には、この判決からいかなる法的不利益も生じえない。彼らは、いかなる裁判上の手続きも訴訟も彼らに対してとられなかったように遇されるべきである。彼らは有罪判決を受けなかった者とされる。」

連邦共和国の陪審裁判にかけられた「人種の面汚し」たちにとっては、ここに示されたほど事態は容易でなかった……。

ここで起こったことは全く明白だ。西ドイツの司法は、ソ連により樹立された東ドイツの独裁制に対しては、何ら心のためらいもなく対決する。ヴァルトハイム裁判で断罪された者が実際にナチス犯罪者だったか否かには関係なく、この裁判はいかなる法治国家的性格ももたないとされた。彼らの少なくとも一部がナチス犯罪者だった可能性は十分あるのだが。ベルリンの決定の中で認識され表現されていることは正しい。真実の内容は直ちに認識できる。

しかし連邦司法は、ドイツ史の奥底から舞い上がりヒトラー・ドイツが具現した自国内の暴力と破壊の国家という負い目に対しては、全く異なる反応をした。連邦司法のナチス裁判官に対する態度には落ち着きがなく、法衣をまといながら共謀や冒険的なでっち上げすら軽率に行い、誰の目にも分かるほど唯々諾々としていた。こうした態度ほど、犯人たちとの大いなる和解に至る全く必然的な展開の正体をいかんなく暴いたものはない。

しかし、ドイツ第二民主制の法機関は、他の社会から切り離されて行動したわけでは決してない。法機関の行動は、犯人たちとの大いなる和解をした他のあらゆる分野と同様、国民の大多数が政治的に望みあるいは要求すらしたことの司法面での反映に他ならないのだ。

これで総括ができたようだ。しかしこの章を終える前にお知らせしておきたいことがある――一九八六年十月二十一日、ベルリン検察当局は民族裁判所に関する審理の幕を最終的に閉じた。

不滅の保守主義

戦後のドイツ人は、自らに責任がある「大混乱」からなるべく傷つかずに抜け出すこと――これが彼らによってくり返し用いられた表現だ――以外に何も考えていなかった、という簡潔な文に要約できる。明らかに犯罪的と分かる体制の問題を自らの問題、祖国の問題であると宣言し、彼らは世界のかなりの部分を粉々にしたが、最後には失敗し、その挙げ句のはてに、静かにしておいて欲しいと望んだのだった。ヒトラー・ドイツが一次的責任を負う廃墟と死者数を考えるならば非常に不気味に聞こえようが、これが一九四五年以降の何十年もの間、ドイツ連邦共和国における、というよりはその国民の大部分の精神的現実だった。このことは国民の精神状態のためにならなかった。そこには実際、伝統的といえる自らの責任の否定と、その時々の状況に敏感に適応するご都合主義が姿を現した。まさにこの責任の否定とご都合主義が現代に持ち込まれて最近の「大混乱」を招いたのである。

非ナチ化からナチ裁判の第二の波の最終局面に至るまで、ドイツの役所が関っていた限りでは、こういうふうにエネルギッシュかつ想像力豊かに免責することが厳格に遵守されるべき規則だったことは見過ごすわけにはいかない。そこには良心の疚しさに避けがたくまつわる影がつねに結びついていた。ドイツの犯人たちとの大いなる和解に手をかした連合軍の場合には、そんなものはなかった。連合軍にとっての大いなる和解とは、新たな世界情勢の下での、外国人との付き合いにしか過ぎなかったのだ。

しかしそれは、ドイツ人にとっては「ナチスとの和解」だったし、その後の展開も結局のところそれを目指した。それは精神的なことであり、また精神的以外の何物でもない。それは自分たちの問題だったのだ。しかし公正さを見い出し償いをすることが現実的で真剣な討論の対象になったことは決してなかった。議論されたのは常に、直接的・間接的、それに道徳上・刑法上の犯人グループを免責できるための援用手段だった。責任回避とそれを臆面もなく信条とすること、自分と子孫に対する真っ赤な嘘、そして処罰へのあらわな恐怖心だった――この恐怖心が強烈ではあっても短期間のものにすぎなかったとしても。ナチスの信条が最終的に克服された場合には、しばしば一生残る恥辱のしこりが問題であり、ナチスの信条が残った場合には、一切責任を引き受けようとしない憤激と激怒の塊が問題である。しかし、ほとんど国民全体に共通していたのは、外部に対しては昨日の自分とは異なる自分を示すことだった。だが、内心の古い自我を徹底的に隠すことはできなかった。だからこその仮面なのだ。

とはいえ、戦後ドイツの政治的・道徳的・刑法上の清算について何かしら不可能なものを要求していたことを告白することが大切だ――ナチス支配の十二年もの間これは自らの体制であると宣言し、結着がついてからもなお典型的な盲目さかあるいは共謀者的加担のためにそれを支えてきた者たちに、その犯罪者的な体制に有罪判決を下すよう求めたことに無理があったのである。

今日われわれは、盲従し加担した人たちの数はともに膨大だったので、どんなものであれ罪の償いをしようとすれば戦後ドイツ社会の政治的・経済的・社会的生活を崩壊させてしまっただろうことを承知している。歴史からのそのような攻撃に対しては、刑務所組織とて準備はできていなかったのだ。したがって一種の必然性と法則性――「生活は続けねばならない！」――をもって、償えないものは償えぬまま残った。ヒトラー・ドイツがわれわれに遺したあらゆる恐るべき真実の中でも、こうした無理強いの結果こそが最も恐るべきものだった。

ある意味ではヒトラーは死後に勝ったのである――個人的にでも軍事的にでもない。彼のかつての被保護者に対しての勝利だ。その例外はごく僅かなので、それはむしろ原則を立証するだけだ。

しだいに死亡していく世代も含め、殺人者はわれわれの中にいたし、今も残り続けている。しかし西ドイツの国民がそのことによって不安を感じていたとはいえない。いずれにしてもヒトラー体制に組み込まれていた年輩者や老人たちの大部分は不安を感じていない。一方、息子、娘、そして孫たちの世代がそのことによって不安を感じていないとすれば、それは別な理由からだ。自分の両親や祖父母がしばしば大いに問題だったのに、犯人たちとの大いなる和解については無知も同然なのだ。彼らがこのことについて知らないのは、家庭でも公の場でも、犯人が戦後社会に組み込まれたことが話題にならなかったからだ。そうだ、一種のタブーだったからだ。犯人が社会にまぎれ込んでいる事実は西ドイツの歴史の中でも最も知られておらず、最もなおざりにされた部分なのだが、それもおそらく偶然そうなったのではない。犯人たちとの大いなる和解が展開された歴史的・政治的な状況下で、この複合的問題はまったく取り扱われなかった――ひとつの歴史的な**観念的競合犯**（訳註＝一つの行為で数罪に当たるもの）の共同作用を及ぼす要素として取り扱われなかったのだ。この観念的競合犯は次のような等式に表現できよう。ナチス時代との誠実な対決にたいする国民大多数の集団防衛＋潜在的選挙民のこうした態度への各政党政治家の配慮＝非ナチ化の失敗、という等式。また、西側連合国という姿をとった昨日の敵を今日の同盟者にし――その逆もある――仮想敵を共産主義的覇者ソ連に移しかえた西ドイツの西側陣営への統合＝重罪戦争犯罪人を含む第三帝国の民政・軍部機構エリートの恩赦。こうした展開と歩調を合わせて、ヒトラー時代の公務員に関する基本法一三一条の本来の生活保護意図が、法律によって彼らの再雇用の根拠に変えられたが、これはほとんどすべてのナチス官僚をドイツ第二民主制の行政官僚制度で継承することを意味した。結局、一九五八年以降の司法当局の巨大な努力――西ドイツ陪審裁判所におけるナチ裁判――は、有罪に値はするが階層序列上の主犯が死んだので主犯不在の証明の機能を果たすはめになった。この最後の要素は、現代になっても大きく立ちはだかっている。犯人たちとの大いなる和解がアデナウアー時代の創造物であり、いまもなおはっきりした遺産であることが分かる。

その際、機構上の主たる設計者は西ドイツの司法機関とその最高部局であった。それらは、ナチス時代からの同僚裁判官を鳴り物入りで摘発する際、罪を回避すべくナチス指導部の利害を彼らの法律判断の基本にすることをためらわなかった。このことは、ほとんどすべてのナチス裁判官免責判決文にはっきりと読み取れる。

他の社会組織と同じく連邦司法も、ヒマラヤほどの死体の山の前に立っていた。しかし当局は、犯人たちをほとんど見つけられなかった。決して粛清されたことがない職業階級たる裁判官が、その使命を果たさなかったのだ。来たるべきことが来た。不正意識がなかったことを互いに証明し合った。法衣をまとった殺人者が免れるのは、かくも簡単だった。しかし、西ドイツの裁判官に卑屈な服従のみを押し着せるのは誤りだろう――彼らは彼ら自身の不誠実さの罠に捉えられただけのことなのだ。だが、いささかも疑うべきでないのは、大量殺人者に対しても下されたこれらすべての最小限の判決と無罪判決の背後に、不変のものとしてあったし現在もある潜在的力である。今日に至るまで自己の過去との対決を拒否する国民大多数の意志――それは決して変ったことがない。西ドイツ司法当局はこの力から自由になったことは決してないし、今日もそうではない。このことはテロリストとその周辺に対する彼らの態度においても確認できる。これらの犯人グループに対する厳しい判決は社会で支配的な意見と完全に一致している。ここには、ナチ裁判の犯人に対するあの歴然とした寛大さと慎重さはみられない。西ドイツの司法当局が行なっているように、テロリストは国民の意志に従って苛責なく処罰されるべきだし、そうされねばならないとされるのだ。

有名な、しかし部分的にしか現実にならなかった予言の書『一九八四年』の著者ジョージ・オーウェルは、すでに一九四六年、有罪判決を受けたナチ犯罪者について次のように書いている。

「これらの人非人の処罰は、それが可能になったとたんに、なぜかもはや魅力的でないように見える。事実彼らは、ともかく投獄されると〈怪物〉であることをほとんど止めてしまうのだ。」

このことはナチス犯罪者に対する一般的な態度にぴったり当てはまる。だが、捕えられたテロリストには少しも当てはまらない。双方の場合とも司法当局が実際にしたことは、国民または少なくともその大多数の意志と完全に一致している。このことは決して単純な現象ではなく、法律も社会の一部であり、社会から成長するものであることを証明しているのだ。「民の声」に従って犯罪に不公平な判決を下すこともその表れだ。厳しく吟味してみれば、彼らは法律に従ってではなく、腹で、腹芸で判決を下そうとしているのだ。戦後ドイツ社会の法体制ほど腐敗したものはかつてなかったのである。

未逮捕の風俗犯や押入り強盗がいるからといって、わざわざ捕えた犯人を罰せずに逃がそうなどと考える人はいないだろう。だが戦後のドイツでは、ドイツ人の犯した政治的犯罪は、他国の国民もやったのだから刑事訴追から除外すべきだ、という見解が市民権を得たのである。そしてこの考え方の流れは今日も有力である。それではどこに正義が残っているというのか。この考えの信奉者は不誠実さにこり固まって、彼らにとって本当はナチス犯罪者のための放免が関心事であるのに、あたかも**すべての**政治的犯罪者の処罰を望んでいるかのような印象を呼び起こそうと欲している。彼らはナチ犯を免罪にするためなら、他国民の処罰をも断念する気でいるのだろう。

ナチズムとヒトラー・ドイツとの物質的、精神的対決に関していえば、西ドイツの歴史は、一九六九年から一九八二年の社会民主党・自由民主党の連立政権の時期を除いて、政権をとっていたドイツ保守主義がたっぷりはらむ問題性を明らかにする。ヒトラーに対する抵抗に重要な関与をしたにもかかわらず、一九四五年以後、政治的権力としてのドイツ保守主義は個々の面でも全体的にも、ナチズムに対して、たんに体裁上の反対や、まして口先だけの反対どころか、原則的にも反対できない無能さを驚くほど公然とさらけ出した。ナチズムはドイツ右翼主義者が生み出した歴史上の出来損いなのだ。また、民主主義以前の伝統に深く刻印された選挙民大衆を、たんに口先だけでなく実際にナチズムと距離を置くように導くことは保守主義の関心事ではなかったし、現在もそうでない。ドイツ国粋主義の古くからの悪徳は何度でもすり抜けて生き延びるのである。

選挙の敗北を続けながら無為に過ごす左翼の微小集団は度外視しよう。ドイツ第二民主制において反共和主義、反平等主義、反国際主義的、権威主義的なままであったものは、西ドイツの**右翼**の中にだけ、というよりは特にその中に生き続けている。しかし彼らの主力、彼らの大貯水池は、ドイツ保守主義なのだ。たとえ自らをあの名うての「中庸」と表現しようとしたとしても、実は組織化されたり、未組織のままのドイツ保守主義なのである。

犯人たちとの大いなる和解は**ドイツ保守主義**の仕業である。それは過去百年のドイツ史において支配的な継続性を示してきたが、それなしには何事も進まなかっただろう。この確認はナチズムの段階、その短かい前史と長い後史にも当てはまる。私にとっては「保守的」と「非人間的」という概念はいよいよ明白によく一致すると思えるのだ。

二十世紀末に近い今日、ドイツ保守主義に対して国民のおよそ半ばが克服しがたい敵対者として対立している。これは多い。非常に多い。しかし保守主義はまだ終わりどころではない。この不滅の保守主義は、第二次世界大戦後のその傑作、すなわち犯人たちとの大いなる和解から、何か元に戻せないものを創り出したのである。

これらはすべて一九四五年後の最初の二十年間に起きた。しかしその結果は強烈で、われわれの時代をはるかに越えて作用するだろう。

犯人たちとの大いなる和解という歴史的土台に立つ社会の反応がいかに鈍いか、イェルク・フリードリヒの著書『冷たい恩赦』の一節から明らかになる。次の箇所は一九八〇年ミュンヘンの十月祭《オクトーバフェスト》に仕向けられたネオ・ナチの爆弾攻撃をテーマにしている。

「しかし、これら十二人の死者がどの国を震憾させるというのか。無罪放免されたチクロンB（訳註＝ユダヤ人殺人に使用された毒ガス）の製造主が無罪になり自由に走り回っているこの国なのか。善行を理由に二年後に釈放され、誰にも邪魔されない大量殺人犯が一杯いるこの国なのか。ナチスの犯罪で疼く神経はとっくに麻痺している。西ドイツは右側が麻痺しているので、血がすでに流れていてもナチスと触れ合っているのを感じない。それは余りにも多くのナチス犯罪者をかかえなくてはならなかったので、来たるべきものから身を守るべきその四肢は死滅してしまったのである。」

そして全章の締めくくりに、歴史的状況の基本的特徴について。

「すべてを一定の節度に納めるべき何物かが欠けていた。ドイツは、最も純粋で最善の、最も古い土台の上に再生された節度を自らに与えるのを怠った。ドイツは自らを根本から刷新しなかったし、正気に立ち戻らなかった。それは心の奥底からの恭順を根本とするあの尊厳を自らのために創らなかった。それは救済だけを心にかけていた。表面的で、性急で、疑い深く、利益を求める意味で。それは業績をあげ、出世し、そして逃がれようとした。そのきわめてひそやかな性質に従って耐え、克服し、その奇蹟に対して用意する代わりに。それは、自らを変えることなく主張を保持しようと欲した……。」

一九四五年以降にドイツ人の大多数が行ったあの歴史的決定に対する、何と卓越した刻印であることか。これを書いたのは誰か。ライナー・マリア・リルケ、一九二三年二月二日。

国防軍と戦争――神聖なるもの

ヒトラー・ドイツの主たる犯罪について

あの敗戦は今日に至るまで、特権を与えられたドイツ人種という理想化された自画像とは相入れない。

アレクサンダー、マルガレーテ・ミッチャーリヒ夫妻

国防軍と戦争とを非ナチ化し脱歴史化する――これが第二の罪のお気に入りの伝説である。それは、一九三九年から一九四五年までのドイツ軍がナチスと何の関わりもなかったかのような印象を創り出し、陸・海・空軍が、政治的推進力から切り離され、最高司令官――一九三八年からヒトラーが就任していた――から独立した歴史的真空の一部であったかのような印象を創り出そうとするものである。軍の戦闘は「価値観を持たずに」――これが鍵になる言葉だ――見られるべきだというのだ。

これは、証明できる現実を三重に回避するものだ。実際は第一に、国防軍は、当時ドイツで唯一の決定的な指導権力だったナチス指導部によって剣として扱われていたのだ。ナチスの征服計画の道具、世界支配を目指すドイツの二回目の攻勢の主たる手段として——すなわち攻撃的で拡張主義的なナチス独裁の量的に決定的な力として扱われた。国防軍の客観的な性格はこうした役割によって、しかも軍指導部や将校団、部隊の主観的な見解とは全く関係なく、決定されたのである。襲撃され占領された諸民族にとっては、ドイツ国防軍が自分自身やその戦闘をどう解釈していたかは全くどうでもよいことだった。

原因の鎖をたどると、ヒトラー・ドイツは自国民を含めて第二次世界大戦における軍人および市民の死者のすべてに対して一義的責任を負う。侵略者に対するあらゆる反対行動は責任の副次的な面に限られる。ヨーロッパ、世界、人類に対する軍事的攻撃——**戦争**——これがナチズムの第一の犯罪なのだ。国防軍の役割が武力対決に限られ、ドイツによって占領された地域、特に東ヨーロッパにおけるナチス指導部による破壊と絶滅の政策に関与していなかったとしても、測り知れない数のおびただしい犠牲者を考えれば戦争が第一の犯罪なのだ。

しかし第二に、国防軍はこれらの行為に、非常に広範に、それも間接的かつ直接的に関与していたのである。

間接面について。ナチズムがヨーロッパの大部分での、そして一時的には北アフリカでの支配を大幅に拡大する上で、領土的前提を創りだしたのは、国防軍による征服だった。すなわち国防軍は、ナチス指導部がそれまで「大ドイツ」の境界内でのみ有効だった体制を暴力によって輸出するのを可能にした。その際、強力に発達しつつあった国家保安本部の絶滅機関が戦闘部隊の直後に続いた。その行動半径はドイツの戦線の変遷とつねに重なっていた。

第二次世界大戦においてドイツ兵士を戦闘へと動機づけたものが、絶滅機関に大量虐殺の余地を与えることでなく、祖国の利益がナチス支配の利害と同じであるという誤った推量、すなわち自分は民族と故郷のために闘っているのだという信念であったことは、絶対に確実なこととして言いうる。これが、世界覇権を目指すドイツの二度目の進撃を弁護する、お定りの、実に一般的な解釈であろう。しかしこうした解釈によっては、関係者の主観的見解が客観的出来事とどれほど関係のないものでありうるかが再確認されるだけだ。

ナチス指導部の権力を国境越えにカタパルトのように発射し、そのことによって潜在的な犠牲者を途方もなく拡大する上での地理的前提を絶滅機関に対して与えること――たとえ国防軍の関わり方がこれに限られていたとしても、国防軍には重い責任が帰せられる。殺人行為に自らは関与しなかったとしてもそうなのだ。

しかし第三に、現実には国防軍が殺人行為に間接的のみならず直接的にも関与していたのであり、そのことは本章において、絶滅と殲滅の政策が怖るべき頂点に達したあの例、すなわち一九四一年六月二十二日のソ連に対する、暗号用語で「バルバロッサ作戦」と名づけられた奇襲を手がかりに証明されよう。

第二次世界大戦における最大の犠牲者はソ連市民で、死者約二〇〇〇万人、そのうち民間人は七〇〇万人だった。この総数のうち最大の集団はソ連軍兵士で、約一千万人が戦死ないしは負傷がもとで死亡し、またドイツによって捕えられた五七〇万のソ連軍捕虜のうち、五十八パーセントに相当する三三〇万人が死亡した。二〇〇万人が一九四一年六月と一九四二年三月の間に（国防軍総司令部総長だったヴィルヘルム・カイテル陸軍元帥がある追悼文で率直だが冷然と認めているように）死亡し、さらに終戦までに一三〇万人が死んだのだ。

この統計数字の背後には想像を絶する人間的苦脳だけでなく、戦争を未曾有の仕方で遂行しようとする国家指導部の計画的方法が隠されている。そのためには広範な準備が必要だった。

ドイツ軍部の首脳——国防軍と陸軍の指導部——のうち、伝統的でせいぜい保守的として誹謗され、必ずしもナチズムを確信していなかった部分はどこまで力をかしてくれるのか、そしてまた省庁のエリート官僚はどうなのか。

この問いは一九四一年春、すでにソ連侵攻を前にして、ヒトラーが自分の意図のために、イデオロギー上および組織上の前提条件をととのえる必要に迫られて問うたものであったが、細部を漏らさなければそんな条件をととのえることなど不可能だったのだ。

ヒトラーにとって勇気づける例がすでに一九三九年に起きていた。あの年の九月にポーランドで起きたいわゆる「民族的耕地整理」がそれだ。これは、陸軍自身は加わらなかったにせよ、陸軍の作戦地域におけるナチス親衛隊の出動部隊によるユダヤ人集団虐殺を言い換えたものだった。

当時、将校団と部隊の中にかなりの動揺どころか公然たる抗議すらあった。例えば、砲兵隊大将で陸軍総司令部参謀本部員だったエドゥアルト・ヴァーグナーは、参加した親衛隊と警察部隊を非常事態宣言下におくように要求した。また、第三総司令部の指令官だったゲオルク・フォン・キュヒラー大将は、陸軍指導部に対して彼の配下に置かれた親衛隊、彼のことばによれば「ドイツ軍のこの汚点」を、ポーランド系ユダヤ人に対する犯罪の廉でただちに撤収するよう懇請した。

しかしキュヒラーもヴァーグナーも、そして彼らの部下で激怒した部隊指令官たちですら、陸軍や国防軍のトップからなんらの背面援護も得られなかった。陸軍総司令官ヴァルター・フォン・ブラウヒッチュ元帥は、「民族的耕地整理」を受け入れ、親衛隊が陸軍統治地域においてその権限を侵犯することを甘受したのだった。のちに明らかになるように、これは異様な先例となるものであり、ドイツ軍の歴史上初めてのことだった。

さて一九四一年に、もっと過激な要求の時が来た。

ヒトラーは、ソ連に対する戦争である「バルバロッサ作戦」がイデオロギーで固めた絶滅の遠征になることについて、最初から疑念を持たせなかった。

ヒトラーは三月十七日、アドルフ・ホイジンガー陸軍少将とフランツ・ハルダー参謀総長が同席している時に、後者のメモによればこう宣言した。

「スターリンによって動員された知識階級は絶滅せねばならない。ロシア帝国の指導機構は粉砕しなくてはならない。ロシア帝国においてはきわめて残酷な暴力の使用が必要である。世界観によるきずなはロシア国民をまだ充分には結束させていない。ロシア国民は幹部を追放すればばらばらになるだろう。」

その後一九四一年三月三十日に、東部戦争のために予定されていた師団、軍団および軍兵団の指令官や幕僚長など約二五〇人の高級将校を前にして、総合リハーサルが行われた。ハルダー参謀総長のメモによれば、ヒトラーはこのとき、特に次のように述べている。

「互いに敵対する二つの世界観の闘争。ボルシェヴィズムとは反社会的な犯罪集団だ。共産主義は怖るべき危険である。われわれは敵味方を問わず同じ軍人だという仲間意識に訣別しなくてはならない。

これは絶滅戦争なのだ。ボルシェヴィキの人民委員と共産主義的知識階級の根絶なのだ。人民委員とGPUの連中は犯罪者であり、しかるべく取り扱わなくてはならない。これは軍事法廷の問題ではない。（ハルダーの欄外の註＝戦闘は西方における闘いとは非常に異なるだろう。東部では厳しさが未来に対しての優しさになる。）部隊指令官は自らの危惧の念を克服するだけの犠牲を自らに要求せねばならない。」

これは大量虐殺への明からさまな呼びかけだった。ドイツ軍人に対するこれまでに例のない要求だった。国防軍に対してあらゆる国際法と戦時法規の規定を無視し、ナチのイデオロギーだけで固めた犯罪を犯せとのアピールだった。

国防軍と陸軍の指令部はどう反応しただろうか。

彼らはヒトラーの期待通りに反応した――彼の訓令はただちに命令に置き換えられた。ヒトラーの訓示から一週間そこその四月八日、ウルリヒ・フォン・ハッセルは海軍大将カナリス（防衛部長）の参謀長であるハンス・オースター陸軍大佐とルートヴィヒ・ベック上級大将との会談に引き続き、次のようにメモしている。

「……ハルダーの署名の下に発せられたロシアにおける行動についての命令は、身の毛をよだたせるものだ。それは占領地域住民に対する軍事法廷の組織的な変更を命じたもので、その結果、軍事法廷はあらゆる法律をあざ笑う戯画になった。……ヒトラーの命令にこのように服従することによって、ブラウヒッチュはドイツ陸軍の名誉を犠牲にした。」

国防軍をナチスの根絶・絶滅政策に組みこむ重要な歩みがなされたのだ。一九三九年ポーランドにおける「民族的耕地整理」の進行に伴う親衛隊の犯罪を陸軍指導部が承認したことが、その当然の帰結をもたらした。

ここで書き添えたいのだが、いずれにせよ第二次世界大戦におけるポーランドの悲劇はソ連の悲劇と同等である。(この点で一九三九年九月から一九四一年六月にかけてのスターリンの政策が、社会学的に重要な役割を果たした。その時期スターリンはヒトラーと結んだ不可侵条件に基づきポーランドを分割しており、ドイツ人のジェノサイドに比較すれば取るに足らぬ数だが、ポーランドの知識人と将校を殺戮したのだ——カチンの森!) 相対的な数で言えばポーランドは、戦争に関与したすべての国の中でも最も多くの犠牲者を出す苦しみを味わねばならなかった。殺された二〇〇〇万人のソ連市民がソビエト連邦共和国の当時の全人口の十分の一の絶滅を意味したのに対して、ポーランド国民の死者五〇〇万ないし六〇〇万——そのうち約半数はユダヤ人——は、戦争勃発当時の住民数二五〇〇万から二八〇〇万に比べれば、国民のおよそ五分の一の生物学的実体の損失を意味するのである。

まだ「バルバロッサ作戦」の準備段階を記述しているところだが、ここで、圧迫も受けなければ真剣に抵抗することもなく、むしろヒトラーの期待をじつに積極的に満たすことによってその絶滅と根絶の政策に自らを組み込んでいった軍指導部の動機について、一言記しておきたい。(このことは、この政策が頂点に達した東ヨーロッパだけでなく、ドイツに占領された全領土について言える。)

その存続期間中を通してナチス体制に特徴的だったのは、より大きな名声や「ヒトラーに近い」地位、あらゆる類いの特権を目指して激しく競いあう権力のエリート間の闘争だった。それが、これらのエリートの中のある者を他の人間の上に押し上げるか、いずれにしてもそうした感情を与えることができた。党、親衛隊、実業家グループ、そしてほかならぬ国防軍と陸軍指導部のエリートたちがそうだった。あらゆる競争者が、一部の者は取りつかれたかのように、ナチス国家が勝つのが明らかに思えた時点において、自らのグループが上昇するための前提条件としてその地位の保持や向上を目指して闘ったのだ。

この闘いにおいて将軍たちは特に遅れをとりもどす必要があった。彼らは、国防軍司令官ヴェルナー・フォン・ブロムベルク元帥（身分に相応しくない結婚のため）と陸軍総司令官ヴェルナー・フォン・フリッチュ上級大将（後に明らかになったが同性愛的傾向に対する中傷的非難のため）がヒトラーに辞職を強要されて威信をいたく失った上に、一九三八年二月四日にはヒトラーが国防軍に対する指揮権を引き継いだからである。このことは、万能ではあるがまだ構築中の独裁制の下で、最高の命令者の愛顧を求めて嫉妬しあうライバル関係のなかにあった軍部エリートにとっては、重大な力の損失だった。国防軍と陸軍の指導部中の公然たるナチス党員たちが、彼らの偶像のお手盛りの出世を、保守主義者とは異なる感情で受けとっていたのは当然だ。しかし根本的には、ナチス国家の支柱としてのエリート的地位の声望に関心を抱きつづけていた。その他の点では、国防軍と陸軍の指導部のなかの保守的な将官と断固たるヒトラー崇拝者（カイテル、ヨードル）の間には、根絶・絶滅政策に関しての断絶は見られなかった。

軍指導部内およびそれとナチズムとの間を結ぶ強いきずなは、反ボルシェヴィキ主義であり、それが国民的、国際的ばかりでなく社会的な敵をも決定し、その敵を粉砕することが共通の政治的、イデオロギー的な目標でありつづけた。この根本的姿勢において、国防軍とナチス指導部の間にははじめから意見の一致があった。一九三三年一月三十日、共産主義者と社会民主主義者に対する政治的追放が始まると、ただちに当時帝国国防相府長官だったフォン・ライヒェナウ陸軍大佐の指示で、賛意が鮮明に示された。

「国家内の腐敗したものは没落せねばならぬ。それはテロをもってしてのみ可能だ。党はマルクシズムに対して容赦なく対処するであろう。国防軍の任務は、発砲準備をせよ、だ。被迫害者が軍隊に庇護を求めた場合、助けないこと。」

これが宣誓によっていぜんとして共和国への義務を負っていた軍人が口にした、明確な言葉だった。

その後一九三八年九月になると、この姿勢はズデーテン地方への侵攻に際して確認された。秘密憲兵隊の編隊とナチス諜報部の出動部隊とが「ズデーテンのドイツ領域におけるドイツ共産主義者の除去」がだれの権限になるかをめぐって、激しく競りあった。「敵の制圧」という言葉が用いられた。さらにそうした際に、国防軍と陸軍指導部が人狩りや殺人の特殊分遣隊と協力する気でいたことが、一九四〇年フランスに侵攻する際の、陸軍第四軍司令部の参謀部長ブレネッケ陸軍少将の秘密命令から明らかになる。

「捕えられたドイツ帝国国民（新たに加えられた帝国の領域を含む）とチェコ国籍の者は、後者もドイツ帝国の国民とされるので、彼らがいわゆる亡命者である場合、その履歴を確認したのちに射殺すべきである。執行は捕虜集合所にて行うべきものとする。」

国防軍首脳の反ボルシェヴィキ・反共産主義と、将校団や部隊の一般的態度が一致していた。その準備をしたのが次の三つの要因であった。まずポーランド人（「ポーランド野郎、ポーランド経済〔訳註＝無秩序〕」）とロシア人、ナチ化する以前の帝国の時代からすでにあった東部および南東ヨーロッパのスラブ諸民族全般にたいする伝統的な差別。次に、ナチ・プロパガンダによるはるかに広範な煽動と、最後にソ連国内自体における出来事だ。これらの出来事は、非人間性や非民主主義で一様に固められた反ボルシェヴィキ主義のための武装や口実になっただけでなく、ナチ・イデオロギーに身を売らなかった者にとっても真に驚愕すべきものだった。例えば、ぞっとする結果をもたらしたスターリン式の農業の集団化、公開裁判という公然たる茶番劇、それに独裁者スターリンが、推測上か事実上かを問わずライバルのソ連エリートたちを殲滅した一九三〇年代後半の「粛清」、あるいは数百万の労働奴隷に対する収容所体制の設立などである。歴史は、その皮肉でぞっとするような無目的行動の一つに数えられる行為を行おうとしていた。悪魔が悪魔の頭目を追い払おうとしていたのだが、この場合攻撃者は、侵略時に見出す地獄よりも自分がさらに凶悪であることを示すことになる。

ソ連に対する奇襲の六日前の一九四一年六月十六日、ウルリヒ・フォン・ハッセルは、一九四四年七月二十日事件への関与で殺される反ナチの同志ヨハネス・ポピッツ、カール＝フリードリヒ・ゲルデラー、ルートヴィヒ・ベック上級大将、そしてハンス・オスター将軍と会談した後で、次のことを明らかにしている。

「ブラウヒッチュとハルダーは、これまでひとり悪者にされてきた親衛隊の殺人放火に対する憎悪を、陸軍に向けようとするヒトラーの作戦にすでに手を貸してしまった。彼らはその責任をとった。だがそれ自体は何も変えないが見せかけを保つための補足手段（紀律を守ることなどについて）をとることによって自他ともに欺いた――絶望的なごますり下士官根性！」

フォン・ハッセルも彼の同調者たちも、ソビエト体制に対する決然とした反対者と見なしうる。しかし彼らにとっては、ソビエト体制に反対するためにどんな手段をとってもいいわけではなかったのだ。

ヒトラーはナチ・イデオロギーの主要素――反ユダヤ主義と反ボルシェヴィズムを結び合せて「ユダヤ人のボルシェヴィズムの殲滅」を東部戦争の指針にすることによって、国防軍と陸軍の指導部中でソ連攻撃の最終準備を整えることができた。

ユダヤ人の友ではないにしても、浮浪者を襲う言語道断な「無鉄砲者」のレベルにまで身を落したくはない、と思うグループが国防軍内にいたとしても、彼らも、ユダヤ人とボルシェヴィキを同一視することによって少なくとも受動的にこの**ひとつの**敵の殲滅に貢献するであろうと想定できた。いずれにしても大多数は、積極的に協力する用意のあることを明白に表明した。

戦争勃発以降、軍首脳の頭脳中に起きた変化を示す印象的な例がある。砲兵隊のゲオルク・フォン・キュヒラー上級大将は一九三九年、ポーランド在住のユダヤ人に対する大量殺人のあと、彼の下にあった親衛隊の分遣隊は「ドイツ陸軍の面汚し」なのでその管轄地域から出ていくよう、激怒して陸軍総司令部に要求したことがある。この同じ人物がその後、陸軍第十八軍の最高司令官と上級大将に昇進し、一九四〇年八月、次のような命令を下しているのだ。

「余は、陸軍のすべての兵士、特に将校が、ポーランドにおいて遂行されたドイツ民族性の闘争、例えばポーランド少数民族、ユダヤ人、それに教会の事項の取り扱い、これらに対する批判を控えるよう働きかけることを求める。数世紀来、東部国境で展開されているドイツ民族性のための闘争は、最終的解決のために比類ない、厳しい措置を必要とする。党と国の特定の分遣隊に、この民族性のため戦闘の遂行が委ねられた。したがって兵士は、他部隊のこの任務と関わらないようにしなくてはならぬ。兵士は批判によってこの任務に介入すべきではない。」

AといえばBとも言いつづけざるをえない――上述のような節度を保つわけにはいかないのだ。

ナチスの東部戦争における根絶と絶滅政策の執行権は、国防軍と陸軍の指導部のいわゆる「犯罪的な命令」に基づいている。これらの命令は、一九四〇年十二月十八日付けの「指令二一」に関する特別地域に対する指針」の中にその根源がある。これを援用してヒトラーはソ連に対する攻撃準備に具体的にとりかかり、四つの布告の形で将校団と部隊に通達した。

I　行動部隊と陸軍との協力に関する布告

国防軍と出動部隊A、B、C、Dの親衛隊・殺人司令部との調整を目的とする交渉は、一九四一年三月十三日、陸軍指導部参謀部のエドゥアルト・ヴァーグナー参謀本部員と親衛隊指導者ラインハルト・ハイドリヒ国家保安本部長の間で開始された。ヒトラーが三月十七日、ソ連では「残酷な暴力の使用が必要」であるという先に引用した説明をした時、ヴァーグナーは出席していた。

ヴァーグナーとハイドリヒの間で交わした協定は三月二十六日に文書として出来あがり、四月四日に国防軍総指令部国土防衛課のヴァルター・ヴァルリモント宛てに送られ、四月二十八日に陸軍総司令官ヴァルター・フォン・ブラウヒッチュによって変更なしで署名され、軍に告知された。

それによれば、出動部隊への「専門的指示」はハイドリヒによって発せられ、出動部隊に「委任の範囲内で自らの責任の下に民間の住民に対して執行措置をとる」権限を与えた。後方の陸軍の地域では、国防軍がまだ察知していない場合に限り、殺人分遣隊が「国家と帝国に敵対的な試み」を究明し駆除するものとした。「国家と帝国に敵対的な」という表現によってこの協定は、「ユダヤ的、ボルシェヴィキ的知識階層」という本来の犠牲者の範囲を著しく拡大し、また国防軍の絶滅作戦への参加をすでに前提にしたものだった。

殺人作戦の規模については予見できないにしても、協定によって結ばれたナチス出動部隊とその分遣隊の性格については、国防軍と陸軍の指導部が疑問をもつ余地はなかったのだった。

2　軍事法廷の裁判権の制限に関する布告

のちに「バルバロッサ布告」とも呼ばれたこの布告の意味は、ドイツ軍事法廷の任務をドイツ兵士の犯罪行為に限り、その他すべての「犯罪行為」の追及と断罪を出動部隊に委ねることにあった。第一次世界大戦でもそうであったように、戦闘部隊が占領した地域で執行機関として無制限の権力を行使するのは国際的に一般的なことだった。しかし、ナチス指導部がなんらの圧力も行使しない間に、親衛隊および警察の権限が新たに拡大され、国防軍指導部の司令部がそれを確定したのだった。

軍のトップがヒトラーの意図に沿おうとしてどんなに努力していたかは、国防軍法規部のルドルフ・レーマンが一九四一年四月二十八日に国防軍総司令部のヴァルター・ヴァルリモント陸軍少将とアルフレート・ヨードル統帥部長に宛てた草案を見れば明らかである。これは、東部における根絶・絶滅戦争に国防軍を直接編入することを予定したもので、その中には特に次のように書かれている。

「敵の義勇兵は戦闘中または逃亡中を問わず部隊により容赦なく処理すべし。

敵対する民間人による国防軍やその家族およびその従者に対する攻撃は、攻撃者が絶滅されるまで同様に断乎として、かつあらゆる手段を用いてその場で部隊によって防ぐべし。国防軍と随行者の成員が敵対する民間人に対して行う行為に関しては、その行為が同時に軍事的犯罪や違反であったとしても公訴の強制はあるべからず。

その他、敵対する民間人の処罰すべき行為は、政治的理由からぜひ必要な場合に限り、戦時法規で訴追すべし。」

この布告は、ソ連の民間人に対する犯罪にあらかじめ与えられた恩赦だった。この場合、国防軍の法廷は殺人分遣隊の血なまぐさい仕事に手出しせぬよう、民間人については極力裁判権を行使すべきでなかったのだ。しかし、国防軍自身が戦争の野蛮化とイデオロギー化に貢献することによって国防軍の絶滅作戦への関与と参与は避けられないものになっていた。部隊は軍事裁判や即決裁判もなしに「義勇兵」を「処理」すべきことを、初めて求められたのだ。

一九四一年五月九日付けのレーマンの第二草案は最初のものをはるかに越えるもので、その中にはこう書かれている。

「東部における作戦領域の広大な伸長、そのために必要な戦争遂行形態、そして敵の特殊性に鑑み、国防軍の軍事法廷は、戦闘行為から征服地域を平定するまでの期間において裁判権をとりあえずその主たる任務に限定すべき場合には、その少ない要員で解決しうる任務に限るべし。このことは、部隊が敵対する民間人によるあらゆる恐威に対して容赦なく身を守る場合にのみ、可能なるべし。」

その後ヴァルリモントが仕上げ、一九四一年五月十三日カイテルによって署名された「バルバロッサ布告」の最終的な内容は、レーマンの草案と本質的にほとんど変っていない。この最終案の中には、ナチス指導部が希望した二つの要素が盛り込まれていた。軍事法廷の裁判権を何よりも「軍紀」を維持するために役だつ訴訟手続だけに制限すること、そして敵対する民間人の犯罪行為を――占領者服務規定に従って――軍事法廷と即決裁判の管轄から移すことである。この二つのことは結局、刑事訴訟法を恐れることなく部隊そのものを根絶・絶滅体制の中へ組み込むのに役立った。これが「軍事法廷の裁判権の制限」のための布告の本来の意義なのだ。その中の最も重要で最終的な規定のひとつは、次のようなものだ。

「国防軍に対してだまし討ち、ないしは奸計による攻撃をしかけてきた村落に対しては、状況により個々の犯人を速かに確定しえぬ場合、少なくとも一大隊などの司令権限を有する一人の将校の指令の下に、集団的強制措置が遅滞なく遂行さるべし。」

3　人民委員《コミッサール》に関する布告

ソ連への侵攻の二週間前、一九四一年六月八日、陸軍総司令部から、攻撃に予定されていた全ての陸軍の軍集団、軍隊そして戦車隊に対して、組織化された非人間性の歴史にいわゆる「人民委員布告」として記録される命令が発せられた。戦線後方の陸軍地域では、民間の人民委員は出動部隊に引き渡されることになっていたのに対し、捕虜にした人民委員は部隊によってその場で射殺すべしという命令である。

この布告が国際法に違反していることは、国防軍総司令部の全員にとって明らかだったが、軍指導部はこの布告によって、自らを撤回の余地なくナチス政府の根絶・絶滅政策の中に組み入れ、ソ連の戦争捕虜と民間人捕虜を一緒くたにして、野戦軍に集団的殺人を委任したのだった。これはそれまでハイドリヒの殺人分遣隊にのみ認められていたものである。今やそれを国防軍が引き受け、殺人分遣隊の出動部隊の「負担を除いた」のだ。まもなく判明したことだが、人民委員布告は伝達されもしたし、守られもしたのだった。

4　ロシアにおける軍隊の行動に対する指針

一九四一年春、国防軍首脳部によってバルバロッサ布告と人民委員布告を集大成するものとして作製されたこれら四つの「犯罪的布告」のうち、最後のものの原文は次のようなものだった。

「ボルシェヴィズムはナチズムを信奉するドイツ民族の仇敵である。ドイツの闘いはこの破壊的な世界観とその信奉者に対するものである。

この闘いは、ボルシェヴィキの煽動者、義勇軍、サボタージュ者、ユダヤ人に対する仮借ない精力的な措置と、あらゆる積極的および消極的な抵抗の完全な排除を求める。赤軍のすべての成員――捕虜も含めて――からは、奸計を用いた戦法が予想されるので、最大限の抑制ときわめて鋭敏な注意が必要である。赤軍中のアジア系兵士は特に得体が知れず、予想しがたく、根性が悪く、冷酷である。」

この「指針」は、「ユダヤ人」という概念を犯罪人の概念と同一化した最初の国防軍命令である。国防軍と陸軍の司令部がナチ・イデオロギーの人種政策の土壌に根を下ろしてしまったことについて、これ以上明白な証拠は考えられない。軍指導部の保守的な層も、ヒトラーの機先を制する殺人構想の中へと統合されていったのである。

これが彼らの、ドイツのソ連侵略直前の立場だった。


『戦友にあらず――一九四一年―一九四五年の国防軍とソ連戦時捕虜』という本の著者クリスチャン・シュトライトほど、東方の隣国に対するこの侵略戦争の結果を、広範で衝撃的、かつ十分に証拠づけて叙述した者はいない。この章はその著書からの記録の引用に負うている。第二の罪が、この本の中に記されている歴史的事実を西ドイツ世論が意識するのを四十年以上も阻止したのだ。

一九四一年六月二十二日と十二月中旬の間に、三三五万のソ連軍兵士がドイツ軍の捕虜になった。彼らのうち約二〇〇万人が東部戦争の最初の十二か月のうちに、食糧不足か武力による殺人によって死ぬ。一九四二年二月一日までに一四〇万人が、そして次の二か月にはさらに六十万人以上が死亡する。

ソ連軍捕虜の尨大な死者数は多くのドイツの文書に記録されている。例えば、四か年計画でゲーリングの労働力動員作業グループのチーフであったヴェルナー・マンスフェルト局長は——恒常的に激化する労働力不足と、そのために開始された、純粋な絶滅政策から捕虜をドイツ軍事産業で容赦なく搾取する政策への転換との関連で——一九四二年二月十九日に次のような数字を挙げている。

「三九〇万のロシア人が提供されていたが、そのうち一一〇万しか残っていない。四一年十一月から四二年一月までだけでも、五十万人のロシア人が死亡した。」

つまり一九四一年初夏の戦争開始と一九四二年一月末の間に、一日あたり平均六〇〇〇人のソ連軍捕虜が死亡したのだ。

ヒトラー自身よりもうまく戦争をしたいものだ、と願っていた元制服組の物書きたちが書いた歴史物や回想録がこのことを述べる場合には、皆こうした大量死を尨大な捕虜数、補給の危機的状況、疫病、またはソ連軍が奥地へ撤退する場合には食料を焼却せよとしたスターリンの命令でもって、弁解じみた理由をつけている。もしその中に正しい要素が含まれているならば、それは——司令部の四つの布告に基づく親衛隊の出動部隊による組織的集団殺戮と国防軍のそれへの関与がなかったとしても——ドイツの侵略戦争自体が根元的犯罪だったという主張を何よりも確認するものであろう。しかし数百万の死にたいしての言い訳探しは、歴史的事実を前にしては成り立たないのだ。

西部方面においてと同様に、ドイツ指導部は東部においても電撃的な攻撃と勝利を見込んでいた。そのため、それに対応する数の捕虜が生じることになった。東部経済本部部長だったヴィルヘルム・シューベルト陸軍中将の報告からは、飢餓による捕虜の集団死亡が計画に入れられていたことが明らかになる。各省の次官に宛てたこの報告は、征服されるべきソ連地域の農業搾取を扱ったものだった。その中には一九四一年五月二日付けで次のように記されている。

「戦争の三年目（一九四一年から一九四二年にかけて）において全国防軍をロシアからの食料で養いうる場合にのみ、戦争は継続しうる。この場合、われわれが必要とするものをロシアから持ち出せば数千万の人間が餓死することは間違いない。最も重要なのは油種子・油粕の確保と搬出であり、穀物はその次だ。現存する脂肪と肉は軍が消費すると推定される。」

フランツ・ハルダーとアドルフ・ホイジンガー両参謀本部員は、尨大な捕虜をともなう大包囲殲滅戦が一九四一年八月までに東部戦争に結着をつける、と考えていた。この信念はいたる所に拡がっており、国際法および戦時国際法上の配慮はその軽視との関連においてのみ明らかにされた――確実な勝利がのちに振りかかる危険についてのいかなる意識をも追い払ったのだ。

国防軍と出動部隊との協力に関する布告にしたがって、親衛隊の殺人分遣隊は、一部は部隊司令官の明確な希望をうけて戦闘部隊のすぐ後について進軍し、ただちに大規模な死刑執行をはじめた。ユダヤ人捕虜は原則的に即座に射殺された。東部方面国防軍司令部の管轄する全領域で、一九四二年四月一日現在、わずか六十八人のユダヤ人戦時捕虜しか生存していなかった。

ソ連人捕虜の集団射殺の規模は、一九四四年五月、国防軍総司令部の東方外国軍課のために作成された集約から明らかになる。それによれば、陸軍総司令部の領域では四十九万四一一人が、国防軍総司令部の領域では五十三万九七一六人のソ連軍戦時捕虜が、死刑に処せられた。

たいていは村落の占領直後に、ユダヤ人とともに人民委員も射殺された。東部戦線全般において行われたものであったが、中央軍と南方軍の領域では著しかった。ベルリンの国家保安本部に宛てた『ソビエト連邦共和国出動報告』が正確な情報を与えてくれるが、この厳格きわまる統計こそ、将来の復讐の可能性など全く顧慮しないまがうことのない殺人煽動に関する強烈な証拠である。

これらの報告によれば、陸軍と出動部隊の間の協力は「きわめて満足すべき状態で問題なく」行われた。この報告中で、分遣隊は「できるだけ戦闘中の部隊近くに」駐留すべきこと、国防軍の出先機関との間に「すばらしい関係」が作られたこと、そしてまた、国防軍により「出動分遣隊が極力前方に移動してほしいとの要望がくり返し」述べられたこと、などの合意について述べられている。出動部隊Cの隊長だった親衛隊旅団司令官オットー・ラッシュは、一九四一年十一月初め、国防軍との良い関係について次のようなことばで歓びを表明している。

「この関連で言及に値するのは、例えばジトミル（訳註＝ウクライナ共和国の都市）の占領の場合で、最初の戦車隊について出動分遣隊4aの三台の車が市内に入った。出動部隊の任務の成功により、保安警察が特に国防軍の参謀部で名声を博するようになった。陸軍総司令部に動員された連絡担当指導者のもとでも極めて忠実に報告がなされ、その他にも彼らにじつに広範な支援が与えられた。陸軍の第六軍司令官であるフォン・ライヒェナウ陸軍元帥も、出動分遣隊の業績を認知してくり返し評価し、参謀本部に対してSD（訳註＝ナチ秘密情報機関）の権益をそれに相応しい仕方で擁護した。」

殺人分遣隊がベルリンにある彼らの親衛隊本部に送った報告によれば、国防軍は出動部隊に食料品、燃料、それに火薬を調達する上で、義務をはるかに越える好遇をした。絶滅作戦にとって重要な助けになったのは、進入後ただちにユダヤ人を識別して彼らの住居を記録せよ、との国防軍部隊指揮官の命令だった。こうした要請は、全東部戦線にそう村落や都市に「ドイツ陸軍総司令官」の署名付きで掲示された大きなポスターから読み取れる。比較的少人数の出動分遣隊が数か月のうちに何十万人（ユダヤ人と人民委員の他に民間人、ジプシー、そしてパルチザン）をなぜ殺せたかは、この措置を考えて初めて理解できるようになる。

国防軍もユダヤ系ソ連市民の逮捕に直接関与していたことは、一九四一年九月七日の第一七陸軍司令部の命令が証明している。それによれば「男女いずれであろうと、ユダヤ人は年齢を問わずドニエプル河の橋を通過する際に「防衛上疑わしき者」として逮捕すべきものとされた。

ドイツの絶滅統計の山から明らかになるのは、国防軍と出動部隊との協力は南方軍総司令官、フォン・ルントシュテット元帥の軍領域で最も緊密だったことである。親衛隊旗手で出動部隊の特別分遣隊4aの隊長パウル・ブローベルは、ヴァルター・フォン・ライヒェナウ元帥の協力のもと、一九四一年十二月初旬、六万人近いユダヤ人と人民委員の処刑を報告できた。ジトミルだけでも一九四一年七月、国防軍がこの地方のユダヤ人探しに助力をしたので、二〇〇〇人の男子・婦人・子供が分遣隊によって射殺された。

東方におけるドイツの前進にともなう最大の殺戮行動のひとつは、ウクライナ共和国の首都キエフの占領後に起きた。一九四一年九月十九日、陸軍第六軍に属する出動分遣隊4aの先兵が市街に到着した。そして九月二十四日には、出動部隊Cの幹部はベルリンの殺人本部に次のように報告できたのだ。

「少なくとも五万人の処刑を予定。国防軍、この措置を歓迎し、徹底的処置を要望。市司令官、二十人のユダヤ人の公開処刑を擁護。」

出動部隊Cと国防軍とが毎日協議した後で——キエフ市の司令官はエーバーハルト将軍だった——ユダヤ人に対して、移住のために中央の広場に出頭するようにとの呼びかけがなされた。ユダヤ人は九月二十九日および三十日、バビィ・ヤールの峡谷に連行され、出動部隊Cの特別分遣隊4a、部隊の幹部、それに加えて警察連隊「南」の分遣隊によって射殺された——全部で三万三七七一人。

国防軍の兵士も処刑に関与した。そのため軍の下層部で摩擦が起きたので、フォン・ライヒェナウ元帥は一九四一年十月十日、軍隊に次のような命令を発した。

「兵士は、東方圏において戦術の規程に従った戦士であるのみならず、容赦のない民族的理念の持ち主であり、またドイツおよびそれに近い民族性に対して加えられたあらゆる野蛮な行為に対する復讐者たるべし。

それゆえ兵士は、ユダヤの下等人間が、厳しいが正当な罰の償いをすべき必要性に関して十分な理解を持つべし。この贖罪は、経験によれば、つねにユダヤ人によって国防軍の背面で企てられた反乱を萌芽のうちに摘み取らねばならぬ、という別の目的も有する。このことによって軍隊にも、伝統的で一面的な軍人を越える使命が課される。」

パルチザンの射殺ではなく逮捕を明確に禁止したのも、フォン・ライヒェナウだった。その命令がヒトラーによって「すばらしい」と賞讃されたので、他の陸軍司令官もこの命令を発した。歩兵隊のエーリヒ・フォン・マンシュタイン将軍も一九四一年十一月二十日、同様の命令を発した。

「この戦闘はソ連軍に対し、ヨーロッパ戦争の規定のみに従って従来の形で行われているにあらず。前線の背後でも闘いが継続されつつあり。……ユダヤ的・ボルシェヴィキ的組織は一挙に根絶せしめるべし。それがわれらのヨーロッパ生活圏に再び侵入するようなことがあってはならぬ。

したがってドイツ兵士は、この組織の軍事的権力手段を打ち砕く任務のみを帯びるにあらず。ドイツ兵士は民族的理念の荷い手として、彼およびドイツ民族とに加えられたあらゆる残忍な行為に対する復讐者としても行動すべし。……

ボルシェヴィキ的テロの精神的荷い手であるユダヤ人が罪滅ぼしをする必要性に関し、兵士は理解を示さねばならぬ。その理解は、ほとんどユダヤ人によって企図される全ての反乱を萌芽のうちに摘み取るためにも必須なるべし。」

最後に、エーリヒ・フォン・マンシュタイン将軍は「軍人たる名誉」を誓った。

陸軍第十一軍の司令官マンシュタインは、この軍人たる名誉なるものをナチスの根絶・絶滅政策に対する彼の個人的支持と結びつけたばかりでなく、その後一九四九年には、ハンブルクにおけるイギリス軍軍事法廷で彼がとった態度とも一致させることができた。私はジャーナリストとしてこの裁判を傍聴した。フォン・マンシュタインの弁護体制は鉄のように固かったが、全く信用するに値しないものだった。自分が直接危険にさらされていると感じても、記録文書で証拠がない場合には「記憶にございません」と言ったり、そっけなく否定した。彼自身が発した命令が裁判所に提出されて有罪の心証が避けがたい場合などには、自分の役割を過小評価したり弱めたりする。彼に好都合と思われた時には、事情次第で責任を上や下に押しつける。私はこの見すぼらしく、いつも言い訳や逃げ口上を考える人物、かつては大軍の将であった者が、ローテンバウム大通りのクリオ・ハウスの中の法廷被告席で見せたあの姿を、決して忘れないだろう。イギリス軍事法廷により十八年の懲役の判決を受けたこの貴族の既決囚は、時の流れの恩恵と彼の同類たちにたいするアデナウアー時代のおぼしめしによって、わずか四年服役すればよかった――一九五三年、彼は再び自由の身になったが、何も学んでいなかった。彼は、その回想録に『失われた勝利』というタイトルをつけた。

フォン・ライヒェナウの命令とその結果から、一定のメカニズムが見てとれる。それは、ナチスの根絶・絶滅政策は国防軍の参与によって初めて現実に可能になっただけでなく、国防軍によって著しく過激化されたことである。高位および最高位の軍人たちのすでに引用した功名への努力は、フォン・ライヒェナウに従来の命令以上のことをさせた。他の多くの者におけると同様、彼の場合も、「ユダヤ的ボルシェヴィスム」の破壊という決まり文句が完全に心を捉えていた。このことが、すべての陸軍司令官をせっぱつまった状況に追い込んだ。みなナチス国家指導部の信用度を失いたくなかったのだ。このようにして、保守的・伝統的な系譜につながる防衛意志の残搾を守り得たであろう境界が、どんどんと侵食された。これによってヒトラーは、陸軍指導者は彼の夢の目的を達成する助手なのだ、という確信をもてたのだった。

これとの関連で「ユダヤ人問題の最終的解決」に言及しないままでいることはできない。

国防軍による領土占領は、ドイツ占領下のヨーロッパにおけるこの大量殺戮の前提を殺人機関に与えただけではない。ヒトラー、ヒムラー、それにハイドリヒが、国防軍と出動部隊との間の調整によってドイツ勢力下にあるソビエト系ユダヤ人の絶滅作戦が著しく加速されたことを、速かに認識しえただけでもない——それよりもずっと重要なのは、「最終的解決」計画に反対できたかもしれない唯一の権力の保持者が東方戦争に組み込まれてしまっていたために、はるかに広範な目的の邪魔はしないであろうという確信だったのだ。ドイツ軍のモスクワ郊外への無敵進撃と同時に、帝国内のユダヤ人に対する措置が強制収容所送り寸前の段階に達したのは、決して偶然ではなかったのだ。その後、収容所送りが急速に開始された——超国家的なホロコーストの序曲である。

クリスチャン・シュトライトは前述の著書の中で、一九四一年初期の状況を次のように要約している。「国防軍の歩み寄りによってナチス指導部が絶滅の目的を最終までやり遂げることを可能にした。もはや東部で〈ユダヤ人を可能な限り除去する〉だけでなく、ドイツ勢力圏内のすべてのユダヤ人を清算することになったのである。」

正にそのことが肝要だったのだ。

ナチスの根絶・絶滅政策に対する国防軍の関与の責任が、指導部に帰せられることに疑念の余地はない。しかし、「犯罪的な命令」がとにかく軍の一部の気に入り、歓迎されたことも同様に確かなことである。これらの命令中で示されたユダヤ人を初めとする集団に対して、多くの戦場司令官たちがとった――文字通りの意味と同様に広い意味での――殺人的態度については、否定しがたい証拠資料がある。ユダヤ住民が国防軍の命令で登録をしなければならなくなり、そのために出動部隊による殺害の前提条件がつくられただけではなかった。さらには、ユダヤ人が国防軍のパトロール隊によって日常的に逮捕され、「次の措置のため」ナチスの秘密情報機関に引き渡されることになったのだ。地域や野戦軍司令官の多くの報告から、国防軍が計画中または既遂のユダヤ人射殺について事情を知らされていたことも知られている――国防軍部隊がナチス分遣隊から「仕事」そのものを引き受けたのだ。このことは、一九四一年十一月三十日付けのアルミャンスク地域司令部の報告によっても証明される。

「パルチザンの策略に対する防衛とここに駐留する部隊の安全確保のために、この地域に居住する十四人のユダヤ人男女を排除することがさらに緊要であることが証明された。執行四十一年十一月二十六日。」

国防軍と出動部隊との協力態勢は、陸軍第十七軍の管轄下で特に明白だった。第一七軍は東方戦争勃発後数日もたたないうちに、国家保安本部のハイドリヒ本部長に宛てて提案をしている。

「……新たに占領した地域に居住する反ユダヤ的、反共産主義的考えをもつポーランド人を、自浄行動にまず利用すること。」

これには、一九四一年七月三十日付けの同軍司令官カール・フリードリヒ・シュテュルプナーゲルの命令が付合している。サボタージュや陸軍関係者に対する攻撃で犯人を逮捕できない場合には、報復のためにユダヤ人か共産主義者、特にユダヤ系の共産主義青年同盟員（共産党の青年団体員）を射殺すべきであろう、というのだ。

この「犯罪的命令」に従いそれに巻きこまれることによって、多くの場所で神聖な軍紀がばらばらになりそうなほど野蛮化したに違いないことは明らかだ。陸軍第十一軍の参謀総長であるオットー・ヴェーラーは一九四一年七月二十二日、国防軍の制服を着て大量虐殺をしている多くの写真を見てこう言っている。

「このような行為を好奇心から口をあけて見ることはドイツ兵士としての尊厳を欠く。」

よく言ったものだ。殺人ではなく、それを呆然と見ることが、軍紀の水準以下だというのだ。別の数多くの命令においては、部隊の指揮官が「特別隊の措置の遂行」の際に見物したり写真撮影することに反対の意を表明していた。「兵士や将校がユダヤ人の射殺を遂行したり、自分自身がそれに参加した」のがまれではなかったことは明らかだ、とある報告は伝えている。出動部隊Cの「行動に対する障害」を理由とする苦情から読み取れるように、ナチス分遣隊が殺人行動の邪魔をされていると感じるほどの事態になっていたのである。

「ウマムではすでに一九四一年九月二十一日、計画に反して、民兵とともに数多くのドイツ国防軍所属者が参加して、ユダヤ人に対する乱暴狼藉が行われた。」

一九四一年十月二十日のこの報告はさらに、国防軍兵士がユダヤ人の住居を掠奪したと述べている。

多くの兵士が東部における戦争をナチス幹部の希望や考えに沿うように遂行しようとしたことは、一九四一年九月一日付けの後方陸軍地域「南」の指令官カール・フォン・ロックの命令によって確認される。

「個々の兵士の独断によるユダヤ人を含めた住民の射殺行為、およびナチスと警察隊の刑の執行行為への参加はすべて、裁判所による処置が必要とされない限り、不服従に該当するものとして少なくとも懲戒上の処罰の対象とすべきである。」

しかし、それ以前に「軍事法廷の裁判管轄権の制限」があったのだ。

下部からばかりでなく、比較的高いレベルでの抵抗もしばしばあった。その一例を挙げよう。

一九四一年八月、参謀部のヘルムート・グロスクルト中尉は、ウクライナのベラヤ・ツェルコフで両親を殺害された九十人の乳呑子と幼児がしばらく前から食物も水も与えられずにおり、ナチス親衛隊の旗手パウル・ブローベルの特別分遣隊4aによって殺されることになっている、と聞いた。そこでグロスクルトは、殺人計画中止の決定を引き出すよう「南方軍」で試みたが、ヴァルター・フォン・ライヒェナウ元帥の第六軍司令部に行くよう指示された。二十四時間後——とグロスクルトの『日記』に記されている——そこから一参謀部員が「軍司令官殿は目下の場合これらの措置がひとたび開始された以上、子供たちを除去する必要性を認め、それが遂行されることを望んでおられる」旨を彼に知らせた。

子供らは射殺された。

参謀部の中にも反対や抵抗があったことは、陸軍の「中央軍」参謀本部の陸軍少佐で防衛謀報将校だったルドルフ・クリストフ・ゲルスドルフ男爵が、一九四一年十二月、前線へ旅した後で記した報告から明らかになる。その中には、ユダヤ人、捕虜および人民委員の射殺を将校団が一様に拒否し、「ドイツ陸軍の名誉を傷つけること」とみなしていたと記されている。しかし、ウルリヒ・フォン・ハッセルも一九四一年十一月一日に次のように記した時、余りにも楽天的だった。

「東部地方におけるユダヤ人と捕虜に対する恥知らずの行為によって、すべての礼儀を心得た人びとが抱く不快感……これらすべての恥ずべき不道徳に関与しないという〈気分〉が軍事指導部で徐々に高まっている。」

批判は国防軍の最高指導部に何らの影響も及ぼさなかった。彼らは、ユダヤ人、ソ連軍捕虜、ジプシー、その他の「下等人間」のために、ナチス国家の位階序列の中での威信を危険にさらす意志もなければ、力もなかったのだ。以前からすでにそうだったが、戦争になってからはなおさらのことだった。これだけは首尾一貫していたと言える。この国がまず国内でドイツ市民に対して犯行を犯した時にも、彼らは声すらあげなかったのだ。

この章では、負傷したソ連軍捕虜の取り扱いと、その生存者を一九四二年から一九四五年にかけて労働力として搾取することによって大量に死亡させたことには、もはや立ち入らない。国防軍がその指導部によって、どのような方法でナチスの根絶・絶滅政策の中に動員されたかが、ここでは特に重要なのである。

悲劇の二つの根本的前提条件——軍事的侵略の主体であることと、領土征服によって親衛隊の出動部隊および秘密警察と警察隊を擁する絶滅機関に、自由行動の余地を与えたこと——に組織全体として国防軍は関与していた。しかもそうした犯罪が起きた所、つまり東方のみならずドイツ占領下のヨーロッパ全体においてだった。

なおかつ国防軍の一部の部隊は、四つの「犯罪的布告」に基づいて、ナチスの根絶・絶滅政策に直接協力していたのだった。

この二つの根本的前提条件、すなわち共犯性と犠牲のドラマは、西ドイツの公衆の意識にはまったく、あるいはほとんど反映していない。というのも、第二の罪が第一の罪の出来事をこれほどしっかり隠している分野は、いわゆる「潔白な軍服」の領域以外にはおそらくないからである。

戦争と国防軍との非ナチ化と脱歴史化は、六〇年代半ばに至るまで歴史研究の専門家の間ですら行われていた。エルンスト・ノルテ教授がソ連に対するドイツの侵略戦争を、「近代の歴史が知る限りで最も恐るべき征服と奴隷化の絶滅戦争だった」と指摘した時に、この伝説は揺らいだ。フライブルクにある軍事史研究所のために行ったアンドレアス・ヒルグルーバー、マンフレート・メッサーシュミットおよびクラウス゠ユンゲル・メラーといった歴史家の研究は、新たに発見されたドイツの記録を根拠に、国防軍の役割にまったく別の光を当てて、伝説を完全に突きくずした。著書『戦友にあらず――一九四一年―一九四五年の国防軍とソ連戦事捕虜』は、ハイデルベルク大学の哲学・歴史学部に提出した学術論文に手を加えたものだが、これによってクリスチャン・シュトライトは伝説に止めを刺した。

これらすべての研究と歴史科学上の認識も、西ドイツの一般大衆の根本的な蒙昧を何ら変ええなかった。国防軍と戦争は第二の罪のなかで神聖なるものでありつづけ、現代に至るまで数十年、さまざまな政治家によって大事に培われてきた。ヒトラー国防軍の非ナチ化と脱歴史化はこの国において、すでにあらゆる面で鍛えられた自明のことになっている。それは、極右から保守主義全体、新保守主義（これは自らを「政治的中庸」と自称したがっている）および多くの右翼自由主義者や社会民主主義の外縁に至る、広範な層によってそう信じられているのだ。ナチスの根絶・絶滅政策の根本的前提に対する国防軍の共同責任、そして時にはそれに参加したことが事実上認められそうになると――戦争がドイツ側にももたらした怖るべき犠牲を指し示すことによって――古くからの相殺機構がほとんど自動的に発動されることになるのだ。

しかし**ヒトラーのための**戦争において自国民が流した血は、「純粋な戦争」というエキゾチックな歴史像を描くことを決して正当化させはしない――勲章からハーケンクロイツをはずすことはできても、歴史からはかき消すわけにはいかないのだ。一九三九年から一九四五年の間、ナチ・プロパガンダにいかれてしまっただけで「悪意がなかった」者も、真の秘密を明らかに理解し、しかも現代史についてのイメージを訂正するのに充分な情報の自由を、戦後四十年以上も与えられてはいた。しかし、本音では当時と同じ価値観をもつような人間は、人間としての方向性を再発見する無限の自由に触れもせず、同時代人として目の錯覚を煩っているという自己証明書を発行しているに等しいのだ。

世界覇権を目指すドイツ帝国指導部の二度目の攻勢――今回は前代未聞の規模の犯罪と対になっていた――を祖国防衛戦争と偽って言い換えたとしても、第二次大戦の国防軍の戦死者にも生存者にも奉仕することにはならない。将校あるいは兵員としての自己の役割をどのように主観的に解釈しようとも、あらゆる時代を通じて最大の犯罪者であるアドルフ・ヒトラーが**彼の**戦争を遂行した国防軍の総司令官だった、という客観的事実を揺るがしえない。

もちろん、こうした歴史的事実を理由に、当時の個々のドイツ士官や兵士に罪を着せ、役らを計画者、黒幕の犯人、軍服を着た小心翼々たるおべっか使いと同一視するのは、まったく愚かしいことだろう。ただ当時の無知、プロパガンダによって起こされた眩惑、本当の敵が背後にいることに少しも気づかなかったこと、そしてナチス国家と祖国の利益を等置することは、この体制の犯罪的性格をいささかも変えはしない。この体制のために銃弾が放たれたのだ。「潔白な軍服」という伝説を繕う者はつねに、息子や娘そして孫たちの世代が現実を美化せずに対決するのを阻むのだ。

国防軍の役割について無理解がどれだけ伝統的になっているかについては、アレクサンダーおよびマルガレーテ・ミッチャーリヒが二十年以上も前に書いた著書の一節が証明している。それはある教授の六十歳の誕生日を祝したドイツ通信社の報道を基にしている。

「〈三年間助手を務めたあとで彼は一九三五年、活動的な兵士になった。第二次大戦中に高位の勲章を受け――その中には柏葉型・騎士十字勲章もあった――教授資格を得た……〉

この大学教官はその後急速に出世し、重要問題については連邦政府の代表をすることになった。祖国がその最も邪悪な敵の手中に陥ってしまっていた時に、彼がその支配者と彼の教養のために顕著に貢献したことは、汚点の影として彼の上に落ちることはなかった。むしろ――そしてこれはわれわれが生きているこの方向性を失った世界の一特徴なのだが――それ自体どれほど賞賛に値するものであろうとも彼の発揮した勇気が、あたかも他の諸民族の自由の破壊、つまりきわめて陰惨な犯罪に直接奉仕しなかったかのごとく扱われ、抽象的な英雄像が仕立てあげられる。」

「抽象的な英雄像」が、ヒトラーの国防軍の戦闘を歴史的真空の中に定着させるのだ。そんな真空はかつてあったためしはなかったし、第二の罪の免責を受けたいという欲求を表わすだけなのだ。ミッチャーリヒ夫妻は、ある騎士十字勲章の受賞者という別の例を提供している。この人物にとって本来賞賛に値することは彼が成し遂げた行為だった。

「あたかもそれが全く非の打ちどころのない総司令官の下で起こったかのごとく……」

広範な公衆の意識における国防軍の非ナチ化と脱歴史化は、これ以上圧縮して定義できなかっただろう。そうだ、注目すべきは、ドイツ兵士は当時「彼の義務を果しただけだ」というような言説が今なおなされていることで、これは、彼が義務を遂行していると信じていた、というのと違うのだ。もしヒトラー**への**この義務が当然のことであるべきだったとすれば、今日と同じく昨日も彼に**反対する**抵抗とは何だったのか。ヒトラー**への**義務の解釈は、解釈のしようによって変化しうるのだ。そうした解釈を今日もなお断乎として保持する人間は、みずからの時代遅れの考え方、つまり、ヒトラーに**反対する**義務は国賊または反逆者に他ならず、その罪で当時数千人のドイツ人が断罪され処刑されたのだというずるい論理を、自らのものと認めねばならないのだ。

考え直す能力もない不快なことの原因に迫まりながら、『哀しむ能力のないこと』の中にはこう書かれている。

「歴史的正確さを期しつつわれわれの歴史の中のこの一節に対決すれば、保護も受けずに迫害された数百万もの者に対する殺人は、個々人の非常に罪深い決定と行動によるものであって、われわれが身につけた自明の論理を使ってそれを上役、結局は〈総統〉自身に押しつけることはできないのだという証拠がただちに明らかになる。起こりえたことすべては総統の不可思議な資質ばかりでなく、まさに信じがたい服従の産物でもあるのだ。」

国防軍という複雑な総体は、こう的確に特徴づけられているのだ。

一九四五年一月十二日、すなわち第二次世界大戦におけるソ連軍の最後の冬期攻勢の開始日に至るまで、東部ドイツの住民が赤軍の進攻に対してどれほど不用意であったかを知ると、いつも驚きもし震憾させられもする。ソ連を奇襲しても赤軍の侵攻はないだろう、という考えが人びとの心に深く根を下しており、それがさらに何らかの「奇蹟的兵器」への非合理的な希望によって増幅されていたにちがいない。同時に、すでに数年も続いていた「計画的撤退」については、国防軍発表が一九四三年夏以降ほとんど毎日伝えていたにもかかわらず、この時点までの東部戦線移動の経過についてのほとんど信じられないほどの無知も確認される。一九四五年の一月とそれが直ちにもたすであろう結果が生ずる以前に、東部戦線について現実に即した考えを持っていた者は、ごくわずかだったに違いない。ソ連陸軍が千キロ以上も二十か月近くにわたって西方に前進した後では、この圧倒的進軍がよりにもよってドイツ国境で阻止されうるであろうと考える、いかなる理由もなかったのである。

ビスワ川橋頭堡から休むことなくオーデル川とバルト海に向けて続けられた大攻勢の巨大な圧力は、一種のパニック状態を生み出した。熱い思いで抱いていた期待が崩壊し、以前はせいぜい悪夢の中でしか見たことがないような状況に陥った時に、つねに生じるパニック状況だった。

そうしたことが一九四五年初め、東部ドイツに起きたのだ。

一月中旬から始まった集団逃走には多様な動機があったに違いない。敵軍に脅かされた民族の、世界史上でいういわば「ノーマルな」恐怖心など、こうした水路と陸路を使った数百万人の集団脱出の説明にはほとんどならない。勝ち誇る軍勢が来るまえに民間人はいつも逃亡してしまっているのが常だった。人間の雄が人間の雌に対してもつ解剖学的な特性から性的な暴行を加えうる太古からの遺産を恐れ、婦女子はいつも逃亡してしまっていた。強姦とさらに悪しきものに対する生物としての恐怖——この歴史場面でも、その後こうしたことが大々的に実証された。東から西へのこうした巨大な波の背後には、圧倒的な進撃に対する西洋の恐怖がひそんでいたのかもしれない。例えばフン族やその後の蒙古族、さらに後のトルコ族による民族大移動の時代以来、ヨーロッパの東部と東南部、いやその中心部（一二四一年蒙古族に攻撃されたリーグニッツ。訳註＝現在ポーランドのレグニッツァ）の多くの民族の記憶と生活感情には、そうした恐怖心が深く刻み込まれている。一九四一年から四五年にかけての東部戦争は別としても、殺人、放火、暴行をともなう逆方向の征服例が歴史上十分あることは、ここでは一応度外視しよう。それにしても上記のような従来の動機だけでは、この時のドイツ人の大量逃避の規模を説明できないのだ。それ以上の推進力があったに違いない――それはどんな力か。

多くの国防軍軍人は、彼らが目撃したり少なくとも話には聞いたりした犯罪から、嫌悪と戦慄をおぼえながら身を避けたろうし、また他の者は犯罪を了承し、正当化しようと努めたり、関係がないという態度をとろうとしたことだろう。しかし、どうであろうと――東部戦争の無数の兵士たちは、戦闘部隊の近隣地域と後方地域における数百万の軍と民間人犠牲者に直面して、集団虐殺があったのだなと知っていたに違いない。ナチスの根絶・絶滅政策を秘密にしておくのは不可能だったのだ。

当時のドイツ人の大部分がこの政策の規模についても、またその詳細についても、明確な考えを持っていなかったしまた持ちえなかったことは、確実だと言える。しかしながら、東部で起きたことは西部や南部における戦争の出来事となんら類似点もないという一般的感情は拡まっていた。そのために、ヨーロッパの大西洋岸や地中海の敵軍に対するより強い恐怖心が生じたのだ。

一九四五年初頭以降のドイツ人の集団逃走の本質的な、そしておそらく最も本質的な特徴とすら言えるものは、**復讐に対する不安**だったに違いない。この不安は根深く、西側連合諸国よりもソ連に対してずっと広まっていたのだ――ありとあらゆる噂の寄せあつめ、中途半端な情報、そして禁止されているのに傍受した「敵の放送局」から得た情報。そうしたすき間からもれた情報が、今や影響力を発揮したのだった。

所によっては報復への不安がはっきり確認されることになったが、その背景には、自己を過大に評価する人間に典型的な、あの深い不安感もひそんでいた。長いこと抱いてきた優越感の幻想が、いまや世界史の経過のなかで正当に報いられることなく崩壊に直面するや、今度は、これまでとはまったく変った条件の下で、自らが行なった苛酷な行為がどんな結果をもたらしうるかという、臆病な疑念が忍びよってきた。ミッチャーリヒ夫妻がナチ・イデオロギーの核心部分に関して次のように論評している予感が頭をもたげたのだ。

「軍事的崩壊とともに、〈ドイツ人種の保護〉のための措置は、ナチスの狂気が通用していた領域の外で判断されていたものに再びなった。犯罪なのだ！」

ナチスの狂気の範囲外……。すべての期待、憧憬、願望、希望、そして教え込まれたファナティズムに反して、一九四五年一月以後は、東方戦争がもうすぐ「下等人間」の勝利に帰するであろうことには、何らの疑いもなかった。

ドイツ人によって多くの外国が苦しめられたあとで、第二次世界大戦の最終段階になって今度はドイツ人自身の上に押し寄せてきた名状し難い苦しみ（ナチスの合言葉「故国へ帰ろう！」が、後に、身の毛がよだつほどの皮肉な意味で数百万のドイツ人の中で生き続けることになる苦しみ）。ドイツの侵略の**結果**であるこの苦しみは、周知のように、第二の罪によってその**原因**から切り離されてしまった。難民団体の幹部たちは、四十年以上も前からその責任と歴史の因果関係をあっさりと無視し、ヒトラー・ドイツがまずドイツから、次に占領したヨーロッパ地域から外国人を追放したことを隠蔽したり、あるいはそのことに言及したとしても、「でも敵側はわれわれより良い人間でありたがっているのさ！」というシニカルな言い方で茶化してしまおうと努める、厚かましさをまず調べねばならない。ナチス犠牲者に対する内的関心がどれほど欠如しているかを知るには、まずこの点を深く調べなくてはならない。このことはついては後にさらに述べる。

だが、難民団体ばかりでなく、過去を抑圧し否定する所ではどこでもそうなのだ。この内的関心の欠如は、ヒトラー・ドイツの攻撃によるポーランド民族とソ連西部地域の住民の生物学的大損失に対する態度にもっとも明確に見てとれる。西ドイツの老人、または年輩の世代の記憶には、東方戦争から二つのことが残されている。一九四一年六月二十二日の「臨時ニュース」がつたえた、勝利のファンファーレの下におけるドイツ軍の前進から、一九四二年十一月のスターリングラード付近における陸軍第六軍の大包囲に至るまでの陶酔の時期——そして一九四五年一月から五月上旬にかけての、ドイツ国境を越えるソ連陸軍の前進である。

それ以外はごくわずか、ないしは無だ。西ドイツには、東方におけるナチスの根絶・絶滅政策の犠牲者に対する正式の同情心はひとかけらもないも同然だ。この根絶政策は赤軍兵がただの一人もドイツ領に足を踏み入れる前に行われたというのにである。リヒャルト・フォン・ヴァイツゼッカー大統領が終戦四十周年の挨拶で、ドイツの攻撃戦によるポーランドとソ連の犠牲者を追悼した時に、ドイツの公衆の間を走りぬけた不快なささやきを、私は今もなおよく憶えている——あれは**ショッキング**だった！

国防軍が参加し、ベルリンの国家保安本部機関が東方戦争で犯した集団犯罪についての確実な認識は、いまや、故意に広められた見解を訂正するのに適している。その見解たるや、絶滅機関の活動はドイツの占領したヨーロッパ内のユダヤ人の「最終的解決」、つまりユダヤ人の民族殺戮に限られていた、というのだ——こんなものは話にならない。

ホロコーストを扱う際はいつも、当然ナチスのあらゆる犠牲者をもつねに念頭に置いて、ソ連軍捕虜とソ連・ポーランドの民間人を数百万人も虐殺したことにも同時に言及するのを原則とすべきであろう。「最終的解決」とその他の大虐殺で殺された者についていえば、特にソ連とポーランドの民間人に関しては分類上重なり合うこともあるが、殺害された者全体の過半数は非ユダヤ人だった。この数的比率が、あらゆる面で呪われた「最終的解決」の影に置かれているばかりか、それによってほとんど隠されていることは、心理抑圧のメカニズムには大いに歓迎される。このことはこれまで以上に熟慮すべきであろう。

さらに、とくにソ連については、相殺への傾向がきわめてはっきり見られる。すなわち、ソ連に捕えられたドイツ人捕虜の運命を、その補償を求める憤激のために乱用するのだ。

ウラル山脈のこちら側やその彼方で無数の捕虜が死亡したのは事実だ。その数は、今世紀の戦争犠牲者の途方もない増加の傾向に見合っている——しかし、侵略者の誤算を彼ら自らについてぞっとするほどはっきり証明するものでもあるのだ。

同様に事実だったのは、一国の、しかも開発が最も進んで人口密度が高い部分を、ドイツ陸軍がこれまでの戦争の歴史の中で最も怖るべき戦闘の舞台にし、これらのドイツ兵が住民の財産に測り知れない損害を与えた国で捕虜になったこと、またソ連の住民も窮乏に苦しんでいたが、生き残った多くの捕虜の証言によれば、彼らに助力を与えたり、そうしようとした試みがなされた例が数多くあったことである（もちろんドイツ側においても、ソ連の捕虜や民間人に対して、彼らを隔離して特別扱いできる場合にはそうした例があった）。確かにソ連兵士による復讐や恣意的行為もあった。それについては多くの場合、ドイツ軍による占領中に家族がひどい目にあった経験や、ヴォルガ河からベルリンへ前進する際に廃墟になった祖国を目撃したことが、確実な理由として挙げられる。だが、ソ連指導部のドイツ捕虜に対する政策がその意図的な大量死亡を狙っていたことについては、何らの手掛りもない。ナチ指導部とその機関が、一九四一年から一九四五年の間にその権力下にあったソ連市民に対して行った根絶・絶滅政策と並べて、「対等の権利」を与えうるようなものはどこにもないのだ。ソビエト体制に特徴的なあらゆる抑圧があるにもかかわらず、そうなのだ——もし**ドイツ**が勝っていたら四十年後の今日、占領された東方地域がどうなっていたかを想い描いてみてほしい。

ソ連に対するドイツの奇襲は結局は不可避であり、したがって正当な予備攻撃だったと解釈をする際に、第二の罪は特に声高になり確信がこもる。概して第二の罪は、そのコンクリートで固めたような抑圧・否定体系の中の最も強いカードをソ連に対して持っている、と誤信している。この場合私には、ナチス犠牲者の重要さを考慮する時に恐るべき二分化が行われることが、人間としての方向性の喪失のきわめて悪しき徴候のひとつだ、とつねに思われるのだ。すなわち、「嘆かわしい」(儀式的義務に熱心なあらゆる国籍のユダヤ人と西側諸国の国民)と「あまり嘆かわしくない」(スラブおよびすべての東方民族の国民)との二分化である。

私はこの関連で驚くべき体験をした。それは、ベルリン付近のザクセンハウゼン・オラーニエンブルク強制収容所の監督者だった、グスタフ・ゾルゲとカール・シューベルトに対してボンで行われた裁判でのことだった。この二人は囚人を数千人殺した罪で告訴されたもので、裁判は一九五八年十月十三日から、一九五九年二月六日の終身懲役の判決の日まで続いた。

ボン地方裁判所一一三号陪審法廷における四か月の裁判中、ぞっとするような個々の事実が述べられた。東西ドイツ、そして世界中から来た男女の証人の中には、手足を砕かれた者、内臓欠損者、鼓膜が破れた者、恐しい傷跡を持った人がいた――ザクセンハウゼン強制収容所の想い出を一生涯引きずっていく人たちだ。多くの人はあの歳月を想起して、自分たちをかつて拷問した者の姿を眼にすることにもはや耐えきれず、痙攣に襲われたり、法廷でうずくまったり、あるいは感情に圧倒されて言葉を失い、あえいだ。傍聴者はため息を吐き、呻いた。そして裁判長ゲルハルト・シュレーダー地方裁判所所長は幾度も休憩時間を置かねばならなかった。ベルリンとシュトラールズント（訳註＝バルト海に臨む港湾都市）とを結ぶ鉄道沿いにあったこの強制収容所だけをとっても、そこで起きたことを中断なしに聴くことは誰にもできなかった。リューベック市のオットー・パッサルゲ元市長によれば、この収容所では親衛隊のために肥らされた豚のなき声と、餓死していく囚人の死の呻き声が路上で混り合っていた。彼らの生命は――と他の証人は述べた――親衛隊によって、教会の縁日市のゲームでブリキ缶が投げ球で倒されるように簡単に奪われた――「死の歳市」……。

「鉄のグスタフ」と言われたグスタフ・ゾルゲが、しぶしぶながら全体として事実を白状したのに対し、カール・シューベルトは、起訴状で彼の罪に帰せられていることすべてを否定した。ザクセンハウゼンにおける一万人以上のソ連軍捕虜殺害に加担したという一点を除く、すべてを否認したのだ。それ以外は、紋切型の「それは違います」という返事に徹しているのに、捕虜殺害については彼の舌は滑らかになり、詳細を述べた。

「この事は厳しく秘密にされていました。命令は国防軍司令部から来ました。この行動には死体置場を加えて六つの部屋が使用されました。医者に変装した親衛隊員が、そのロシア人が金歯を持っているかいないかを確めると、そのロシア人は二人の白い作業衣をきた男によって測定板の所に連れて行かれました。捕虜は最後まで欺されていました。測定板の所で彼は、遠くに掲げられた数字や色を判断しなくてはなりませんでした。それから申し合せたサインが出ると、彼は背後の隙間を通して銃殺されたのです。死者はすぐに死体置場に運び込まれ、血は放水で洗い流されました。これらすべては早くしなくてはなりませんでした。三日間のうちにわれわれは千人の捕虜を処理しました……」

二十四時間後、シュレーダー地方裁判所長は狼狽していた。彼は一人の証言者に向かって、「あなたは、シューベルトが昨日ここで〈三日間のうちにわれわれは千人の捕虜を処理しました〉とロシア人捕虜の射殺について述べたとき、彼の顔がどんなに輝いたかをごらんになるべきでした……。あなたは彼がそのことを**どういうふうに**言ったかをお聞きになるべきでした！　もしかしたら彼は、その功績のための勲章を今でも着けているでしょう」と大声で話しかけたのだ。

カール・シューベルトは射殺への参加に対して勲章を授与されただけでなく、イタリアに「休養」のために送られた。一九四一年のあの九月と十月、あの六週間から七週間にわたる良く準備されたロシアの「下等人間」の大虐殺――それはカルル・シューベルトの偉大な時であり、彼の生涯における決定的な体験だったのだ。その他のことはすべて反論した彼が、東西両超大国間の政治的緊張をずうずうしくも横目で見ながら、このことを自ら告白した。彼は自分の回想録のこの部分を喜んで開陳したし、この点で彼の記憶は止まることがない。カール・シューベルトは、彼がソ連軍捕虜の殺害を今もなお認めていることに、何らの疑念も残さなかった。

こうした心性が、ソ連に対するドイツの攻撃戦が行われていたときの大衆の精神と関係がなかった、と誰があえて主張するだろうか。

倒錯した反共主義

ナチスの過去に救いようもなく組み込まれて

理由も分からぬくせに「ボルシェヴィズム反対！」

ルドルフ・アウクシュタイン

多くの人が世界にはただ一つの悪しかないと考える――共産主義のことだ。そうした人たちにとっては、西側か他の一方の超大国アメリカに由来する他の形の悪をあえてほじくり出すすべての作家、学生、政治家、そして「自らの悪」を克服しようとするすべての人間は、愚者であり、ＫＧＢから金をもらった手先とされることを意味するのだ。

ライサ・オルロワ＝コペレフ

六〇年代半ば、アレクサンダーとマルガレーテ・ミッチャーリヒ夫妻は著書『哀しむ能力のないこと』の中で、西ドイツの戦後社会の内部に無傷のまま保たれているナチズム的「世界観」の残滓について、次のように書いている。

「最も重大なのは情緒的な反共主義であろう。それは公式的な公民的態度であり、その中でナチズムと西側のイデオロギー的要素が融合しているのである。そのために〈共産主義的〉という概念で呼ばれうるあらゆることについて、きめ細かな現実的検討は行われないままだった。ヒトラーの下で仕込まれた調教、すなわち自己の過剰な攻撃本能をプロパガンダ漬けになったステロタイプの〈共産主義〉に投影しようとするやり方は、今も通用している。それは、世界政治の展開の中で支持されてきたので、今日に至っても解消されない心の反応なのである。」

それから約十五年後、クリスチャン・シュトライトの『戦友にあらず』という本の中にはこう書かれている。

「ヨーロッパにおけるソ連の勢力圏の拡大と冷戦とが、ソ連を相変らず敵とみなす可能性を提供した。このことが、東方戦争は根本的には正当、いや必然的だったのであって、ただ国防軍が忌避し克服しようとした親衛隊の犯罪とたまたま重なりあったために倒錯したのだ、という確信を促進した。このようにして、反ユダヤ主義を脱ぎ捨てたナチ的反ボルシェヴィズムは、冷戦時代の反ボルシェヴィズムの中にほとんど無傷のまま移行できたのであった。双方の鋭い対立と民族の分裂という特殊な状況下では、ソ連に対する戦争の批判的研究は、自己の立場を危くし、〈身内の面汚し〉と考えられた。世論の重要な部分と少なからぬ数の政治家は、教条的な反ボルシェヴィズムを基調とする考え方に基づいてソ連の政策を判断した。」

この二つの引用は、民主主義がここでどんな危険な敵と対決せねばならなかったか、そして今なお対決しなくてはならないかを教えてくれる。なぜなら、強力な核はわれわれの時代に至るまで保持されているからである。ミハイル・ゴルバチョフの世紀の事業、すなわち全世界が驚嘆と希望をもって見守っているソビエト社会の改革のための偉大な試みで反共産主義は生き難くなってはいるが、にもかかわらず実際には、反共主義に影響を与えられないままでいる。ソ連国内の変化に対する嫌悪感や、オール・オア・ナッシングのやかましいプロパガンダ、あるいはまたそこで展開されつつある世界史的な過程に対する深い無力感といった形で、彼らが昔から抱いている敵というイメージは新しい展開を見せている現実には左右されない、という事実が依然として今日でも示されている。

ところで、次のようなことは否定しえない——ソビエト連邦のこれまでの歴史は、その体制が今世紀で最も強力で永続的な抑圧機構であることを示していること。またソ連の武装した手はその西方の隣国諸民族、それも東ドイツを含めて中部ヨーロッパの民族の上にまで重くのしかかっていること。アンドレイ・サハロフのシベリア流刑からの帰還も、収容所列島の想い出を撤回できないこと（収容所は縮小されたとしても決して完全には廃止されていないからである）。スターリン時代に比較してこの数十年のうちに格段に巧妙になった、犠牲者を精神的に屈服させる方法も、教養ある人びとには驚愕しか呼び起こすものにすぎないこと。ミハエル・ゴルバチョフの意欲的な「グラスノスチ」の巨大なハンマーの打撃が完全に硬直化した印刷メディアやTV組織の上に打ちおろされるまで、ソビエト社会の本来的な大きな虚偽、つまりソ連のプロパガンダと現実との間の制度化された隔絶が巨大な帝国の歴史を支配していたこと。以上のことは否定できないのだ。そしてどんな楽天家でも、七十年間も身をかがめたりかがめさせられたりした後で、直立歩行が簡単にでき、その能力も回復すると思うほど、愚かではない。ソ連は、一九八六年から八七年にかけて駐留軍の一部を撤退させたにもかかわらず、相変らず外交政策上も内政上もアフガニスタンに重い負担をかけている。だが何よりも――ソ連ほどの精密に組織された全能の中央集権主義が、人と物に対する徹底的な支配の慣習をやめるか、せめて制限するようになるまでには、期待に満ちた短気な人が望むよりはきっと長い時間がかかるだろう。

ではこのような権力に対して、不信の念と断乎たる態度で対することは誤っていたのだし、いまでも誤っている、とどうして主張できるのだろうか。

ソ連体制を人道的かつ民主主義的な立場から否定する人はすべて、当然ながら平和と和解への意志をもつ者であって、ソ連についての歴史的経験を考慮せずにはおかないだろう。

だが、本書で取り扱われる反共産主義は、自らにレッテルを、しかも「自由のために先頭に立って戦う者」というレッテルを好んで貼りたがるが、実は人道的でもなければ民主主義的でもない。もし、この反共主義が――目下のところ西ドイツでは恐るべきものではないが――勝ったとすれば、悲しむべきことだ……。

こういう反共主義の信奉者たちは、全くお定りの基本的特徴を示す。すなわち、非ソビエト的独裁モデルに感染されやすいこと、ソ連とその支配領域における展開と多様化に対する無理解と無関心。これに、変わることのない硬直した判断と不動の敵対視が伴っている。また外交政策上では東側に対する過激主義であり、それには、内政面では「左翼」という罪の烙印を与えられるものすべてに対する、隠しようもない不寛容さが対応する。人目をひく容赦ない言葉と歴史を白か黒かに分ける特徴。すぐ挑発にのるファナティックな性格を帯びた情動性。自らを疑うことを知らず、誤りはありえないという意識をもった裁判官的立場。こうしてちょっと特性を挙げただけでも、何かに似ているのではないかと疑わせるのだ――すなわち反共的な自己証明と、その明白な主たる敵である典型的なスターリン主義者との、呆れるほどの類似性だ。

よく見るとこの不倶戴天の敵同士は、その時々の徴候が異なるだけで、同じように空疎なイデオロギーをもった兄弟なのだ。したがって、言い方と現実とがひどく矛盾しているため、この反共主義はこの章では**倒錯した**と呼ばれるのである。職業的で教条的、そして決然と戦闘的である西ドイツ内の反共主義の変種は、第三帝国の熔鉱炉の中でしかと鍛造されていた。そのことと、ソ連を人道主義・民主主義の立場から拒否することの間には、いかなる関係もない。

倒錯した反共主義の信奉者層は、極端な右翼や保守主義に限られることはまったくない。程度の差こそあれ、共和国のほとんどすべての政治的領域に広がっている。

私たちは、民主主義の「弛み」やその面倒な法律上の方法および不確実な法決定について、つまり煩わしく予測しがたい多元主義の全体について、永遠に不満の声を上げる煽動的イデオロギーをこれから見ていこう。公然と民主主義以前の人間観を持ち民主主義を頑強に拒否することによって、ナチズムで教化された反ボルシェヴィズムを延命させ強化し、「この点に関しては」とにかくヒトラーの独裁のひそかな擁護者になっている同時代の人びとがいる――しかしよりにもよって**彼らが**、ソ連の独裁制に対する偉大な敵手であると自称しているのだ。

現存する社会主義の特徴を、倒錯した反共主義はたんなる口実として、圧制や蛮行、抑圧と人権侵害に対する見せかけの反対に利用するだけだ――非共産主義の専制政府や抑圧政権は通常、反共主義にとって煩いとなるどころか、はっきりとした共感の対象となっているのだ。

倒錯した反共主義が国家権力を手中にしている所では、世界中どこであれ、その支配形態が現存する社会主義の専制機構とじつに強烈な類似性を示していることが証明される。これは、自由主義的勢力であるかのように思わせるのと同様に、暴力を否定するかのように思わせる。それ自身の戦闘性は敵の戦闘性を必要とし、それに依存する。模範的宥和は反共主義にとって不気味であり、平和のモデルに向けての歩みは疑わしい。倒錯した反共主義が収容所列島を必要としたのは、ソ連が倒錯した反共主義の供給サービスを数十年にわたって必要としたのと同じだった。倒錯した反共主義のこのサービスこそが、西側世界を悪魔に仕立てるキャンペーンをする上での材料をソ連に供給しつづけてきたのである。相手の犯罪を指摘することによって、味方陣営における犯罪を伝統に従いもみ消すか是認しようとしたのだろう。

地球を支える神アトラスたるゴルバチョフの巨人のような仕事が成功し、成功という太陽の中で敵というイメージがたとえ緩慢であろうとも消えるとするならば、倒錯した反共主義はどうなるだろうか。

すべては今のままだろう。倒錯した反共主義には改革の能力がないからだ。その行状は、自らが宣言したその主たる敵とは関係ないのだ。一九四五年に赤軍兵士が天使のごとく行動したとしても、倒錯した反共主義の行動は何も違っていなかっただろう。たとえ何か別の行動をとったとしても、ベルリン征服の前史、つまりドイツによるソ連西部とポーランドの占領を、ユダヤ人および非ユダヤ人のホロコーストと共に隠蔽し、抑圧し、否定し、さもなければ相対化していただろう。倒錯した反共主義にとっては、第二次世界大戦の最終段階における逃走と追放によるドイツ人の犠牲はもっぱら歓迎すべきものだったこと、これが、倒錯した反共主義の本質を示している。こうした犠牲者こそが、「でも、他の連中だって罪を犯したのだ」という、集団的情動の信奉者によって誓われたあの慰めと正当化の機能を果たすのだ。倒錯した反共主義は第二の罪の構成要素だが、第二の罪を犯している人たち全員が倒錯した反共主義に従っているわけではない。第二の罪を負った者の大部分は確かに過激分子ではないが、倒錯した反共主義の信奉者はつねに過激なのだ。

ナチ・イデオロギーの核心をなす二つの教義、反ユダヤ主義と反共主義のうち前者は、誤った教義として正式に烙印を押された。このことについてミッチャーリヒ夫妻はこう書いている。

「ユダヤ人に対する態度は一定の変化を受けた。まず、ユダヤ人に対しては戦争に負けたのではなく、〈最終的解決〉において一少数民族の抹殺という目的がほぼ達成されたのだ。のちに良心という側面がとにかく非常に広範に呼び覚まされたので、破壊の放縦な無礼講から距離を置くようになった。さらに戦後ドイツにはもはやユダヤ系市民がほとんどいなくなった事実も、プラスの方向に作用した。このことがユダヤ系市民に狂気を向けつづけること（例えば彼らの陰謀の意図）を困難にしたのだ。そして最終的には、イスラエルの建国がユダヤ人に対する新しい見方を生み出したのだが、それはユダヤ人が西側工業国や国民国家に同化したということではない。」

ああした来歴をもつ反共主義については事情はまったく違っていた。ゴーロ・マンは一九四五年五月のヒトラー・ドイツの降伏から四十周年に当たる一九八五年二月の「ツァイト」紙に寄せた文の中で、反共主義の狂気の投影がどれほど深く戦後にも入りこんでいるかについて次のように確認している。

「私に言い寄ろうとする、おそらくたいていは元ナチス党員だった人びとから、私はよく次のような問いを受けた。〈なぜ西側連合国は、ヒトラーの敗北がすでに確定していた一九四四年の晩冬に〝同盟の逆転〟を実行し、ヒトラーとその一味抜きのドイツ人と結んでロシア人と対決しなかったのですか〉と。純粋に技術的にはそのようなことは困難だったろうが、可能ではあった。というのはアメリカは、かつてないほど無傷のままであり、豊かだったし、ロシアは恐ろしいほど荒廃し疲弊しきっていたからだ。そのようなことを考えるのさえ不可能だった原因は、心理的なもの、道徳的なものにあった。」

わが国の人びとがいかにそれを気軽に考えたかについて、ミッチャーリヒ夫妻のことばをもう一度引用しよう。

「西ドイツ市民にとって共産主義は、かつてイスラム教やプロテスタンティズムがそうであったように、否定という絶対的命令のもとにおかれた誤った教義以外の何物でもない。それは正当な教徒としてのわれわれの関心をひく必要はない。われわれがそれを嫌悪すれば十分なのだ。」

東ドイツという例が西ドイツ市民にこれまですさまじい印象を与え、また現在も与え続けているので、倒錯した反共主義の強引な主張は、人道主義・民主主義の観点からソビエト体制を否定することよりも多くの点で楽だった。後者は、政治的関心の他に一定の思考過程と教養過程を前提にしなくてはならないし、思考と解決の簡略化を避けるからである。特にナチス時代と東方戦争については、倒錯した反共主義の原理、つまり作用から原因を分離する原理が、抑圧と否定の傾向に大きく歩み寄る。みずからの心の負担を軽くするためにこの原理を受け入れれば、あの面倒な警告者に従うよりもはるかに快適なのだ。この警告者はソビエト体制を同じく拒否はするが、世界史が一九四五年五月八日と共に始まったかのようには振る舞わず、また、ソ連の安全保障の必要性をその歴史的経験に従って単なるプロパガンダとしては聞き流さないからである。

反ユダヤ主義が決してユダヤ人だけに向けられたものでなく、憎悪のイデオロギーを隠す概念であり、それがヒトラーの下で数百万人の非ユダヤ人の生命を奪ったことは証明されている。が、それと同様に倒錯した反共主義も、自らが公言している主たる敵よりもはるかに広範囲の相手を敵にしている。反ユダヤ主義と倒錯した反共主義とは、それとは異なる**すべての**考え方に対して向けられたものなのだ。

倒錯した反共主義は、ソビエト体制の擁護者だけでなく、民主主義・人道主義の観点からソビエト体制を拒否する人たちをこそ敵とする——そうした人たちの態度は倒錯した反共主義にとってまったく受け入れがたいのである。

倒錯した反共主義は、西ドイツのような議会制社会においてはその多元主義の一部であり、たとえ醜いにしてもその色の中のひとつであるのに対し、それ自身が国家権力を握っている所では、敵の無力化と絶滅を目指す。敵とされるのは決して共産主義者だけでなく、反共主義という祝福を与える真理から離反する者すべてなのである。それについては数多くの歴史上の例がある。

それが専制権を持っていない所、したがってわが国においても、それは当然策略を用いる。だがそれを、民主主義の盟友であるなどと決して誤解してはならないだろう。その環境適応力は優れてはいるが完璧ではない。民主主義の保護のための措置が論じられたり構じられたりする所ではどこでも、その水準を上回る活動を私たちは目にする。彼らが自由主義的規範に対する介入——状況によって正当化されていようと過大な野心を抱いているとにかかわらず——を画策している所ではどこでも、私たちはその過激な影響力を行使しようという激しい努力に出くわす。たえずこうした**尖鋭化**をなそうとしていることが、議会制という条件下における倒錯した反共主義の特徴だ。その信奉者が必要な行政上政治上の権力を持っている所では、尖鋭化が実行に移される。

便宜上必要と思われる時には、倒錯した反共主義はその実践とは裏腹に**あらゆる**独裁に反対する口先だけの所信を表明する。にもかかわらずそれは、なぜはっきりと反ボルシェヴィズムだけを助長するのかと問われると、**右翼的**独裁に対する闘いは他のものがすでにあり余るほどやっているからだという、むしろ愚かな主張で答えるのだ。

ここで倒錯した反共主義の二つの本質的な特徴が登場する。すなわち、世界を二つに分けてその片方では、他の半分の世界で人間性《フマニタス》が正当と認めるものを排撃するという人間性の分割——そして、現実を自らに有利な断面へとイデオロギー的に矮小化することである。したがってレフ・コペレフ（訳註＝ソビエトの作家、一九八〇年以降西独在住）の夫人ライサ・オルロワ＝コペレフがこの章の初めに引用した文の中で表現していることは、文字通りに受け取めることができる。倒錯した反共主義にとっては地球上に**ひとつの**悪しかない——その敵のことだ！　こうした排他性の陰に、その嘘偽と傷つきやすさが隠れている。倒錯した反共主義は認めようと思わないことは認めはしない。第三者にはそのことがよく分かる。例えば倒錯した反共主義は、非共産世界において抑圧と人権侵害が氾濫していることについて標準的な声明を考え出した。そのような紛争の本当の責任者はつねにモスクワに本拠を置いているというのだ。典型的な例が南アフリカである。外部からの脅威の外傷《トラウマ》がアパルトヘイトを正当化する根拠にされるのだ。

ケープタウンのボーア人が維持している望みなき政権は、現代における倒錯した反共主義を典型的に示す国家の例である。この政権は次のことを認めるのを拒んでいるが、そのことが政権をますます世界世論との対立に追い込むのである。すなわち、権力から閉め出され搾取され、無力化された数百万の黒人集団は、白人の主人たちによって永遠に押しつけられた運命に反抗するためには共産主義の教唆者など必要としないのである。しかも他の方法が残されていない以上、人種差別体制による権力の独占に抵抗するために反抗の暴力とテロをもって闘うにしても、そういえるのである。

倒錯した反共主義は絶対主義の現代版である。ただし、歴史上の絶対君主時代などは倒錯した反共主義に比べれば生気のない序幕といった印象を与える点で異なっている。

しかし倒錯した反共主義の本来の生命要素は、冷戦とその氷のような雰囲気、北極のような世界の雰囲気である――これは本質的に緊張緩和に敵対的なのだ。その声が余りにもけたたましくなると、西ドイツにおいても政府の公式政策との間にいくたびとなく障害が生まれた。自らは報復主義的外交政策をとらない政府（そんなことは今まで西ドイツのどの内閣もやらなかった）が、それにもかかわらず自陣営や政府高官の中に報復主義者がいるのを甘受するときは、いつも反目が起きる。

わが国においては衝突の可能性は多い。社会民主党・自由民主党の七〇年代の連立政権により条約化され、その後キリスト教民主同盟・自由民主党の後継連立内閣によって辛うじて継承された東方政策に反対する、倒錯した反共主義の根深い敵意がある。ここには、オーデル・ナイセ線の彼方の地域に対する権利要求、すなわち第二次世界大戦の領土的結末の拒否がある。またここには、「ドイツ問題」の留保と並んで、東ドイツに対する西ドイツの単独代表権という主張がある。この主張に倒錯した反共主義が儀式的なニュアンスを与える。

こうしたことから倒錯した反共主義は、それにごく近い立場にいる政府をも内外からの強い批判にさらしかねず、同時に政府が公式には距離を置かざるを得なくする。西ドイツの右派内部におけるそうした対決は、ゴルバチョフの改革努力が成功した場合にはさらに強まるだろう。倒錯した反共主義の平和への敵意は、東ドイツとともに世界で最も重い脅威にさらされている西ドイツ国内ではその存在基盤を失うであろう、という一種の希望を与えてくれる。だがこれは、超大国間にその名に値する軍縮協定が成立して初めて可能なのだ。というのも、倒錯した反共主義は軍縮にもむろん敵対的だからである。

過去の深淵から生まれた倒錯した反共主義は、迫害の対象を必要とする破壊的な力であって、異端者、不倶戴天の敵、総体的敵に対しては、民主主義的原則を犯しても合法的であると主張する。

倒錯した反共主義の西ドイツ側の信奉者をより詳細に研究すると、それがナチズムの原型、初期の姿、そして類型のイメージに救いがたいほど似ていることが明らかになる。昔のように「ユダヤは出て行け！」と叫ぶのは、それも大声で叫ぶのは時節がら好ましくない。それに対して、昔と同じく「共産主義者は出て行け！」と叫ぶこと、それも可能な限り声高かに叫ぶことは、まったく支障がない。しかし、伝統的に受け継がれた双子の概念のうち、姿を消しているように見える反ユダヤ主義は、状況次第では速かに再登場するだろう。この二つが連結していることには何ら変わるところがないのだ。

しかし反ユダヤ主義の病理学は、決して倒錯した反共主義に限られていない。倒錯した反共主義の正反対と称する連中も、これからわれわれが考察するように、同様にこの病理学を利用しているのだ——そのほかの呆れるほど類似した態度とともに。

指令された反ファシズム

「ナチスの遺産と東ドイツ」のテーマに一言

本書は意図的に西ドイツにおけるナチズムの遺産に取り組んでいる。しかし、その遺産とその取り扱いという中心問題を、ここで一度だけ東ドイツに拡大し、公式に主張されているように、同国ではこの問題は克服されているか解決された、という誤解を避けねばならない。このテーマは、西ドイツの大多数の人が考えているほどなま易しいテーマでは決してない、解決ずみなどと言えたものではないのだ。

「あっちの連中も元ナチス党員を指導的地位につけている！」「連中もナチス問題ではわれわれよりうまくやりはしなかった！」「連中もわれわれと同じく問題をほとんど処理しきっていない！」

このような、そしてまた似たような声が、しかももう四十年近くも前から西ドイツでは繰り返し響いている。

何と驚くべきことか！　ここで言われているのは、この分野では東ドイツにおける状況が西ドイツにもある、ということに他ならないからだ。むろん、そのような論理は同一視主義者の意図にはない。にもかかわらず、彼らの告白は他の結論を許さない。しかし、「自由で民主的な基本秩序（基本法）」の国家の中で、どこで、ほかのどの分野で、「社会主義統一党国家」との類似性が主張されるというのか。ほかのどこで、そのような思慮のない分別を失った一致が、作り出され、侮り軽蔑する東ドイツとの類似が求められるのか。ほかでもない、ドイツ史最大の恥ずべき時代との対決に際してなのだ。

ほかのことなら同一視を認めぬ熱烈な同一視主義者の不誠実さを取り上げてみただけでも、人を唖然とさせるだろう——どこかがおかしいのだ。そして事実……。

東ドイツの現実をみると、本書が取り上げてきた西ドイツの欠点のうち数多くのものがこの国には当てはまらないことは、誤解の余地がない。そこでは、西ドイツで行われたようにナチス国家の行政機関をそのまま新しい行政組織に継承したことはなかったし、またその前提になった基本法一三一条もなかった。さらにネオ・ナチや親衛隊の後継組織の合法化、ヒトラーの奉仕者たちが再び要職につくのを非常に容易にした復権——こちらでは犯人との大いなる和解が成しとげた——そのものもなかった。また西ドイツでは、あのナチ的どしがたさの同時代的変種が、新聞・雑誌・出版「王国」というメディアを通じてもはや四十年近くも前からユダヤ人、亡命者、民主主義者に対する右翼過激主義の憎悪を、罰せられもせず妨げられもせず、民主的な思想と出版の自由の名の下にまき散らしているが、そうした変種を東ドイツで探してもむだである。さらに、一九四五年にドイツを奈落への道へ導いた主な責任者である大工業家、大農家、金融資本家、ジャーナリスト、および党のエリートや役員といった勢力が、東ドイツでは完全に粉砕されたことも事実である。その一方、西ドイツでは周知のごとく、元コンツェルンの首脳たちが早々と自分たちのかつての帝国を復活したのみならず、部分的にはそれを著しく拡大しえたのである。

この点に関する西ドイツともう一つのドイツ国家との相異は、東ドイツの高級官職にいる旧ナチについて西側が定期的に発表する統計によっては解消されない。この統計は主として西独ジャーナリストによってまとめられるものであり、彼らは再ナチ化、犯人との大いなる和解、第二の罪が、息子、娘そして孫の世代に与える悪影響をまったく気にかけず、むしろ西ドイツでのナチの過去に関するスキャンダルを相対化するか相殺しようとするときにはいつも、いとも気安く手をかすのだ。

否、こうした貧弱な数字と相殺の熱情をもってしては、「ナチスの遺産と東ドイツ」の問題に真に肉薄することにはならない。それは西ドイツの同一視主義者の低能な連中が思い描きえるよりはるかに複雑で、分化し、悲劇的で、恥ずべきものなのだ。それに対する同義語は、「指令された反ファシズム」なのだ！


忘れがたいテレビ体験がある。ベルトルト・ブレヒトとヘレーネ・ヴァイゲルの間の娘である女優のハンネ・ヒーオプが西独滞在中にインタビューを受けた。そのとき彼女は、私が長年の知識からして確認する他はない当地の事情に関する真実、解放後も私にとってここでの人生を大いに困難にした痛ましい事実を述べた。

一九八〇年代半ばのハンネ・ヒーオプは言葉鋭く、辛辣に、現代について、過去の罪を負う継続性、すなわち外国人憎悪、少数民族に対する倦むことのない差別の心情、警察の「手入れ」について語る。とりわけこの手入れの一様な荒々しさは、ドイツ警察がその歴史の中であらゆることを行なったことを考えれば、不幸な想い出と恐怖しか想起しえないものだ。ハンネ・ヒーオプが心の中で思いめぐらしているのが分かる。憤慨、苦もなく理由づけられる怒りのために言葉がもつれる。

しかしその後インタビュワーは、恥知らずにもヒーオプが東ドイツにおけるある状態にどのように反応するのか、人権侵害に対する彼女の非常に繊細な感知器官が東方にも、つまり彼女の母国にも向けられているかどうかを、知ろうとする。むろん、この選び抜かれたインタービュー相手のことを考えれば、インタビュワーに同情心がないとはいえないまでも、ある程度の素朴さがあることをうかがわせた。

なぜなら、ハンネ・ヒーオプの表情にベールが下ろされたこと以外は、何も起こらなかったからだ。人権擁護のために高い道徳性と選り抜きの感受性をまさに今まで示していたあの表情の上に。しかし突然の自己隠蔽の背後には、落ち着きのなさと混乱が感じられた。この場面は、社会主義統一党の初代党首で東ドイツの国家評議会議長だったヴァルター・ウルブリヒトが五〇年代末に同じくテレビ画面で示した全くそっくりの反応を、極めて鮮明に私に想起させた。ウルブリヒトは、軽率にも引き受けたアメリカ人による長いインタビューの結末に当たり、予定になく不意打ちした問いから身を守るために、顔つきを変え、何かを追い払うかのように手を振り、ごく高い声で、「インタビューは終り——私はインタビューを終えます!」と呻くしかなす術がなかった。万人のお楽しみのために、この結末部分はその後やはり放送された……。

まさにそれと同じく、ハンネ・ヒーオプは自信を失い、「それはでも全く別なことです」といったようなことをつぶやき、口数が少なくなり、ついには黙り込んでしまった。

彼女はまさに「指令された反ファシズム」の本質的特徴を示したのだ——それによる人間性の方法論的分断を! それは良心の疚しさなしでは起きない。これを行うものは、自分が何をしているか知っているからだ。だからこそ、指令された反ファシズムがその独自の条件外に置かれているのを自覚した時にはいつでも、どこでも、不安、混乱、中断が起きるのだ。

なぜ**指令された**反ファシズムなのか。

なぜならば、それが国家と党の反ファシズムであり、上から概括的に指令されたものであり、また、容易に証明しうる歴史を暴力的にねじ曲げる反ファシズムであるからだ。東ドイツの国家と国民は、その指導部によって公式に第二次世界大戦の勝利者の一員であるとされた。いわば事後に反ヒトラー連合の一部、それも当然ソ連と手を組んだ上での勝利者と宣言されたのである。何という冒険的な嘘！

共に敗れた者から勝利者へのこの変身は、オーストリア人の錯覚（訳註＝自分たちがヒトラーの最初の犠牲者だったという考え）のように民衆から発生したのではなく、社会主義統一党指導部にとっては「新しい社会主義的人間」と「新しい社会主義的な道徳と生き方」にとっての不可欠な前提条件であったのであり、だからこそ指令されたのだ。党のこの指令は、東ドイツの大衆がナチスの過去と徹底的に対決することをそもそもの初めから阻害した。この指令は、第三帝国に対する責任をもっぱら西ドイツとその国民に押しつけ、したがって東ドイツを国の規定によってこの責任から放免したのだった。西ドイツにおいては、本当に対決したくないものが民主的な隣人愛という隠れ蓑の下に隠されたのに対して、エルベ川とオーデル川との間の東ドイツでは、ナチスの過去との集団的・公的な対決は、社会主義的隣人愛という隠れ蓑の下に押しやられてしまったのだ。反ファシズムという概念を高貴で生きいきとしたものにするものすべてが、こうして低滞せざるをえなくなってしまった。

私にとって反ファシズムは、つねに名誉をかけたことば、人類の誓い、打ち負かすことはできないもの、不俱戴天の敵より強く、解放へのあらゆる希望を秘めた世界の力だった。反ファシズムは、あらゆる政治的過誤をこえて私の人生の不変の判断基準だったし、今もそうである。私が過ちを正せたのもそのお陰である。

この考えは、反ファシズムの概念を一つの党や国家に結びつけることとは一致し難いのであり、また、左眼が見えないあのインターナショナル一派の党派性とも一致し難い。したがって指令された反ファシズムそのものは、右眼が見えない倒錯した反共主義とイデオロギー的に引き裂かれた人間性を分け合っている、という非難にさらされることになる。

これまでの東ドイツ政権はどれも反ファシズムの不可分性に関心を持たず、それを政治的に利用することにしか関心をもたなかったという結論しか残らない。国によって指令された反ファシズムは、より高い権力ソ連の糸にすがっており、自己の領域におけるあらゆる人権侵害をつねに正当化するか否定する憐れな操り人形である。そしてこの操り人形は、バルト海からエルツ山地の間の一三〇〇キロ以上にわたる奇怪な壁と柵を恥知らずにも「反ファシズムの保護壁」と詐称する有様で、真の反ファシズムの大安売りを抵抗もせずに認めたのだ。大陸間弾道弾とＳＤＩの時代において、西側から、すなわち帝国主義的侵略者が侵入してくるとされている側からしか変えようがない構築物につけられた名称ほど、虚偽のレッテルは考えられまい……。

人間性の組織的な分割の他にも、指令された反ファシズムは倒錯した反共主義とさらに二つの点で一致点を示している。

第一の一致点は反ユダヤ主義である。

これは、今日に至るまで組織を破壊されないでいるスターリンの血筋を受けた、指令された反ファシズムが生まれながらにして備えていたものであり、スターリンの狂気じみたユダヤ敵対主義の病的恐怖心の遺物である。今日の東ドイツ、とりわけ生きながらえた選り抜きの古参党員は、特にユダヤの犠牲者が多かった一九五〇年代初期の、スターリンの命令による見せしめの公開裁判を想起したがらない。犠牲者たちは、「仮面を剝がされた裏切者」として、ソフィア、プラハそしてブタペストで、絞首台上か処刑隊の銃口の前で息絶えた。そして一九五三年三月五日にスターリンが死んだあとになって初めて、すでに逮捕されていたモスクワのユダヤ人医師たちは、クレムリンの全能の専制者の迫害妄想によって定められた確実な死から救われたのだった。東ドイツは後になってそうした公開裁判がなかったことを良いことにして、「社会主義的適法性」を守ったなどと口にするが、東ドイツ、東ベルリンにおいてもそのような処置が準備されていたのだ。ただ、一九五三年三月五日以後の、ソ連の内政事情によって中止されたにすぎない。ユダヤ人の死刑候補者には不足などなかったのだ。

反ファシズムを我が物にしたこの体制、スターリン体制ほど、反ファシズムという思想にひどい仕打ちをしたものはない。スターリン体制によって殺害されたすべての「自白した殺人犯」「公安を害する階級の敵」「アメリカ帝国主義の手先」たちは、法的保護を奪われる以前は生きた模範、そうだ、反ファシズムの記念碑とされた人物だったのだ。

モスクワ帰りの東側亡命者たちの支配層が四〇年代末期と五〇年代初期、東ベルリンで行なったいわゆる「西側の亡命者」に対する差別と追放にも、反ユダヤ主義が浸透していた。ユダヤ人をも含めた多くの共産主義者が、ヒトラーを恐れて、ソ連へではなく海外を含む西側諸国へ逃がれた――それはおそらく、彼らの多くにとって命拾いの結果をもたらす決心だったのだ。スターリンの「働く者の祖国」においては、一九三〇年代後半の最初の公開裁判時代におけるテロの波に、多くのドイツ共産主義者が呑みこまれたのである（イェシェフチーナ、すなわち大「粛清」を生き延びた多くのものですら、一九三九年八月のスターリン＝ヒトラー条約後、ソ連人によってドイツのゲシュタポに引き渡される。少なくともこれらの共産主義者中のユダヤ人男女にとって、これは死刑判決に等しかった）。

「西側亡命者」に対する東ドイツ政権のこうした行動は、もともと反ユダヤ的な偏見の対象だった「亡命者」についての国民の見方をさらに低めるのにそれなりに役立った。東ドイツ国民は、公式な言い分とは全く裏腹に、ナチスとの関係を清算してはいなかったのである。こうした事態は戦後最初の十年間に起きたことだが、今日に至るまで反ユダヤ主義の潜在的継続性は守られている。それは、権力政治面で確乎としてアラブに信頼を寄せ、アラブ人の軍事的勝利によるイスラエルの物理的没落に何十年もの間じっと賭けてきた、ソ連の大きな世界方針と中東政策によって培われている。

指令された反ファシズムは、ホロコーストにもかかわらず、またさしたる困難もなく、反ユダヤ主義を一体の体制であるかのようにしっかり統合してしまった。その全体制の鏡に映った忠実な像が反ファシズムなのである。もしその全体制が指令された反ファシズムにユダヤ贔屓を求めたならば、それは同じく従順にユダヤ贔屓を受け入れたことだろう。なぜならば指令された反ファシズムは、スターリン主義の、そして東ドイツを基本的には今日まで変わることなく支配しているその機構の産物だからだ。指令された反ファシズムはスターリン主義と共に存続し、それと共に倒れるのだ。このことは、指令された反ファシズムがまだ手強く抵抗しているにしても、私たちがそれが崩壊するのをまだ見れるかもしれぬという希望を残してくれる。中心権力ソ連の社会体制の自由化または民主化と、それが社会主義統一党支配領域に波及することに対して、東ドイツが抱いている恐怖心は余りにも見え見えだ。

私たちが、指令された反ファシズムと倒錯した反共主義との間の第二の類比を行なう際に直面していたのは——現実に存在している社会主義の終焉に対する恐怖心なのだ！

前章でもふれたように、私たちは、完全にかさぶたで固まってしまったソビエト社会を内部からこじ開けるミハイル・ゴルバチョフによる世紀の努力の証人、私の中に成功の熱烈な期待を呼び起こす世界史的な努力の証人になるだろう。しかしその期待のすぐ傍らには、この本を書いてから出版するまでの間にも、この巨大な改革努力に止どめが刺されかねないという底知れぬ不安がとぐろを巻いている。

ゴルバチョフは勝つだろうか。「上からの革命」が下からの革命とかみ合い、ノーメンクラトゥーラのあらゆる抵抗を排除し、元に戻らないものになしえるだろうか。というのは、危険はそこから発生するからである。一九五三年東ドイツで、一九五六年ポーランドとハンガリーで、そして一九六八年チェコスロバキアで起こったのは、中心勢力による軍事的介入である。いま変化が起きているのは中心権力自体の中なのだから、外部からの介入は起き得ない。四回にわたるソ連軍の大進軍は、**外縁**からの改善は成功しえず、中心そのものからのものしか成功しえないことを諸国民にはっきり分からせた。しかし、周囲のどこでもそう感じているのだろうか。

ゴルバチョフがどこまで改革を進めようとしているのかまたしうるのかが現実に決定されるずっと前に、東ドイツの指導部やその「永遠の真理省」（ジョージ・オーウェル『一九八四年』）が、これまで熱狂的に忠誠を誓ってきた「社会主義の覇権」の中に生じた変化に対してどれほど深い不信の念を抱いているかは、すでに明らかになっている。ソ連内における一定の自由空間の設定という全く信じがたい出来事に対する困惑、嫌悪の念、そして抵抗の前線は、西側にだけ形成されているのではない（しかもこの場合、民主化と人権の実現を最も声高に叫んできたヨーロッパとその価値の庇護者**こそが**、よりにもよって頭をもたげてくるのだ」。全てとは言わないがいくつかの「兄弟国」においても、当惑とそれ以上のものがのさばっているのだ。現存する社会主義諸国の中でも東ドイツが最も保守的なものの中に数えられるだろうこと、しかも、東ドイツがこうしたプロセス全体から極力身を避けるだろうことを予言するには、何も偉大な予言者的能力を必要としない。

そして東ベルリンの国家指導部と党指導部はまたしても、古くからの手口で、すなわち「関係がない」と宣言しようとする。というのは、一九五六年二月のソ連共産党第二〇回党大会後とその後の数年間のニキタ・フルシチョフによる中途半端な非スターリン化に直面した時にもすでに、ヴァルター・ウルブリヒトがそうしたことがあったからだ。政治局は、「社会主義の適法性」の侵害と「個人崇拝の行きすぎ」（このように収容所列島は言葉の上で矮少化された）は東ドイツには当てはまらず、したがって何らの結論も引き出し得ないと考えた。またミハイル・ゴルバチョフの比較にならぬほど先進的な政革努力に直面した時も、同じような言葉がいままた東ベルリンから聞きとれる——東ドイツはそのような変化をずっと以前にやりとげたのだからもう変化を「必要としないほど成長」している、というのだ。

すべてが事実に反している。ゴルバチョフが「グラスノスチ」の激情を込めて表現したことは、完全に東ドイツにも当てはまるのだ。党幹部の多くは、全体的腐敗がどんな段階まで進行しているかを理解せず、配給が不足してお先まっ暗と諦めた大衆に与える苦悩（東ドイツが東側で最高の生活水準を維持していても言えることである。生活水準とは東との比較でなく、西ドイツを基準にして測られるのだ）を知りながら冷酷に心を閉ざしていること。生きいきとした言論の抑圧。あらゆる「誤った」言葉に対する支配者たちの不安。「せいぜい註釈をつけることしか許されない」いわゆる不可侵の真理の不毛さ。集団的行動方式としての責任の回避。無関心。シニシズム。生きる術として肝に銘じたお上に対する追従、それと同時に個人が強要される憐むべき役割に対する絶望。そして人間蔑視！　ノーメンクラトゥーラによって彼らの特権を守るために作られた、現存する社会主義のこれらすべての要素は、ことごとく東ドイツに当てはまるのだ。

ソ連、そしてその勢力圏下にある諸国が直面する重大な葛藤は、党による支配権の独占と、ソビエト社会の近代国家への発展との間の解消しがたい矛盾にある。民主化なくしては近代化はないだろう。しかし民主化は独裁的な党の原則を危くする――改革はその原則の解消を目指してとは言わないまでも、その質的制限をとにもかくにも目標にして進む。そうでなければ改革はその名に値しないだろう。民主化への要求は、次の解放段階にあっても、スターリン主義の闇と社会主義の名における歴史的に誤った展開からロシアを解放しようとする、巨大な試みの中心であり続けるだろう。

チェカ（訳註＝一九一八年設立、一九五二年にGPUに吸収されたソ連の政治警察）、GPU、NKWD（訳註＝ソビエト内務人民委員会）、MDW（訳註＝ソビエト内務省）の歴史、秘密機関と警察機関の恐怖のその全記録が、かつてそれらが行動していたブレスト・リトブスクとウラジオストックの間の地域でいつの日か書かれ、読むことができるという希望は、今日ではもはや全く根拠のないものではない。収容所列島の歴史的、政治的および道徳的反省は避けられない。同様に、そのような解明の影響が、東ドイツを含めたソ連の従属国とそれら諸国の治安警察に及ぶことも避けられない。

否、ヘルムート・コール首相がナチズム相対化のためのキャンペーンと歩調をそろえて主張したように、東ドイツに強制収容所があるというのは正しくない。そんなことを言うのは意識的に嘘をついているか、無知によって自ら資格がないことを示しているかだ。八〇年代末の東ドイツは多くの点で、もはや五〇年代の東ドイツではない。当時は――これは私の体験だが――「ライプツィヒ国民新聞」が、人前でキスする一組の男女が載っているという理由でパリ・ルポルタージュの印刷を拒否したものだ。壁という代価を払って支配者たちの大きな不安がいくつか除去されたが、そのことは、被支配者たちの不安を、たとえ篭に閉じ込められるという代価を払ったにしても、減らすことになった。好戦的な軍隊のあらゆる虚飾と、東ドイツ社会の上からの軍事化が与える不安にもかかわらず、国家指導部の平和への意欲に疑いはありえない。だが、念頭に残るものがある。たえず抑圧された内的矛盾と抵抗の不和をかかえる国家が外に向かって完全な平和能力を達成できるのか、という疑問につながる、あの忘れがたい認識である。しかしこの具体的な場合においては、自己保存欲、数百万の国民に対する責任感、この前の戦争の驚愕についての個人的記憶、そして中部ヨーロッパが次の戦争では粉々に粉砕されるという確実な予想が、他のすべての要素に優先する。

しかし、自由な行動領域を拡大し、ヘルシンキの全欧州安全保障協力会議の最終文書に署名したにもかかわらず――東ドイツにおいては、人類が例えば一九一七年のロシアにおけるクーデターにも似た赤い十月革命でではなく、古典的な民主主義国家であるイギリス、フランス、アメリカの市民革命とその後の発展を通して得た偉大な成果のうち、何ひとつとしてまだ実現されていないのだ。十七世紀、十八世紀のこれらの革命は、それまで未知だった規模の自由を制度化した。議会制度は、しばしば段階的にのみ、しかも粘り強く獲得され、数の上で限られた国においてのみ、しかも資本主義制度とつねに結びついて実現されてきたが、歴史は現代に至るまでこの制度に優るものをいまだに提供しえないでいる。

いかに変形され腐敗していても民主主義には自浄力があり、すでに証明されているように楽園にははるかに及ばないが他に選択の余地がなく、物質面での効率のよさとその概念上のしっかりした基礎のために、全世界にとってのモデルである。世界は民主主義にはなりきってはいないが、そうでありたいと思っている。

これは東ドイツの人間にとっても尺度である。

東ドイツのジレンマは隠し得ない。建国以来四十年近くの間に、東ドイツ体制にささいな量的変化があったことは否定できないが、そのスターリン的基本構造からは真に離脱してはいない。

新しい質への転換、そうした転換こそが、指令された反ファシズムをも解消させるだろう。

指令された反ファシズムに対するこの弾劾の章は、東ドイツのいかなる反ファシズム的な個人や、生死を問わずナチズムのいかなる犠牲者をも、傷つけようとするものではない。むしろこれは、指令された反ファシズムが突きつけているぎりぎりの選択に向けられたものだ。このいわば最後通牒は、分断された人間性の強要された思考と行動様式に適応するのか、それともそれと対決するかを選ばせるもので、東ドイツ内のあらゆるナチスの敵を重苦しい葛藤に陥れるに違いない。この不当な選択から生じる緊張が真に重大な心の試練を招き、多くの個人的な悲劇を引き起した。経歴が似ていたことから私は、亡命中はドイツ亡命文学の偉大な保護者であり一九七八年に亡くなったアルフレート・カントロヴィッツと、そしてまた、一九七七年に死亡した戦闘的な世界精神であるエルンスト・ブロッホと、このことについてよく話し合った――二人ともユダヤ人だった。とりわけ指令された反ファシズムが彼らに打撃を与え、東ドイツの国籍をもつか共感を抱いているユダヤ人に難問を突きつける。ユダヤ人党員たちや信念をもった共産主義者たちは、「党、党、それはつねに正しい」という狂気のテーゼに彼らの魂を完全に引き渡さないと、まったく耐えがたい状況におかれる。彼らを苦しめたのは指令された左眼の盲目さだけでなく、東ドイツ国家指導部によって厳格に貫徹された反イスラエル政策でもある。こうした特別な状況の中で、ユダヤ人ジャーナリストや著作家にもうひとつの圧力が行使される。「シオニズム反対」であることを告白しなくてはならないのだ。彼らがいかに巧みにこの要求を先送りすることができるとしても、指令された反ファシズムは彼らからそれを得られると期待している——そして彼らもそのことを知っている。

三つの反応の仕方が知られている。あらゆる結果を覚悟した上での断乎たる拒否。自己蔑視から破滅に至る避けがたい結果をもたらす、いやいやながらの服従。そしていわば売春——これはなんら良心の苛責もなしに出世をすべてに優先させる。そうしたことはあったし、今もある。本当に悲劇的なのは第二の、服従するグループである。あるユダヤ系ジャーナリストは、東ドイツ指導部の公式の中東政策に一致するよう、つねに生存の危機に曝されているイスラエルとそのアラブの脅迫者について書いているが、たとえ彼がそのようにしたとしても、良心が疚ましくないはずがない。このタイプが実際いるのだ。そしてその例がきわめて恥ずべきものだとしても、彼は私の心をひどく動かしたし、今もそうだ。指令された反ファシズムとその背後にある党や国家の道理が人間にどんな害をもたらすか、この人物ほどこのことの恐ろしさを示している例はない。彼らの例を犠牲者として認めるのは他の人びとには辛いかもしれないが、彼らの運命への私の洞察は、ここに述べた私の態度を正当化してくれる。

クリスタ・ヴォルフ（訳註＝一九二九年生まれの現代東ドイツの女流作家）はかつて、「誤った世界に順応する者は自らも誤つ」と言ったことがある。

本書の中には、ナチズムの特異性、つまり歴史的な唯一性と比類のなさを明確に主張する一章がある。したがって私が次のように言ったとしても、私がナチズムの学問的および非学問的な相対化主義者と肩を並べている、という疑いはかけられまい——「東ドイツの党と国家の幹部がナチスの歴史の真意を余りにも深く探ろうとしない理由がある。なぜならそんなことをすれば、おそらく当時と今日の一定の対応関係が人目についてしまうからだ！」と言ったとしても。戦後成人した東ドイツの世代、すなわち、指令された反ファシズムを経て、罪なくして重荷を負わされた東ドイツの人びとが、ナチス時代について非常に大雑把なイメージしかもてなかったことは決して偶然ではない。なんといってもスターリン式の倒錯は、過去からの行動様式、思考規範および不安から、利用できたものを素速く認識したのである。臣下意識とお上《かみ》への盲従性の長い伝統は、スターリン式の倒錯にとって決して不都合ではなかったのだ。成熟した市民などは、東ドイツの寡頭政治が最も必要としないものだった。そこには多くのものが縫い目もなく互いに接合されていた——そしてそれはそうあるべきでもあったのだ。指令された反ファシズムも強力に編み込まれていた。

指令された反ファシズムが基本政策であった所では——さらに「反ファッショ的・民主的秩序」という決まり文句に作り上げられた国では——ナチス時代との真の対決は起きえなかった。若者や年少者にとっては対決は一種の神秘的暗闇の中にあり、一切の責任の彼方に残されたままだった。なぜなら、反ヒトラー連合の共同勝利者であることを自ら宣言し自国をドイツの反ファシズムの唯一の故郷にまで高めた東ドイツが、ハーケンクロイツの過去が求める重荷を拒否する布告を出したからである。その統治者の忠実な鏡像としての、指令された反ファシズムのプロパガンダは、ヒトラー時代をつねに二つの特徴の下に扱う。途方もなく誇張されたレジスタンスという特徴と、「階級の敵」——搾取者と大地主のこと——という特徴である。両者間の巨大な空白は、多かれ少なかれ暗闇の中に残されたままだ。だからこそ、現存する社会主義の所有者たちが自ら操作するスクリーン上に映写する理想像が、ますます明るく浮き上がってくるのだ。
ひとつの党やひとつの国家の道理に束縛された反ファシズムなどはない。そんなことがまかり通る所では、その歪曲された姿以外の何物も生まれえない。そんなものではナチズムの遺産は除去できないのだ。

しかし、悲惨なのは東ドイツだけでなく、ドイツ全体なのだ。

西ドイツにおいては、復活した古い勢力が、経済的——そしてそれとともに政治的——権力を大幅に維持した。もちろん、ドイツ史の中で最も自由と言っていい社会のことだから、多元主義的社会の強力な対抗力は伴っている。だが、この社会は反ファシズムを本当に統合することは決してなかった。

東ドイツにおいては、古い勢力のかつての基盤は、人の面でも物質の面でも、一挙に粉砕された。これが、これらの勢力が加担して惹起した禍から引き出せる、唯一の結論だった。しかしこうした前進も、東方を模範とする独裁体制が後継者として登場したことで帳消しになった。この体制の中央集権主義は、古典的、市民的な自由にいかなる場も認めず、さらに経済的には非効率的な国家計画経済に拘束されている。それは、他の全てのことと同様に反ファシズムをも指令する。

ナチス時代の私の記録と体験の中に登場する人びとは、一九四五年の全ドイツ的廃墟の幻滅の前に、ある種の仕方で立ちつくしている。そして、二つのドイツ国家における反ファシズムの概念の取り扱い方が改めてわれわれの敗北を示している。

万歳《ハイル》！ 万歳《ハイル》！ 万歳《ハイル》！

恥辱の中心――「総統」への愛

解放後の最初の数か月が過ぎた一九四五年の晩夏、私は忘れがたい体験をした。私にとって反ファシズムの一種の偶像だったジャーナリスト、アクセル・エッゲブレヒトと知り合いになっていたが、当時彼は、ハンブルクのローテンバウム大通りにある「北ドイツ放送局」で働いていた。私は、ヒトラーお付きのカメラマンだったホフマンが撮影した写真を一束もって、彼を局に訪ねた。写真はすべて「総統」を撮影したもので、大部分は大写しのものだった。アクセル・エッゲブレヒトはそれに目を通していたが、突然やめて電話器を取り上げ、話し相手にできるだけ早く来るように頼んだ。まもなく軍服を着た一人のイギリス人、明らかに放送局管理当局の憲兵と思われる人物が現われると、エッゲブレヒトは写真を見るよう言った。写真はちょうど私が手にしていたので、そのイギリス人は私の背後から歩み寄って写真の束を取り上げ、黙ってめくった。その顔に嫌悪の念が拡がった。それから彼は、写真を見て呼吸が困難になったかのように手を止め、イギリス紳士にそなわった自制も失って「ああ嫌だ《イギット》、ああ嫌だ《イギット》!」と大声で叫んだのだ。

　事情を知らない読者のために書いておこう。これはハンザ都市の一市民が公然となしうる自発的な拒否、いや、嫌悪の情の最高の表現なのだ——このイギリス人は短期間に当地の生活になじんだようだ。彼が大声を出したのは——「ドイツ的挨拶」のために右手を奇妙に曲げて動かしながら挙げ、左手でスカーフをつかみ、好戦的なバックルのついたズボン吊り用の革ベルトを目いっぱい肩に吊り上げ、上唇には細いひげをたくわえ、額に一束の髪が振りかかっている男の写真のためだった。「血まみれの旗」を持ったアドルフ・ヒトラー、一九三三年以前の「闘争時代」の聖なる遺物だった!

「ああ嫌だ《イギット・イギット》!」

　だが、そのままではすまなかった。何かきわめて不愉快なものを手にしているかのように二本の指で写真を挟んだイギリス軍将校は、一九四五年の晩夏のこの日、もう一度ふだんの謙虚さを忘れて感情を破裂させ、仰天して度を失い、ほとんど叫ぶように問うのだった。

「一体どうしてこんなへどの出るような奴に服従できたのだろうか。」

　そうだ——どうしてできたのか。

　私は六〇年代初め、フリーデリケ・Sといわば路上で知り合った。この隣人は未亡人で、夫を自動車事故で失って間もない時だった。互いに偶然知り合い、親しげな挨拶を交わし、ときどき天気について会話する。フリーデリケ・Sは背が高く、きっちりしたヘアスタイルをし、最近は見られなくなった「忠誠なドイツ」型の人で、六十歳台の初めぐらいだった。

私はなぜか、このもの静かで、押しつけがましくない女性と、目的や約束もなく、そこそこの会話を交わし、時には長い時を共にするようになっていった。ほどなく彼女のある種の発言が、私に好奇心を抱かせるようになった。それは、付け足しに、どちらかといえばそっと話したようではあるが、実は心の奥から取り出してきた、現代に対する否定の発言だった。私たちの時代を具体的にではなく概括的に罵ることによって、過去を讃美しているという印象を私は受けた。そこで私は、彼女が明らかに告げたがっていることを質問し、口に出させ始めた。フリーデリケ・Sに話し始めさせることは難しくなかった。むしろ彼女は長いこと話す機会を待っていたかのように思えた。内心から突き動かされ、陶酔の頂点ではソプラノにも変わる声で、一九三三年以前の「重荷」──「私の夫はすでにナチスの突撃隊員でした」──について、また彼女にとって未知の概念だったワイマール共和国の別表現である「恐るべき体制時代」について、「ヴェルサイユの屈辱的条約」、むろん一九一八年の「十一月の犯罪者ども」が不敗の前線を裏切った後の条約について、語った。そしてまた、社会民主主義者や共産主義者なんてみんなドイツの終末が目当てだったんだわ、と「アカの危険」について語った。しかし一九三三年一月ヒトラーの「権力掌握」によってそれも阻止され、やっと祖国は再び自由になったという。フリーデリケ・Sがかつて生粋のナチス信奉者だったばかりでなく、今も変わらずそうであることには何の疑いもなかった。

そこで私は、自分がユダヤ出自であることを打ち明けた方がよいと考えた。しかし、予想に反してそのことでこの不均合いな関係は終わりにならなかった。私がそれを告げた時、彼女はいくらか驚いた。しかし私に対する彼女の態度には何らの変化も認められなかった。私が気持よく思ったのは、フリーデリケ・Sが自慢話をできるようなユダヤ人の個人的知人を記憶の中からひねり出すようなことはせず、

「ユダヤ人について」ナチズムは誤りを冒しました、ときっぱり言ったことだった。私はそんな話をよく聞かされたし、そのたびに痛みがつのったものだった。この点についてフリーデリケ・Sは余りにも正直すぎるほどだった。彼女と彼女の夫は、ユダヤ人の友人や知人を持ったことはなかったし、また持とうとも思わなかった。彼女にとっては明らかに私が個人的に接触した初めてのユダヤ人だったが、彼女自身が明言したように、彼女はこのことで当惑したりはしなかった。

礼儀正しいが、何かしら燃えるような陶酔に貫ぬかれた彼女の回顧談では、いつも「ドイツ」とその権利、そして「敵の世界」の中でのその主張が問題になっていた。フリーデリケ・Sは「ナチス体制」とか「ナチ」とかは決して言わなかった。祖国とナチズムとを完全に同一視していた。時がたつにつれて私は、彼女の国家主義的＝国家社会主義的な歴史像の世界へと全面的に導かれていった。それによれば、二つの世界大戦を引き起こしたのは、ドイツ人の勤勉さに対する他国の嫉妬と恐怖だった。「イギリスに対する」憎悪が高まり、「不倶戴天の敵」フランスやそしてもちろん何にもまして「ボルシェヴィズム」にたいする優越感と憎しみとが浮き上がってきた。

ある時点からフリーデリケ・Sは、たんに彼女自身の世界——ナチス婦人会奉仕活動、「冬期貧民救済事業」、訓練、行進、戦時下における東部戦線用の暖い衣料の製作——を語るのをやめて、それまでと同様こだわりなく自分の考えを語りだした——第二次大戦後もドイツに対して何という不正がなされたことか、ドイツの再統一を阻止することによってドイツを抑えつけておくためには、ふだんはばらばらの世界列強がいかに一致していたことか、そしてオーデル・ナイセ川の彼方のドイツ地域での追放と掠奪が何という犯罪だったか、などの点について。

ときおりフリーデリケ・Sはわずかに抑制した。戦時中に本当に「われわれの側から不正が発生した」とすれば、いったいなぜ外国は、それはたんに少数者がしかも「悪意なしに」行なったことと認めないのか、というのだ。私が異議をはさむと、すでに戦争勃発以前にドイツ人がしこたま「不正」をしでかしていたのだという考えが、フリーデリケ・Sには当時も今もなお決して念頭になかったことが明らかになった。その代りに彼女は、眼を輝かせ、控え目な興奮でソプラノになった声で、また良心の疼ましさの一片も見せずに——そう思えたのだ——「悪意なしに」という言葉にくり返し立ち戻った。

これは不気味だった。とてつもない暴力イデオロギーを信奉し、それを今なお熱狂的に呼び出しかねない女性が、一匹の蠅にも害を加えられなかった人間と同一なのだ。個人的には人道的な半面と政治的には非人道的な反面とが分裂しているのだ。同様に明らかだったのは、フリーデリケ・Sが第二民主制である西ドイツに対して、第一民主制に対するのとたいして異なる感情を抱いていなかったにしても、少しでも逆らう気がなかったことだ。選挙があれば彼女はいつも律儀に投票所に行った——国は彼女のものではなかったが、彼女は相変らず忠実に自分の国家を信頼していた。フリーデリケ・Sが決して反民主主義的な煽動をしなかったこと、そして私との特殊なケースを除いて、誰かに心を打ち明けたことはない、と私は信じている。彼女がこんなふうに心を打ちあけることは多分あるまい。彼女の控え目さは、一九四二年生まれの自分の娘にまで及んでいた。この娘さんは私たちの話し合いに何度か同席していたが、まったく母の影響を受けていないという印象だった。フリーデリケ・Sと彼女の夫は、娘に自分たちの政治的信念を教えなかったようだ。フリーデリケ・Sの場合——そして彼女をその代表とするような多くの場合——において、ドイツ第二民主制は、直接的で積極的な敵ではなく、新しいものをどっちつかずの態度で観察するだけの無関心な消極的態度をこそ、ずっと問題にしなくてはならなかった。フリーデリケ・Sは、西ドイツが執拗な過去の潜在的な力から本質的な影響を受けてはいるものの、それによって実際にゆさぶられたことは決してなかったことを、身をもって証明する人物だった。

私の不倶戴天の敵に対する讃歌と私を解放してくれた者に対するそしりを平静に聞くことが、彼女との関係を継続するために必要だったとはいえ、これは必ずしもたやすくなかった、と私は告白しなくてはならない。しかしここまで読んだ読者が、フリーデリケ・Sが私の研究対象以外の何物でもなかったという印象を受けたとすれば、それは真実をついてはいない。むしろ夫の死後かなりの高齢でありながら、オフィスの夜間掃除で健気に生活を切りひらいていた彼女に対し、敬意を抱いていたという方が正しい。反対の考え方をしていたにもかかわらず、私たちは互いに相手を評価することを学び、六〇年代末には友人に近い関係にすらなった。フリーデリケ・Sとナチス突撃隊員だったその夫について、私はその娘さんよりもよく知るようになった。

しかし、奇妙にもかなり後になってから、何かがしだいに私の注意を引くようになった。そのために彼女を知ることがいっそう重要になり、のちに間違いのない真実を確認できることになった。もう何年も続いている会話の中でフリーデリケ・Sは、彼女の話の中心になっている人物、彼女の政治的自伝の中心点、波紋の源泉、エネルギーの源である人物の名を決して口にしなかったのだ——その名は**アドルフ・ヒトラー**!

フリーデリケ・Sは**彼の**計画、**彼の**党、**彼の**したことを信奉したことを告白し、**彼の**時代に忠誠を誓ったが、しかし彼女は彼の名そのものは口にしなかった。それは偶然ではない。なぜならここに性的領域、快楽のコンプレックス、彼女の存在のリビドー的なもの、彼女の政治的恥辱の中心——**「総統」への愛**が始まるからだ。

アレクサンダーとマルガレーテ・ミッチャーリヒは、この愛を自我と集団的自我理想との関係と呼んでいる。これについて二人の著書『哀しむ能力のないこと』にこう書かれている。

「ヒトラーはナルシシズム、つまり自己愛に基づいて愛の対象として選択された。……ヒトラーに対する急性の盲愛は、マゾ的快楽に進んで耽ろうとする態度を高めると同時に、総統の敵に対する攻撃的行動による発散への傾向も高める。」

フリーデリケ・Sとの最初の出会いからほとんど十五年後、ミッチャーリヒ夫妻のこの書を読んだとき、私は自我と集団的自我理想に関する彼らの学問的認識が、私にとっては生きたモデルの形ですでに示されていたことを確認し、内心興奮を禁じえなかった。

ヒトラーは、自我を体現化したものになった。それは、長いこと絶対主義によりいわば精神的に奇型化された臣下が喜んでなりたがっていたもの、いまだかつてそうなる能力をもったことはないが、自分自身によってすら許しがたい、燃えるような夢と白昼の幻想の中でのみそうありたいと願っていたものなのだ。そしていまや、このより強き者、最も強き者によって生き、その比類のない存在に関与するチャンスが与えられたのだ――主体としての自我を自我理想という対象の中に滑り込ませることによって。これは、自己をみずからの不十分さを越えて上昇させうるという妄想の自己感情を生み出す。あのイギリス人将校に「ああ嫌だ！」とか「一体どうしてこんなへどの出るような奴に服従できたのか」といった、けたたましい発言をさせたような審美眼的尺度は無力にされてしまったことも分かる。まさに奇怪な外見、言うに言われぬ衣裳演出、異常ともいえるスタッカートのような声、あらゆる公開行進における儀式めいたけばけばしさ、あらゆる類のいやらしさ、ぎこちなく威嚇的な姿――これらすべてが自我と自我理想との関係においては神格化の対象に転化する。信奉者はそれに寄りかかり、すべての責任を委ねることができる。愛は個人的のみならず政治的にも人を盲目にする。愛は批判力、美学、また自然な好みの規則も無力にする。しかしそれは、自我と集団的自我理想との間の相互作用によって創り出された条件下だけでのことだ。この人工的に導入された上昇パトスが現代にないことこそが、大衆指導者に寄せられた歓呼、献身、自己喪失を息子や娘そして孫の世代が理解するのを難しくしているのだ。ミッチャーリヒ夫妻は書いている。

「大衆はその隷属的状態においては、新しい自我感覚を得るために指導者像の前で卑下する。ドイツでは、ここで慣習になっている服従構造がそのような歪みの手助けをする。」

「総統」は、民族と人種という（狂気じみた）誇大妄想をたっぷり大衆の上に振りかけ、世界における特別な優先権をドイツ人に約束し、また受胎願望を優越感のイデオロギーで満足させることによって、大衆の期待を満たす。これらすべては、憔悴した自我が唯一者そのものと一体化することによって自らを組み込んだ集団的自我理想により体現される。国民的統一の庇護の下での安全、**ひとつの**党の支配を宣言、正当化し、すべてを包括する「民族共同体」内での社会的対立の止揚、そして最後に、抵抗する者にたいする容赦ない措置が告知される。強さは、外国にたいする自我理想の自惚れた言葉からも取りだされる。第一次大戦での無傷の敗戦により劣等感が広く鬱積していた後だけに、そうしたことは傷つけられた自我感情にとって心地よい。自我が救済者に熱狂的に引き渡されるのだ。当時ドイツに住み、集団ヒステリーに感染しなかった者なら、誰でもそのことを証言できるだろう。

自我と集団的自我理想との関係、つまり「総統」への盲愛は、ミッチャーリヒ夫妻が叙述しているように、複雑な高揚の過程でいくつかの段階をたどっている。

「さしあたりこうした成り行きを、与えられた教理へと歓呼して転じていったものと考えてはならない。多くの個人は、もし新しい要求に適応しないならば、個人的人生の保障、地位、知人やサークルから閉め出されるのではないか、という不安をまず感じたのだ。しかし、適応によって新たな保障と利益の機会がえられるときには特に、こうしたあまり名誉とは言えない日和見主義は急速に忘れ去られてしまう。」

物質的な保障の見込みと、それを与えると思われる権力への精神的献身――この両者は密接な関係を結ぶ。この関係が、集団的自我理想、つまり「総統」によって人格化される「偉大なことへの奉仕において」、これまでの責任能力の限界を逸脱する前提条件を作りだす。ジークムント・フロイトは、ナチズムが勝利するずっと以前に、著書『集団心理学と自我分析』の中で予言している。

「対象の利益のために起きるすべてのことに良心が適用されるわけではない。愛に眩惑された人は後悔することなく犯罪者になる。こうした全体状況は、対象が自我理想の代りになった、という公式に余すことなく表現されうる。」

そしてミッチャーリヒ夫妻はこう補足している。

「この過程が数百万回も繰り返されると、統計的蓋然性に従えば、その中に、総統の命ずることを無思慮に行うきわめて異常な信奉者が十分にいることになる。」

このことも西ドイツの陪審裁判所での裁判のほとんどにおいて改めて確認された。殺人者が必要とされたときは時を選ばずに、彼らはそこにいたのだ。

絶滅計画を順調に実行することと、その計画の精力的な実行に指導部がかけた信頼によって創り出される状態は、多くの場合、自我と自我理想の間の関係の流れに紛糺とはいわないまでもある種のよどみをもたらす。大量殺人と民族虐殺の規模は一般には知られておらず、犯行が行われたころのドイツ人は大まかにしか知らなかったが、それでも多くの細目が耳に届いていた。特に噂がたび重なるときには、それらがもつ「いささかの真実」が効果を発揮する。あらゆるプロパガンダにもかかわらず、また人間としての方向性の喪失が進行していたにもかかわらず、罪は認識されていた。責任を負える限界をこえる場合には、ナチス時代までにつちかわれてきた心の中の警報装置を完全には機能停止するわけにいかなかった。実際に、いわば自宅の戸口の前で起きたことも多い。例えば、一九三八年十一月九日のいわゆる「帝国の水晶の夜」におけるユダヤ人迫害と破壊や、一九四〇年から一九四三／四四年にかけて行われた、ドイツにいるユダヤ人を公共の場所から絶滅の場所へと追いやった国外輸送がそれである。こうしたことを認識すると、いつものようにあらゆる責任を自我理想に委ねていたとしても、愛する自我の中で何物かが驚いて立ちすくんだ。罪の感情に直面すると、自我の中に罰への二重の不安が生じた。その第一は自己の良心に対する不安であり、第二は自我理想である「総統」に対する不安である。というのは、第一の不安は総統の教えによれば全く存在することを許されず、それが発覚した場合には罰っせられるだろうからだった。

ナチス時代の多くのドイツ人は、こうした罰に対する二重の不安の葛藤から逃がれる上で、非現実化以外の方法を知らなかった――現実の集団的抑圧と否定は一九四五年のはるか以前に始まっていたのだ。第二の罪によってこの「逃げ道」が、数十年も堅持される確固とした防衛体制に変えられたことによって、その後大量の記憶喪失《ブラックアウト》、つまり全面的かつ用心深く行われた記憶の欠落がもたらされた。こうしたことは、当事者の自己正当化と免罪に役立つ場合に限って起こるのだ。その一方では、ナチスの日常の驚くべき些事に至るまで記憶能力が機能している。すでに述べたように、このことも西ドイツ陪審裁判所のナチ裁判で明らかにされた。

ある日、私がフリーデリケ・Sに面と向かって、一体なぜ彼女が「総統」の名を決して口に出さないのか、なぜ彼女がいつも「いろんなこと」については語るが、アドルフ・ヒトラー自身については決して話さないのかと尋ねたとき、彼女は明白に驚きの様子を見せ、それから急いで気を落ち着け、そこに同席していた娘を外に行かせた。フリーデリケ・Sはその後すぐに、「この点」については子供がいないときだけにしてほしい、と私に乞うた。

私は、一人のナチ女性が、生き延びたナチスの一犠牲者を前にして語るこの奇妙なモノローグの第二段階になって初めて、フリーデリケ・Sの個人的な自我の自我理想に対する関係について、より多くのことを知りえた――それが他の数百万の信奉者にも妥当するにちがいないことはまったく明らかだったので、その限りでは陳腐な発見だった。

フリーデリケ・Sを含む国民一人ひとりにおいては、一九四五年五月以後の新しい現実を認めることは、対外的には極力沈黙しても、内心では非常に苦痛なことだったのだ。

崇拝していた自我理想が人類の敵に転化したこと、かつて崇高とされた「ナチズム」という概念が国際的な侮辱の言葉となったこと――こうした未曽有の価値下落は、強烈な震憾を引き起こさざるをえない。集団的自我理想が突然、全世界的規模の犯罪の元兇に変化したため、ついこの間まで愛していた自我とその信頼は、矛盾しあう感情の渦巻の中に巻きこまれることになった。自我理想に対する告発、むろんそれとともに、それに熱中していたみずからの自我に対する告発を、疑ったり、完全に否認する傾向。同時に、告発の対象がとてつもなく拡大することに対する当惑もみられた。新たに事が解明されるずっと以前に、漠然とした予感から抑圧された罪の意識が生まれていた。かつてあれほどカリスマ的だった自我理想が疑念にむしばまれている時に裏切りをしているのではないかという感情。そして、これは時の経過と共に多くの人に生じることだが、かつての献身に対する無理解、驚愕、そして何よりも、没落した「総統」に対する悲喜劇的な盲愛の理由を批判的、率直に調べる意志と能力の欠除。当時フリーデリケ・Sに迫ってくるものは少ないといえなかった。彼女は、彼女の仕方で身を守った。

西ドイツが安定してから二十年。その間にこの国は旧敵国中の三国の同盟国になったが、今なお当時の「戦勝者」に対して彼女が抱いている途方もない持続的な憤りは、戦後初期における自己の価値下落の時代に探く根ざしている。フリーデリケ・Sの方は世界史の不当な歩みによってかつて例のないほど自己価値意識に重い傷を受けたと感じている一方で、彼女の憎悪した勝利者の方は世界中が吹聴するほど格上げされていった。匕首伝説が成立する余地すら残さぬほど壊滅的だった敗北に加えて、暴露された大犯罪にドイツ人が集団的に関与していたという非難による道徳的屈服もあった——フリーデリケ・Sが「似たようなこと」とか「その類のこと」を一度は認めたとしても、彼女は「私たちはそんなことは知らなかった！」を繰り返して飽むことがなかった。

彼女の人生、そして当時の世代の人びとのこの段階を『哀しむ能力のないこと』はこう要約している。「総統を失うことは、数百万のドイツ人にとってたんに一人の人を失うことではなかった（没落は跡形もなかっただけに、彼からの転向もそれだけ素速かった）。むしろ彼という人物に、信奉者たちの人生で中心的な役割を果した自己同一化が結びついていたのである。……総統の死は大衆から保護を剝奪した。総統によって嘲笑された勢力が彼を破滅させえたのだ。彼のイマーゴ（訳註＝幼時に愛した人の理想像）がその信奉者たちの自我理想の代用をしていたので、彼らはその没落に引きずり込まれ、屈辱に身をゆだねた。自我理想のこうした崩壊に伴い必然的に、総統信仰における相互同一化の可能性も終わった。

後悔もせずに殺人をしたのではないにしても、あれほどの不遜の後に無条件降伏したからには、強烈な恥辱感がわき起こらざるをえなかった。誰もがこの挫折した危険な自我を再び〈吐き出し〉、外在化させようと努めた。いまや、ナチズムはすべてに罪があった、といわれるようになった。このような事実の歪曲はこれから考察するように、苛酷な価値喪失に対して自らの自我と自己感情を守るのに役立ったのだ……。

かつて下等人間とか害虫と見下げていたポーランド人やユダヤ人も、自分たち同様の攻撃的な性格をもっていたのだという考えに傾いたという事実も、後に人びとが、〈悪意からではなく〉総統が求めたことだけに従ったのだという子供じみた言い訳を誘発したのだった。このことは、戦後多くのドイツ人が無実の犠牲者の役割を受け入れようとした傾向の説明になる。」

このことはフリーデリケ・Sにもよく当てはまる。これらすべてを彼女は知っていた。そして――抑圧したのだ。不安、罪の意識、屈辱を。しかし、自己価値の保存のための彼女の防禦の三つの星の中で、ひとつが特別の地位を占めている――屈辱である。より正確に言えば、ある特定の恥である。どんな恥か。

フリーデリケ・Sは、夫と彼女の一九三三年以前の「闘争時代」について語るとき、また二人の第三帝国への結びつきとそれに対する賛意、当時の二人の心構えと活動について語るときは、つねに落ち着いて振る舞った。彼女は、「あのこと」が問題になるときは一定の率直さを示した。だが、「あのこと」は、見せかけの忠誠を与えたほどにはおそらくまだ無条件に支持されてはいなかった。いずれにしても彼女には、彼女をナチズムと結びつける何物かを隠しだてしなくてはならぬ理由はなかった。ナチズムの中心が殺人的な反ユダヤ主義であったこと、その反ユダヤ主義からむしろ偶然に逃れた誰かに彼女が

「告白」をしたことは、フリーデリケ・Sにとってはいかなる瞬間にも熟慮の対象にはならなかった——彼女の人格の政治的半面に関していえば、人間としての方向性の喪失は完璧だった。

しかしフリーデリケ・Sが、はるかに遠くなった人生の局面を回想しながら明らかにした、素朴であると同時に愕然とさせるほどの天真爛漫さは、必ずしもすべてのことにあてはまるわけではない。それは記憶潜在力の全体をカバーしてはいなかった。それにはひとつの隙があった。それは、彼女の自我が集団的自我理想を個人的に熱愛したことなのだ。

この点で彼女はいつもの落ち着きを失い、この点で彼女の声は動揺し始め、この点で彼女は自ら武装解除したかのような印象を与えた。彼女が「あのこと」について語るときには水門が広く開かれていたように、「あのこと」が人格化されて肉体的姿をとる時には水門は固く閉ざされた。ここで、通常はあれほどに閉鎖的な後ろ向きの世界像に裂け目ができ、それが恥の中心をさらしたものにした。「総統」への愛——**それはもはや正当化できなかったのだ。**

わずかな特殊事情からフリーデリケ・Sは私に対して、自分の娘にさえ見せない例外を示した——このことはただでさえ不釣合な私たちの組み合せに、不気味なニュアンスを添えた。

第一の罪のさまざまな側面のうち、この「愛」ほどに執拗に第二の罪のマスクを着けるものは他にない。男女ともに当てはまる自我と自我理想の親密な関係には、「そのことについては話さない」という態度がぴたりと当てはまる。また、この関係ほど告白をさまたげるものはない。ミッチャーリヒ夫妻は、私の「隙間の体験」の十年後に確認している。

「興奮の状態、総統への盲愛の想い出は、再会した時に恥を呼び覚ますにちがいない。」

この「愛」に対する恥——そうだ。だが、それは総統が消え去った哀しみでもあるのか。フリーデリケ・Sの場合、ヒトラーについての悲哀は明らかに発育不全であるように思えた。悲哀は確かにかつてあったに違いないが、今はわずかしか、あるいは全然感じられない。そのことは、すでに他の観察例で私にとっては証明ずみだった。否、第二の罪はヒトラーの肖像などを有頂天になって捧げて歩いたりはしない。第二の罪は昔の自我理想を歓乎して迎えることは全くなく、かつての陶酔を感じさせることはほとんどない。解放後四十年以上の間に私は、憶せずに大声で、そして公然とヒトラーへの信頼を述べるたった一人の青年に会っただけである。彼はヒトラーを「あらゆるドイツ人の中で最も偉大な人物」とおおっぴらに宣言し、彼の想い出を「冷たい墓に入るまで」大切にしようと考えていた。この熱狂的な宣伝家は一九六五年生まれだったのだから、墓入りはまだ少し先のことになりそうだった。それは浅薄、無知、政治の玩具だった。

それとは反対に、年齢からして第三帝国に責任があった世代がヒトラーにさして悲哀を覚えないのは、免罪を求める苦しみの圧力によるものだ。そしてこのことはまたしても、フリーデリケ・Sも組み込まれている国民的集団の内部で起こるのだ。これについてミッチャーリヒ夫妻はこう書いている。

「総統が現実により否定され、彼が世界政治上のゲームで負けるようなことがあれば、彼が没落するだけでなく、彼に魅惑された大衆の自我理想の化身も没落する。隠喩的に〈陶酔からの目覚め〉ということが言われる。……共生的状況の消滅後、魅惑から解放された数百万人の主体は、彼らが例えば学校で先生の模範を受け入れたようには総統を自分の自我に同化しておらず、彼らの自我を対象である総統のために放棄してしまっていただけに、ますます想い出すことは少なくなるのだ。したがって、ナルシシズム的な対象占拠の原理に従って、総統は〈異質体〉のように個人的精神世界から消えさる。彼自身に関する記憶は残らないし、また彼の名によって行われた犯罪も否定のベールの背後で非現実化される。」

ナチスの犯罪を哀しむ能力がないことは、そもそも一切なにも哀しむ能力がないことにまで拡がる――「総統」についてすら哀しめないのだ。われわれはすでに、罪の回避の集団的情動についても同様なメカニズムに出会った。すなわち、ナチスの犠牲者の世界に対する内面的関係の喪失は、ヒトラーの**ための**闘いにおけるドイツの犠牲者も当惑するほどに、同情の能力一般を非常に鈍化させたのである。

ミッチャーリヒ夫妻の結論。

「したがってわれわれは今や、ヒトラーを失った苦痛を哀しむ能力のなさは、罪、恥、そして不安の強力な回避の結果だと総括的に定義づけられる。」

「総統」は消え去ったが、個人的「愛」の性的記憶は消えてない――それは、当時のすべての世代にとって、彼らがまだ生きている限り、彼らの恥の中心であったし、そうであり続ける。写真と映画の発明が、彼らがいかに彼らの自我理想の虜になっていたかを永遠に記録している。

円環が閉ざされる。そのように「愛する」能力と哀しむ能力のなさ――それは自我というひとつのメダルの両面なのだ。

ミッチャリーヒ夫妻のショッキングなこうした因果関係についての結論に、私はフリーデリケ・Sとの出会いによって自分自身で到達していたのだった。

シュトラウスと義務的民主主義者

今も残る強き者への憧れについて

強き者へのドイツ人特有の憧れはヒトラーの破滅によりひどい痛手を被ったが、決してヒトラーとともに死に絶えたわけではない。今日見られる憧れは、ワイマール共和国に較べればはるかに弱々しく、また、これが最高度に満たされた一九三三年から四五年へかけての時代のように、病的に蔓延しているわけでも決してない。しかし、いわば歴史を意識しなくなった段階だからといって、自我と集団的な自我理想との間の関係がすでになくなったということではない。われわれが生きている開かれた社会では、大ドイツ主義的総統崇拝のあとで、いわばその西ドイツ的切り口をもった、衰えたとはいえ消えることのない欲求のあることが露わになってくる。

コンラート・アデナウアーのような父親像的雰囲気をそなえた人物も、ヘルムート・シュミットのような「やり手」たちも、かれらが成功した一因は、頼りにできる支配者の厳しい指導を受けたいという大衆の潜在的な願望のおかげであったと言うことができる。しかし、この老ワンマン、アデナウアーにしても、かの社民党員シュミットにしても、強き者への憧れから選ばれたわけではなかった。選び抜かれた立役者は、ここ約四十年来、後にも先にも**フランツ・ヨーゼフ・シュトラウス**ひとりであった。西ドイツ史のページをめくっても、彼以上に厚かましくも長々とこの種の熱烈な憧れの的になった者は一人もいない。つまり、バイエルン人のシュトラウスが、この憧れの象徴的人物になったのである。

これについては、比較の正当性を明かにするために、二つのことを言っておかなければならない。第一に、今の西ドイツとヒトラー・ドイツをどう比較してみたところで、それはヒトラーとシュトラウスを較べるのと同様、馬鹿げた話であるということ、そして、シュトラウスが民主的な共和制を独裁制に変えようとしているといった議論は愚劣きわまることである。第二に、もっぱら本人と強き者への憧れとの関係の観点からシュトラウスの伝記を調べあげたところで、そんなことは、意味がないとは言わないまでも、狭い視野から生涯の政治活動の**一面**を見たにすぎず、したがって、決して最終的な評価ではあり得ないということである。

このことはあらかじめ断っておこう。それにしても、よりによってシュトラウスがなぜ特定地域に縛られない型の自我理想になったのか、またその場合、どのような具体的なケースを検討しなければならないのかといった問題は、私には至極当然のことのように思われる。

それは手短かに三つの要素にまとめることができる。これは、信奉者たちに重要な示唆を与え、かつ、シュトラウス自身の数多くの発言の中に凝集されている要素である。これらシュトラウスの発言を全体の文脈から切り離したと非難されることのないよう、ここにそれらのうち、それ自体でまとまっており、しかも曖昧な解釈の余地のない明瞭なものを三つ引用する。

「自己を主張するために虚偽を用いる人びともいるが、われわれは真理を貫かなければならない。」

示唆に富む第一の要素は、基本パターン一般を表わしている。世の中は、善人と悪人に分かれ、本人自身とその信奉者は善なるものを体現している。悪人には手の届かない唯一成聖の真理の所有者である。こうした場合、思考が宗教的な「恩寵」と結びつきがちなのは偶然ではない。

「この四半世紀における思想史上、また政治上の論争での基本的な決断は、自由をとるか集団をとるかということである。」

その対立には橋渡しする術もなく、所与の状態は絶対であり、敵についてのイメージは判で押したように一様で、妥協という中間音もない。これが第二の要素だ。それにもかかわらず第一、第二の要素は、第三の要素を生むための事前段階にすぎず、この第三の要素にこそ決定的な生得の原理、換言すれば、もっと次元の高い一種の神の定め、つまり後天的には取得できない先天的な選民的特性が含まれているのだ。

「私は過去のままの私であり、将来も現在の私であり続ける。」

静的で発展性のないこうした早期の完成状態へ自らを位置づけることは、これが数十年にわたり毅然として保たれたとすれば、個人の無類の不惑性を証するものであり、その醸し出す雰囲気は無謬性へとつながってゆく。たえず自我理想が示す己れを疑わない自意識は、弱い自我に対してこの上ない深い印象を与える。弱い自我はある種の権威的な力となり、それがダイナミックに全面的に発揮されることにより、たえず新たな命脈を保ってゆくのだ。

ある選挙の集会でフランツ・ヨーゼフ・シュトラウスと握手する機会に恵まれた中年の参加者が、

「一生これで行くぞ！」とテレビカメラに向かってこう告白した。それは本気だった。こうした集会では、バイエルン州を一歩出たらおそらくちょっとやそっとでお目にかかれないような雰囲気がつくり出される。沸騰せんばかりのその場の大混乱に浸っていない者が公然と反論を唱えてみたところで、決してうまく行きはしないだろう。孤高でありたい気持と攻撃したい衝動が解きほぐせないままにもつれ合って爆発寸前の状態となり、他の地域から来た多くの取材記者はショックを受け、まるでニュルンベルクのナチス党大会にでもいるような雰囲気だとの結論を出してしまうのだ。

それほどではなくても、けっこう気味が悪い。またこれは、何もバイエルン州に限られたことではない。西ドイツには他の地域でも、こうした信奉者の居住区域がある。

七〇年代後半、まだシュミットの社民党とゲンシャーの自民党が連立内閣をつくっていた頃のことだ。ジルト島の保養地カンペンの満員の屋外レストランで、突然あたりの音をかき消して、海辺の澄んだ大気の中を朗々たる声が流れた。「何と言ったって救えるのは**一人**だけ――フランツ・ヨーゼフ・シュトラウスだ！」

その声は、あるグループのテーブルからやってきた。その中心にペーター・ベーニッシュがいた。当時彼は「ビルト」紙の主筆で、後にちょっとの間、第一次コール政権のスポークスマンをやった。アジをやるならここぐらい場違いなところはなかった。それなのに彼はこんな北のはずれにいて、地域を超えた救世主の名を呼んだのだ。

それだけではなかった。強き者への憧れは、バイエルン州以外でも印刷物に表われている。マイン川以北の地で、連邦議会選挙のときだけでなく、たのみもしないのに家々に舞い込んでくるあの新聞のたぐいは強烈な印象を与える。その唯一の意図は、はばかりなく自我理想をほめそやすことだ。これらの新聞には、シュレスヴィヒ・ホルシュタイン州に至るまで数多くの変種があるが、これに共通していることは、フランツ・ヨーゼフ・シュトラウスを強き者と信ずる喜びなのだ。

これらのひとつを読んだだけで、もう他のすべてが解る。だから断片的に典型的な事例を反映している「ケルナー・ビュルガーブラット」紙を読むだけで足りる。そのある号でシュトラウスは、二ページにわたって次のように称えられている。

「政界の空に輝く星」——「予言者の眼力」——「信じられない予言者の鋭さ」——「政治の天才」——「格はコンラート・アデナウアーをも凌ぐ」。

記事の文章中たえず動詞を名詞化し、三回までも続けて所有格で限定する悪文のドイツ語（社会主義統一党の機関紙「ノイエス・ドイチュラント」も同じ）を使うのがこれの一貫した特徴であることはともかくとして、自我理想の周りには、特に「非難」「人身攻撃の企て」「中傷」に対するシュトラウスの戦いを描くときには、「清濁合わせ飲む」とか「揺らぐことない」とかいった熱烈な形容詞が山積みにされる。

これは、さらに続く。

「フーゴー・フォン・ホフマンスタール（原注＝原文ではホフマンスタールの綴りのfがひとつ落ちている）はおよそ百年前、政治に警告を発する者について、解釈できないにもかかわらず解釈し、書かれなかったものを読み、支離滅裂なものを意のままに結び合わせ、暗がりでも道を見つけだす人びとのなんと見事なことか、と言ったが、彼シュトラウスは、現代の政界の偉大な具眼の士であり、政治哲学者である。」

そうと解ってはいても、次の一文にぶつかると、やはり読者は愕然とする。

「つまりシュトラウスは、一時代の始まりと終わりに立って……」

アーメン！――思わず知らずそう続けたくなる。神学の素人だって、ヨハネ黙示録の第一章第八節を強烈に思い出す。

「われは初めにして終わりなり。生くる者にして、一度は死して、また限りなく生くる者なり。」

故意か、単なる偶然か。この疑問は、驚きの眼差しをその見出しに、つまり年代など委細構わず最高級の讃辞、聖歌のようなフィナーレをつくり上げている全体に対する見出しに向けるとき、最終的に氷解する。そこにはこうでているのだ。

「バイエルンの山上の垂訓」。

今や疑いの余地はない。

少なくともここまで読み進んでくると、明らかにシュトラウスの敵が各地の信奉者の仮面をかぶって見せかけだけ崇拝し、そのような冒瀆行為によって彼を笑い者にするため手を結んだのではないか、という疑いの念も理解できようというもの。彼の政敵でなくして誰が一体、漠然とではあっても、その自我理想をおずおずと父なる神に近づけたあとで、イエス・キリストの傍らにこれを並べることができようか。しかし、この疑いもたちまち雲散霧消する。なにしろここには、無神論者的な皮肉を示す微候は何もないのだ。

ここに至ると、神に祀り上げられたご当人が、こんなに誇張されたお追従的表現に対して何と言っているのか、疑問になる。崇拝する側の自我の求める力が、まさしく自我理想に対して、とりわけ印刷されたものの形でその思慕の情を知らせるとするなら、彼がこのお追従に気がつかないわけはなかった。

それにしても、この持ち上げられた本人のシュトラウスが、そのような讃辞に対して腹立ちを覚えたなどということを耳にした者がいただろうか。

理解しにくいこの個人崇拝を嘲りたくなる欲望を抑えて、現代同胞の強き者への憧れを、日常彼らが口には出さないものに根拠を求めることは容易ではない。

そのさい目につくことは、その憧れがバイエルンでもそれ以外でも、たえず民主主義に対する信仰告白と結びついていることだ。その中では、「自由で民主的な根本秩序」「法治国家」「個人の自由」「人間の尊厳」「基本的価値」「キリスト者たること」といった、全く自分の専売とした上位概念ばかりがやたらと出てくる。強調のしすぎでこれらの言葉は単なる形骸と化し、美辞麗句を連ねた空疎なメッセージの洪水となっている。驚くことは、これがコントロールの効かない積み重ねにすぎず、身につけた価値観と、すべてのものの背後に潜む対人的な攻撃性との間に、歴然たる矛盾があることだ。すなわち、いかに綿密に細工を施しても、そのつどすぐに権威主義的な土台が暴露され、ほんの少し前まで声高に公言していた見解を、素速く限定したり、撤回したりさえするのだ。これについて、もう一度先の「ケルナー・ビュルガーブラット」紙から引用しよう。

「政治的な日和見主義や流行の自由奔放な道徳に対する配慮から生まれる、いわば状況に迎合した寛大さは、無責任である。ひどく極端なものをも含めて、すべての意見や努力を軽々に認めることは、われわれが基本法の保証するところではない。」

言い方を変えれば、寛大さとは「**われわれが**そうと認めるもの」なのだ。

この不寛容性が権威主義的徴候をもった別のイデオロギーに転用され得ることは明らかで、気がかりなところだ。ここには、またしても外に向かって極左の政敵と称したがる、あの知性の欠けた密かな戦友愛のようなものが幅をきかせている。

目につくのは、民主主義的な信頼ではなくて、自分とは違った考え方をし、違った行動をしようとする者すべてに対して民主主義をまるで棍棒のように振り廻わす一種の権威的合法主義なのだ。ここに表現されているものは、独裁的なもの、容赦なさ、また過激に走る欲望をその時々の支配状況に合わせる、言葉によるすぐれた順応力なのだ。そして、この順応には、精神的態度の裏付けがない。

そうした認識から、私が「義務的民主主義者」と呼ぶ種類の政治家が生まれてくる。「義務的民主主義者」というのは、これまでいつも民主主義に抑えつけられ、文字通り飼いならされてきたからなのだ。だが実際のところ、彼らは別の共和国を望んでいるのである。

名前はどうでもよい。どうせ、「義務的民主主義者」のタイプはどれをとってもいいし、その個別的な今日的意義などすぐに消え失せてしまうのだから。それでいて、交代要員はいつもたちどころに現われる。なにしろ西ドイツの歴史を通じて、常にこうした人物が存在した。第三帝国の崩壊から間もない五〇年代には、今日よりもっと多くの者がいただろう。それでも、このタイプは現在に至るまで命脈を保ち、八〇年代においては経験も豊かになってきている。

「義務的民主主義者」が生きていくのは決して楽ではない。内心希望するものと、外へ向けて表明するものとの間でたえず策を弄しなければならないからだ。それもバレないように。彼らをとり巻く世界、国家、社会、それらは自分が望むものとはまったく異なる様子を見せている。彼らはひっきりなしに壁に突き当たり、ただちにこれを突破することができないからだ。それでも、「義務的民主主義者」は民主主義の王笏を手にして、壁にぶつかって行くことはできる。そして、事実これをやり、壁がどのくらいの負担に耐えられるか、また、体制をどの程度まで思う方向に拡げられるか、言ってみればたえずテストするのだ。その場合、病的なほど自説に固執するのがこの種の人間の特徴であるだけに、自分を抑えることはことさら難しい。一定の地方に限らず全国的にも、また自治体の委員会や州議会、さらには連邦議会の中にも、この種の人間がいる。連邦議会では、彼らはテレビの画面を通じて、極めて多数の視聴者を操作し、最大限の公衆と効果を手中にする。首都ボンでは、政府側であれ野党側であれ、大車輪の活躍をするが、同時に極度に用心深くなければならない。何と言っても、極めて批判的で炯眼な政敵と対峙することになるからだ。それにもかかわらず、彼らは自分の正体をバラしてしまう。いかに術策を弄しても、「義務的民主主義者」は結局のところ自分の本来の信条を隠しおうせることができないのだ。そこで彼らは、あらゆる社会的価値を援用しながら、大いなる情熱を議会という土俵の壁にぶつけ、常に民主主義の顔を装いながら国の権力の増大と自由の制限を求め、警察と裁判所がこれまで以上に摩擦を起こさずに仕事ができるような禁止事項を拡大し、法令を成立させることを擁護する。この種の人間のメカニズムは、いつも「在来の」保守主義よりも幾分過激で、体制の現実をこの方向へ動かすことを狙っている。それにはたいていの場合痛烈な表現が使われ、ぶっきら棒な演説がなされる。そして政敵は早口にまくしたてられ、しばしば容赦なく悪者に仕立てられる（これはもちろん、彼らに限ったことではなく、党派間の行動においても極く普通のことである）。「義務的民主主義者」は自分が望まない民主主義の中にがんじがらめにされているため、永遠に不満足なのである。

ところで、西ドイツの多彩な政治分野では、多様性を容易に認め、決して誤った外観を呈すまいとするさまざまな非民主主義者や反民主主義者がいる。「義務的民主主義者」はそうではない。民主主義の制限に資するような攻撃が民主主義の繁栄のために役立つのだと説明することが、そのプログラムの確固たる構成要素なのだ。民主主義が危機にあると、彼らほど頻繁に口にする者はいない。しかも当然のこととして、この危機は常に、残念ながら現存する反対党が原因だというのだ。

この不幸な状況から、ちなみに、西ドイツの議会主義が当初から今日に至るまで悩み、また根絶できないと思われる一般的な弱点がでてくる。その弱点とは、政敵の制度上の代表であるその時々の「野党」というものは本来不要なものであり、もしことが万事うまく行くとするなら、そのような党の存在理由はないとする見解なのだ。

私は、あのときの保守党指導層の顔付きを決して忘れないだろう。それは、一九六九年秋の連邦議会選挙の晩、一九六六年十二月以来大連立の中でキリスト教民主・社会同盟の少数派与党だったドイツ社会民主党が勝利を収め、永久政権的性格をもつかに見えた保守の優位に終止符をうつ歴史的政権交代がはっきりしたときのことだ。これは宰相クルト＝ゲオルク・キージンガーとその腹心にとっては、なんら当然の政権交代でもなかったし、また権力を民主的方法で奪還し、これを別のものと置き代えるという社会の共同生活の最大の成果である黄金律の証明でもなかった。選挙結果は、敗者の狼狽ぶりから察するに、何かあってはならないが故にあり得なかったもの——つまり国家の破滅そのものだったのだ。

二十年間にわたって政権を担当したあとで、そこには民主主義の唯一の合法的代表であるとの考え、言ってみれば、政権の座を世襲地と思う心情のようなものが広がっていたのだ。あの九月の晩にテレビカメラが暴いて見せたものは、かつて自己と国家を同一視した絶対主義の「朕は国家なり」であった——フランス王のこの言葉はこの場合、「**われわれは**国家なり」と翻訳した方がもっとよいだろう。そして、この驚愕を生んだ大きな原因は、かつての「祖国なき輩」であり、今日の「アカ」である社会民主党員の国政上の信頼性に関して、ドイツの市民階級の多くが依然として心の底で抱いている不信感であった。

政府閣僚のひな壇から野党席への席替えは、引きずり降ろされた閣僚や議員はもとより、破れた側の選挙人集団に共通の態度を見てもわかるように、これらの人びとによっても不当だ、間違いだ、と感じられた。

政治に対するこの非民主主義的な理解にはるかに強い影響を及ぼしたのは、社会民主主義よりも、伝統的な指導者層、市民階級、そしてその諸政党の方だった。前者は一九六九年から一九八二年へかけての、歴史上特に重要な局面においてこそ継続的に政権を担当したものの、第一、第二の両共和制ドイツにおいて比較的短い間しか政権の座を占めることがなかった。

しかし、多くの保守の面々にとって、政権交代が議会制多数決原理の正当な結果だと心の中で認めるのに長い時間がかかろうとも、またそう認められない人も少なくなかったが、だからといって、このことはドイツ社会民主党の支持者たちが「他の」党は本来不要だなどと考えてはいないということを意味してはいない。ブルジョア政党などは余計なものであり、ものごとがうまく行くなら、社会民主党が長期にわたって政権の座にあるべきだという、確固たる信念をもっている大勢の党員や支持者を私は知っている。そんなわけで、これは文字づらをちょっと変えれば、野党不要論のすべての支持者に当てはまることになろう。というのも、結局のところ、一九五三年六月十七日の東ドイツの暴動のあと、これについてブレヒトが言った箇にして要を得た言葉、一番いいのは政府が他の国民を選ぶことだろう、ということになるからである。何人もの西ドイツの政治家たちが、その選挙敗北の晩、できるならまさしく大喜びでこれを望んだことだろう。

民主主義が現存の勢力関係に拘泥しないこと、民主主義がしきりに政権交代を求めること、昨日の業績を断固として恩に着ないこと、そうした民主主義の真の長所、またとない価値をなすものが、四十年経った今日、西ドイツの政治上また政党上の多元的な各グループによっても依然として受け入れられたことはない。そしてこれは、決して職業政治家だけでなく、われわれのほとんど各人についても言えるのだろう。

どうやら、民主主義に国家的な枠をはめる方が、心の中にこれを確立するのより容易なようだ。


私から見ると、フランツ・ヨーゼフ・シュトラウスはいつも古典的な「義務的民主主義者」であった。しかし私にとっては、彼の後継者や模倣者、親分のあとを追う新入り、武張った信奉者たち、つまり亜流の連中を見ていると、もっと気持悪くなる。彼らはエイズ患者さえ公表する。彼らが考えていることが今や公然と、次つぎに明るみに出てきた。それは、個人に対する国家の優位を完璧なものにすること、個人に対する官憲の追及、そして大々的な威嚇なのだ。これらはすべて、動機のひどさは言うに及ばず、悪疫の制圧を複雑にし、発病者を犯罪者扱いすることの他に何の役にも立たない。この攻撃衝動にとってはどんな動機だって好都合なのだ。目下はエイズだ。明日は何だろう。これらの官僚は、その表看板の人物がこれまでいつも民主主義に馴化されてきたように、法律の発案者として飼い馴らすことができるだろうか。

シュトラウスについて言えば、野卑な信奉者たちが無心の自我理想をさんざんに痛めつけるというようなことは決して起こらなかった。この場合、集団的自我と自我理想は完全に符合した。崇拝する自我の反応は、息苦しいほど自我理想の態度と合致している。義務的民主主義者に該当するすべての判断基準が、フランツ・ヨーゼフ・シュトラウスの人間の中に紛れもなく具現化されている。しかし、権力に飢えた亜流連中を背景にして、私にはどうしても、シュトラウスにはどちらかと言えば穏健な義務的民主主義者という性格描写がぴったりで、彼は確かに「他の政党」つまり反対党を不要と考え、これに対して叫んだり騒いだりはするが、それでも、後で歯ぎしりしながらも民主主義の規則に従うように思われるのだ。武張った後続の連中はどういう態度をとるのだろうか。

シュトラウスは西ドイツ国民の強き者への憧れを最も強烈に体現した政治家であったが、その成功は、西ドイツ社会の中では限られたものであることが証明された。このアイドルは幾多の敗北を喫しなければならなかった。その中には一九八〇年の連邦議会選挙での大敗北がある。当時キリスト教民主・社会同盟の首相候補として戦い、ヘルムート・シュミットに完敗したのだった。これをもって、行政機関の最高位を狙う数十年に及ぶバイエルン人の戦いは、最終的に失われた。シュトラウスは、連邦宰相としては多数の者になじめなかった。この生涯の経歴のどん底時代と並んで、自党陣営内に一時的だが不満の表明等々があった。例えば、西ドイツの東ドイツに対する借款供与問題に際しての、個人的イニシアティブが原因であった。倒錯した反共主義はないがしろにされたと考え、その結果、一部でキリスト教社会同盟の分裂を引き起こすに至った。分離派は、いわば偽装の名称とも言うべき「共和党」を名乗り、それ以来、かつての親政党よりもはるかに右寄りの芸当をやってのけている。

いや、フランツ・ヨーゼフ・シュトラウスの全国的な開花の夢は、その棹尾を飾るまでには至らなかった。ひとりバイエルン州においては、彼はまことに強き男、であった。ともかくそこでは、他の政治家がひたすら夢見るばかりの多数党を率いていた。それには多くの理由があろう。しかし、あらゆる点でヘビー級だったこの男が最終的に手中にした生涯の大成功の大きな部分は、きわめて多数の大衆自我の集団的自我理想を求めて尽きることのない憧れのおかげであることは、まったく確かなのだ。

この潜在可能性は、決して一連の既成政党だけに見られるのではない。確かに既成政党はこれを部分的要素として内包してはいるが、かといってこれに支配されてはいない。極右主義、ネオナチズム、つまり強き者への憧れによって生き、そのような者を生み出したこともないのに正式にそれに立脚しているような団体組織においては、これはまったく別物である。これらの中には、例えば一九六五年以降、つまり法律上も事実上も第三帝国にまったく責任のないヒトラー信奉者で、まさしくそうした事情を意識した上で活動している「新世代の人びと」がいる。それほど危険でないなら、鼻と上唇の間の斑点状の「総統の口ひげ」とか、色あせたアイドルの額に垂らした髪の毛とか、あるいは通常の声域が使えなくて、上ずった声を発する雄弁術上のスタッカートといった驚くべきばかばかしさの痛ましい継承ぶりを、歴史的知識の欠如からくる天衣無縫のものまね仕種として、ただグロテスクだと思うこともできよう。それにしても、彼らの姿を見ると血が凍る思いがする。

量的に見れば、極右主義やネオナチズムは西ドイツでは大したことはないかもしれない（中欧、南欧、西欧の他の国々のそうしたグループは、けっこう極右ルネッサンスを謳歌しているのだが）。強き者への憧れとの関係では、こうした西ドイツの権力への潜在能力も、中心問題ではない。中心的な問題はむしろ、極右的思想の毒性が組織化されたサークルから流れ出すことであり、その場合、はるかに重大なことになる。極右が公に撒き散らす病原体は、その感染力によって、もっと大きなグループの中で効果を発揮する。それを明るみに出したのが、シュミットとゲンシャーの社民・自民連立政府に委託されたいわゆ

る「ジーヌス調査」であった。ジーヌス研究所による

「ドイツ連邦共和国における極右の政治的立場」についてのこれまでで最も広範かつ詳細な調査は、一九八〇年十月、次のような驚くべき結果を明かにすした。

「選挙民のうち計十三パーセントの人間がイデオロギー的に固まった極右的世界像を抱いている。その主要な柱は国家社会主義的歴史観であり、外国人グループ、民主主義、複数政党制に対する敵意であり、民族、祖国、家族に対する過剰な讃美である。」

これが、既成政党の政治家たちが、数十年にわたって選挙民に熱心に媚びを売りつづけ、伏せて知らせずにきた現実に対する解読文なのだ。これは連邦憲法擁護庁の過小評価報告に対する反証である。同庁の報告によると、デモクラシーにとって唯一本気にすべき危険は、すでに久しく耳にたこができるほど聞かされているように、左翼からくるのだそうだ。「ジーヌス調査」の結果はさらに、地方選挙、州議会選挙、連邦議会選挙の際の組織化された右翼に示されるわずかの数字が、いかに見せかけのものであるかを証明している。極右思想の信奉者の圧倒的部分は、「民主派に」投票しているのである。それは理由あってのことだが、その戦術的・戦略的日和見主義は、いろいろ調査してみる価値があろう。

ここで論じられている政治的現実の部分的様相は、不安に値するが、かといって差し迫って危険だ、ということではない。フリーデリケ・Sの例がそれを具現化している。強き者への憧れは共和国を脅かしていないし、今日も然り、明日もまたその通りだろう。確かに腐植土は発酵しているが、その根にとっては、目下のところ歴史的気象条件に恵まれていない。ただ、それだからと言って安心してはいけないだろう。根深い欲求ならば、すでに証明済みのように、決して明白にそれと悟らせることなく、多かれ少なかれ手際よくその時々の可能性に適応するのだ。その場合、強き者への憧れの基盤には、権威主

義的なものが分かちがたく潜んでいる。この憧れがいったん大政党に吸収されると、これは不可避的に他の権威主義的な動向と軌を一にし、選んだ政党の中ではるかに大がかりな振る舞いと見解を求める誘惑にたえず駆られることになる。いずれにせよ強き者への憧れは、国家主義的な色合いに近づきやすいのだ。

それはともかく、その場合、煽動家が教唆の報酬を期待しすぎるならば、手ひどい落胆を味わわされるかもしれない。一九八七年一月の第十一回ドイツ連邦議会選挙で行ったキリスト教民主同盟・社会同盟の愛国的本能に訴えた剝き出しのアピールは、報いられるところがなかった。反対に票を失う結果となったが、その多くは、おそらくその大言壮語のせいだろう。

それにもかかわらず、強き者への憧れが幻滅や不首尾の憂き目に会ったからといって、いつかもっとひどい経済的・政治的圧力のもとで、過去から現在に至るまでよりも大きなチャンスが提供されないとは言い切れないのだ。

指導を受けたいという自我の弱さが潜在的な自我理想と結びついて、ナチス時代の相関関係の新たな変種を生み出するような基盤が、おそらくまだ相当期間保たれていくことになろう。

集団責任？　集団無実？　集団羞恥？

かつてヒトラーを信奉していた国民的集団の責任について

アウシュヴィッツでは、われわれの社会全体が共働した。

マルティン・ヴァルザー

ブロックハウス百科辞典は、その**集団責任**の項にこう記している。

「ナチズムの所業に関し、第二次世界大戦後に非難の声がドイツ国民に向けられたが、それはドイツ国民の大部分がナチスの抬頭を是認し、そのためこの世界観の名のもとに行われた犯罪についても責任を問われなければならない、という意味合いからであった。」

これはちょっと見ると、ヒトラーの下での集団責任についての模範的定義のように読めるが、よく見るとその文言には、美文調の中に、この厄介な見出し語に対する相当な不快感をみてとることができる。

「ナチズムの所業」とは、当時の社会から抽象的に遊離したものでもなければ、「この世界観の名のもとで」行われたものでもない。具体的な犯人が具体的な犠牲者に対して、しかも、人間の大集団を抹殺すること以外に何の目的をもたず、何万、いや何十万の者が直接間接に巨大な機構の力を借りて行ったものであった。さらに大多数のドイツ国民は、決して「ナチスの抬頭」を是認しただけではなく、祖国ドイツをほとんど全世界の国々からの攻撃に対して最後まで防衛したのだった。

西ドイツの歴史の中で、集団責任という言葉ほど刺激的な言葉はない。刑事責任、政治責任、道徳的責任、宗教的責任と責任の種類は多々あっても、これほど当初から西ドイツ国内で激しい拒否に出会ったものはない。拒否の態度はほとんど全員一様であり、その系列には断固たるナチス反対者もいる。集団責任論の主張者には、まったく大衆的基盤が欠けていた。もちろん数の上での不均衡ということにはなんの意味もないし、またそれ自体ではなんの論拠にもならない。私はここで、この異論のある問題に関して、私なりの解答を表明しよう。

一般的に言って、私の研究の結果明らかなことは、集団責任の論題を扱う場合でも、帝国治安本部の絶滅機構に限定し、「しかしわれわれは何も知らなかったのだ！」というもっぱら集団的情動に基づいてアプローチがなされているということだ。集団責任問題に関するほとんどの論文は、ドイツ占領下のヨーロッパ、つまり犯行現場としての、またシンボルとしてのアウシュヴィッツでのヨーロッパ系ユダヤ人に対する集団殺戮に主たる論点を合わせており、そのため一九三九年から一九四二年の期間の出来事は手つかずも同然となっている。同様に、といってもこれはもう理の当然だが、一九三九年以来のユダヤ人以外に対する大量処刑や連続的殺害については、ほとんど、あるいは全く言及されていない。

集団責任問題に関連するヒトラー・ドイツの歴史と取り組む上で、こういう風に一部を切りとるやり方は、打算の上から、また非人間的な無定見から行われるのかもしれない。しかし、いずれの場合にしても、「集団責任ありやなしや」の問題はヒトラー・ドイツの全歴史的存在、ナチス支配時代の全体像のもとでこそ考察し得る、という唯一の許される視点を台なしにしている。集団責任論のたいていの反対者は、この視点を無視したがために、最初からこの問題についての真剣な議論から締め出されているのだ。

この問題に対する判断基準を求めて行くと、おのずと二つの基準が浮かび上がってくる。第一の基準は、**どれだけ多くの人間が何を**知っていたか、ということ。

これについて古典的な作品『SS（ナチス親衛隊）国家』（一九四五年十二月初版）の著者オイゲン・コーゴンは、一九四六年に出版された『ドイツ人の良心と強制収容所』と題する著作の中でこう書いている。

「強制収容所があることを知らなかったドイツ人がいただろうか。これをサナトリウムだと思ったドイツ人がいただろうか。これに不安の念を抱かなかった者は一人としていない。強制収容所に入っている親戚やら知人やらをもたなかった者、あるいは少なくともそこに誰か彼かが入っていることを知らなかった者は、わずかしかいない。すべてのドイツ人がさまざまなユダヤ人排斥の野蛮行為の目撃者となったし、何百万人の者が燃え上がるユダヤ教会の前で、また道の泥土にまみれてはずかしめを受けるユダヤ人市民の前で、無関心に、好奇心に満ちて、あるいは憤激して、あるいは痛快がってたたずんでいたではないか。外国の放送を通じて、強制収容所についてなにがしかを聞き知った多くのドイツ人がいた。外地司令部を通じて、収容者と接触した相当数のドイツ人がいた。少なからぬドイツ人が街頭で、駅舎でみじめな虜囚の列に行き会った。一九四一年十一月九日付けですべての国家警察と、治安警察と秘密情報機関の司令官、指揮官、監督局長、また、すべての強制収容所の指揮官や監督局長に宛てて出された治安警察と秘密情報機関の回状には、次のように述べられている。〈特に、例えば駅から収容所までの徒歩行進で、少なからぬ数の囚人が過度の疲労のため、途中で死亡ないし半死の状態で倒れていることが確認された。……ドイツ国民がこれらの事態に目を向けるのを阻止することはできない。〉刑務所があふれ返っていたのを、国内でひっきりなしに処刑されているのを、知らなかった者はほとんどいない。事態の広がりの由々しさについてひと通りの知識をもっていた裁判官、警察官、それに弁護士、聖職者、社会福祉関係者が、何千人となくいた。収容所のナチス親衛隊員と結んで物品を納入していた多くのビジネスマンが、また、親衛隊の経済統制本部に対して、自分の工場に強制収容所の奴隷を貸し出すよう求めた多くの工場主がいた。登録者の索引カードに政治的信頼性についてのメモが付けられているのを、また、大企業が親衛隊の奴隷に労働させているのを知っていた職業安定所の従業員がいた。強制収容所の周囲で、あるいはその中で自分も働いていた一般市民も、少なくはなかった。ヒムラーの実験施設に協力した医学の教授や、殺人の専門家と協力した郡医官、病院勤務の医師もいた。親衛隊に転属され、詳細な事情を少しは見聞した相当数の空軍所属の軍人がいた。強制収容所でのソ連戦争捕虜の集団処理の事情を知っていた多数の国防軍高級将校が、また収容所やゲットーでの、あるいは町や村での身の毛もよだつ残虐行為を知り抜いていた、極めて多くのドイツ軍兵士や前線憲兵がいた。これらの断言のうち、ただ一つでも問違っているだろうか。」

いや、ただ一つの間違いもない。集団責任の問題を判断する場合には、こうした知識を取り込まなければならない。これを省くことは絶対に許されないだろう。それは一九三三年から始まる。ナチスの時代という一体であるはずのものが、なぜ集団責任に関連する局面と、これに関係はないと称する局面に分断されるのかということは今でこそ理解でき、その意図もみてとることができる。いずれにせよ、戦争という隠れ蓑のもとで、はるか東方の暗黒の奥地で行われた大量殺戮、連続殺人、民族抹殺の規模と詳細について知らなかったとする方が、一九三三年の一月三十日以来ドイツ国内で「平時」におこり、誰もが否応なしに知ってしまった公然の野蛮行為や犯罪行為についての知識に反論を加えるよりも、はるかに容易なことなのだ。

集団責任論を評価する場合の第二の基準は、第一の基準から出てくるもので、みんなが知っているという事実は別にして、オイゲン・コーゴンが数えたてた状況をつくり上げたあの支配体制にたいして、どれほど大きな**賛同**があったかという問いの中にある。

これについて、もう一度コーゴンの上記の著書から引用しよう。

「バイエルンからオーストリアにまたがるインフィルテル地方には、クリスマスから主の公現の祝日(訳注＝一月六日にあたる)にかけて行われた国王の荒っぽい徴兵会の伝統がいまだに脈々と息吐いているが、この地から、下卑た感じの黒い前髪の一房を額にたらし、ばかばかしいものを鼻下に蓄えたひとりの男がやってきた。それと知れる人を射るような目付をした男である。この男は太鼓を打ち鳴らし打ち鳴らし、憎悪の待降節にみずからを救世主と称して、全国津々浦々に太鼓を打ち鳴らしたのである。これは、転換期にその男の嵐が巻き起こり、荒れ狂ってドイツの国を引っさらってゆくまで続けられた。人びとが被害を受けずにこれが頭上を通り過ぎてくれるのを念じながら、不安げに大地にうずくまっていたかどうか、あるいは、意気揚々とナチス党員として、防衛産業界の指導者として、ヒトラーユーゲントの旗手として、婦人会の女性指導者として、街区の監視役として、また女子補習学校の生徒として、あるいは電撃戦をしかけてヨーロッパを潰滅させた一介の兵卒として、ナチスの軍隊に加担したかどうかは別として、ことごとくこの男の魔力の金縛りにあったのである。安ピカのまがい物の国家主義に身をくるんで、この男は人びとを、黙示録を思わせる火と爆弾の雨の中を最後の日々へと駆りたてた。窮乏と荒廃の奈落に突き落とされて、生き残った者は瓦礫と屍体のただ中で、おぼろげながらやっと新たな意識をとり戻した。いったい何が起こったんだ。どうしてこうなったんだ。あり得ないことだ。何もかもちっとも知らなかった！」

ヒトラー支配下の、またヒトラー以後の責任ある世代にあたるドイツ人が口にする、こうした大嘘に対し、オイゲン・コーゴンは前述のような反駁を加えた。

ここに至るまでに、二つの事実が明らかになった。つまり、国家的制度となったナチズムの犯罪行為について集団が共有している知識の範囲と、同じく集団的色彩をもったこれに対する賛同の程度ということである。ミッチャーリヒ夫妻が「ヒトラーを信奉していた国民的集団」という言葉をつくり出し、これを一九四五年までの時期に当てはめ、その後の時代については「かつてヒトラーを信奉していた国民的集団」という表現を用いる動機となったものは、おそらくこの二つの要素だったろう。**集団**という概念は何としても必要である。この概念は大衆との関連で執拗に浮上してくる。ナチス独裁に責任を負うのは大多数だったのだ。

このヒトラー下の大多数に帰される責任は、別の考えをもち別の行動をとる少数の者もいたという反対例によって、これを軽減したりまったく無にしてしまうことができるのだろうか。

ヒトラーに対するドイツ人の抵抗があったということが、集団責任の肯定に対して最もよく使われる

抗弁となっている。その動機は、自国民の名誉回復のためにかつてのレジスタンス闘士に気配りすると
いった、再三にわたり私がショックを禁じ得ないものから、本当は依然としてナチス支持である市民の
あきれ果てた日和見主義に至るまで、千差万別である。

私の個人的な経験から言えば、集団責任論を否定するのは、この命題を成立させた張本人であるため
これを否定する権利をほとんど持たない人びと、つまり、かつてのヒトラー信奉者や、結構あるケース
だが後年になって信奉するようになった人びとの陣営であることが非常に多い。この論議の中では、無
定見な者たちがここ数十年にわたって大きな口を叩いてきた。よりにもよって、こうした手合の口から、
集団責任を反駁するのにナチスに対するドイツ人のレジスタンスが引き合いに出されるとなると、その
厚かましさ、その良心の麻痺加減もここに極まるというものだ。というのは、これらの者にとって、何
千人もの人が迫害され、撲殺され、射殺され、縛り首になったその当時、活動的なヒトラーの敵対者が
売国奴であり国事犯であったことが確かなように、ドイツのレジスタンスの死者や生き残りが、一九四
五年以後も依然として、国民多数の間で好まれない存在であったことも確かだからだ。私自身、一九四
四年七月二十日のヒトラー暗殺未遂事件の男女を重要証人として引き合いに出して、集団責任論を根拠
薄弱とした人びとが、**舌の根も乾かぬ**うちにその本性を暴露する場面を何度となく目撃した。彼らはこ
の重要証人たちをもう「この裏切者、祖国の敵」と言って得意気に云々していたのだ。

しかし、信頼のおけない人びとが日和見的な動機からドイツ人によるレジスタンスを引き合いにだす
ことは別にして、国民全体から見れば少人数の勇敢で望みのない戦いが、本当に集団責任論を帳消しに
することができるかどうか、という問いかけは当然なされなければならない。首をすくめながら快哉を
叫んでいた多勢の人びとのただ中にあって、毅然として頭を上げていたこの小さな集団が、それだけで

当時の人びとの真の比率を表わしていることになるだろうか。何しろドイツには、一九三三年以降と言わず、それ以前からすでにあった聖なるお上に対する反抗の禁止に加えて、国家指導層が全面的に頼ることができた民族的証しとも言うべき計り知れない優位性があったではないか。その場合、当時の国家構成員の**すべて**が罪を問われてこそ、はじめて集団責任ということが問題になり得るのだ、と主張するドイツ集団**無実論**の擁護者の術中に陥っていないだろうか。その際彼らは、全体を不条理の一色で塗りつぶすために、事実を歪曲して、集団責任論者の見解によると母胎にいる胎児もこれに含まなければならないそうだなどと、ことさらに主張するのだ。

「集団責任ありやなしや」の問いに対する解答を求める場合、ヒトラーに対する賛同とこれに対する抵抗の比率を顧慮しないわけにはいかない。相殺論を認めるか認めないかの問題の観点からも然りである。圧倒的多数が背負いこんだ責任を、レジスタンスで差引勘定をすることができるだろうか。つまり、抵抗があったということのために、責任が軽減されるのだろうか。

支持と抵抗の比率についてさまざまな評価がなされ、ともかく当時論議は亡命者のグループにまで及んだ。亡命者の間では、尽きない悲劇的な争いがあった。そのおかげで、胸を締めつけられる思いで多くの亡命者が抱いたヒトラー・ドイツの真の状態についての幻想も表に出たし、同時に、かなり鋭い観察も見られるところとなった。この観察は、支持と抵抗の比率をもっと現実主義的立場から評価しているために、歴史的に見て相当正確な観察であることが判明した。

ニューヨークの亡命ドイツ人の雑誌「アウフバウ（建設）」の中で、ドイツ社会民主党の元議員であるゲルハルト・ゼーガーは、一九四三年十一月に、あるユダヤ人作家の集団責任についての告発に対し、次の一文をもって反駁した。

「私は、自分の身の安全も顧みず、多くのユダヤ人を自分の家やアパートに匿い、あるいはユダヤ人の友のために食糧を買い与えた人びとを、ドイツ国民と呼ぶ。要するに、折目正しく、勇気をもって、誠実に振る舞った人びとのことをドイツ国民と呼ぶのである。また、すし詰めの強制収容所や刑務所や牢獄が証明するように……七十一ある強制収容所のひとつであるオラーニエンブルク＝ザクセンハウゼンだけでも、一万八〇〇〇人もの政治犯がいる。彼らはドイツ人であって、野蛮人ではない。」

これに対して、同じくアメリカに亡命していたカトリックの道徳神学者、フリードリヒ・ヴィルヘルム・フェルスターがこう答えた。

「ゼーガー様、ドイツ国民についての新たな幻想を広めないというわれわれの聖なる義務に照らして、あなたはどうして、微々たる少数集団をあえて〈ドイツ国民〉とすることができるのですか。（多くの亡命者が認めようとしているものより、実際には遥かに大きな部分のドイツ国民の心をとらえた）ナチスの向う側にいるのは、あなたが例にあげたような〈ドイツ国民〉ばかりだというのは、本当にあなたの見解なのでしょうか。それなら私はノーと、断じてノーと言います。すでにヒトラーのずっと前から戦闘的汎ゲルマン主義が国民病に、国家的陶酔に、そして集団的狂気となっていたこと、これに抵抗したのはほんのわずかな人間だったこと、そのためにドイツ社会民主主義といえどもずるずると屈服して行ったことを認めないのは、盲目か、自分の言に伴うべき責任感をもたないかのいずれかなのです。」

この異なる解釈に関しては、ゲルハルト・ゼーガーの涙ぐましい弁護がその死後、歴史的に見て挫折したのに対し、カトリック教徒フェルスターの厳しさは、証明できる限りの現実と符合している、とだけ述べるにとどめておこう。

今日のわれわれが当時の情勢を判断する場合、後年はじめて展開した次元、つまり本書が問題としている一九四五年**以後**の見聞、言い換えれば、意識的または無意識のナチス志向について外的圧力を理由に言い逃れできなくなった時代を、自由にとり扱うことができる。これらの見聞は、まさに驚くほどフエルスターの解釈を裏付け、もしもゼーガーの見方が当たっていたら、戦後の雰囲気とその展開すべてが現実の経過とは根本的に違っていただろうということを、紛れもなく示唆するものである。まさしく西ドイツの自由主義的諸条件こそが、ナチス時代の支配者と被支配者の間の高度の同一性を、きわめて顕著に暴露することになったのだ。

まず第一に、民族組織体に参加している個人の一定集団は、当然「集団」という言い表わし方をすることができる。この表現は、はみ出したグループが国民的総意に沿っていない場合でも、そう言って差し支えない。集団責任がある場合は、その主要基準となる二つのもの、つまり支持の程度という量的基準と、国家の犯罪についての知識という質的基準は、抵抗の範囲を真剣に評価することによって測ることができる。ヒトラーに対するドイツ・レジスタンスの救い難い孤立性は、支持と実際の拒絶との比率の、異様なほどの不均衡をまざまざと見せつけるばかりだ。不安定で消極的なレジスタンスを示す中間層も、現実の力関係にはほとんど何の影響も及ぼさなかった。したがって、レジスタンスの闘士に対する西ドイツ社会の、慎重な表現を使えば無関心な態度を見れば解るように、相殺論の試みにはすべて、その歴史のあらゆる段階にわたって、ひどく不誠実な色合いが付きまとっている。

集団責任論に反駁を加えるために、ナチズムに対するドイツ人の抵抗を引用してみたところで、まったくもって役には立たないのだ。

再三再四、次のような見解、というよりはむしろある一派の解釈が登場してくる。つまり、第二次世界大戦後のドイツ人の態度は連合国によって、もっと正確に言えばソ連はまったく関与しなかっただけに西側連合国によって唱えられた、集団責任論により決定的影響を受けたというのだ。その場合イギリス人の態度についていては、よくヴァンシタート卿が引き合いに出される。ヴァンシタート卿は、ただもうドイツ人を道徳的にも性格的にも価値の低いものと見なし、その徹底的な嫌悪感のゆえに「ヴァンシタート主義」とか、それを信奉する「ヴァンシタート主義者」とかの概念を生み出した人物だ。

一九四五年後のドイツ人の罪に対する態度について、西側連合国に責任ありというのは**バルブロ・エベラン**だ。彼女は西ドイツに住むスウェーデン人で、一九八三年に出版された著作『ヒトラーに責任を負うのは誰か——責任問題をめぐる討議一九四五年—一九四九年』の中で、この問題に関するじつに広範な調査結果を発表した。そのさい著者は原則的に、ドイツ人には例外なく責任があるとする非難が外から浴びせられたことを起点として論じている。このことがとりわけ心の抑圧となって、このような告発を受けた者たちに、個人責任論や集団責任論と取り組ませることになったというのだ。

豊富な裏付資料を備えたバルブロ・エベランの論文は、そこに提供された情報に関しては読んで益するものが多々あるが、私はこの前提を根本的な誤りと考える。私は、後ほど述べる私の経験はさておくとして、ここでは再び重要証人としてミッチャーリヒ夫妻を援用する。『哀しむ能力のないこと』の中では、確かに集団責任論に立ち入ってはいる。しかし、一九四五年以前とその後の二十年間のドイツ人の平均的心情を、徹底的にかつ極めて憂鬱にさせるやり方で解明しているものの、西側連合国による集団告発の大きな影響はどこにも見当たらないのだ。心の抑圧は難なく集団告発をやり過ごしている。これに加えて新たな複雑な国際情勢や国家間の対立が生まれ、それにつれて対象の敵が国家社会主義から共産主義に置き換えられるに及んで、集団責任論は程なく捨てられてしまった。それにしても、分裂ドイツの西の部分に新たな同盟能力をもたせようとする西側連合国側の努力の前に、この厳しい告発がいかにすばやく消え去ったことか。すでに第二民主制が樹立されるだいぶ前から、ヒトラー下の国民の集団責任については云々されなくなっていた。しかし罪障感コンプレックスに関わる態度は少しも変わっていないのだから、責任論の中のこの態度に関わる部分は大いに疑念を抱いて然るべきだ。

西側連合国による集団責任告発の期間が比較的短かったことによっても、はるかに多くの成功を収めた反対論、つまり、ヒトラー下のドイツ人の集団**無実論**の生命の長さを説明することは全くできないだろう。この論によれば、責任があったのはわずか「少数の権力者一味」だけだというのだ。

ナチスに唆かされはしたが、本来は気のいい国民で、積極的に参加したというよりむしろなされるままに押し流されたのだ、という意味でのドイツ人集団無実論は、西ドイツでは事実上勝利を収め、多くの人の一般的な考え方になっている。ヒトラー下のドイツ人の集団責任の否定は、いつも他の者に対する集団的告発とも思える色合いを伴って現われる。その具体的な例として、「フランクフルター・アルゲマイネ」紙の一九八五年一月に掲載された読者からの手紙を引用しよう。筆者はヴァルター・H博士とかいう、ヴォルムス市の退職牧師である。投書のきっかけとなったのは、ドイツ降服の四十周年記念に当たる一九八五年五月八日が、ナチス犠牲者のための服喪の日、解放の日として祝われるべきかどうかという、その当時、盛んに行われていた論議であった。

「集団責任の主張は根拠薄弱」という編集部による見出しのもとに、まずはこう述べられている。

「一九四五年五月八日の連合国の戦勝祝いの中で、連邦政府はどんな役割を自らに課したか。ローマ人たちの国家観は今日まで脈々と残されているが、彼らは、その司令官たちの戦勝祝賀のために特別な儀式を用意した。彼らは敗軍の敵をその凱旋行列の中に引き入れて民衆に示した。ついで、敗戦国の国王や軍司令官を絞殺の刑に処した。捕虜となった兵士は、円形競技場に闘士として売りとばされた。一九四五年以降も実に類似の状況であった。」

このように、比較のために必要な歴史的資料の山に一瞥をくれ、ナチスの主犯がその犯罪の故にではなく、戦争に敗れたという不運のために責任をとらなければならなかったと訓示を垂れたあと、ヴァルター・Hは次のように続ける。

「われわれの中で一九四五年五月八日を体験し、辛酸をなめた者は誰でも、この日以降ドイツ人が法の保護を失ったことを知っている。そのとき、ありとあらゆる勝手な振る舞いが、掠奪が、家屋敷からの追い出しが、人間狩りの暴力行為が、東側だけではなくわれわれの側にも飢餓が、工場の解体が、われわれがもっているパテントの剽窃その他もろもろのものが、始まったのである……」

世界史上の大いなる不正はいつ始まったのか。この退職牧師の見解によれば、何千万人の死者を数えて第二次世界大戦が終わったあの五月**以降**に始まった、と知らされるのだ。彼が列挙したのは、きわめて不完全で過小評価されているとは言いながら、一九四五年五月八日**以前**のドイツ軍占領下のヨーロッパの状態そのものであることが、この退職牧師の頭には思い浮かばないのだ。そのあと、ヴォルムス出身のヴァルター・Hは締めくくりの段階に入り、われわれの本題について述べている。

「歴史を犯罪と見なすことだけには警告することができる。ナチスの国家指導層がおそろしい犯罪を犯したこと、またその最悪のものがユダヤ人殺害であったことは、残念ながら厳然たる事実である。だからと言って、その罪を国家全体に負わせ、その国の奉仕者を、その公務員を、いや、この国に生きる全国民を共犯者として位置づけることは、法律的にも道徳的にも誤りである。集団責任の主張には根拠がなく、いわれなき中傷と言わなければならない。歴史を、とくにドイツ史を犯罪史と考える者は、異常な歴史観の持ち主である。敵側から〈犯罪的〉と呼ばれなかった国や政府は、おそらくほんのわずかしかないであろう。これを信用しようとするなら、人類は何千年の昔から、国家の成立以来、悪人と犯罪人に支配されていたことになろう。」

いやはや全く！——こうも懸命に**否定**してよしとする、ヴァルター・Hの態度に対する自然の反応として、こう叫びたくなる。また事実、この読者の手紙には、ヒトラー下のドイツ国民の集団**無実論**を根拠づけるための証言がきちんとそろっている。それは、国家に、官吏に、兵卒に、国民全体の**誰にも彼にも**罪の許しを与える押しなべての全面的釈明であり、集団的債務の免除である。これでは「残念ながら」、厳然たる事実であるおそろしい犯罪を犯した者は、いったい誰だったのか、思わず問いたくなる。ハーケンクロイツ下の国家自体が政治犯罪の源泉であったことに、ヴォルムス市の根っからの臣下は思い至らない。この人間にとっては、国家犯罪も行政機構による大量殺戮も、絶対的な情報の自由が確立されて四十年余りたった今日でも不可解な謎なのだ。それだからこそ、ナチスの犯罪性と絶滅装置やその処理方法に型どおり限定したり、ナチス支配時代の半分を無罪放免したりするのだ。こうしたものの考え方の場合に予期されるところだが、当然「どこにだってアドルフ・ヒトラーはいる」という悪平等主義者の標語さながらに、ヒトラー・ドイツを歴史のその他の時代と同一視することが行われる。そして最後にまたしても、ナチ犯の断罪は、悪業のためではなく敗北のせいなのだとする、耳にタコの表現が出てくるのだ。

この特徴ある読者の手紙をここで詳しくとり上げるのも、これが一九四五年後の大抵のドイツ人がおそらくそのような考えをもち、今日でもたぶんその時ほどではないにしても多くのドイツ人がまったく同様に考えているという、内容的に言って典型的な性格をそなえているからなのだ。ただ当然のことながら、この退職牧師にとって、五月八日という日にはなんら祝ったり喜んだりするいわれはない。もっとも、この日こそドイツ第二民主制が生まれる前提であったし、そのおかげでヴァルター・Hも、その反人間的、反民主主義的世界観なり歴史観なりを、耐えがたい国家的自己哀悼の音色にくるみ込んで発表する自由を享受しているのだ。そこには、周到に保持されてきた一九四五年五月八日**以前**の出来事に対する意識のなさが、原因と結果の関連性に対する盲目性が、犠牲者と犯人の役割のとり違えがあり、言ってみれば、完全な倫理的破産の不本意な告白である。この男はその生涯、孫子の世代に対してどんな過ちを犯しただろうか。人間としての方向性の喪失はもはや測り知ることができず、完全に回復不能である。とはいうものの、世論調査をやってみれば、ヴォルムスで退職生活を享受している牧師のヴァルター・Hが、同時代人の高い支持を得ることが明かになるだろう。

集団責任論に反対を表明するもののほとんどが集団的性格をもっているように、ヒトラー支配下のドイツ人の集団**無実**を唱える論もまた然りである。

「集団**羞恥**」という、極めて不誠実ないやな言葉を使ったのは、西ドイツ初代大統領のテーオドーア・ホイスだ。この言葉は一九四九年の十二月、「キリスト教・ユダヤ教協力協会」の席上のスピーチで初めて出てきた。これにやや詳しく立ち入る価値はある。その件りは次の通り。

「ドイツ国民の〈集団責任〉ということが云々されてきました。しかしながら集団責任という言葉、またその背後にあるものは、単なる簡略化にすぎません。つまり、ナチスが常々ユダヤ人のことを、ユダヤ人であるという事実自体の中にすでに罪過現象が含まれているのだと見なしてきたそのやり方の裏返しなのです。しかし、集団羞恥とでも言うべきものが、この時代から育ってきて、それは今でも残っています。ヒトラーがわれわれに対して行った最悪のものは――彼は事実多くのものをわれわれに残したのですが――何と言ってもわれわれを、ヒトラー及びその仲間と共通にドイツ人という名を負わなければならないという恥辱に無理に陥れたということ、このことでした。」

これはいろいろな点で言語道断な話だ。

まず第一に、集団責任に思いを致す者が、まして集団責任に賛成する者が、殺人的反ユダヤ主義や、アウシュヴィッツで荒れ狂ったその信奉者と同列に置かれてしまうことになる。この同一視は無類のまやかしだ。そして第二に、現実の歴史が問題なのではなく、ドイツ人であることが問題であるために、集団責任論との関連であたかも告発がなされているかのように取り扱われているのだ。

第三に、これに「ヒトラーがわれわれに対して行った最悪のもの」という文章が続く。

われわれにとは？　ヒトラーとわれわれ、とは何か。第三帝国の歴史に関し、国民と「総統」の間をそのように分離させることに、どのような正当な根拠があるというのか。総統と同じ国家に属し、総統とともに**ひとつの**時代に生きることが、何百万人ものドイツ人の誇りではなかったか。ここにはかつて存在しなかった区分がつけられている。これは歴史的事実に照らして信ずるに値しないし、「**ひとりの**犯人と六〇〇〇万人の幇助者。ドイツ国民――ある幇助者の国民」という刑法学者ユルゲン・バウマンの先に引用した胸糞が悪くなる言明を思い出させる。ドイツ国民は、例外は除いて、集団としてヒトラーを支持していた。それにもかかわらずテーオドーア・ホイスの言葉の陰には、西ドイツ社会の内部に当時も今も依然としてある集団責任論のタブー的性格が改めてはっきりと見てとれる。この概念には決して触れてはならない。どうしても触れるときは、もっぱら断固と拒否する目的で使わなければならないのだ。ただ、いくらこの問題から抜け出したくても、全面的に抜け出せるものではない。そこで回避が生ずる。つまり「集団羞恥」なのだ。この免罪論は当時も効果を発揮したし、それは今日に至るまで、いやおそらくもっと永く続くだろう。これは、もっと厳しい本来の命題を緩和する一種の代替物として、戦後社会のこれぞと飛びつくところとなった。つまり免罪論の成功である。

このことは、羞恥心が事実存在しなかったなどということを意味しない。それは厳然としてあったし、それも集団的規模で存在した。そして、これは否定することのできないもの、つまり罪の意識に呼びさまされて、依然として存在している。これについてミッチャーリヒ夫妻はこう記している。

「総統は久しく絶対主義の支配下で奇形化した臣下の最大の理想像を満たし、また反対に、ドイツ民族を際立たしめる人種に、その大いなる理念を注入した。……パルチザン活動の動機となったユダヤ人移送などに直面して、現実否認はすでに第三帝国において始まっていた。あらゆるナチ・イデオロギーの注入にもかかわらず、すでに罪に対する知覚が生じていた。」

ここで「責任」と「羞恥」の極めて根本的な違いがわかる。責任というのは不作為、またはある恐ろしい出来事への参加の結果であり、羞恥とは、こうした態度に対する反応なのだ。責任は発生事実に対する原因的関係であり、羞恥は道徳的関係で、第二次段階なのだ。このことは、自分たちのすべての外面的態度にかかわらず深く責任を感じていた多数の者によっても、まったくその通りだと受けとられた。そのため、**集団的**と銘うたれた概念は、**羞恥**という言葉と結びつけられて、はるかに温情あるものとして受け入れられたのだった。

第一の罪の心的抑圧と否認には、**羞恥心**が関わりをもち、抑圧を解放する要素としての役割すら果したというのが、私のかねての確信であった。ナチス国家の性格とその犯罪性についての実際の知識が、後年明るみに出された数限りない犯罪と結びつくに及んで、大多数の人びとは、ナチス国家に入れ込んだことによっていかに深く罪に巻き込まれてしまったかを知り、さぞショックを受けたことだろう。彼らの羞恥は当初は何らそれ以上のものではなく、ただとりわけ、人間としての方向性の喪失が徹底的なものではなかったことを立証していた。しかし羞恥は、責任との対決における第一段階以上のものではありえなかった。羞恥が真摯な心により生産的進展を遂げることなく、内的な誠実さによって解放に至る目標もなく、第一の段階である羞恥の状態のままでいる間に、長期の心的抑圧の結果よくあることとされる内的硬直が始まらざるをえなかった。羞恥の段階にひたすらとどまっていることにより、当該世代のきわめて多くの人の場合、一九四五年当時は確かにまだ消失してはいなかった人間としての方向性の喪失が惹き起こされた。活発な洞察力による解放の効力もなく、しばしば、密かに内向する責任との取り組みが、全生活を毒し、外に向けて告白できなくなればなるほど、それだけいっそうひどい苦痛を招くという結果が生まれた。

集団羞恥についてのホイスの言は、ヒトラー下のドイツ人の集団**無実論**の下絵である。同じ文脈に挿入された「ヒトラーがわれわれに対して行ったもの」という表現は、意識的に行われたか無意識で行われたかはともかく、**ひとりの**犯人と六〇〇〇万人の幇助者、ずばりヒトラーの歴史、としようとする意図を証するものだ。

集団羞恥論をもってしては、集団責任を追求する批判的な問いかけに答えることもできなければ、ましてやこれを終らせることもできないのだ。

ナチズムの勝利にドイツ人の**国民性**はどのような貢献をしただろうか。「集団責任ありやなしや」の問題をめぐる討議の中でこうした考えが再三再四浮かび上がってくる。この論の擁護者は、何世代にもわたって有機的に生成されてきたドイツ人の本質的国民性の側面が大いにナチズムに迎合したのだという。これは、集団責任論の反対者からは「ドイツ人に敵対的」だとかさらには「人種論的」だとさえ非難される見解である。それぞれの国民がその国民性により画然と区別されるということには異論はないが、他方その場合、その割合があらゆる時代を通じて一定で変化しないと言っているのではないことも明らかだ。国民性とは、最も強靭な生命力をもったものでさえ、万物と同じく変化する。もっとも本書が証明するように、**国民性を乗りこえる営み**はじつに緩慢に推移する。バルブロ・エベランは、既述のとおり集団責任論の熱烈な反対論者であるが、前記の著書の中の「〈ドイツ人〉とはどんな人間か――ある自画像」の標題のもとで、ドイツ人自身による性格描写の声をまとめている。ともかくこれは、これなしにはとても集団責任論を語れないような特性のカタログさながらに読める。その自画像から、厳しい国家指導の干渉のもとで、増大する個人的責任に対し極度に抵抗力の弱かったドイツ人の国民的類型が赤裸々に浮かび上がってくる。そしてこれは今でも変らないだろう。何しろその性格描写は、一九三三年から一九四五年までの時代ないしはその前史だけに関するものではなく、まさに現在の描写として述べられているからである。自由意思で発せられた表明から、数多くのマイナスの伝統が明かになる。

「対立する資質の間でいわば尾根歩きするような難しい業に必要な、心の静謐さや堅実な足どりがドイツ人には欠けているから、容易に極端から極端へと走る。詩人であり思想家であるかと思えば、煽動者で饒舌家でもある。音楽的で、情緒的で、創造的であると同時に融通性に欠け、狭量で、頑迷である。そこで権力志向の人間としてもったいぶるかと思えば、権力に卑屈に屈してペコペコする。……ドイツ人はヒムラーのようによき夫、よき父、虫も殺さぬ愛情に満ちた人間であると同時に、大量殺人者でもあり得る。ドイツ人はそれを矛盾と思わない――一方は私生活で、他方は職業であり、別個の倫理基準が通用する二つの別の世界である。すなわち、〈私は義務を果たしただけだ〉ということなのだ。その内的な不安定さ加減、個人としてまた国民としての劣等感を、ドイツ人は尊大で果敢な態度で埋め合わせをする。真の意味での自己意識が欠けているところからくる自己讃美である。これがドイツ人に、他人の意見を客観的に検討し妥協を図ることを困難にする。

抑圧の傾向は、ドイツ人の場合特に際立っている。ナイトキャップを耳まで被った――あるいは被らされた――ドイツ人の田舎者ミッヘルである。ドイツ人は自分の判断や態度のお手本、つまり寄りかかることのできるような権威を探し求める。……ドイツ人は、その内的不安定のために、はっきりその意見を述べ、卒直に批判することができない。市民としての勇気に欠けているのである。」

断っておくが、この性格描写は「ヴァンシタート主義」の悪意の産物ではない。ドイツ人がドイツ人自身について語ったものである。すでに引用した一九四六年の著作『ドイツ人の良心と強制収容所』の中で、オイゲン・コーゴンはこれにつづけて、次のようにいっている。

「ドイツ人とて、その硬骨の風貌があらゆる国民共通の神秘主義によっていっそう美化されようとも、個人としては死を怖れる。しかし、ひとたび確固たる共同体の中に自分がいることを知るや、ドイツ人は死を怖れない。というのも、たとえどんな共同体であれこれを直ちに理想化し、〈義務〉と〈名誉〉を通して自分がこれと結び合わされていると感ずるからである。最少人数の特務部隊や偵察隊の中にあっても、また単独の戦士としてさえも、背後で集団が全霊をあげて支持してくれると知る限り、ドイツ人は依然として勇敢である。しかし既存の具体的グループの庇護の隊伍から抜け出し、まったく単独で高次の人道的な内容のために――たとえば正義のために――追放処分を受けてすら革命的に戦うともなれば、尻込みして、言うなりになってしまうのである。個々の人間としてドイツ人の場合、政治的に無であり、客体であり、集団の構成部分にすぎないから、どんな間に合わせの政策でも、ドイツ人の個人の権利、個人の自由を粉砕してしまうことができる。いやそれどころか、パルシファルとファウストを一身の中にもっているドイツ人は、信頼と憧憬の念に満ちあふれて、これぞドイツ人に与えられる自由なのだと妄想し、自らを鎖の輪に繋ぎ止めるお手伝いまでやってのけるのである。ドイツ人は、今日まで言葉の完全な意味での政治的国民ではなかったから、ドイツ国家は、ナチスのテロに対して反乱を引き起こさなかった。ドイツの市民的英雄はことごとく例外であったし、八〇〇〇万人中の数千人というわずかな数に留まらなければならなかった。」

だいぶ早い時期のコーゴンの論述がひとつの証明だが、ここでもう一度バルブロ・エベランの書物から、ドイツ人の自己性格描写の声を採録する。

「ドイツ人は共同体にいるときだけ勇気がある。勤勉、忠実、遵法、節倹、秩序愛といったその際立った市民の徳性を、ドイツ人は狭い空間において、明確な指示が与えられた場合に最もよく発揮できる。責任と自発性に対する不安から、ドイツでは、応急の処理が必要な場合でも、所轄権限の問題が第一義である。ドイツの公務員にとっては、不作為の罪はなんら具体的な罪の概念を構成しないが、これに反して命令拒否は悪業である。言われたこと以上のことはしないが、またそれ以下のこともしない、つまりは、命令は命令なのである。」

これは明快な言葉だ。しかも、それは外からやってくるのではなく、内に由来するのだ。市民としての勇気の欠如、義務観念の倒錯、心の深層の不安定からくる権威信仰、これらはすべての典型的な特性として、つまりは集団的態度として、まさしくレッテルを貼られるところである。ここで、なぜナチズムがドイツで易々とやってのけたかを説明し得るような、気がかりな素質が明かになる。まさしくこうしたドイツ人をナチスは必要としてたのだ。ヒトラーはこうしたドイツ人を創り出しはしなかった。すでにそこにいたのだ。それから、指導層と国民の間の相互作用の中でこのドイツ人をずっとさせるような極端なものにまで押し進めたのだ。

国民性、つまり、例外を考慮に入れても国民全体の目じるしとなる集団的特性が、いかに根づよいものでありうるかを、ミッチャーリヒ夫妻は、帝国史と連邦ドイツの現在との橋渡しをする箇所で分析している。すなわち、ドイツ人の性格形成は、ワイマール共和国が機能しなかったこと、そして何百万の人間が強い解放者出でよとの満たされない思いに沈み、そのおかげでたちまち政治的冒険の餌食となったことと関係があったに違いない、というのだ。問題の今日性について、一九六六年に出版された『哀しむ能力のないこと』の中にこう出ている。

「誰でもそうだがわれわれの場合も、三十年前にナチス国家に権力の座を与え、そしてひと度その座に着いたこの権力者たちを——たとえば狂気の沙汰でもこれにしたがった方がまだましだと思うぐらい忌み嫌う内戦かなにかによって——追放することができないほどわれわれを無力にしてしまったあの性格上の特性を、今なお持ち続けている。したがって、われわれを〈解放〉するためには、ある種の歴史上の大々的崩壊が必要だった。

しかし、われわれは新たな国家においても、こうして歴史的に生成した性格をいやでも身につけている。その事情は、硬直した臣下根性の持主が新しい政治的装いで権力の座に着いた東ドイツにおいても変るところがない。」

そして、第三帝国の終焉から二十年たった六〇年代の半ばにはこうだ。

「ナチス時代に育ち、これと全時代をともにし、そして新たな連邦共和国になじみ、これに順応する典型的な人間をでっちあげることは、別に現実離れした企てではないようだ。

この種の人間が今日まで西ドイツの歴史を手中にしてきたし、今日の二十代、三十代の若者を育ててもきた。この種の人間は心の奥底で分裂を起こしているため、若い世代の者たちにきわめて明白な痕跡を残すに違いない。というのは、われわれはすべて、自己を確立する前に、両親としての役割、あるいは教師としての役割にしたがって、〈手本〉としての効果を及ぼすべき目上の者との一体化の体験を経るものだからである。したがって若い世代が、神聖とされた伝統や先入観の軛から簡単に脱却できると仮定することは幻想である。その世代は行動パターンの遺産に変更を加えることだろう。それは、見込み話であり、その域を出ない。」

さらに二十余年経ってみて、この世代分析の的確な予言にはただただ驚くばかりだ。

ここに要約された、きわめて不完全とはいえ、じつに印象深いドイツ人によるドイツ人についての証言はすべて、集団責任論の反対者にとっては砲弾を意味する。そして、ヒトラー下のドイツ人にこの責任ありとする結論に至るならば、長期にわたって形成された国民性が、その場合決定的な力を及ぼしたということは疑問の余地がないだろう。

最後に——次のような結論は正当とされるだろうか。

「われわれの社会全体がアウシュヴィッツで協力したのだ。」

責任をアウシュヴィッツにとどめず、この場所をヒトラー・ドイツの中心的シンボルにするマルティン・ヴァルザーのこの言葉に、誰があえて異を唱えようか。これに対して、どのような異議、真剣に受けとれるようなどんな異議がありえようか。皆無なのだ。これは、ヒトラー下のドイツ人の集団責任についての、極度に圧縮した決定版的表現なのだ——「八〇〇〇万人中数千人」によるヒトラーへの抵抗ということだけでも、そのことを証明している。この場合、集団責任という概念は、ナチスを支持し、ヒトラーを盲目的に信じ、ヒトラーのために戦い、占領し、殺害した、当時の責任ある圧倒的多数のドイツ人に関わる。ナチス国家が要求した測り知れないほどの努力の数々が、決して「圧力のもとで」とか、ましてや内心抵抗しながらということでさえなく、ひたすら意見の一致のもとに達成されえたということには、いささかの疑いもない。絶対的多数の献身がなかったとすれば、六年になんなんとする戦争で当時世界を震撼させたエネルギーを結集することなどできなかったろう。その点に、つまりアウシュヴィッツを含めて国家的出来事全体を可能にしたもの、ナチズムの国家的制度化と当時の国民の多数との**一致**の中に、集団責任の本来の性質たるべき実体が求められ、見出されなければならない。もっとも、それはドイツ人の一定の世代と歴史の一時期に限定されるものであり、国民的原罪として追求するものではなく、また、集団**無実**を唱える煽動家たちが、集団責任論の擁護者を誹謗し、不条理の面をつくり出す目的をもって、世間に信じさせようとしている母胎の中の胎児をも含むものでもない。

責任の問題は、有効な現実の力関係にもとづいて決められなければならない。「集団的」という概念を正当化するには、まず大多数の者がなければならない。そこから、ミッチャーリヒ夫妻が行ったように、「ヒトラーを信奉していた国民的集団」について語ることは、全く正しい。事実は明々白々であった。

私は、ナチス犯行時の十二年間の自分自身の経験から、一度も揺らぐことなく、つねに集団責任論の支持者であった。充分に幅広い網をかぶせたアンケートによって、信頼できる全体像が求められるのと同様に、事情により限られた情報伝達範囲の個人的経験であっても、その結果を未知の多数に当てはめることができよう。したがって私が知っているグループの人びとの典型的な、または典型的ではない態度は、私の知らない人びとを含めた全体の態度と一致するだろう。ナチス時代の私の実際の体験によれば、同時代の人間を三つのカテゴリーに分類することができる。積極的なレジスタンスの闘士——ほとんどゼロである。狂信者——まれではないが、決して通例とは言えない。この両極の間が最も普通であり、大多数の、つまり集団の事実上の態度である。すなわち、それには支持・賛同の度合いを強める者や、歓喜のジェスチャーを外に示したり内心快哉を叫び続ける者までである。さらには、国とは疑いもなく祖国のことと考える者や、不安からではなく現状との妥協から抵抗力を完全に失った者もいる。ほんの最初の五年を観察しただけでも、あらゆる種族の組織的一元化、焚書、ユダヤ人ボイコット、一九三三年以前の政治的ナチス反対論者の大量逮捕、これらの人のための収容所の開設、ニュルンベルクの人種法の宣言、一九三八年十一月のドイツ系ユダヤ人に対する一網打尽の拘束と、官憲が行った措置や事件を知っていたにもかかわらず、このような態度がとられたのだ。ヒトラー・ドイツがいきなり仕掛けた戦争が、襲撃を受け、征服され、弾圧されたヨーロッパの諸国民にどんな不幸をもたらしたかについて、まったくの盲目同然であったのだ。それにもかかわらず、スタリーングラードで神に見離され、そして一九四三年以降潰滅的敗戦の色彩がますます濃厚になってきた後で、どこか心の片隅に追いやられ、そこでためらいがちに再発見されたものは、これらすべてのことは正当なのだろうかという抑圧された疑念であった。罪の意識と報復への不安は、いわば心のメダルの両面を表わすものだった。集団責任という概念が私の意識にのぼるずっと前に——私は解放されてはじめてこの概念に出会ったのだが——私は、われわれの運命が**この多数者**に握られていたという被迫害者としての経験を久しくもっていた。

当時のドイツ人の大多数は、ナチス指導者が望んでいたように、おそらくナチス党員にならなかったかもしれないが、それでも彼らは断じて親ナチスであった。指導部が好き勝手なことをやれるだけのおおかたの賛同があった。これを妨げたものは、反ヒトラー連合の武力による勝利以外の何ものでもなかった。

集団責任に対する異議の中で、ただ一つ、一時的に私を印象づけたものがあった。それは、集団責任を肯定することは主たる責任を負う者の負担を軽くし、その責任の負担分を彼らから一般人の肩へ移しかえ、平均よりはるかに重い責任を負うべき者の利益になるのではないだろうか、という異議であった。しかしこの印象も、その異議が、もし積極的で従順な多数がいなかったら、ナチスの寡頭政治も大したものでなかったろうという相互関係を否定しているがために、脳裏から消え去ってしまった。集団責任をその個々の部分に分化しても、集団責任自体を消滅させることはできず、それらの間の関連を露呈させるだけのことだ。主たる責任者の罪は、当該の個人として見積っても、集団責任のずばぬけて大きい部分ということであり、多くの者の「残余の責任」を消し去るだけの力はない。数の上で不均衡な二つのグループ間の責任を区別しても、同一の犯罪行為という点で再び消え去ってしまう。

ヒトラー下のドイツ人の集団責任の問題は、私にとって少しでも**司法上**の意味をもったことはなく、いつも道徳上の意味をもつものにすぎなかった。それは、私の見るところ、裁判所、監獄、刑務所の獄房とは何ら関係のないものであった——集団責任は司法の対象とはならないのだ。私にとって集団責任の自白とは、**救済**をもたらすものに他ならない。私はこれを心の解放の行動、何百万人の人間が狂気の時代の後で、自分で己れを再発見する唯一の前提という意味でしか考えたことはなかった。自白、つまり集団責任についての告白の目標や効果は、ひたすら狂気からの脱却、人間としての方向性をとり戻すこと以外ではありえなかった。

このことを誰よりも明確かつ「専門的」に表現したのは、スイスの精神分析学者カール・グスタフ・

ユングである。第二次世界大戦が終わって間もない頃、雑誌「ヴェルトヴォッヘ」とのあの有名なインタヴューの中で、次のように述べている。

「集団責任の問題は、政治家が懸命にとり組み、また今後とも関わっていく問題だろうが、心理学者にとってはひとつの事実であり、ドイツ人にその責任を認めさせることは治療法上、極めて重要な課題のひとつだろう……。

今日のドイツ人は、翌朝二日酔いの恰好で目を覚ます酔っぱらいのようなものである。ドイツ人は自分がやったことを知らず、またそれを知ろうともしない。唯一の感情は、ひどく惨めだという感情である。世界の告発と憎悪に相対して、ドイツ人は懸命に名誉を回復しようと努めるが、それは当を得たやり方ではない。唯一の救済方法は、その罪を一つ残らず認めることである。〈私の過ち《メア・クルパ》によって、私の重い過ち《メア・マクシマ・クルパ》によって〉と。」

周知のように、この救済には至らなかった。関係世代の多数がこうした道を辿らなかったのだ。そこから出てきた結果を、責任追求論議のもうひとりの大立物、哲学者のカール・ヤスパースはその著『西ドイツはどこへ行く』（一九六六年）の中で、もうひとつの中心的書物『哀しむ能力のないこと』と見事に並び立つかたちで、集団責任の告白なしに時を過ごした歴史を社会の惨憺たるバランスシート、と要約した。そしてまた、事実西ドイツはその通りに見える。他のバランスシートは存在しない。国民の告白を求めるオイゲン・コーゴンの熱烈な希望は満たされることがなかった。即ち、

「自分自身で裁いてしまったのだから、もう裁判官を怖れることもないだろう……」

という具合だったのである。

この章で分析したように、ハーケンクロイツの下でのドイツ人の集団責任という歴史的現実に対して

は、一九四五年以後いかに集団的に責任排除を図っても、これに何らの変化を加えることはできない。主観的否認は、客観的事実を帳消しにしない。オイゲン・コーゴンは、このこともたった一つの文章の中に凝縮した。

「道徳神学的批判には耐えられない〈集団責任〉という言葉を投げ捨てることによって、まるで国民的〈集団〉の各個人がまさに分担していた責任自体を無にすることができるかのごとくである。」

ちなみに「ドイツ難民憲章」

ある誤解された文書への遅まきのあとがき

歴史的経験を無視する。かつ、その時々の現状に対する不満と隣国との争いを始める衝動が、総じてドイツ人の政治心理的な「正常な状態」であることを見逃す。それが、いつも貧乏くじを引いたと嘆く者の態度である。

他の国民なら、平民部隊が制服をまとって、類例のない犯罪、彼らが怖れも憎みもしない人間の絶滅のために、そう易々と動員されることなどなかったろう。彼らは、兵舎で押しつぶす南京虫ほどにも人びとを憎んでいなかったのだ。

エーリヒ・クービー

一九五〇年八月五日、シュトゥットガルト近郊のバート・カンシュタットで行われた大規模な政治集会の席上、最初の連邦政府、教会、各州議会の面々が列席する中で、「ドイツ難民憲章」と呼ばれる文書がはじめて公表された。その文言は以下の通り。

「神と人類の前にその責任を自覚し、キリスト教的西欧文化圏への帰属を意識し、ドイツ民族たることを自覚し、かつ全ヨーロッパ国民の共通の使命を認識して、数百万に及ぶ難民から選ばれた代表者は、充分なる考慮と良心に従う検討を経た末、ドイツ難民がその基本原則と見なし、かつ自由で統一されたヨーロッパを実現するための不可欠の前提と見なす、義務と権利を定める厳粛な宣言をドイツ国民と全世界の人びとに対し発することを、決議した。

1 われわれ難民は、復讐と報復を放棄する。この決意は、われわれにとって、とりわけこの十年間に人類にもたらされた限りない苦しみに思いを致すとき、真摯にして神聖なものである。

2 われわれは、諸国民が恐怖も強制もなく生活し得るような統一ヨーロッパの実現に向けられるあらゆる行為を、全力をあげて支持するであろう。

3 われわれは、苛酷なたゆまぬ労働を通じて、ドイツとヨーロッパの再建に加わるであろう。

われわれは故郷を失った。故郷を失った者は、この地球上でよそ者である。神は人類にその故郷を与え給うた。人間を強制的にその故郷から切り離すことは、その者の魂を殺すにひとしい。

われわれはこの運命に耐え、これを生き抜いてきた。故にわれわれは、故郷をもつ権利が、神から与えられた人間の基本的権利として承認され、実現されるよう要求することが、使命であると考える。

ただし、この権利が実現されない間、われわれは拱手傍観する意図はなく、わが国すべての同胞との理解ある、兄弟のような共同生活という新しい純粋な形式で、仕事をし、活動する所存である。よって、われわれは昨日に続き今日も次のことを要求する。
1　法の前のみならず、日常の現実生活においても与えられるべき国民としての同等の権利。
2　本戦争の負担の公正かつ理に適った形での全ドイツ国民への割当て、および、この原則の誠実な実施。
3　難民すべての職業グループのドイツ国民生活への合理的な組入れ。
4　ドイツ難民のヨーロッパ再建への積極的な関与。
世界の諸国民は、この時期の苦しみを最大限に被った、故郷を追われた難民の運命について、共同責任を感じなければならない。

諸国民は、そのキリスト教徒としての義務およびその良心に従った行動をしなければならない。

諸国民は、ドイツ難民の運命が、あらゆる亡命者の運命と同じく、強力に遂行するための高い道徳的責任と義務があってはじめて解決できる世界の問題であることを認識しなければならない。

われわれは善意をもつ諸国の人びとに対して、責任、不幸、苦痛、貧困、悲惨から抜け出して、よりよい未来への道がわれわれすべてに開かれるために、事業に手をかしてくれるよう呼びかける。」

この「ドイツ難民憲章」には、難民同郷人会スポークスマン、それに被追放ドイツ人中央連盟とその州連盟の各議長の署名がある。

これについては賞め言葉しかなく、政治的理性、道徳的偉大さの証左とされた。例えばこんな風だ。

「この〈ドイツ難民憲章〉は、復讐や報復の厳粛な放棄、また暴力の放棄、東ヨーロッパの国々との和解、協力への告白をうたっており、歴史的に価値ある文書である。この第一世代による遺産は、今日にも将来にも通用するものである。」

あるいはまた、
「故郷被追放者たちは、すでに一九五〇年に〈ドイツ難民憲章〉を発表して、独得な進行方向を指示した。この文書は、戦後の時代のもっとも重要なものの一つに数えられるが、例えば、その道徳的社会参加によって、よりよい未来に寄与した。」

第一の引用はヘルムート・コールのもので、第二の引用はフリードリヒ・ツィンマーマンのものだ。ともに機関誌「ドイツの東方使命」(被追放者同盟——連合同郷人会および州連盟——の情報)の一九八五年一月の特別号から抜いたもので、この二十四ページの冊子には「あれから四十年——悲哀と追憶」および「ドイツへの忠誠——戦争、追放、分裂から四十年」のモットーがかかげてある。上記の引用をえんえんと続けたとすれば、一九五〇年のシュトゥットガルトの文書については、よいことばかり、賛同の文句ばかりを読むことになろう。

しかし、あの文書はある見誤られた、いや断じて**最大限に誤解された文書**なのだ。「ドイツ難民憲章」は、歴史的隠蔽のすぐれた実例である。これは、あらゆる因果関係を断ち切り、事件発生の年代順を無視し、それゆえ追放以前の歴史には口をつぐみ、それによって第一の犯罪を排除・否定することに相応の寄与をなし、第二の犯罪を単一の対象として取り扱っている。

遅くとも「とりわけこの十年間に人類にもたらされた限りない苦しみに」(これを言えば、一九四五年から「憲章」作成に至る五年間はとりもなおさず相対的にナチス犯罪が考慮される)と述べたその箇所では、ナチズムとヒトラー・ドイツへ立ち戻って然るべきだし、具体的な名前が期待されなければならないはずなのだ。ところが、ここでは、またその後でも、出てこない。ヒトラーもその側近も、心からの信奉者たる国民的集団も、また第三帝国がまさに東部ドイツの住民から得ていた圧倒的賛同についての示唆すらも、出てはこないのだ。

徹底的な殺害が行われたポーランドについては一言もない。ドイツ軍のソビエト襲撃による測り知れないほどの犠牲者についても、ただの一言もない。ここでは、ドイツ軍の占領がまさに東ヨーロッパの国々にとって意味したものを示す、ただの一かけらもない。アウシュヴィッツ、トレブリンカ、ソビボル、ベルゼッツ、ヘルムノ、これら行政機関の大量殺人による身の毛もよだつゴルゴタの丘は触れられずじまいである。ユダヤ人以外に対するホロコースト、戦争捕虜や一般市民に対する大量殺戮は完全に黙殺されている。そして、ウクライナのブーク川までの、さらにはこれをはるかに越えて「ゲルマンの東の壁」の巨大な仕切りの向こう側までの、いわゆる「ドイツ化」に基づく絶滅計画も、皆殺しの現実も、ここでは決して存在しなかったのだ。

「ドイツ難民憲章」は、ドイツ占領下の東ヨーロッパで何百万人にも及ぶ大量追放があったことを伏せている。これは苛酷極まる条件のもとで行われた民族強制移動であったし、これらはみな、ただ一人のドイツ人にせよ東方から追放される以前の出来事だったのだ。

しかし、ここでこの章の冒頭に引用したエーリヒ・クービーの書『ポーランドがドイツだったとき——一九三九年—一九四五年』からの抜粋により、恐怖の決算に関して二、三の追憶を述べることにする。一九三九年九月一日の、ドイツ軍の優勢な攻撃のあとほんの数週間の戦闘で、衆寡敵せず約七万人のポーランド人が戦死する。敵対行為の結果、何千人にも及ぶ一般市民の死者が出るが、この犠牲者数は、ドイツ軍占領の最初のひと月でもう、死の親衛隊騎兵中隊のとりわけユダヤ人に対する殺害行為により記録を塗りかえられてしまうのだ。

ポーランドの人的損失は、千人の住民当たり二〇〇人で（これを当時のドイツの人口に当てはめるならば一三〇〇万人から一四〇〇万人の死者ということになったろう)、ヒトラー・ドイツとの戦争に参加したすべての国民の中で最高である。ポーランドの工場の三分の二は、全壊か、部分的に破壊された。ポーランドの文化財の掠奪は、相当なパーセンテージにのぼり、その歴史的記念物は組織的に破壊しつくされた。そして首都ワルシャワは、三つの段階を経て、潰滅状態となった。第一段階は一九三九年九月の空爆と砲撃によるもの、第二段階は一九四三年四月と五月に行われたワルシャワ・ゲットーの破壊によるもの、そして最後は、一九四四年の八月から十月へかけての一般武装蜂起にたいする粉砕によるものであった。

この「憲章」の中では、全国民に下等人間の烙印を押したことについて、いわゆる「ドイツ化」について、一言も触れていない。「ドイツ化」の目的は、「ポーランド人のいない」、そしてもちろん「ユダヤ人のいない」広大な領域をつくり出すことであった。したがって、「帝国大管区ヴァルテラント(訳註=オーデル川支流の地域)」の「ドイツ化」のために、四十万人のユダヤ人と三五〇万人を超えるポーランド人キリスト教徒が追放される破目になった。「ザモシチ作戦」は、いわゆる「民族上のドイツ人」(訳註=一九三七年当時のドイツ・オーストリア国境外、特に東欧に居住していた外国籍のドイツ人)を空疎になった地域に移住させる目的をもって、「高貴なる血によるドイツ化」と同時に「劣等の血」の大量抹殺を図るためのぞっとするような実例だ。「ザモシチ作戦」の公用通信文の中で、ポーランド人は「異民族」と記されていた。

ハインリヒ・ヒムラーのために計画を練り上げたナチス人種政策局の役人、エアハルト・ヴェッツェル博士とかいう人物の計画では、東ヨーロッパで「移動しなければならない」住民の数はたちまち五千万人にものぼり、またこの計画は知られる通り机上のものにとどまらなかった。

「憲章」の中では、いわゆる「総督管区（訳註＝ドイツ占領下のポーランド地区）」の大量の人間の一か所への封じ込め、例えば当時リッツマンシュタットと呼ばれたウォッジのゲットーについては一言も触れられていない。アウシュヴィッツの前庭とも言うべきこの場所は、当初は四・一三平方キロ、後にはさらに四分の一ほど削減されたが、ここに何十万という追放されたユダヤ人が収容されなければならなかったのだ。

管区総督のハンス・フランクが一九四三年六月十九日付けでヒムラーに宛てた、十四ページにわたる書簡を読みなおしてみるがいい。史上最大の人間屠殺場の総督は苦境に立っていた。つまり、世界史に名をとどめるスターリングラードの鬨の声はまだ鳴り響いていた。東部戦線のドイツ軍の夏季攻勢は起こらずじまいだった。北アフリカは失われた。第三帝国の終末はすでに始まっていた。この状況のもとで、フランクはドイツのポーランド政策を変えようとした。それは、人道的な配慮からではなく、被征服者からこれまで以上に圧制者に役立つものを引き出すためであった。そこでフランクは、当時としては珍しくあからさまに、九つの点に基づいて、これまでのポーランド政策の様子を描き出した。

1.　まったく不充分な栄養補給。2.　ポーランド人所有地の大きな部分の差押え、補償なしの土地収用、および軍演習場とドイツ人入植地域からのポーランド農民の立ち退き。3.　産業部門における干渉と接収。4.　ドイツ警察による大量逮捕と射殺。5.　徹底的手段による労働力確保。6.　文化生活の広範な機能停止。7.　中学、高校、大学の閉鎖。8.　国家行政のすべての分野におけるポーランド人勢力の制限、できれば完全な排除。9.　ポーランド・カトリック教会の影響力の削減。その各種修道院、学校、またカトリック教会が経営または設立した慈善施設は、極めて短期間に、また永久に機能停止ないしは没収されていたという。

フランクは、当時盛んに行われていたヨーロッパのユダヤ人大量殺戮について言及する必要なしと考えたが、その列挙ぶりは、ポーランドにおけるドイツ人追放に先行した事件の犯罪一覧表を見るようである——しかも「憲章」の中では一言も触れられていないのだ。

ハンス・フランクはニュルンベルクで絞首刑の判決を受けたが、それはともかく、別の箇所で、心ならずもドイツの絶滅計画の真相暴露者として貢献するところとなった。またそれと同時に、絶滅の計画と実行が、一九四五年五月八日という日をなんら予見ないし予感することなく、歴史の前に絶対に処罰されないことを確信してなされたものであることを証明している。フランクの一九四一年十二月十六日付けの勤務日誌には、四五七ページ以降に、占領下のソ連西部地域のユダヤ人の取扱いに関する見解が次のように記されている。

「われわれが、彼らを入植村に収容すると思うだろうか。われわれはベルリンで言われた。何でこんな厄介なことをするんだ。東方地域だって、帝国特別委員会（訳註＝帝国で一定の時限的目的をもって設けられた委員会）だって、彼らのことはどうにもできやしない。自分で始末するんだ。どうか、同情的な配慮は一切禁物に願いたい。われわれは、ここで帝国の組織を保持するために、ユダヤ人をどこでも出会ったところで、できるだけ素速く始末しなければならないのだ。……ユダヤ人はわれわれにとっても有害な穀つぶしだ。総督管区には、ざっと見積って二五〇万、ユダヤ人と姻戚関係にある者やこれと関わりのある者を加えれば、おそらく現在三五〇万人のユダヤ人がいる。三五〇万人のユダヤ人を射殺することはできない。これらを毒殺することもできない。それでもわれわれは、何とかして彼らを絶滅するような手だてをとることはできるだろう。それも、帝国から相談されるはずの大々的な措置に関連してだ。総督管区には帝国自体とまったく同じように、ユダヤ人がいなくならねばならぬ。」

これこそが、ドイツ占領下で東ヨーロッパを、いやまさしく東ヨーロッパとその国民を、ナチス占領地域の他の国民よりももっと厳しく支配していた精神であった。そして、その実際の絶滅の効果が限定されたのは、ひとえにヒトラー・ドイツが軍事的に敗北したからにすぎなかった。当然のことながら「憲章」は、戦争自体がヒトラー・ドイツの最大の犯罪だったという事実に口をつぐんでいる。戦争こそが、ドイツの国境の向こう側で、すべてのものを顔色なからしめる絶滅作戦を実施するための前提をつくり出したからだ。もちろん、この点についてのドイツ国防軍の役割に関する言及もない。ドイツ国防軍は、その領土征服によってナチスの根絶政策を可能にしただけではなく、これに深く巻き込まれていたのだ。

ドイツ軍が粉砕されたあと、ドイツ人を追放するに至った動機の数々については、まったく隠蔽されているのである。

「ドイツ難民憲章」は、**書き換え**と**ぼやかし**の文書でもある。その一文をあげよう。

「われわれは善意をもつ諸国の人びとに対して、責任、不幸、苦痛、貧困、悲惨から抜け出して、よりよい未来への道がわれわれすべてに開かれるために、事業に手をかしてくれるよう呼びかける。」

ここでぼやかして言い替えているものは、犠牲者と犯人の間の境界の撤去である。攻撃した側と攻撃された側、また殺害者と被害者の根本的に異なる不幸、苦痛、貧困、悲惨の原因をならして見分けのつかぬものにし、一九八五年五月八日、ヒトラー・ドイツの降服四十周年に際して、コール首相がアメリカのレーガン大統領と並んでビットブルクの墓地で表明したあの和解のための美辞麗句程度のものにしているのだ。

「憲章」が「キリスト教的西欧文化圏」とか国民性とか宗教的なものを引合いに出すのは、ドイツに占領された東ヨーロッパの血ぬられた背景を前にして笑止である。ナチス「千年王国」の声明文が、やたらとこんな表現に満ち溢れていたが、これは現在でも、何も損われなかったかのようにそのまま受け継がれている。「神は人類にその故郷を与え給うた」という主張や、「故郷を失った者はこの地球上でよそ者である」みたいな見当はずれの詩的言い回しも笑止である。ただし、こうした調子には誰も不審の念を抱かなかったはずだ。なにせ一九五〇年のドイツ人にとって「憲章」は、まだ身近かに腐臭が漂っている過去に直面して、誠心誠意とか現実の悲しみとかに基づくものではなくて、ドイツ人の責任の排除と否定、またその相対化に基礎をおいていることを誤解の余地なく記録している。その文面全般にわたって、曖昧に言え換える必要性が顕著に現われている。例外として、自己表明と思われるあの章句がある。そこには明確にこう述べられている。

「世界の諸国民は、この時期の苦しみを最大限に被った故郷を追われた難民の運命について、共同責任を感じなければならない。」

故郷を失うことは恐ろしいことだ。それには誰も異論を唱えることはできないし、また唱えもしないだろう。しかし、ひと度その点を度外視すれば、難民はナチズムとヒトラーに対する自らの政治的態度を通して、自らの運命に関しどれほどの自己責任を負っただろうか。どうしてドイツの難民は、全くの偶然からアウシュヴィッツを逃れはしたものの、ガス室にその家族を残してきたユダヤ人たちよりもひどい苦痛を受けたと言えるのだろうか。あるいは、ドイツ人のレジスタンス闘士の妻の場合をとっても、その夫であり、その子供たちの父親である人物がピアノの弦で縛り首にされたときのその苦痛よりひどい、と言えるのだろうか。どうして難民の運命が、体験の現実が時間的に遠ざかれば遠ざかるほど、地獄のような思い出がまざまざと甦ってくる強制収容所体験者の典型的な運命よりも苛酷なものだった、と言えるのだろうか。

「ドイツ難民憲章」は、ナチスの犠牲者の世界とはなんら精神的な繋りのないこと、その感情の歴史や苦しみの歴史からは、取り去ることも埋めることもできない遠い距離にあることを確信させる文書だ。ここで語られているのは、反ファシズムとも無縁で、ナチス反対の主旨もない「別の側面」なのだ。書き換えとぼやかしのこの文書の署名者たちが考える唯一最高のものは、自分の窮状の訴えに役立つことだ。

現実を書き換えるのは「第三帝国の言語《リングア・テルティイ・インペリイ》〈LTI〉」（訳註＝V・クレンペラーの著書名。邦訳は法政大学出版局）の特色だ。追放の代わりに「移住」、非ドイツ人の根絶の代わりに「ドイツ化」、大量殺人の代わりに「最終解決」と、例は枚挙にいとまがない。それらは事物を名前で呼ばない習慣を示している。これは今日まで脈々と続いているが、出所が明瞭な伝統だ。

そのお誂え向きの例として、エルサレムで行われたアイヒマン裁判の訴訟記録文書第一四四三号から引用してみよう。ポーランド領でのドイツ人による集団犯罪、つまり、絶滅収容所ヘルムノにおけるガス車による殺害方法がどう言い換えられているかである。

その中で、死の旅に出るユダヤ人は「装入物」または「装入物の個数」と呼ばれている。密封遮断したガス車の内部空間にモーターの排気ガスを導入する殺害過程を「稼動時間」といい、死との闘いの中で生ずる犠牲者の排泄物を「副次液体」と呼ぶ。「副次液体」が流れ出るように工夫をこらした装置の描写でも、殺害経過の書き換えがきびしく守られる。「手っとり早く車の掃除ができるように、床の中央にぴったりと密封することができる排水口がつくられている。直径約二〇〇ミリから三〇〇ミリの排水キャップにはサイホン曲管がついていて、そのため薄い流体なら稼動中でも流し出すことができる。」「監視窓は」——中にいる者がひどく苦しみながら徐々に窒息死してゆくさまを観察できるものと書いてあるが、そうではなくてできるようにと読ませるのだろう——「これまで取り付けられてはいたが、実際に利用されないから、これをなくして差し支えない」。

死を極めてはっきりと予感した犠牲者の態度に関連して、慎重に書き換えた次のような改良提案がだされている。「後部ドアを閉め中が暗くなると、いつも積み荷がドアに強くつき当たってくることが経験上わかった。これは、暗くなると積み荷が光を求めて押し寄せるということに起因する。これではドアに掛け金をかけることができない。さらに、おそらく暗闇の不気味さと関係があるのだろうが、ドアが閉められると、いつも決まって騒音が始まるということが確認された。したがって、稼動する前と稼動し始めてから数分の間は、照明をつけっ放しにしておくことが目的に適っている。」「積み荷」とは死に赴く者であり、「稼動」とは殺人過程のことだ。すぐその後でも、書き換えられた改良提案がある。「車輛の荷おろしを素速く、容易にやってのけるために、運び出し用の回転式スノコをとりつけなければならない」——これにのせて死体を一気に運び出すことができたのだ。

それから最後に、「メーカーは、今のところ構造上の変更は無理で、最小限の修正しかできないとの意向であるため、別の会社にあたってみて、十台のうち少なくとも一台は、これまでの実際の経験から明かになった改良・変更をさせなければなるまい」とある。

書き換えの方法は厳格に守られている。「第三帝国の言葉」から受け継がれたその他多くの言葉と同様、この方法も帝国滅亡後、無意識ないし潜在意識的に継承されてきた。その場合、いくら内容的に差異があるにしても、根本的な動機づけとしてこのことだけは確かである。すなわち、何かを書き換える者は、何かを隠したがっているのだ。

「ドイツ難民憲章」で特筆すべきことは、第一陣として追放されたドイツ人たち、つまり国外亡命者について一言も触れてないことだ。ナチズムに敵対したため、あの「初期」の頃や一九三九年の戦争勃発前に強制追放にあったこれらのドイツ人については、何も述べられていない。「難民の基本法」と称せられるものの生みの親たちには、これらの人たちに一度も考えが及ばなかったもののようだ。そしてこれは、西ドイツ社会における国外亡命者に与えられる公の評価と、憲章発表当時はおろか今日に至るまで完全に合致するのだ。正当防衛によるこれら難民に対する評価は、高くはなかったし、今でも高くはない。一九三三年後いくらも経たないうちに、もう熱狂的な多数の者に支えられていた「新生ドイツ」から逃亡ないし移住しなかったら、彼らは踏み止まったヒトラー反対者同様に虐待され、拷問を受け、殺害されていただろう。

ミッチャーリヒの『哀しむ能力のないこと』は、「恥辱としての国外亡命」という中見出しのもとに、かの国外亡命者であったヴィリー・ブラントに対する独特な非難に関連して、こう書いている。

「事柄の性質からみて、ブラントが銃砲をとったかどうか、また彼が〈免責〉のために何をもち出したとしても、そんなことはどうでもよい。このことに関してブラントに対して申し立てられた非難のどれひとつとっても、名誉を傷つけるものではない。反対に、どんな褒められるような振る舞いだって非難はつきものである。最大の敵の手に落ちた祖国の自由を再建するために亡命する者は、いまわしいことは何もしていない。祖国の自由のために、他国民の自由をないがしろにするテロに抵抗する人たちと手を組む人物、しかもその人がそれに自らの命を賭する用意があったとしたら、祖国の感謝を受けて然るべきだろう。ドイツ人が政治的経験を積んだ国民であったら、亡命者軍団が恐怖政治の支配下の軍隊と戦うということが、確かにありえただろう。それは、国際的舞台に移された内戦であり、農民戦争以来最も重要な歴史的瞬間のドイツ内戦であったろう。親しい仲間の席でマックス・ヴェーバーは一度ならずこう言うのだった。〈ドイツの国家的不幸はまだ一度もホーエンツォレルン家の誰かの首を刎ねなかったことだ〉と。そういうドイツ人レジスタンスの軍団がなかったように、今日まで現実にも譬え噺にもヒトラーの首を刎ねる者はいなかった。」

いや、ここでいうような精神は、広範な西ドイツ国民の精神ではない。当時でも、六〇年代の半ばでも、八〇年代末の今日でもそうだ。また、これは「ドイツ難民憲章」が書かれた精神でもない。

亡命者は、この具体的な場合ではとりもなおさずヴィリー・ブラントのことだが、すでに一九三三年の時点で、大多数の者よりよくものを見て、もっと正しい判断を下していたということになるのだろうか。

「およそそうした（訳註＝レジスタンスの）考えが許されるなら、その考えはあれほど大きな罪を犯さずに済んだのにという羨望を呼び起こし、不可避だとされていた兵役義務、つまり独裁制による強制に対して別の選択の道があったということを証明する。だが、亡命は卑怯だったとか脱走は許しがたいなどといって、その選択はただちに軽蔑される。まず第一に、こうした論拠の偽瞞的性格を把握し、これを〈こじつけ〉と呼ぶことには大した価値がない。ドイツ人一般大衆の集団の間では、そうした論拠のもつ説得力はあまり揺らぐことがない。……亡命者などよりは、ナチス時代の騎士十字勲章をつけていた人間の方がドイツのよりよき歴史を体現している、というのだ。……人びとは第三帝国の勲章から当時の国章ともいうべきハーケンクロイツを切り離して、再び身に着ける。総統からそんな勲章の授与の栄に浴した者は、何の批判的思慮もなく、ひたすら誇りに身を委ねる。こうした人間は、自分の行った成果を、ひょっとすると立派な業績として別物扱いにし、しかも過去の事柄とは無関係なものとしている。したがって、われわれの過去に対する型にはめた見方が、本来もっと深い影響を及ぼすべき国民的アイデンティティーを揺り動かす結果に至らないのだ。」

「ドイツ難民憲章」はその文言からハーケンクロイツを徹底的に削除したから、その痕跡は何も残っていない。その結果、万事が曖昧で、不確かで、意味不明瞭となっている。したがって、この曖昧さ加減が、言い逃れをする余地、つまり公表されても認定されてもいない犠牲者グループに、自分たちももちろん含まれているという主張をさせる余地を残している。

「憲章」は、意識的な**匿名化**の文書なのだ。

そして、これこそドイツ人の思い上りそのものの文書だ。なぜなら、次の引用に見られるように、犠牲者となった東ヨーロッパの国民を債務者の地位へ押しやり、犯人の国民の方は鷹揚さと寛容の精神をそなえた債権者の地位に押し上げているからだ。

「われわれ難民は復讐と報復を断念する。」

いったい誰に対してというのか。ドイツ軍の占領によってその生物学的生存の六分の一を失った、ポーランド人に対してなのか。それともソ連の国民に対してなのだろうか。戦闘行為や殺人行為の被害に会わなかった家族はないも同然なのだ。何百万人のドイツ人が東方から追放される結果を招いた原因に対して、目を閉じ、何も知らなかったように振る舞うことが、どんな鷹揚な断念だというのだろうか。ほとんど四十年来「復讐と報復の断念」の気分に浸ろうと努める「憲章」の起草者たちや、その当時の、またその後に生まれた支持者たちは、襲撃され皆殺しにされた国民たちの「われわれの戦死者を、われわれの殺害された仲間を返せ」という要求に、いったいどう答えられるのだろうか。さる方面が執拗に「未解決のドイツ国境問題」について云々する。もちろん、土地だの領土などというものは返還することができるものなのだからだ。歴史的に実現されるかされないかは別として、そのような返還は、理論的には可能だ。だが死者は、殺害された者は、言うまでもなく返っては来ない。人間は土地よりも価値がないのだろうか。

恐ろしい現象を伴ったドイツ人の東方からの追放には、合理的な計算のほかに復讐の要素があったことも事実だ。いったいこれまでの「下等人間」が、ドイツ軍占領下であらゆることを経験させられたあとで、突然どんな上等人間になっているというのか。そこへもってきて、復讐の可能性を公言したあとでこれを大声で断念して、いわば二対一で負けてやったと言うのだろうか。

「われわれ難民は、復讐と報復を断念する。」

本当だろうか。歴史的年代を無思慮にずらす精神の持主が、本当にそれを断念するだろうか。しかも、同じようなことで仕返しされたのだと言って、当時の人間やはるかにものを知らない次世代の社会に、赤裸々な相対化や相殺勘定を示唆しようとするメンタリティではないか。追放に先立つ恐ろしい歴史を考えれば、目には目の報復とは、ただ一人のドイツ人も生きてポーランドとソ連の抑留から帰って来れなくても構わなかったことになるのではないか。これが、ドイツの東ヨーロッパ占領時代の絶滅作戦、ヒトラー・ドイツが軍事的に敗北してはじめて中止された作戦に対応するとでもいうのだろうか。しかし、こうした継続的なものの考え方は、「憲章」の中では断じて出ては来ない。署名者にとって、ドイツ人の罪の告白ほど縁遠いものはなかった。そこにはドイツ人に加えられた犯罪についての悲しみと、これにたいする告発をもっともらしく見せたただ一つの立場があるだけなのだ。だからこそ、「憲章」の中味を見る限り、復讐・報復の断念が本気かどうかを疑うに足る充分な理由があるのだ。しかし何にもましてこの疑いを深めたのはここ四十年来、**報復主義**の概念についての事典の説明――「政治上のスローガン、報復を目指す対外政策をいう」――をかくも見事に体現しているあの職業的難民とその圧力団体の言なのだ。

私は中傷しているのだろうか。これらの声を生で聞かせよう。すでに引用した特別号「ドイツの東方使命」の中で、フランツ・ヨーゼフ・シュトラウスがこう書いている。

「ドイツ問題は相変らず未解決である。基本法は、自由な自己決定で、ドイツの統一と自由とを完成するよう求めている。私の発議でバイエルン共和国がかち取った一九七三年七月三十一日の連邦憲法裁判所の判決では、われわれの憲法が前もって定めた法律的、政治的基準がドイツ政策および東方政策に対して拘束力をもつことが明らかにされている。したがってドイツ国家は、法律的には、依然として一九三七年の国境内に存立する。その最終的な国境は、再統一した全ドイツとの平和条約において初めて確定されうるのである。この点に関して、全ドイツに対する四か国の責任が依然として存在することも確認されなければならない。ブラントとシュミットのかつての連邦政府が締結した諸条約――それはドイツ政策上われわれのプラスにはならず、それまでは共通だったドイツ政策の基本的原則を休眠させたにすぎない――も、この法的状況を一切変えていない。」

彼の計算ずくの卑劣極まる言動、これに過ぐるものはない。しかしこれに対しては、はっきりとこう言ってやるとよい。第二次世界大戦の反ヒトラー連合が血を流してかち取った現実を否定し、一九三七年の国境をもつドイツ帝国を要求する者は報復主義者だ。ポーランド西部国境が最終的なものであることを認めないのは報復主義だ。国境を東方にずらすことと関連させてドイツの分断を克服しようとするのは報復主義者だ。それに、防虫箱に入れられていた歴史を何度も引っ張りだしてきて、**平和条約**だと？　とんでもない、ヨーロッパにおける国境の現状を不変のものとして承認する以外に、いったい何ができるというのか——しかも、西ドイツの現在の同盟国を含めて、その他全世界の公然または暗黙の了解をとっての話だ。したがって、そんな平和条約の結果何が生まれるのか。平和条約が西ドイツの改定主義や報復主義の好みの攻撃目標になるとでも言うのか、その他に何もありはしないのだ。この章の冒頭に引用したエーリヒ・クービーの著書『ポーランドがドイツだったとき——一九三九年—一九四五年』からの一文は、これにぴったり当てはまる。

「歴史的経験を無視する。かつ、その時々の現状に対する不満と隣国と争いを始める衝動が、総じてドイツ人の政治心理的な〈正常な状態〉であることを見逃す。それが、いつも貧乏くじを引いたと嘆く者の態度である。」

自然のあらゆる生物学的法則に反して難民の数は減ってはならない、という難民指導層の構想を、私はまったく異常と感ずる。一九五三年の連邦難民法によれば、難民の地位は相続されるのだ。難民の子孫は、たとえ両親や祖父母の故郷を一度も見たことがなくても、同様に難民と見なされる。同じことが難民の配偶者についても言える。一九八三年八月のヘッセン州大会の席上、ズデーテン地方ドイツ同郷人会のスポークスマンで、ナチスと深く関わった経歴をもつヴァルター・ベッヒャーという男が、こう宣言している。

「孫のその孫だって、その一族が次のようなことを聞いたら、これを誇りに思い、またこの話に耳をそばだてることができよう。すなわち、昔も今もわれわれのものであり、合意によっても排除しえない権利の根幹をなす権原（訳註＝法律上の原因）から言って、将来もわれわれのものであるはずの家の鍵を法律上、手にしているのだ、と。」

また、一九八三年六月十七日から十九日まで、ハノーファーで開かれた「シュレジア（訳註＝現ポーランド領）人のドイツ集会」への招待状の中で、ヘルベルト・フプカがこう書いている。

「いったいシュレジア人なんてまだいるのだろうか。この厚顔無恥な問いかけに対して、われわれは十万辺も答えよう。ドイツがある限り、シュレジア人もあるだろう。ここにいるわれわれは生まれながらのシュレジア人だ。しかし、次の世代もまたその次の世代も心からの招待を受け、この場にいることになろう。彼らは血統的シュレジア人であり、またそれを標榜するシュレジア人である。」

ここに呼び出されている幽霊は、国の上級機関や最高機関からの援護射撃を受けている。例えば一九八三年二月の文部大臣会議では、「学校教育における教科書と地図作成に際してのドイツの表わし方についての決議」がなされた。これによると、ヨーロッパの政治地図の上では、一九三七年十二月三十一日現在のドイツ国家の国境が示されなければならない。この不屈の国境改定主義は、息子、娘、そして孫の代の隅々まで、影響を及ぼしている。

一九八五年一月十八日、「連邦宰相ヘルムート・コール宛ての公開状」と題して、二十歳の執筆者が機関誌「シュレジア人」の中でこう書いた。

「多くの者が、難民の世代が死に絶えたら〈ドイツ〉の問題はひとりでに片づくだろう、と期待している。しかし、故郷、民族、祖国といった概念に対して新たな理解をもつ新しい世代が成長してくる。それは〈ドイツ国民が担った罪〉にもはや苛まれない世代である。もしこの世代が、国際法上も私法上も請求権をもつ祖先の土地を要求するなら、あなたはこの世代に対し何と答えるだろうか。」

西ドイツ国防軍の心理的防衛作戦部隊に所属するこの二十歳のトーマス・フィンケが、それから一週間後の一九八五年一月二十五日、同じ機関紙の中で「ドイツについての瞑想」という標題のもとに述べていることは忘れられない。いまわしい幻想の中で、彼は西ドイツの軍隊を中部ヨーロッパと東ヨーロッパのワルシャワ条約機構所属の諸国の領土を横断して、ソ連の国境まで進軍させるのだ。

「住民の圧倒的多数がドイツ人を解放者として歓迎した。ドイツ軍の前進の間じゅう、ソ連軍とワルシャワ条約機構の軍隊はその営舎から出てこなかった。ソ連政府はその前進を止めることも、また何らかの方法を用いて防げることすらしなかった。その上ソ連軍は、その支配下の東プロイセンとメーメル地方、それにカルパティア・ウクライナも明け渡した。ドイツ再統一の日がやってきた。それも戦争なしにだ！」

白昼夢を見る者の言なのだろうか。煽動者たちの反応は、世間の人びとの目を開かせた――いまや彼らは「泥棒を押さえろ！」と叫んだ。ヘルベルト・チャヤはこの記事を「未熟な若者の気違いじみた発言」と評した。ヘルベルト・フプカは「馬鹿げたおそるべき新聞記事」と語り、またアルフレート・ドレッガーは、トーマス・フィンケは「クレムリンの派遣諜報員」だとまで主張した。この不用心な発言をしたフィンケの生命は自陣営の方から脅されることになった。「ジュートドイチェ・ツァイトゥング」紙は、一九八五年一月二十九日の紙上にこう書いた。

「罪障自体と取り組むことをしないで、何と素速く身代りの犠牲を見つけだすことか。突飛な〈シュレジア人〉の記事を書いたあの筆者を〈気狂い〉として隔離してしまうやり方にこれを見ることができる。彼の友人、支援者、教唆者のすべてが、彼を熱いジャガイモのように素速く手放してしまう性急ぶりは、いかにもいかがわしい。関わりのないことを激しく表明する者は、きまってかつて関わっていたことを忘れさせようとするのである。しかし、あのトーマス・フィンケをこぞってキリスト教民主同盟の青年組織やシュレジア青年会から放り出してみたところで、彼が幽霊ではなく、これらと関連のあるメンバーであったことをもみ消すことはできない。ヘルベルト・フプカが機関紙〈シュレジア人〉やその他のところで表明しているような不隠な主張がなかったとしたら、このもっと悪質な一文もなかったことだろう。」

社会民主党のハンス＝ヨッヘン・フォーゲル党首も、これに同調した。

「他の人びとが主題にしたものをただまとめただけのあの若者より、フプカ氏はもっと罪深い。」

そして「ニュルンベルガー・ナハリヒテン」紙も、

「難民の煽動者が何年にもわたって方々で触れ回ってきた、強烈なスローガンからまとめ上げた結論にすぎない。」

トーマス・フィンケの忌まわしい幻想が、国境改定論者の設定目標である「ヨーロッパ化」の試みと呼ばれる、危険な考えに基づいていることは明白だ。フィンケは、「ドイツについての瞑想」の記事の中で「どのようにして、ドイツの再統一とヨーロッパ問題の解決に道を開いた中欧と東欧におけるソ連勢力の全面的崩壊に至ったか」という自問に次のように答えている。

「新しい首相はドイツ問題の解決を達成するため、ECでもNATOでも、また国連の場においても、西ドイツの経済的、政治的、また軍事的力を、首尾一貫して利用してきた。その結果、西ドイツの単独代表権は、ほとんどすべての非共産主義国家により再び承認された。オーストリアは、自ら進んで西ドイツに併合され、西ドイツは完全なる主権をもつようになった。」

「ドイツ問題のヨーロッパ化」というこの議論は、フランツ・ヨーゼフ・シュトラウスが一九八五年五月八日の難民の機関紙「ドイツの東方使命」の中で、その「ドイツの再統一――歴史的課題」の表題のもとで述べている次の命題と一致する。

「わが祖国の悲痛な分裂、またそれとともにヨーロッパの分裂の原因は、いずれも同じモスクワの仮借ない膨脹を目指した権力意思である。それゆえドイツ問題は単独で解決することはできず、全ヨーロッパの枠内でのみ処理されなければならない。ドイツ統一の時は、ヨーロッパの全国民が自決権をもち、すべての国家が自国民に対し民主主義と不可分の権利と自由を認めるときに訪れる。したがって、ドイツ再統一の問題は、すべてのヨーロッパ人のための自由と自決を求める問題でもある。」

一九八四年春、ときの外務政務次官のアロイス・メルテスは、ある難民の催し物の席上、ドイツ問題のヨーロッパ化への試みをもっと簡潔に次のような定言的形式にまとめた。

「ヨーロッパ問題が未解決である限り、ドイツ問題は未解決である。」

政務次官のこの見解発表は、またしても難民の機関紙「われらのシュレジア」に、一九八四年五月十八日、次のような論評を書かせる結果となった。

「メルテスは、政治における権利の意義を強調したが、東側に対してたえず権利たる所以を繰り返すだけでこと足りるとしてはならない、と警告を発した。〈われわれは、西側のわが同盟国に対してわれわれの国家的課題の意義を理解させ、自分たちの利益がドイツ問題の核心の解決といかに密接に結びついているかを、自己の信念として認識させるようにしなければならない。その際われわれは、同盟による連帯なしにはいかなるドイツの利益も、いかなるドイツの権利主張も、実現できないとの認識から行動するのである〉。」

したがって難民指導部と保守陣営の中の政治圧力団体は、西ドイツの力だけではその国境改定の目標に近づけないことを知っている。そこで火遊びをすることになるのだ。というのも国境改定論者の考えの出発点は、「未解決のドイツ問題」の解決を云々するとき常に話題となる例の「自由ヨーロッパ」というものが、NATOブロックとワルシャワ条約機構ブロックの間の軍事的緊張を除去すること、まだ不安定な西側諸国と現に存在する社会主義国の間の関係を安定させること、政治的・経済的繋りをいっそう密にすること、あるいは友好的な結び付きにより信頼関係を増すことによって、実現されなければならないという点にあるのではないからだ。この政策をとれば、いやでも東側陣営とその盟主たるソ連の強化を招く結果となろう。だが、これこそ意図するところではないのだ。ワルシャワ条約機構の国々を西側デモクラシーの手本にならった社会に転換するという夢は、東ヨーロッパ諸国とソ連を**不安定なものにしたい**という願望に基づいている。この点に関しても、トーマス・フィンケはその論文「ドイツについての瞑想」の中で、通常はひそひそと語られる種類のことをあけすけに吐露した。

「〈新東方政策〉の目標は、ソ連勢力圏の不安定化であった。ドイツ連邦共和国の歴史上はじめて、ドイツ政策・東方政策が現実的な基盤の上にたてられた。はじめて連邦政府は、ソ連を決定的に弱体化することによってのみドイツ問題は解決されうるとの認識に立ち、まさしくこの弱体化に向けて活動をはじめた。」

また、ポンメルン同郷人会のスポークスマンでヨーロッパ議会議員のフィリップ・フォン・ビスマルクは、一九八四年四月二十一日付けの「ポンメルン新聞」紙上で、さらに一つのことを加えた。

「ヨーロッパが黒海まで達しないとするなら、どうやってポンメルンは自由をとり戻すべきだろうか。」

救済の使徒のこうした血なまぐさい不合理な考えは、どのような環境の中で育まれているのだろうか。

そして、この気違いじみた思想のうちどの程度が、西ドイツの改定論者の言う「未解決のドイツ問題」をヨーロッパ化する努力の中に受け継がれているのだろうか。

以下は本当のことであり、ここにはっきりと書き留めておく必要がある。西ドイツ樹立以来、対外政策上、公然と報復主義的・改定主義的路線をとってきた政府はなかった。保守政権が時にはわずかながらこれに近づくことがあったにしてもである。しかし、難民指導層の民族統一主義が、保守派の思考体系や行動体系の中でいつも不均合いなほど大きな影響力をもっていたし、抵抗力のないままに次つぎと一般大衆に感染し、散在する地点の間に断ち切ることのできない臍の緒のような繋りが見られるに至ったことも事実だ。まさしくこうした後ろ楯のおかげで、難民プロとその強力なシンパの改定主義は、再三にわたり国内外の心的動揺を惹き起こすことができるのだ。

いや、ポーランドは今日ではもはや、その西部国境を気づかうには及ばない。西ドイツの民族統一論者を除いては、西側であれ東側であれこの世界に、ドイツ国境の改定を民族統一運動の意味から支持するものはひとりもいないし、そんな政府も、同盟国も友好国もありはしないのだ。このことが公式に保証されることになれば良いと思う。

そして、ドイツの再統一？　これについても同じことが言える。イタリアの外相ジュリオ・アンドレオッチは一九八四年、先述のように万巻の書にまさる簡潔な表現を用いて、誰も本当は統一ドイツを望んでいないと公言した。一民族国家の枠内に八〇〇〇万のドイツ人が集中するということは、たんに大陸においてだけではなく、世界中の力関係を損ね、これが三度耐えがたい一触即発の情勢をつくり出すのではないかという脅威を考えれば、これは何も驚くには当たらない。しかし、いかにタブー視しても、このアンドレオッチの公言と完全に軌を一にする世界中の意見に対する西ドイツの保守主義の反応ぶりは、事実を万巻の書なみに物語っている。こうした反対意見は、ドイツ第二民主制の有力集団には帝国史の極めて危険な連続線、つまり現実否定の路線が温存されていることを証するものだ。

西ドイツの難民団体の指導者階級ほど、これが深く根ざしているところはないのだ。


これらすべての裏には、倒錯した反共主義についての私の主張が典型的に該当する事情がある。例えばフランツ・ヨーゼフ・シュトラウスが、先に引用したように、ドイツの悲痛な分裂、またそれとともにヨーロッパの分裂の原因は、いずれも同じモスクワの仮借ない膨脹を目ざす権力意志であると述べるとき、まったく自明のことながら彼は、第一次責任とその後の責任を混同している。ここに重大な歴史的・政治的現実否定ときわめて密接にかみ合った、脅迫や迫害にたいする不安から生まれる**反恐怖**の症状がはっきりと見てとれる。というのは当然のことながら、ソ連がヨーロッパの心臓部、エルベ河周辺に現にいるということ、ベルリンを越えてドイツ東部へ支配を拡大したことの原因は、一九四一年六月二十二日のヒトラー・ドイツの攻撃にあるからだ。また当然の帰結として、歴史的責任の始まりを一九四五年五月八日に求めようとしないならば、ドイツ分裂の根源もあの日の攻撃にあることになる。

一方、教条的反共主義はどうしてもこのことを認めようとせず、それどころか――ドイツの一次責任と「他国」の二次責任の混同を問題とする際に――まさしくこの日を世界史の始まりとしないことに執心している。ヘルベルト・チャヤは、その論説「その後四十年――悲しみと思慮」の中でこう書いている。

「われわれは、自由主義諸国側の軽率さ、誤った決定、自ら招いた弱味、独裁制についての誤認といったものが、ヒトラーの征服政策の実行に先行していたという事実も除外するわけではない。この根本的な誤りの結果も見逃してはならないだろう。これは、自由主義諸国や国民の側において、軍事的・政治的圧迫、防衛意志、防衛能力で脅しをかけるのが遅すぎてはならないという苦い警告である。」

過去の歴史上の一時期の免責をかちとるために、その当時の相手の軍備拡張に賛同するアピールとない混ぜにするこのやり方は無類だ。またしてもすり代えが行われる。すなわち、ここで指摘しているのは当然のことながら、一九三八年のミュンヘン、侵略者ヒトラーに対する弱腰の英仏両国首相チェンバレンとダラディエの宥和政策のことだ。これに対しては、再度こう答えなければならないだろう。すべての一次責任はヒトラーにあった。ヒトラーにいかに外的圧力をかけてみても、完全に目のくらんだ当時の大多数のドイツ人を、その分だけその「総統」の背後にしっかりと結集させるだけのことだったろう。そして、自己の歴史に対する責任を他国の政府に転嫁しようとした国民は、後にも先にもドイツ国民をおいてはない、ということだ。

全国の難民新聞を多年にわたって検討してみると、三つの際立った特徴をもった反共主義が明かになる。第一に――この反共主義はいついかなる時でも、また数えるにいとまないほどのどんな機会に際しても、非共産世界にいる共産主義者が反共の暴力犯によって加えられた罪業、非人間的な行為、拷問や殺人に対して反対しない。人間性に対するイデオロギー的分裂は揺らぐことがない。難民機関紙のこの硬直性に対応して、第二の特徴がある。つまり、称讃に値する共産主義者の行動、例えば国家的制度となったナチズムに反対して、狂信的人種差別観による犠牲者についで最も多い犠牲者を出した多くのドイツ人共産主義者の抵抗をも、はっきりと認める能力がないことだ。

この無能力さ加減を、わずか一度だがヘルベルト・チャヤがその論説にこう書いて証明している。「社会民主党員からキリスト者、保守主義者に至るまで、断頭台にのぼった非共産主義者のレジスタンスの諸勢力は、非行の数々を知っていたし、この恐怖の状態を止めさせようとした。」

しかし、一九三三年以後に政治的理由から断頭台にのぼらなければならなかった人びとの最大グループには、ここではまったく触れられていない。なぜか。ここで名を挙げられるドイツ最初の民主制、ワイマール共和制の時代の保守主義者の方が、エルンスト・テールマンに率いられた共産主義者よりも敵対的でないと考えられたためだろうか。ここに現実を否認する硬直した状態が認められる。それは、リヒャルト・フォン・ヴァイツゼッカー大統領が一九八五年五月八日にドイツ連邦議会で行ったかの有名な演説で、その他の場合は世間でタブー視されているナチス独裁の犠牲者グループ、まさに共産主義者たちの名を、同性愛者やジプシーのグループと並んで明確に述べることによって到達した解決の効果を思い起こすとき、ますます際立ってくる。この場合、同じ政治的陣営の中に、妥協の余地のない世界が対立しているということだろうか、それとも、リヒャルト・フォン・ヴァイツゼッカーだけが、西ドイツの保守主義の中にあって孤独な荒野の警世者なのだろうか。

この反共主義の第三の特徴は、第三の無能力、つまりスターリンの死後、現存する社会主義社会内部の多様な分化を知覚する能力のないことだ。判で押したような、まるで黒と白だけの絵を見るような、硬直した敵のイメージに支えられた世界観ならば、現実的な分析、実りある診断を認めようがない――そしてそれとともに当然のことながら、そのような変化にたいする外交的な対応も認められない。世界を不安定な状態におくという考えが牢固としていることが明かである。

同じことが、ヒトラー下のドイツ人の罪を相対化したり相殺することについても言える。平準化するという思考体系に全面的にとらわれていること、ドイツ人の罪がはっきりと指摘される場合でも、どうしても差引勘定しなければいられないという内的強制が現われるのだ。再びヘルベルト・チャヤの「ドイツの東方使命」特別号から引用する。

「われわれは相殺しようとも、数字について争おうとも、憎しみをかき立てようとも思わない。同じように、ドイツ人も行った無数の悪事についての記憶を排除しようとも思わない。殺された人間は、ドイツ人であってもなくても、いずれも計り知ることのできない価値であり、拷問はどんなものであれ、恐ろしいばかりの苦しみなのである。」

難民団体の役員たちがナチス犠牲者の世界とは内的な繋りをもっていないことを知っている者、またその際犠牲者の苦しみ、現存在、死に対する無類のよそよそしさを発見するに至った者だけが、おそらくこれらの文章上の上っ面だけの熱弁ぶりを完全に判断しえよう。これに対して、血と土のイデオロギー、ドイツ民族の極端な国粋主義的思考、またナチス歴史観型の固定した歴史解釈との類似性の方は、難なく見てとれるのだ。

さらにヘルベルト・チャヤの論説からもう一度、数節抜き出せば、精神的にアウシュヴィッツから離れたところにいることが露呈する。

「ホロコーストや報復主義に関連して、告発の波がわれわれの方へ押し寄せてくる。われわれはこれに対応して、毅然たる態度と確固とした賢明な節度を保ちつつドイツの不正も外国の不正も公開して、人道的精神と建設的な行為の証拠を挙げて、正当な自己主張を貫かなければならない。」

これを貫いているのは、**一つの**言葉、**一つの**観念である。つまり策略を用いるのだ。その思考方法の奥深さを徹底解読するには、これを二度読まなければならない。何しろドイツ占領下のヨーロッパのユダヤ人の大量殺害が「告発」されることにより、ドイツの不正と外国の不正はいわば五分五分になったというのだ。一方、「人道的精神と建設的な行為の証拠」とは、このメンタリティの側から言えば、おそらくドイツ史のナチスの章に見られる典型的な特色を暴く代わりに、典型的でないものをあえて引き出してくることに他ならないのだろう。したがって、これまでと同じように、ナチス賛同の大海の中に埋没したドイツ・レジスタンスの環礁のような存在とか、囚人に何かと配慮した強制収容所の例外的な親衛隊員とか、戦闘の合間に占領地の子供たちと遊ぶドイツ兵卒とかを誇示するのだ。

総じて難民新聞の論拠は三本の柱から成っている。つまり、ナチス犯罪の相対化と平準化を合流させて無実の弁明を試みること、ドイツ人難民の運命の経過の中で原因と結果の年代順を解消すること、それに、ドイツの一次責任を「他の国々」の二次責任と混同することなのだが、これらは比較的善意な人びとの場合であって、難民の中の悪意ある者たちは、まさにこの「他の国々」にヒトラーの一次責任を密かになすりつけたりするのだ（この連中は、他の場合だったら、決してこのケースのように日和見主義的にすげなくヒトラーとの距離をおいたりしないのだ）。

ナチスの絶滅政策、ドイツ化政策の実施にともない、東ヨーロッパの諸国民が占領地の少数ドイツ人とそれぞれの体験をしたあと、これを徹底的にやっつけ、永久に葬ろうとしたことは、決して解らないことではなかった。「ドイツ難民憲章」には、その被害者がドイツ占領前および占領中にナチスに賛同することにより、どのような方法で自分自身の運命に対して共同責任を負っているのか、何の示唆もなされていない。難民の機関紙は、一九三九年九月一日以前に、とりわけ少数派のドイツ住民に加えられたポーランド人の暴力行為について長々と報じてはいるが、ナチス膨脹政策のトロイの馬としての彼らの役割と、ヒトラーの併合の脅しとその実現に示した熱狂的賛同については、原則として黙したままである。

両大戦間のえせ民主主義のピウスツキの統治時代のポーランドが、一九三五年にこの独裁的元帥が死亡した後も、まったく好感のもてる国でなかったことは確かだ。それは、落ちぶれたシュラフタ貴族（訳註＝ポーランドの下級貴族）の倦むことのない高慢さ、その極端な政治的保守主義、生まれつきのユダヤ人にたいする敵意、何の裏付けもない大言壮語のためであった。そして、一九三九年九月十七日、赤軍が軍事的にすでに潰滅したポーランドへ侵攻して、ヒトラーと獲物を分かち合ったことは、確かにスターリンの対外政策を共感できないものにした。カチンでの四〇〇〇人余りのポーランド将校の射殺死体からなんなく持物を剝ぎとる行為に出るに及んでは、狼藉ぶりもその極に達した。大量殺害の目的は必ずしも明白ではないが、ソ連は今日まで犯人であることを否認しようとし続けている（訳註＝一九九〇年四月、ソ連は公式にこれを認めた）。

しかし、一九四五年までのドイツとの関わり合いを総計してみると、他の占領地の国民よりも東ヨーロッパの諸国民の被害が大きかっただけに、決定的な刻印が打たれることになった。つまり、ドイツがその領土の広大な部分を失い、大多数のドイツ人がその地から、またもっと東方の地から追い立てられたとき、世界の良心は黙して語らぬままだった。それには深い歴史的理由があり、その影響は今日まで続いている。もし何百万人というドイツ人がポーランドの国旗と主権のもとにとどまっていたとするなら、どういうことになっていたか、想像するに難くない。とにかく、オーデル・ナイセ線以東の旧ドイツ領は、ヨーロッパの次元どころか、世界的次元で紛争の火種となっていただろう。ドイツ人は外側からだけでなく、内側からも返還と再編入を提議していたことだろう（実際は「平時」における少数派ドイツ人についての歴史的経験によれば、彼らはすべてそれには反対だった）。また、修正主義的、報復主義的要求をもち出すために今日ドイツ人の追放を利用する――また事実これを四十年以上も前からやってきた――声は、ドイツ人の圧迫と外国による支配に反対する説法となり、そして一九一八年以後の現状がもっと尖鋭的な形で繰り返されるばかりか一九三九年のときのような前史も繰り返されることとなっていたろう。

この事情をポイントにしたのがヴィリー・ブラントの次の言葉だ。

「われわれが失うことができ、また失ったものは、ヒトラーがとっくに失ってしまっていたものだ。」

こうした認識を拒みつづけているのは、一九四五年以来ドイツの改定主義や報復主義だけでなく、そのイデオロギー的原則、一九五一年の「ドイツ難民憲章」もまた然りである。

そのコンクリートのように鞏固なメンタリティは、「法の前のみならず、日常の現実生活においても与えられるべき国民としての同等の権利」とか、「本戦争の負担の公正かつ理に適った全ドイツ国民への割当て、および、この原則の誠実な実施」（というのは「総統」に対して歓声をあげたのは事実ドイツの東方地区ばかりではなかった）とか、誰にでも同意できる**部分**に立ち入ることすら許さない。「難民すべての職業グループのドイツ国民生活への合理的な組入れ」にしたって、何ら反論の持ち出しようがないのだ。

その間これらの要求は、とうの昔に、非のうちどころなく実現されている。東ドイツからの逃亡者も含めて何百万という難民や逃亡者を、社会的、経済的に統合した前代未聞の業績に関して、異を唱える者はひとりもいない。しかし、まさしくそこに、また「憲章」のアキレス腱もある。なぜなら「憲章」は、その統合は暫定的なものだとし、失われた故郷への虚構の帰還に優先権を与えているからだ。どこへ帰還するのか。そして誰と帰還するのか。すでに今日では第四世代の子孫が、**東西両ドイツ**で一役買っているのだ。

ヴィリー・ブラントの言葉につけ加えるものはない。それにもかかわらず、彼も一九八五年五月の「ドイツの東方使命」の特別号の中で、「憲章」に讃歌を呈していることを添えておこう。彼はそれをもう覚えていないだろうか。それどころかヴィリー・ブラントは、戦後これほどまでに誤認されたことのないこの文書を、一度でも読んだことがあるのだろうか。私はこれを多年にわたり、具体的に検証してみた。万人が「ドイツ難民憲章」について語り、そして万人が賞讃した。だがこれには、わずかな人しか、ごくわずかの人しか精通していないのだ。

こんな憲章がはじめて出て以来ずいぶん時間がたった今、これがドイツの修正主義・報復主義の精神、表現の源泉になっていなければ、期限切れになったようなこんなあとがきを書く理由など一切なかっただろう。「憲章」は情報を秘匿し、書き替えを行い、匿名化することにより、自らの資格を喪失していることに加え、まさに厚かましくも債権者としての地位に立つことによって、和解の意志の表明が怪しげで、信じがたいものであることを暴露しているのだ。「憲章」およびその弁護者の背後には、第二の罪、罪をあがなう気持のない大きな烙印が押されているのである。

反過激主義とテロリズム――主たる危険

防衛的民主主義のための弁論

私たちは、外面的には極端な対立者でありながら、内面的には伝統的に相互依存の関係にある、まさしく典型的な実例の生き証人である。つまり、**テロリズム**と、国家と社会についての自分の権威主義的な考えを西ドイツで貫き通すためにこのテロリズムを口実にする、**反過激主義**との関係である。

名目上対極的な位置にあっても、テロリズムも反過激主義もお互いを前提としている。したがって、片方が他方の存在によって自分の存在を正当化しようとするのは極く当然のことで、両者に共通している特徴など信ずるに値しない。両者が共演していることが現代の内政上の主要な危険なのだ。

まず、テロリズムから述べる。

一般の目から見ればテロリズムの方が華々しいが、それにもかかわらず国家政策上の危険は明らかに小さい。その恐怖はまったく単発的に生じ、次はいつ、どこで起こるかわからないところにある。テロリストの数はわずかで、その手段も限られているから、彼らは民衆の支持を獲得する希望を断念することができるし、また事実ずっと前からそうしてきた。テロリストの第三、第四世代は、単に行動主義を自己目的とする政治的殺人者なのだ。後年の二、三のテロリストの場合、その本来の動機が社会的また人道的なものであったかもしれない。所有関係の違いによる市民としての不平等、金銭や我慢のならない消費行動の勝利と横暴、これらにより怒りが蓄積されていた――しかもナチズムの遺産に対し本書が描くような取り扱いをしたドイツでの話なのだ。感受性の強い、道徳的にものを考える一部の若年層にとって、この西ドイツという集合体は、扱いにくい、あるいはまったく処理しえない存在であったに違いない。しかし、そのような憤激をブーバク（訳註＝連邦検察庁長官、一九七七年四月射殺さる）やポント（訳註＝ドレスナー銀行専務、一九七七年七月射殺さる）、シュライヤー（訳註＝ドイツ工業連盟会長、誘拐されたあと一九七七年十月死体で発見される）殺害といった大犯罪に置き換えることは、どんなにイデオロギー上の正当化を行ったところで、人道的な動機づけと結びつけることはできない。一定の段階から人間性の喪失は如何ともしがたい。

ルフトハンザ機がハイジャックされ、その後、東アフリカのソマリアの首都モガジシオで奪還した「ランツフート号」事件をおそらく誰でもまだ憶えているだろう。運命を弄んだ人間がどんな人間であるかを理解するために、一度管制塔とハイジャックされた機内にいるパレスチナのテロリストとの間で交わされた、無線交信の記録を一語一語読んでみるとよい（ドイツ人のテロリストが、これと同じような冷酷さにとらわれていないと仮定する何の理由もないのだ）。人質たちが関わり合わなければならなかった相手がどんな男か認識するために、人質誘拐犯の指導者「殉教者マームッド」のレトリックを一語ずつじっくりかみしめてみるといい。自信なげな思い上がり、残忍さと泣き出しそうな素振りのあの記憶に残る混淆、自己の責任の他人への身勝手な押しつけ、政治に無知なばかげたスローガン〈〈ファシスト的・帝国主義的西ドイツ体制〉〉、それに犠牲者に対する冷酷さからなるこれら病的な混合物がつぎつぎと出てくる。

世界改革者のポーズをとりながら、死の恐怖におびえる人びとの窮状からあさましい自己確認を引き出す重装備のヒステリー患者！

反帝国主義のスローガンを口にする冷血の殺人者――これでは帝国主義の方がまだしも好感が持てようというものだ。

火器、爆弾、あるいはロケットを使って何も知らない人間に匿名の攻撃をかけたり、そして民間機を無差別に空から撃ち落とすと脅迫し――そのくせ自分たちが未来の世界の独占者だと公言する――こんなことができるのは生まれつきなのだろう。

人質誘拐ぐらい嫌な犯罪があろうか。Bと対決するAが、その要求を押し通すために、たいていの場合あらゆる点で全く無関係なCを捕える。恐喝される方が人質誘拐犯よりも人道的であるとの独特な推測に基づいて行動するのが、いつも変らぬ恐喝者のやり方だ。このことは、西ドイツのテロリズムにも、世界の類似行動にも当てはまる。

笑いながら、武器もない無抵抗の人質の顔を銃弾でめちゃめちゃにしてしまうような人間によって支配される世界がどんなものであるか、誰でも想像することができる。外部世界とコミュニケーションできる機会をたんなる野卑な言葉を投げつける場にしてしまうような人間に代表される体制を思い描くのに、なにも平均以上の空想力はいらない。シュタムハイム刑務所の特設裁判所の調書を読めば、これについての明確な情報が得られる。そこの牢獄で起こった「国家的に組織された集団殺人」についての無責任でばかげたたわ言についても、次のことを心にとどめるがよい。つまり、犯人の釈放をねらった試みが失敗に終わった後の一九七七年の、バーダー、エンスリン、ラスペの自殺は、テロリストの久しい行動の中で初めてのまともな行動だった――いわば無意味な殺人計画、殺害、爆弾テロの後での完全な政治的・道徳的破産の自白だったのだ。現代の売名的犯罪人は、社会革命とか社会進歩とかの口実のもとに、安直に世界をパニックに陥れた上に、闘っていた本来の敵、つまり自己弱小感をもつ我が身をさらけ出す以外には、何もしなかった。

時代のペストと言うべきテロリズムの追放措置を律するものとして、テロリズムが口実とする動機を信ずるな、これがまとう社会革命的な衣裳を信ずるな、という文明人の至上命令が存立しなければならない。

重ねて言おう。テロリストたちは、理性、鋭い洞察力、忍耐力、それに自分の才能と能力に対する信頼に基づき、隣人や同胞たちが事実不満足というだけではいい足りないこの現実を変えていく手助けもできず、行動主義による政治的殺人者にすぎないのだという実態を早々に暴露した。彼らには、世界の広範な解放運動とは、なんら共通するところがないのである。

国際テロリズムのうち西ドイツ版は、これまで以上に目標達成の効果をあげるため、そのような口実を虎視たんたんと狙っていた反過激主義を勇気づけることになった。その目標とは、もっと国家を、もっと警察を、もっと厳しい法律を、民主主義的権利と自由の削減を、精神的規制の風土を、知識人層の差別化を、ということである――全体として、テロリズムの期待にぴったり対応する反動、つまりテロリズムと一対になって法治国の破壊を完成させるものであった。

誤解のないように言っておくが、反過激主義はテロリズムの産物でも被造物でもなく、ドイツ帝国史の古い時代から現在に至るまで影響力を与えている、保守勢力の現代的変種なのだ。それは、今日の多様な権力図表の上でテロリズムの対応物であり、違いと言えば、反過激主義の方は国家機構を自由にできるということだけなのだ。

次に基本法のどの条文を制限し、どの自由に更に制約を加えようというのか。もし投石をする破壊主義者がいなかったとしたら、爆弾の仕掛人がいなかったとしたら、法律を通じてこの目論見を達成するのははるかに難しいだろう。それはともかく、すでに情報に関する「国家保護・憲法擁護事項および秘密情報活動における連邦・州の保安関係および刑事訴追関係各機関の協力」についての中央意見交換条項、つまりすべての官庁を網羅したデータ網が存在する。反過激主義とその政治的周辺はデータ監視を飽くことなく強化しようとし、たえず新たな正当化の口実を求めている。その口実提供の役割をすばやく果たしてくれるのが、国内外のテロリストの爆弾だ。それは、トーマス・マンの『魔の山』の悩みをもって語るならば、現代がおかれている「最悪の雪隠詰め」であり、反過激主義とテロリズムの相互作用で駆動する製粉機なのだ。

反過激主義は、右翼保守主義の潜在勢力が結集する場であり、またその表現形態であって、その根は遠くドイツ史をさかのぼる。第三帝国の滅亡の後、それ相当な理由からこれで終りと考えていたが、本書を読んで解るように、そのご見せかけの死にすぎなかったことが暴露され、復活の翼にのって一九四五年の墓穴から空高く舞い上がった。反過激主義はそのまま今日まで命脈を保っているが、その強力な持続性は、そら恐ろしいとは言わないまでも、まずは驚嘆に値する。保守的な思考方法や価値観念が何世代にもわたって当然のこととして保持されてきたので、ここ四十年間に消失しえなかったのである。

決して君主制の昔に返そうというのでもないし、明らかな時代錯誤の宣言に乗り出すこともない。むしろ、現代の進展に対して相当な適応能力を示すのだが、それでいて自分の本当の素顔を隠すことはできない。国家に権力を、ますます大きな権力を委ねること、これがその基本原則なのだ。これが、第二次世界大戦後の西ドイツにおける反過激主義の行き方の特色になっている。一九八三年の第十回ドイツ連邦議会選挙と一九八七年一月のその確認以来、反過激主義にはかつてのどの時期よりも大きなチャンスが与えられている。立法による勝利が待ち受けている。もちろん「義務的民主主義者」の全面的支持があってのことだ。反過激主義はきわめて広範囲に制度化されているから、私の見解では、西ドイツ体制の現実にとってテロリズムよりも大きな危険を意味する。反過激主義とテロリズムの基本パターンは同じでも、反過激主義は権力奪取への内部的基盤という別の手段を駆使できるだけに、基本パターンをテロリズムとは違ったやり方で操作することができるからである。

反過激主義を特徴づけているのは、社会変化に対する深刻な恐怖心であり、そしてまた、脱工業化のコンピューター社会にいやでもひしひしと迫ってくる未経験の再分配に対する重苦しい不安感だ。したがって、民主主義の多元主義に対する不信感、いつも議会多数派が交代して自由を行使することに対する懐疑心、反過激主義が信奉する最後の手段としての国家権力への接近、ということが特徴となる。

この場合にも、ひどいことを想像してはならない。西ドイツ成立以来、反過激主義を具現した政府はひとつもなかった。しかし多くの内閣には、国内政策の面でも、また対外政策の面でも、政府の政策の決定に参加した反過激主義者がいた。このことは現在の第十一次ドイツ連邦議会にも、そのキリスト教民主・社会同盟と自由民主党の連立政府にも当てはまる。

しかし反過激主義は、国会に反映されている以上に、強力だ。これが極右主義に似ているのはこの点だけではない。極右主義と同様に反過激主義も、自分の組織内で生きているだけではなく、大きな既成政党の中にも統合されている。しかしとりわけこの活動は、主として、広範囲に散在する多種多様な暴力思想と軌を一にしており、その中で目下のところ表面化した焦眉のものは、鋒先を主にトルコ人に向けた外国人敵視である。

もちろん反過激主義は、常に民主主義の名のもとに権威主義的なものの考え方を言葉で表現していくだろう。というのは民主主義は、今日では以前より骨が折れるとしても、依然として義務的民主主義者を手なずけるように反過激主義を飼い馴らしているからだ。表からはわからないある種の圧力が存在している。それにもかかわらず内政面では、これが望んでいるものが、ますますはっきり見えてくる。反過激主義は、自分が敵とか国家反逆者と宣言した者をもっと冷たく、厳しく、容赦なく取り扱う国家形態を望んでいる。そして、何の不思議もないが、当然つねに左に位置する者、反過激主義がそうと考えるものに対しても、また然りなのだ。反過激主義は、原子力反対運動を非難してきた。そしてまさにその戦いの場で、「防衛的民主主義」というその考えを表明するのだ。そこには、決して第三帝国以来存在してはならないはずの国家介入のイメージがあった。

しかし、「防衛的民主主義」は反過激主義の綱領の半面でしかない、と言ってよい。反過激主義は、内政上戦術的な理由から否認し隠蔽しているものを、対外政策の面でつい暴露してしまう。それはつねに全地球上の**右翼**独裁制に共通している。

自らを左翼独裁制の正反対者と名乗るものに対するこうした共感は、文字通り増大している。フランコのスペインについても、サラザールの権威主義的ポルトガルについても、ギリシアの大佐の政府についても、ブラジルの軍事独裁制についてもそうであった。そして今日でも、ピノチェトのチリや、南アフリカの喜望峰ならぬ希望のない岬にいる、救いがたいボーア人支配者たちの人種隔離政策に対しても、また同じなのだ。労働組合を禁止したり威圧したりする。弁舌や執筆を抑圧し、反対派を差別し、批判的なインテリ層を悪者に仕立て、現状維持に役立つような勝手きままで不安定な公衆をつくり出したりする。ついには、偽善を用い、神職を使い、道徳を説いて、国家以外のものが行使する権力を弾圧する──こうしたことはまさしく反過激主義の趣味に沿ったものであり、それ一流の「同調者づくり」なのだ。右翼独裁制の支配的な権力は、合法的な権力ないしは「いくらかの不備」はあっても状況から見て是認される措置と説明される。「隻眼の士のインターナショナル」の重要な一翼である反過激主義は、もちろん**あらゆる**方面でこのとんでもない肯定論を認めるわけではない。左翼の独裁制に対しては、このような寛容や好意はいっさい寄せられない。

西ドイツにおける反過激主義と批判的なインテリ層の敵対関係は、根源的なものであり、取り除くことができない。すでに別の箇所で述べたが、一九五三年六月十七日の東ドイツの暴動のあとでブレヒトが述べた言葉、ウルブリヒト政権はそのジレンマからの逃げ道として別の国民を選ぶべきだ、という嘲りの言葉をもじって、反過激主義には西ドイツが生んだインテリ層とは別の批判的インテリ層が必要だった、と言うことができよう。ハインリヒ・ベル、ギュンター・グラス、ジークフリート・レンツ、ヴァルター・イェンスら、当代ドイツ人道主義の国際的に認められた声が、反過激主義の象徴的仇敵であるのは偶然ではない。

反過激主義はハインリヒ・ハイネを依然として「許して」いない。反過激主義にとっては、この詩人は依然として前世紀中葉のドイツ下層市民を代弁する破壊的ごろつき文士なのだ。この対決は今日に至るまでなにがしか残っている。世界精神対田舎者根性丸出しの雰囲気、祖国に対する悩みと愛国主義的な仕種、これは以前と変らず名状しがたい形をとどめている。あれから一五〇年の歳月が流れたが、それでも西ドイツの反過激主義、その政治的周辺、その予備軍の存在は、現代に対するハイネ的関わり方を痛烈に弾劾するのだ。

反過激主義は生来、権力の座の近くにいる。そしてそのことが、お上《かみ》との同調ということになる。反過激主義はこれを「国家による権力独占」に統合する――国の名において行われるものはすべて不可侵で、いつも合法というのだ。この空疎なイデオロギーは、テロリストの活動舞台をもっとよく付き止めるために、ツェレでわざと爆薬を使ってでっち上げの脱獄未遂をやってのけた。この不法行為は公式に正当とされた。次の襲撃はいつ起こるのだろうか。そして、これが一度起こったあとで、それ以後また将来、われわれは**誰が何を**やったのかを、どうやって知ればよいのだろうか――テロリストかその挑戦者なのか。

最も恐るべきこと、それは似た者同士が戦い、似た考えの持ち主同士が不倶戴天の敵と称して振る舞っていることだ。至るところで、われわれは反過激主義とテロリズムの類似性にぶつかる。ともかく、これには何の不思議もない。人間の行動とその心理的原因の科学的研究によって、まさに極端な憎悪こそしばしば無意識の自己嫌悪に他ならないことが、とっくの昔に解明されている。人間は他人の中に、自分自身と思われるものを発見してそれを憎むのだ。憎まれた者はある媒介物の役割を果たしている。つまりそれは鏡であり、人はそこに写し出された自身の顔の歪められた像を認めて、これに打ってかかるというわけである。それは、暴力犯になりうるかもしれないが、諸般の事情でそうならないだけの自我の暴露であり、言ってみれば一般大衆に関わる問題である――潜在的な犯罪人以上に、現実の犯人に厳しい処罰を求める者はいない。そのことは、犯罪の特殊分野である風俗犯をみれば難なく証明される。これらの犯人が、強姦犯人をはじめとして世間できわめて厳しい反撥にさらされるのは偶然ではない。それにもかかわらず歴史には、戦争や秩序崩壊の時代には勝利者が強姦や性犯罪を自明のようにやってきたし、また今でもやっている、という数え切れないほどの事例がある。そして、こうした暴行は決して異常な個人やグループによって行われるのではなくて、並の人間がこれをやるのである。平時には、この潜在的暴力は当然ながら集団的に発揮されることはなく、刑事罰を覚悟してまでもその攻撃衝動は個人に向けられる。普段の枷が緩められると、たちまち爆発する。すべての人とは言わないまでも、多くの人にその性向があることは確かだ――ただ機会があるかどうかの問題にすぎない。したがって、こうした犯人に対して極刑を求めるのは、自分も同じ衝動に駆られるのを極度に抑えつけているため、と推測される。

この行動パターンのメカニズムは、テロリズムと反過激主義の相互関係にそっくり当てはまる。今日のあらゆる他の政治勢力と同様に、反過激主義も現代の**メディア**ともいうべきテレビを利用しようとしている。

もちろん反過激主義は、西ドイツの第一テレビと第二テレビの権力を完全に掌握するという目標を決して見失うことのなかった、あの保守的圧力団体の一部であり、公共ラジオ・テレビ局組織にとっての不倶戴天の敵である。

反過激主義とこれをとりまく保守層の見解によれば、その公法上の組織は、容易に取り除けないことが歴然としている先天的欠陥、つまりその創設の父である英米人の精神――文字どおりにも比喩的な意味でも——すべてイギリス人ヒュー・カールトン・グリーンに毒されているというのだ。その精神を範例としてあげるなら、痛烈なファシスト批判、生気ある自由主義者、自覚した人道主義者、反保守主義、スターリン主義者の声にもナチスの声にも一切耳を傾けない、という風に描き出すことができる。ドイツ人が席を占めていた主要ポスト人選も、後継人事も、この精神に沿っていた。まさに復古の肉体に刺った棘なのだ。

ナチスの遺産をめぐる論争に関連する、政治倫理上のほとんどすべての主要問題についての「民衆の声」と、公の場の意見の間の極めて大きな対立は、すでに五〇年代に明々白々になった。保守派の支配にとっては「全体の方向」がそぐわず、犯人たちとの大いなる和解という考え方はまったくと言ってよいほど反映されなかった。私自身、これを喧伝したような寄稿文は一つも憶えていない。

放送局を「赤」のポジションから「黒」のポジションへ変えようという努力は、その公法上の組織成立以来つづいている。その努力が五〇年代後半まで実らず、思わしい成果が得られなかったとき、コンラート・アデナウアーは国営テレビをつくろうとした——公共組織に致命的一撃を与えようという保守派の初めての試みだった。これは最高裁の判決により失敗に終わったが、そこから、その後一九六一年から一九六三年にかけて、第二ドイツテレビが生まれた。これは、九つのステーションが次々と放送時間を担当する玉虫色の第一ドイツテレビとは違って、まとまった中央機関なのだ。確かに第二テレビは嫌われ者の公法組織ではあったが、その成立の歴史、成立月日から言って、第一テレビの創立精神とはほど遠い存在だった。

それ以来、すべての放送局とその監査役会で、「赤い」椅子を「黒い」椅子と取り代える作業は著しい進歩を遂げた。プログラムを政党ががっちりと押さえこんで、比例配分的考え方、病的均衡趣味をつくり出し、圧力とこれに唯々諾々と従う態度、それどころか規律に従うドイツ人生得の能力という内面化した伝統は、放送局内の批判的ジャーナリズムを今や月並みな日和見主義の大海の中の孤島的存在にまで仕上げた。それは約三十年間にわたる過程の結果だった。これをもって保守主義は、放送局内の絶対的権力掌握というその目標に大幅に近づいたが、それでもまだ完全に達成したというわけではない。そこで保守主義は、公共のラジオ・テレビという大木を商業テレビという斧を使って切り倒すことを狙う。商業テレビは、技術的にではないが、観念的、実体的に保守主義の創造物であり、全面的にその申し子なのだ。確かにこれは、まだ幾分か消耗性疾患にかかっており、そのため貧血気味で、今日までのところ決してその生みの親の大きな期待にそっていない。しかし公法上の機構の不断の収縮、長期的な排除、そうして最終的にはその解体という展望のもとで、これは二十一世紀のはじめまでに養われ育てられてゆくのだ。一九八七年の初頭に、第一テレビと第二テレビに対する欺瞞的な存続を保証する「州際条約」が成立したが、これもなんらこの事情を変えるものではない。こんなものは、西ドイツの政治的力関係の結果その気になれば、いつだって破棄できるだろう。

見通せる将来に関する限り、こうした可能性はむしろありそうにない。強力な反対勢力があるからだ。しかしながら、西ドイツ社会内部の激しく対決する勢力間の争いのなかで、公法上のラジオ・テレビ局の自由主義的制度という、現代西欧民主主義が戦後ドイツ国民におくった最大の贈り物に誰が鋒先を向けたかについては、まったく疑いの余地がない。それは反過激主義であり、そしてバイエルン州がその中心地なのだ。

結びとして。戦後数十年以上の間、反過激主義はその反対者の多くからもまともに受けとれない遺物として相手にされなかった。これに対する不信を緩和し過小評価する論拠の数々は、今までもすべて私の耳に残っている。今日その生命力の驚くべきしぶとさに直面して、そのような強靱な力は、どんな民主主義の国民史の内部からでも、最も安定した民主主義の内部からさえ危険な状況になりうるのだということについては、もはや疑いを容れることはできない。その場合、反過激主義は自力ではまだまだそこまで到達できない、大したことにはならないだろうというのは、まったく当たっているかもしれない。それにもかかわらず、テロリズムと共演するとなると、自分では信じなかったようなチャンスが反過激主義に生まれることになる。

私たちは、この両極と称される対立者の間の神聖ならざる同盟、潜在的な協力関係という驚くべき可能性を思い描く想像力を呼び起こす必要がある。私たちは、相互に刺激し合うことによってどのような恐怖の幻想が現実になりうるのか、認めなければならない。かつてないほどの規模で大衆を脅迫し威嚇するテロリストの仮借なき打算——**人質**にとられるのはもはや人間ではなくて、原子力発電所なのだ。もし、こうした狂気の行動がとられるとしたら、基本法、体制、法治国を比較的寛大な過去の不要な底荷として誹謗することなど、反過激主義にとってはいともたやすいことではなかろうか。その場合、「人質をとること」を妨げるか、または事件が起った場合にこれを克服するためには、**無傷の**民主主義というただ**ひとつ**の現実的前提しかないだろう。

しかし、民主主義は侵害されて、この限界以下に落とされるかもしれない。反過激主義＋《プラス》テロリズム、これが現代の主たる危険である。もっと大きな危険性はただひとつ、両者の共演を通して、急進化に傾こうとする西ドイツ社会であるかもしれない。

ケリをつける試み
時代の持続的抑圧

わが国の歴史の埋葬者たらんとした人びとは、自らその発掘人であることを実証した。
ハンス＝マグヌス・エンツェンスベルガー

無意味な死者の聖堂

ドイツ戦没者墓地援護国民連盟が一九八三年に、今日までしばしば世間の口の端にのぼり、また必ずしも実現されないとは言い切れないひとつのアイディアを発表した。それは「ドイツ人戦没者のための」中央「顕彰碑」、つまり国家的「慰霊記念の地」を建立しようというもので、それにより「ひとつの和解の思想をもって、いわゆるナチス犠牲者と祖国のために斃れた者とを調和させよう」というのである。奇妙なことに「エード・メモワール」――訳せば記憶の助け――というフランスかぶれの形をとったこのアイディアの根拠は、第二次世界大戦に直接関わった世代に対して、戦没者への道徳的義務と感じられる使命を果たすよう委ねるのだ。厖大な戦没者数を思うと、戦没者に対し敬意をもって追憶の思いを捧げることは敬虔の念とヒューマニティの掟であろう。これは、あらゆる政治的、宗教的その他もろもろの相異をこえて、わが全国民の切なる願いでなければならない、というのである。

国民連盟の空疎な言葉はなんらよい予感を抱かせないが、その外的造形物に関する提案に至っては、これ以上に危惧の念を起こさせるものは知らない。つまり、ボンの議事堂近くの四万平方メートルの土地に、「空中もしくは地表近く」に茨の冠を取り付けようというのである。

この計画は、当然忘れ去られる運命にあるはずと考えていると、ヘルムート・コール首相がそのアイディアを取り上げただけではなく、その規模を拡大してしまった。

「両次世界大戦の犠牲者、圧政と集団狂気の犠牲者、抵抗と追放とわが祖国分裂の犠牲者、そしてまたテロリズムの犠牲者、これらすべての者に対しふさわしい共通の慰霊碑をつくり出すことは、今こそ具体化されなければならない重要な計画である。」

一九八三年十一月の国民哀悼の日にコール首相はこう演説したのだった。

一九八四年十月、ダルムシュタットで、文化・メディアの一四〇余りの関係連合会の共同研究チームによるドイツ文化評議会が、この計画について討論会を開いた。会議の基調は懐疑であった。

ダルムシュタット工科大学の社会学の教授で、雑誌「プシュケ」の発行責任者であるヘルムート・ダーマー博士がひときわ目につく論文を発表した。

「計画中のドイツ人戦没者のための国家的顕彰碑は、何百万の戦没者に対する国民の鬱病的無関心に何の影響も及ぼさないだろう。そして計画された桁はずれに大きな茨の冠も、(イェルサレムにあるホロコーストの記念の場所「ヤード・ワシェム」を模した)大地にはめ込まれるモザイク石も、具体的に示されないものを具体的にわからせることはできないだろう。」

国民連盟と首相は命令調で「ねばならない」というが、これの基盤は脆弱である。大戦の犠牲者となった配偶者、友人、親戚、知人ないし隣人に対する、本人個人の悼みを否定しようというのではない。哀しむ能力のない集団現象は、たんに「強制収容所での屍体の山、何百万人ものユダヤ人、ポーランド人、ロシア人に対する殺害についての報道」に限定されるだけでなく――さらにミッチャーリヒの言葉を借りれば――「感情の顕著な硬直性」は「捕虜となったドイツ軍が消滅したことをも」含んでしまったのだ。

ここで集団行動のメカニズムがはっきりしてくる。個別には反対例もなくはないが、全体としてその方向を修正するわけではない。罪障感に捉われた人びとはこれを抑圧しなくてはならない、という気持に捉われており、そのためナチ犠牲者のグループを拒絶するだけではなく、歴史的脈絡の中のすべての死者に対しても、心のつながりのない状態がつくり出されるのだ。その中には、ボンの死者の聖堂の立案者たちが明言するあのグループ、つまりドイツ人戦没者たちも含まれる。実際には、こうした慰霊記念の地を建設しようという国民の側からの圧力も広範な願望もないのだが、おそらくこの場合、露骨に表明されるあの勢力の意思があり、その今日まで変わることのない伝統が、両次世界大戦の死者に対しそれなりの寄与をしたということなのだろう。

誰でも知っているが、ドイツのどんな村落にも戦没者の碑がある。それは形態も碑文も単調で、「われわれのために」あるいは「国民と祖国のために」戦死した「英雄に」とか――「その形見に栄光を」とか記されている。戦闘の場所や日付が記されていることもあるが、いつもきまって「戦死した」とあり、「虐殺された」とはなっていない。隠蔽と抑圧の伝統は古く、なにも第二次世界大戦の死者の記念碑に始まったことではない。この伝統はむしろ、一九一四年―一九一八年と、一九三九年―一九四五年のドイツの国家的破滅の間の、繋ぎの輪と見なすことができる。この石造または金属製の「顕彰碑」の中で、誰が誰のために、何のために死んだのか、記されたことがあっただろうか。何百万人というドイツ人兵士や外国人兵士が命を落とすもとになった国の権力政策について、覇権への努力、むき出しの所有欲、略奪の欲望、征服の野望、また世界制覇の幻想については、一言も触れられていない。両次世界大戦で大量の人びとの死から利益を得、血を金に代え、自分の軍事的名声のために良心の呵責もなく全軍隊を犠牲に供した人物の名前同様、これらの動機については触れられるところがないのである。

「祖国のための戦死」だと？　これについてヘルムート・ダーマーは一九八四年十月、ダルムシュタットでこう述べている。

「経済的・政治的支配グループが準備し、ひき起こした世界大戦で、何百万人という人間が命を落とした――その中には、数百万のドイツ人もいた。ルーデンドルフやヒトラーの指揮命令を受けていたこれらのドイツ人の悩みや死は（たとえ彼らが何を思い込んでいようと、また何を吹き込まれていようと）、何の意味もなかった。これを認めることは、その家族や遺族にとっては難しい。この何百万もの人間の死に対しては、何の正当化も慰めも存在しない。計画中の新しい顕彰碑は、われわれ戦没者の遺族たちにその死の無意味さや墓前での絶望感を味わわせないためのものだという。それは、戦死者は何といってもいずれかの地で「われわれのため」に死んだのであり、したがって絶望と憤怒ではなく、畏敬と祈りが捧げられるのだという幻想を生み出す。それだからこそ、〈エード・メモワール〉は、新たな記念の地はわが国民が今日でも必要としている「精神的指導要綱」なのだと言う。そしてまた、計画された死者の聖堂は「壮厳さ、資料性、情報（まさにこの順序で）の要素を含んで」いなければならない、というのだ。「栄誉」だの「壮厳さ」だの仰々しい空疎な決まり文句の多用は、抑圧していたものが復帰していることを示している。死者をうやうやしく想起するためのこのような空疎な決まり文句こそ、まさに彼らを、戦争に、服従に誘った手段そのものではなかったか。計画の記念の地は、まったく意味のないものに後から意味づけをする試みであり、挫折することは確実である。」

哀しむという作業が、哀しんでいる人たちを生き続けさせ、またしても同じことを強いられないようにするためのものなら、この作業は過去を忠実に再現することではないかと示唆したあと、さらに続けて言う。

「その秘密は蓋を開けるべきで、これを閉じてはならない。哀しむというのは、生きている者の問題である。そして、大戦がひとたびドイツの地で〈勃発〉するとすれば、核兵器を使った最後の世界戦争の犠牲者になるかもしれない私たちは、〈敬虔〉や〈壮厳〉では如何ともしがたい。私たちが救われるとすれば、ひたすら、誰かが言いくるめようとする誤った感情を放棄し、屍体の山を屍体の山と認めることを学び、無意味なものに対して慰めの意味づけを断念する以外にない。」

敬虔だと、壮厳だと？　これらの戦死者の碑に対しては憤怒と絶望があるのだ。しかもそれは、ボンに死者の聖堂を建てることによって自分らを不滅のものにしようとしている、ドイツ人の偽りに対してなのだ。

いったい誰を「和解の思想」のもとにまとめようとしているのか。いったい誰と誰をその死後に並べておこうと言うのか。ポーランドの人質の犠牲者を、ナチス秘密情報機関の死刑執行人の隣りにか。共同墓地から射殺された嬰児を掘り出して、容赦なく引き金を引いた出動部隊のピストル野郎の横に置くのか。ユーゴスラヴィアのレジスタンスの女性闘士とパルチザンの仲間を、焦土の他には何も残さなかった国防軍部隊の死者の傍らに置くのか。リーディツェで殺害された者たち、オラドゥール・スール・グラーヌで生きながら焼かれた者が、もしかしてその後で戦死した親衛隊の人殺しと並べられなければいけないのか。あるいは「民族裁判所」の裁判官服を身にまとった大量殺人者でありながら、戦没者にも数えられるローラント・フライスラーを、一九四四年七月二十日のエルヴィン・フォン・ヴィッツレーベン将軍やピアノ線で首を吊るされたその他の人びとと同列に置くのか。ザクセンハウゼン＝オラーニエンブルクの強制収容所で、標尺に後ろ向きにはりつけられて殺されたソビエト捕虜——これは一万人の中の一人にすぎないが——が、うなじを撃ち抜く処刑者とどうして再会しなければならないのか。

この場合、死者に対するどんな欺瞞的な見方があって、犯人と犠牲者を、殺人者と被害者を、許されない「和解」の光輪のもとで敢えて共通の墓場にほうり込むという愚かしくもまた忌まわしいことが行われるのだろう。

何たる改葬か。ヘルムート・ダーマーは言う。

「今日生ある者に、迫害者と被迫害者、ナチスと非ナチと反ナチ、殺害する者と殺害される者の間の区別を無視する権利を与えるものは何か——そしてそれは誰に役立つのか。」

そうだ、誰にだ？

否、断じて許せない。まったく正当と認められない「和解の思想」により呼び出されたこれらの死者は、同じ理由から命を落としたのでもなければ、同じ墓場に埋葬されたのでもなかった。殺された何百万人に及ぶ人たちが、決して**埋葬**という名に値するような葬られ方をしたのではなく、文字通り煙となって消え失せたか、穴に集団投棄されたかということは、全く別にしてもである。

注意すべきこと――それは、ボンの死者の聖堂に反対する論証に際しても、ナチス親衛隊やその他の絶滅機構というよくいわれるアリバイグループに、ドイツ人の責任を集中してしまわないことだ。昔からの偽りの精神で兵士を「顕影する」計画に反対する闘争においてこそ、軍隊が不幸をもたらす元凶であったこと、しかも第一次世界大戦のドイツ軍よりも第二次大戦の国防軍の方がはるかにひどかったということを、指摘しなければならない。

「ヴィルヘルム皇帝とその将軍たち、次いでヒトラーとその軍司令官により戦争に駆り出された何百万の兵卒は、本当にわれらの〈顕彰の回想〉に値したのだろうか。なぜそうなのだろうか。彼らがそこで戦死したということにより、戦争が一九一四年も一九三九年も(あるいは一九四一年も)ドイツから始まったということ、また彼らがいなかったらこれらを行いえなかったという、不名誉な事実を拭い去ってしまえるのだろうか。そして、いまドイツ軍戦死者のために新たな記念碑を建てようとしているが、そのドイツ軍の行動さえなかったら、死んだ戦争捕虜も、逃亡・追放・故郷喪失の犠牲者も、悼む必要がなかったということではないだろうか。」

ダルムシュタットでヘルムート・ダーマーはこう述べた。珍しい、まさに痛々しい真実を吐露した貴重な言葉だ。それは、あの巨大なドイツ人の心的抑圧の証拠物を建設する計画が、攻撃され、襲撃され、征服され、虐殺された、数の上ではるかに多い諸国民の死者をその数に入れまいとしているときだけに、ますますもって際立った言葉である。このプロジェクトの場合のように偏頗な「哀しみ」の呼びかけが喧伝される、哀しむ能力のないことから生まれるのは、似而非の哀しみという極めて醜い産物なのだ。こうした哀しみのあり方は公式の連邦共和国（西ドイツ）の表現であり、本書が明らかにしたように、その政治史からは、これ以外にはありえないのだ。ナチスの遺産のあらゆる問題では基本的に偽りがあり、当局の人間がそれに一役買っている。誠実に哀しむためには、別の西ドイツ史が必要であったろう。これについてヘルムート・ダーマーは言う。

「今日生きている者の大多数は、あたかも何百万人の戦没者がなかったかのように暮らしている。遅まきの哀しみの作業の過程で彼らの世界像や生活実態は、急速に変化するだろう。仮にも戦没者がわれわれに伝えてくれた教訓を理解していた者の目には、戦後ドイツの内外政策は有難くもないだろう。しかし〈エード・メモワール〉は、戦没者のための国家的記念碑を造ることによってそのような哀しみの作業に対する防壁を築こうとしていることを教えてくれる。こうした考え方は、今世紀の殺害の歴史から、当面の危険の回避に役立つものを学びとる可能性を妨げているのである。」

両世界大戦間の記念碑の建立もそうだったし、また一九四五年以後も、戦死者にたいする祈念の気持については、計画中のボンの巨大物好みに至るまでその通りであった。ここに他の国民には見られない**没落したものの重圧**が姿を見せており、このため西ドイツは、高度に近代的な外観、技術上の先端的地位、強大な経済力にもかかわらず——これらのことはすべてヘルムート・ダーマーのいう心的こだわりを少しも変えることはない——類例のない保守的な精神的外傷の状態に押しやるのだ。彼はこれについて次のように述べている。

「私たちの過去の克服が不充分であればあるほど、現在もそれだけいっそう厳しく、知らぬうちに過去の束縛を受けることになる。抑圧されたものが、精神的外傷を受けた人間の行動を規定し、彼は自分に何が起こっているのか解らないまま永遠の反復者となる。ドイツ人に苦い目に合わされた東西世界の隣人たちは、この点をよくみている。ドイツの内外政策における〈典型的にドイツ的な〉出来事の中に、彼らは繰返しドイツの過去の再来を見るように思う。十二年間の恐怖独裁政治そのままの悪夢がいまなお、これを身をもって体験した当の世代の心情を支配しているだけではない。千年王国で身につけた思考形式や反応方法を、独裁制の影響を受けた人びとからものまねで（原注＝模倣して）受け継いできたその子、その孫の世代をも、支配している。だからこそわが国では、現社会にたいするオールタナティブの支持者は、たちどころに〈テロリスト〉とは言われないまでも、簡単に〈非民主主義者〉〈破壊主義者〉〈第五列〉などと刻印を押されるのだ。そしてそれゆえにまた、秩序の番人は、否定された過去の後奏曲を心ならずもかなでているうちに、容易にテロリストの捜索者、狩人になるのである。」

ここで、ボンの死者の聖堂を計画する空疎なイデオロギーを代表する社会勢力と、それによる現在の民主主義の脅威の間の危険な関連が明かになる。ハインリヒ・ハイネ、カール・フォン・オシエツキー、ショル兄妹などの記念碑の建立を成し遂げることがなぜ難かしかったか、また現に困難なのか、そしてもっと長い時間がかかるのか、この因果関係を認識して初めて理解できるのだ。克服されない過去がどのように克服されない現在と常にからみ合っているかが、いやが上にも明らかになるのだ。

ナチスの過去を抑圧しようとする人間ほど、執拗にこの刻印を負うている者はない。「あとで生まれてきた者の恩恵」（これが意味するものは、自分がハーケンクロイツのもとにあったら、その親や祖父母と違った行動はしなかったろうということに他ならない）を語る者も、いよいよもって然りだ。現代のそのプロ的代表であるヘルムート・コールの性格を、ハンス＝マグヌス・エンツェンスベルガーは「シュピーゲル」誌とのインターヴューの中でいみじくもこう描写した。

「彼は、にかわ鍋を取り除こうとしている男に似ている。そうするには、にかわ鍋を摑まなければならない。にかわは糸を引く。少したつとその男はにかわにまみれる。彼は除けようと思っているにかわを四方に散らす。彼のネクタイは毎日改めてビショビショになる。コール氏はどこでも行きたいところへ行ける。話したいことを話せる。いつでもファシズムのことが念頭に浮かぶ。あらゆることが、ヒトラーを、ゲッベルスを、〈シュチュルマー〉紙を、ヒトラーユーゲントを思い起こさせる。ファシズムは彼の強迫観念である。彼のナチス時代への執着は物すごい。それは実際興味つきない。心理的に言うなら、それは抑圧されたものが顕在化する顕著な症例である。道徳的に言うなら、悪業の報いと言ってよい、と私は思う。」

コールの「悪業」とは、ナチス犯罪に自ら関与したということではなくて、その時代を心理的に持続して抑圧することであり、彼はそれによりたえずナチス犯罪と関わり合っている。ダーマーの正しさはエンツェンスベルガーによって確認される。

西ドイツが四十年の歴史を経たあとで、**没落したものの重圧**がナチズムとの真摯な対決にとって国家的な主要障碍になろうとは、一九四五年当時誰が考えたろうか。

ボンの死者の聖堂は、目に見える形でこの重圧を具体化することになろう。そのアイディアを芸術的に表現することが不可能なことは、言うに及ばない。何しろこれまで人間性がこのアイディアに影響を与えたことは一度もなく、いつも無意味なものに意味を与えるという、見込みのない試みだけがこれに影響してきたからである。もっぱらドイツ人だけが回想に値するものとするのが独特だが、それにしても、死者の聖堂の創始者にはまったく縁遠く気もそまないドイツ人ナチス犠牲者の世界を、不承不承ながら含めること――残念ながらおそらくこればかりは避けて通れないだろう。どうしても付随するこうした厄介なことを無視したとしても、この計画全体を生んだあの組織、ドイツ戦没者墓地援護国民連盟の「追悼」と「顕彰」についての支配的見解では、問題の核心は依然として第一次および第二次世界大戦の**戦没兵**なのだ。国民連盟は確かにナチズム解明のアヴァンギャルドではなかった。だがこれが、今やドイツ人だけのための「国家的な中央慰霊記念の地」との関わりの中で、どんな事態に巻き込まれたか、この点についてヘルムート・ダーマーはダルムシュタットで次のように絵解きをした。

「〈エード・メモワール〉は、現在追悼されるべき人間のカテゴリーをこういう順番に挙げている。つまり、戦死者と戦争捕虜、逃亡者と被追放者、〈暴力(でもどんな暴力か)の犠牲者〉、故郷での犠牲者(でもどういう犠牲者か)である。総じて〈ドイツ人〉の死者がもっぱらである。第一は兵士たちで、彼らはルーデンドルフとヒトラー、あるいはドイツ・ブルジョワジーのなかでこの二人にことを委託し、利益を得た人たちの帝国主義的な夢の目標のために、戦争や弾圧、絶滅行動を展開したのだ。だがヒトラーの軍隊は、ドイツ人以外の同盟者と増援部隊をもっていた。誰がそれを分け隔てようというのか。しかも国防軍、親衛隊、行政機関の犠牲者だっているのだ。ドイツ人だけが追悼されなければならないのか。そして強制収容所の囚人たちはどうなっているのか。ユダヤ人とかジプシーなどの場合、偶然ドイツ国籍をもっていた者かドイツ語(イディッシュ語なんかではなく)を話した者だけが追悼されるというのか。大戦争の陰でドイツ軍の保護のもとにその絶滅作業を遂行した支配欲の強いドイツ人よりも、ドイツ人でないヒトラー体制の犠牲者の方が、はるかにドイツ人犠牲者に近い関係にあったのではないか。」

ボンの死者の聖堂の創始者たちにこうした質問を向けたところで、硬直した頼りない反応しか期待できない。ここに幅をきかせているのは決して共感できない特有の単純さであり、その単純さの故に引き起こされた問題性に知的に対処することなどとてもできない、と言ってよい。彼らの永遠に変わらない単純な頭は、見るところ一八七一年から一九四五年までのドイツ帝国史に限られたものではないようだ。彼らには軍歌「私には戦友がいた……」に表わされる仲間意識の悪循環を断ち切るだけの意欲も能力もない。それゆえ彼らがこの過剰核殺戮力の時代において、死者の聖堂で定めた表向きの原則に反して、盟友として核の黙示録によって新たに「戦友」が斃れるのを阻止するなどとは無条件には考えられないのだ。

没落したものの重圧からそれ独自の避難地帯が築かれる。これにすがる人びとは数十年もの間、自分自身から、また彼らが立ち向うことをあえてしなかった後の世代から、辛抱強くかつ見事に逃避しつづけている。その結果は、否認し続ける苦しみであるが、これは救済を願う告白の一回きりの苦痛に優先して選択したものである。そしてこのリレー競走のバトンは、年齢から言って法律上も事実上もナチスに責任のない世代の一部に受け継がれ、抑圧の宿命が延長されることになったのだ。

ボンの死者の聖堂というアイディアは一夜にして出てきたのではない。これに先立って、この考えを暖めていた長い時代がある。この「国家的な中央慰霊記念の地」の方針という「調和しえないものを調和させる」むだな努力に対し、一九八六年十一月の国民哀悼の日のアルフレート・ドレッガーの演説ほど見事な表現をしたものはない。彼の演説には、誤った、意図的に組み立てた、そして強烈に固執する宥和願望の素材がひとつ残らず含まれている。その中から模範的な箇所を掲げる。

「わが現代史の崩壊・破滅に鑑み、われわれ生きている者に何が残されているだろうか。われわれがこれに真摯に取り組むならば、まずじつに悲惨な出来事を意識しなければならない。それは、ビットブルクをめぐって突然姿を現わしたような、単純な白黒のステロ版では正当に評価できないような悲惨な事態なのである。この悲劇を意識して、死者への追憶を、追放された者と同じく迫害された者への追憶を、兵士と非戦闘員並びにレジタンスの闘士への追憶を、守らなければならない。死者はわれわれを必要としている。われわれが彼らと宥和し、彼らがわれわれと宥和する以前に、われわれ同士で互いに和解し、われわれの歴史およびわが国民の運命と折り合いをつけなければならない。それが成功してはじめて、われわれは、われわれを引き合わせ、分け隔てることのないしるしを死者に捧げることができる。われわれが一つの民族にとどまろうとするなら、このしるしはわれらがすべての死者にとって、ひたすら共通のものでありえよう。外部の敵、内部の圧制というわが民族の悲劇的葛藤状態に直面して、また、このひどい心的葛藤状態を耐えなければならなかった大多数のドイツ人の、人間的尺度から見て全く尊敬に値する態度に鑑みて、キリスト教倫理とヨーロッパ社会の不文律にそった態度をとることができなければなるまい。みずから非のうちどころのない態度をとった者でなくては、われわれに対し畏敬の念をもって自分を追悼するよう求めることができない。このことは、何びとにも、いかなる民族の出であるか、また、いかなる兵科に属していたかに関わりなく通用する。」

これは武装親衛隊の名誉回復を狙った文章であるが、そのなかでは何一つ、たった一つの観念も、ただ一つの言葉も事実と合っていない。これは、ヒトラー下のドイツ国民を免責にする試みなのだ。彼らの大多数は「外部の敵と内部の圧制の間」で悲劇的葛藤状態にさらされたと感じたことは一度もなく、軍事的目標をはるかに越えて、弾圧者とされる人びととの結びつきをはっきりと示したのだった。はじめて第二の罪は、最大限の自由な状態のもとで、ヒトラーを信奉していた国民的集団と第一の罪との深いかかり合いを全面的に暴露した。

一九八六年の国民哀悼の日の連邦議会におけるドレッガー演説は、一九八五年五月八日、大統領リヒャルト・フォン・ヴァイツゼッカーがヒトラー・ドイツ降服四十周年記念に際して同じ場所で行ったスピーチに対する意図的反論であった。この両者のような同一政党内の政治家間の大きな懸隔、それどころか全く異なった世界というのは、想像を絶するばかりだ。ヴァイツゼッカーの核心的な文章は、知られている通り「救いの秘密は心に刻むことにこそ」というのだ。心に刻むことであって、密封することではない。ドイツ史はアルフレート・ドレッガーの意味では調和させることはできない。この男のように、哀しむ能力のないことを具現化している人間は、他に滅多にいない——しかも和解の使徒の喪服をまとってだ。こうした無能力から「変化への無能力」が発生し、これから更に人間としての方向性の**恒常的**喪失が生まれる——第二の罪の輪が完結するのだ。

私は本章や本書全体を通じて死者を絶えず**区分する**必然性について説いているが、これは、ナチスの目標の**ための**、その権力保持の**ための**闘いのなかでの**死者**に対する冷酷さを意味しているのであろうか。殺害しただけではなく、何百万という殺害されたドイツ人兵士に対して冷淡だというのか。一九四三年七月のハンブルク、また一九四五年二月のドレスデンで爆撃のために火だるまとなった人びとに対して、また、魚雷攻撃を受けたかつての歓喜力行団の船「ヴィルヘルム・グストロフ号」の鋼鉄の船体もろとも冬のバルト海の凍りつく水中に沈んでいった婦人・子供を主体とする六〇〇〇人の難民に対して、同情の念がないのであろうか。西へ向かう長い逃亡の列で、あるいはその後の追放による無蓋貨車の上で凝固して氷柱となった凍死者に対し、非情なのであろうか。個別的また集団的に暴行を受け、死に追いやられた恐ろしい運命をたどったドイツの成人から子供にいたる女性たちに対して、痛みを拒んでいるのであろうか。当時の赤軍兵士で人道主義者のレフ・コペレフほどこの恐ろしい運命を、適確にとらえ、告発したものはおらず、とりわけ無防備な敵側の人間にたいし、同じ人間としての気持を示したばかりに、スターリンの収容所で長い苦難の道を歩まなければならなかったのだ。

そうではない。決してそうではない。**区分**を保持しておこうという理由は、ドイツ人死者に対する非情さからではなく、まったく別種の原因、動機、責任からまったく異なった死に方をするに至ったのだという歴史的教訓を引き出す必要からなのだ。死後に「和解」の共同墓所を建設することは、耐えられないほどの仰々しさのうちにそこに至る根本のところを覆いかくしてしまうのだ。それは永い不幸な伝統とも言うべき罪障感の欠如をさらに促し、犯人たちに対して、誰にも権限のない思い上がった総赦免を与えることになるのだ。この全員のための共同墓所に、攻撃行動や絶滅行為に際してのナチス社会の分業的性格も同時に埋葬されてしまい、一方この「和解」を拒否する人間は、ことごとく死者の静謐を妨げるもの、それどころか死体を凌辱するものだ、として告発を受ける。私はこうした非難の言葉をすでに何回となく耳にした。

ここで試みられているもの、ボンの死者の聖堂建立に向けられた一切の努力、この執拗なエネルギー、不屈のアジテーションの背後に潜んでいるものは、**ひとつの**意思、**ひとつの**願望である。つまり、今世紀のドイツ史、とりわけナチス・ドイツの時代を、国家の起源にまで遡る過去千年の悠久の歴史的背景の前の些事として**処理し**、ここで最終的にケリをつけようというのだ。

この目論見をわれわれは阻止しよう——もっともこれだけではないが。というのは、信じられないかもしれないが、死者の聖堂計画の奇怪さを凌ぐようなものが、他に計画中のものの中にあるかもしれないのだ。

偽りの博物館

西ベルリンの面積一万九〇〇〇平方メートルの土地に一大建造物が生まれる予定だ。計画によるところにには二〇〇〇平方メートルのロビーが含まれる。所在地は、修復成ったドイツ帝国国会議事堂の前という象徴的な場所で、その名は「ドイツ歴史博物館」。そこではカール大帝から現在に至るまでの千年の歴史が反映されるはずだ。発案者はヘルムート・コール首相。

一九八五年十月七日、この目的のため専門家委員会が招集され、一九八六年四月にはこれにより一つの「構想」が発表された。その文書にはこうある。

「博物館は、歴史的回想を通じて自主的な意思決定をなし、自己認識する場所であらねばならない。それは情報を提供するのでなければならない。……それは、批判的な論議を提起するにしても、アイデンティティの確認の可能性を提供するものでなければならず、また尊大でも告発的でもなく、分別があり、自己批判的で自覚したものでなければならない。問題化に終始することなく、また神聖な場所でもアイデンティティ確認の製造所であってもならない。むしろそれは、共通の歴史の解明と理解に資するものでなければならない。」

ここには、均衡がとれていながらよそよそしい響きがある。この構想の文書を読み進んでゆくと、とまどいを禁じ得ない。そこでは、「十九世紀と二十世紀における西ヨーロッパおよびドイツの展開の共通の根、並びにその方向の背馳と収斂（原註＝乖離と接近）」が求められるという。ただしその場合、一九一四年から一九一八年までの前段階の大破局、さらには一九三三年から一九四五年までの最終的破滅に至るまでのドイツ史の血ぬられた軌跡を、博物館の構想をたてた人たちが「方向の背馳」と記すかどうかの問題が、ただちに出てこないだろうか。「乖離」とはあまりにも弱々しい表現ではないか。一七八九年のフランス革命の理念やイギリスの議会制民主主義の構造からかけ離れた、重大な結果を及ぼしたドイツの特別の道に関するだけでも、そうではないのか。そして、ドイツ人とポーランド人、ドイツ人とロシア人といった東ヨーロッパとの多様な相互関係についてはどうなのだろうか。これらの興味あるさまざまな知られざる関係は、今日の同盟体制にはるかにうまく組み込まれた西側との関係についてと同じような熱意をもって、取り扱われるのだろうか。あるいは、多くの犠牲を出したナチスに対するドイツ共産主義者の抵抗が四十年にもわたって公式に隠蔽されていたように、そのような結び付きは、タブー視されるのだろうか。

もしかして「構想」の中でワイマール共和国の崩壊は共産主義者と国家社会主義者《ナチス》に等しく責任があることにされはしないかと、不吉な予感を抱いてしまうのだ。ドイツ国家人民党は、絶望的に後ろ向きの中産階級は、また、ヒトラーの立身出世を助けた産業界やフーゲンベルクの新聞王国の保守的な連中は、いったいこれとどんな関わり合いももっていなかったのか。帝国からそっくり受け継いだ国家機構、行政機構は、ドイツ第一民主制の破滅にどんな役割も果たさなかったのか。そして帝国国防軍とその将官たちは、また徹底して反動的な司法官階級は、どうなのか。

いや、「ドイツ歴史博物館」設立のための専門家委員会の「構想」は、真に人を納得させることはできない。とくに、批判的な歴史家がどちらかと言えば保守派の学者に片寄った委員会構成を鋭く非難しているだけでなく、「多元的な社会にはいくつかの競合する歴史観が存在する余地がある。これがその社会の長所なのだ」と警告を発しているだけに、なおさらそうなのだ。

しかし、まさにこれこそ、この博物館のアイディアの提唱者の望まぬところらしい。しかも、ほかにも怪しむに足る情況証拠があるのだ。まったく誤ったドイツ民族国家の象徴にほかならない旧帝国国会議事堂の前の敷地という場所が、そのことをすでに物語っている。もちろん博物館の発案者たちはそうは見ず、正反対なのだ。「ドイツ歴史博物館」はむしろ継続性を具体的に示し、すでに一九七七年にアルフレート・ドレッガーが述べた言葉を借りれば、「今こそヒトラーにより異常にされ、濫用された基本的価値をそのままの形で再現する時だ」ということを想起させるというのだ（全計画の中心的犯罪としてその点をまた取り上げなければならない）。選ばれた場所は、ベルリンの壁にほど近く、歴史に対するギクシャクした姿勢と並んで、ボンに代表される共和国がドイツ史の唯一の管財人なのだという東ドイツに対する西ドイツの威圧行動だとの疑念を起こさせる。何と言ってもドイツ第二民主制は、遅すぎたというわけではないが、まだ第二次世界大戦の（西側）勝利者に後から加わった脇役であるに過ぎない。ビットブルクで幸いにもロナルド・レーガンと並んだとき、コールは端目にも上すべりな、得も言われぬポーズを見せた。今回は博物館計画の形で現れた帝国国会議事堂の傍らで、誤った優越感と鼻もちならない満足感にいつまでも浸ったまま、凝り固まってしまうのではないだろうか。

構想をたてた人たちを始めから有罪と決めつけようというのでもなく、また、これを書いている時点で事態はすでに現状以上に進んでしまっていると考えるわけでもないが、そこに計画されているものは、ドイツ史千年の巨大なパノラマであり、昔からのドイツ人の徳性とされる義務観念、規律、犠牲心といったものを再活性化して、ドイツ人の発展的運命を描く壮大なフレスコ画に他ならない。一言で言えば——もっぱら「良き歴史」である。その中では、わずか十数年のヒトラー・ドイツなど、絢爛豪華、多彩で偉大な歴史の前では醜い一点のしみにすぎないだろう。

もう一度言う——このことは専門家委員会のかなりのメンバーの目的や見解とは一致しないだろう。

しかし、それ以外の人びとで、この西ベルリンの博物館や同じく計画中のボンの「連邦共和国史の家」(いわばルーペで見たここ四十年)のアイディアや意味の確立に協力する人びとは、彼らの施主たちの保守的な不変の世界像に適合するよりほかに、いっさい選択の余地を与えられはしないと覚悟しなければならない。

「ドイツ歴史博物館」とボンの家がいつか実現したとしても、この両者は、選挙によってどう変わるかもしれない時の政府がとり返しのつかないやり方で独占的史的解釈を無理に貫き、これを永遠化したということ以外に、何も表わさないだろう。

こういう解釈の独占は全面的に**ケリ**をつけることを狙ったものだ。その背後にある史観は、ナチズムを「暴君たちの時代」における多くの暴挙・不正の形態のなかの**ひとつ**として相対化するよう義務づけられている。

その一例を挙げよう。「一九三三年—一九四五年の時代」、つまりナチズム支配の時代は「全体主義的独裁」と呼ばれる。この用語を使うことにより、ただちに一石二鳥の効果が生まれるはずだ。「独裁」という概念を使えば、当時の国民が、ヒトラーによって弾圧されていると感じていた——これは本当は比較的少数の人間についてだけ言えることなのだが——という真実に反する言い方をすることにより、明確に免責される——これが第一。第二に、「全体主義的」という形容詞を用いることにより、ナチズムを相対化する目的で、当然ソ連を先頭とするその他の反民主主義的国家形態との構造的な一致点がつくり出される。それはともかく、これを「同等のもの」として曲げて解釈するならば、それは誤りであろう。ナチス国家の時代が過去に属するのに、一方ソビエト体制が現在のものである限り、われわれはむしろ、ナチズムをもっと限定することに取り組まなければならない。心に止めておくべきことは、ブランデンブルク門のすぐ傍らに博物館をつくるプロジェクトには東に向けた攻撃的な批難が込められているが、これを唱えているのがナチス相対化の組織者・唱導者だということ、そしてこの非難はよく整えられた素地の上に、一九八六年半ば以来、一定の歴史家やジャーナリストの世界で爆発的に流行した止めどない比較癖の一部だということである。こうした作業が行われるのは、あの夏以来初めてではない。その足跡ははるかに昔に遡ることができる。また、他国民の歴史と運命を使ってハーケンクロイツの時代を相対化しようという努力は、たんに修辞上のことだけではなく、すでに法令の中で表現された方法なのだ——刑法典第一九四条第二項また然り。この条文は、ドイツ占領下のヨーロッパのユダヤ人の絶滅にたいして疑念を抱く者、したがっていわゆる「アウシュヴィッツの嘘」を擁護する者にたいして、二年以下の自由刑を科するとしている。しかし同時に第一九四条は、逃亡、追放、占領に際して東部ドイツ人に加えられた犯罪を否認する者を処罰することを規定している。ところで後者の方は、西ドイツで公の問題となったことはない。誰もがそのような犯罪があったことを否定しないからだ。しかしながら、最初のうちまったく法律の発動が見られなかったアウシュヴィッツの否認については、周知のごとく別物である。事実、あらゆる新聞の報道によると、「まあ怒らないで!」式の「ゲーム」(訳注=サイコロを振って先行者と同じ場所に来るとその者は振出しに戻される双方のようなゲーム)がつくり出されていた。これがもつ意味合いとルールは、途中の一定の絶滅収容所を通過して、できる限り早くあがりの「アウシュヴィッツ」に到達することにあった。念の入ったことに、何百点にも及ぶこの「ゲーム」がユダヤ人たちに送りつけられた。そして、現行犯でつかまった、もしくは発案者と言われる人間が訴えられはしたが、拘禁されることもなく、無罪釈放となった。それはそれとして故郷追放の符号をもった似たような「ゲーム」を探し求めても、それは無駄というものであろう。そんなものは現在存在していないし過去も然り、未来も同様と思われるからだ。事実特筆すべきことは、アウシュヴィッツについての「ジョーク」は確かにあっても、ドレスデンの爆弾地獄についての「ジョーク」はないのだ。言い換えれば、立法者は、逃亡および追放に関するドイツ人に**対する**犯罪の否定という、かつて誰も疑いもしなかった事件については、第一九四条をもって処罰の対象にした。これは、ドイツ人**による**ユダヤ人絶滅についての否定という第一九四条第二項の犯罪と全く対照的だ。

この不合理さ加減は、立法者、つまり第十ドイツ連邦議会の保守党・自由党の多数派にとっては、ドイツ人が**行なった**犯罪とドイツ人が**受けた**犯罪の間に均衡をつくり出すことが重要であったということを認識して、はじめてその謎が解けるのだ。

「ユダヤ人の最終的解決」と故郷追放を法的に保護された真実とする――こんなことを真似する人間がほかにいるだろうか。誰もがユダヤ人と非ユダヤ人に対する大殺戮のことは片付けてしまいたいと思う――清算の歴史は西ドイツ成立以来、いやそれどころかもっと古いのだ。その結果が、お役所側では、**特殊な悲しみ**の冷笑的な一般化ということになる。この独占解釈にもかかわらず、アウシュヴィッツは――願い通りには――解決されていない。

注意すべきは、「何も知らなかった」という嘘が、今日でも依然として無罪であることだ。

それは、第一九四条による、また、ビットブルクの軍人墓地で演ぜられたコール首相とレーガン大統領の茶番劇（第二次世界大戦の最終段階でソ連に対して西側諸国と共同の戦闘を挑みこれに勝利するという、ドイツの夢見た願望の悲喜劇的な中途半端な実現）による、ナチス相対化の**ひとつの**路線であり、ボンの死者の聖堂の礎に犠牲者と犯人を一緒にまつる不当な目論見から、西ベルリンの国民啓蒙のための博物館の計画、さらにはボンの「ドイツ連邦共和国史の家」に至るまでの、**ひとつの**路線なのだ。私は絶対の確信をもって言うが、そこには犯人との大いなる和解の基礎資料や事実内容について何ものも示されないだろう。また、実に言語道断な第二の罪についても、まったく何も見られないだろう。

それは「悲観論の打ち切り、自虐的態度の終焉」という**終止符**である、これについては、「われわれは最終的にヒトラーの影から抜け出さなければならない」と、漠とした比喩を口にしたフランツ・ヨーゼフ・シュトラウスほどこれにはっきりケリをつけた人間は他にいない。

それにもかかわらず今日の西ドイツには、自国の歴史と取り組む数多くの勇気づけられる事例が見られる。ここ数年の間、郡部で、市区で、時にはほんの幾条かの通りの範囲で、自分たちの故郷の歴史を現場で直接徹底的に究明しようとする地域的なグループが至るところにある。その背後には、排除され否認されたナチス時代と取り組む力があり、その動機があり、真面目な目的がある——息子、娘、そして孫たちが、親たちや祖父母たちの仮面を剝がそうとしている。その中にはハンブルクの「労働博物館」の「バルムベク歴史工房」や、ハンブルク市当局の創意で、地域内の公共団体の過去および現在の発展ぶりと取り組んだシリーズの第一巻である『ケーニヒスヴィンターのユダヤ人同胞の生と死』といった小冊子、あるいは、ジークブルクで出版された書物『ラインとジークのユダヤ人』といった、特殊な歴史の見事な掘り起こしが見られる——その際肝心なのは、常に自発性があったということだったし、それは今も変わらない。

彼らは現在、血と土のイデオロギーをいっさい抜きにして、何が起こったのか、またなぜ起こったのかという問題を進んで批判的に調べあげる活動を強力に行っている。この作業には、中高年世代の疲れ果てた自意識に見られるような心的抑圧の障害もなければ、歴史的美化への意思もない。これらの古い世代の人間は、反抗的な「それでも」という心情から結局のところいつでも自己正当化の結果に終わり、国家的不幸という精神的拠りどころに立ちもどるのだ。労働者の歴史、産業の歴史、地方の歴史は、当時の社会的、文化的、政治的現実の姿を求めて、現在の生きた課題となる。抑圧された過去のために後から手を加えてでっち上げたのではない、生きてきた生活である。簡単に言えば、喜ばしいものがそこに出てきている。地方に分散した、実験的なそのような博物館がそこから生まれるとするなら、その設備を整えることこそは国家の役割でなければならないだろう。

西ベルリンとボンの大規模プロジェクトはその対極なのだ。過去との、したがってまた過去により規定されている現在との対決がまだまだ未完状態のため、ドイツの自己表現の正当性のための時期が熟しているとは言えない。かつての世代の代表たるお偉方たちが、軍事的に敗北したからこそ終りを告げた機械的大量屠殺の新機軸を世界史に贈っただけに、その子孫たちは、そのような正当性が認められるためには今までの過し方のような四十年の歳月では充分でないことを悟らなければならない。

とにかく二十世紀のドイツ史が幕を閉じる今、ヒトラーの**ため**ではなく、これに**反抗する**闘いで死ななければならなかった犠牲者の顕彰が、唯一正当なことであろう。弾丸で、毒ガスで、断頭台で落命した社会民主主義者、労働組合員、共産主義者、キリスト教徒のレジスタンス闘士、ジィンティ・ロマ（ジプシー）――彼らに記念碑を！　今日まで故意に忘れられている勇敢なエホバの証人、収容所内の同性愛者、収容所外で社会的迫害を受けた者たちにも、記念碑を！　また西ドイツの全歴史を通じて、どんな色合いの政党が議会の多数を占めようと関わりなく、国家の側から倫理的、物質的援助がことごとく拒否されてきた不妊断種の手術を受けた人たち――彼らすべてにも記念碑を！　またわが身にどのようなことが起こるか知らずに、それでも「常人」と同じように暴力による死を感じとった精神病患者、犯罪を行っても人間存在自体が認められなかったがゆえに強制収容所に入れられていた犯罪者にも、記念碑を！　最後に、ドイツの戦争捕虜となって死んだ何百万の人たち、かつての占領された国家の抑留者たち、ナルヴィクとパレルモ、ブレストとスモレンスクの間での人質となった犠牲者――彼らすべてに記念碑を！

これらのありとあらゆる殺害方法による死者は、追悼されるべき権利をもつ。そして罪もなく、かといって功績もなく破滅を免れた当時の被迫害者たちが、もっと不幸なナチスの犠牲者の伝統を守るよう要請されている。このような伝統を守ることは、国民の半数が「補償」とは個人の運命的出来事から利益を引き出すことに他ならないと常に信じ切っていたような国家においては容易ではなかったし、また今後とも容易ではないだろう。一方彼らは犯人の世代への給付と過剰給付を国家が保証することを当然のことと考えるか、あるいは正義に対する関心の無さからそのことについて、またしても、何も知らないでいるのだ。

今世紀のドイツ人のひどい自己破壊は、権力および征服への集団的妄想が出発点だったが、その結果は集団的記憶障害であり、大々的な記憶喪失であった。この社会は、アウシュヴィッツという名が内に秘めている挑戦に応えようとしなかった。しかし、そうすることが「ドイツ歴史博物館」の前提であったはずなのだ。

どのようなものの考え方がその背後にあるか、ヴァルター・ヴァルマンほど明快に表現した者はいない。彼は、まだフランクフルト市長であった当時、幸いにして実現されなかったが、パウロ教会前広場の改造計画に際して次のように述べた。

「今日われわれは、もっと距離を置いてドイツの歴史全体を、また――比較的近い過去の破滅はさておいて——われわれが誇りにできるかつての時代、そして出来事を、容易に再発見することができる。」ボンの死者の聖堂のように、戦慄を覚えずには近づけないような、国家的な聖なる巡礼地の建設が望まれている。もちろんそこでは、競合する歴史像が欠如することになろうから、退屈なものであることは必至だ。

コール首相が懸命に追求する西ベルリンとボンの博物館プロジェクトを、その存命中に永古不易の記念碑に仕立てようというこのアイディアは、アウシュヴィッツがあった後ではドイツ民族国家への執着と同様に噴飯ものであろう。民族国家などもう終り、それも永遠にだ。その他のデモンストレーションも表明も、すべて馬鹿げてると同時に危険でもある。いつか再び——ずっと遠い将来に——ドイツ人をまとめて入れる器があるとすれば、それは、一八七一年に洗礼を受け一九四五年に最終的に滅亡した民族国家とは似ても似つかないものだろう。

この「ドイツ歴史博物館」は、「良き」歴史中のただ一点の黒いしみとしてアウシュヴィッツを扱おうとしている。しかし、アウシュヴィッツとその名が象徴し具体化する一切のものをこのような博物館という集積所に統合しようとする試みは、いずれも欠陥を糊塗するものに他ならないだろう。アウシュヴィッツは言葉では尽くせないのだ。

アウシュヴィッツは比較できるものか

すでに述べたように一九八六年夏、西ドイツでひとつの論議がまき起こった。一九四五年以来決して少なくない免責の試みも含めて、年々行われた侃々諤々の論議を上回るものだっただけに、これは今後も長く尾を曳くことだろう。鋭く対立した議論は「アウシュヴィッツは特異なものか」、つまり他に比較するもののない唯一無二のものか、という問いかけがきっかけだった。問題提起者たちは自身で解答を出したが、それを凝縮すると、間違いなく次のような表現にまとめることができる。すなわち、スターリンの前例、つまりソ連の収容・弾圧システムである収容所群島がなかったとしたら、アウシュヴィッツもつくられなかったろう、というのである。

言い方を変えれば、設問と解答を一人で兼ねて、ボルシェヴィキを第二次世界大戦中のドイツ占領下のヨーロッパのユダヤ人大量殺戮の張本人、ハーケンクロイツ下の絶滅機構の真の元祖、創始者にしているのである。

その国家的犯罪を他国の本源的責任に転嫁しようとするこの試みは類を見ない。確かにナチス犯罪とその同義語であるアウシュヴィッツの特異性は、西ドイツでずっと以前から疑念をもたれていた。詳しく言えば、すでに先に扱った「他の連中だって罪を犯したのだ」という集団的情動の中で疑いをもたれてきた。しかし一九八六年六月以降は、この度し難い無教養な物言い、この哀しむ能力のなさの証明、このもはや測り知れないほどの人間としての方向性の喪失についての証拠が、その**知識人**や**学者**たちのお祓いを受けることになる。

アウシュヴィッツの特異性に新たな疑問を投げかけた首唱者は、一九八六年六月六日付けの「フランクフルター・アルゲマイネ」紙に「過ぎ去ろうとしない過去」という論説を載せた、ベルリン自由大学の高名な歴史家エルンスト・ノルテであった。その中で歴然としているのは、これに代表される主張の**推測的**性格であり、これに引き続く論議が証明しているように、この疑問の擁護者に典型的な観察である。さらに、その主張の基礎を成しているものは押しなべて推測である、と無条件で言うことができる。

何しろエルンスト・ノルテは、「ナチスの褐色テロと赤色テロ」の間には「因果関係」があるに違いない、というのだ。一体どうしてそんなことが言えるのか。

ノルテ式推論をさらに追っていけば、問題はますます深化する。つまり、収容所群島はアウシュヴィッツよりもっと根源的なものではないのか。ボルシェヴィキの一定の階級の殺害は、ナチスの一定種族の殺害の論理的、現実的先例ではないのか。ナチスが後年行った集団連行、大量射殺、拷問、死のキャンプ、グループ全員の抹殺などすべてのことが、「毒ガスによる殺害という技術的な事柄を唯一の例外として」、すでに二十年代初期の文献にソ連における実情として描かれていたのではないか。さらにエルンスト・ノルテは言う、一方の大量殺戮のみ注視し、他方の大量殺戮を無視してはならない、と。

反問。「他の連中だって罪を犯したのだ」というドイツ人の割り切り方の頑迷で単純な擁護者として、今こそこのベルリンの歴史家を大いに歓迎すべき盟友として双手を拡げて抱きついた人びとを除けば、誰がいったいそんなことをするだろうか。いったいどうして、二種類の国家犯罪を――例えば本書の著者のように――観察する人間が、これから、ヒトラー下のドイツ人の犯罪はスターリン下のロシア人の犯罪の必然的結果であった、との結論を引き出さなければならないのか。

ノルテの推論に対し、フランクフルトの社会学者で哲学者のユルゲン・ハーバマスが、その「弁明的意図」と「怪しげな修正主義」を指摘して非難を浴びせた（「ツァイト紙」一九八六年七月十一日号）。この反論を契機として、更に「フランクフルター・アルゲマイネ」紙の共同編集人ヨアヒム・フェストが、同紙上で「義務的回想――ナチス集団犯罪の無類性の論議について」の標題のもとにユルゲン・ハーバマスと対決した。

一九八六年八月二十九日のヨアヒム・フェストの記事により議論はいっそう尖鋭化し、さらに激しい抵抗を巻き起こした。

すでにエルンスト・ノルテの場合に矛盾が明らかだが（彼はまずナチスの絶滅行動を質的にボルシェヴィキの「社会的絶滅」と区別しておきながら、その後ソ連の収容所を先例として推論することによって自らこの区別を破棄している）、ヨアヒム・フェストの場合も同じだ。

というのは、この「フランクフルター・アルゲマイネ」紙の共同編集人は、冒頭ではっきりとこう書いているのである。

「しかし、ナチス犯罪の無類性の問題をめぐる論争については、こうも言える。罪とは絶対に相殺できないものである、と。他人の犯行により自己の犯行が軽減されるということはないし、他の殺人犯を指摘して免責された殺人犯はこれまでもいなかった。」

まことにごもっともと言う他はない。ところが、文面には明確さを欠くものがある。つまり、エルンスト・ノルテの主張に当初から備わっていた、あの推論的要素への傾斜が生じているのだ。

「ヒトラーの絶滅の意志がもっぱらロシア革命の絶滅の脅威により刺激されたものとの見方をしてはならない。起源を遡れば、むしろその意志は、ドイツ系オーストリア人のかつての不安感と征服の空想から発したものである。といって、この意志がロシア革命の影響をまったく受けなかったということも考えにくい。ともかくも、ヒトラーが長い間ひそかに抱いていた妄想が共感を呼んだのも、ロシアの地から広がり、少なくとも一九一九年春にはミュンヘンを一時的に襲ったあのパニックにも似た感情を抜きにしては理解できないのである。」

ヒトラーの内面生活に関するこの推論では、ソ連の収容所にアウシュヴィッツの原型としての性格があるとの基本的な考え方の枠内の、風潮なり傾向なりが見てとれる。

「住民グループ全員の連行、殺害、根絶についての報道に誇張があったことは確かだ。しかしながら、これらの報道は、適切な中核となる部分を含んでいたし、加えて近づく世界革命の精神高揚を通して、信憑性を増していた。いろいろな歪曲があるにしても、これらはヒトラーの根絶についての観念複合に現実的な背景を与えた。さらに、程なく混乱と恐怖に陥ろうとしているミュンヘンの革命評議会主導の共和国をすでに取りしきっていた人びとの中に、少なからずユダヤ人がいたということは、ヒトラーの反ユダヤ的強迫観念に、見せかけではあっても、とにかく利用して煽動するに足る証拠を提供することになった。」

反ユダヤ主義、それもヒトラーの反ユダヤ主義が、ユダヤ人の存在なり行為なりから説明されるとあっては、われわれのようなものは慄然とする。それでも、上記のようなまったくの推論は、どんな観点からでも攻められるが、以下の文章に至ってはそのクライマックスに達する。

「彼（ヒトラー）もおびえた大衆も、もし救われるとするならば、たとえ〈十倍にも〉ひどいテロ行為であろうとも、同じようなやり方で防衛する決意によるほかない、と信じていたようだ。こうした考えを述べたり、東のソ連での残虐行為についての報道と過剰に走ろうとするヒトラーの傾向との間に関係があるとみることは、許されるだろう。」

許されるだろうだと？　アウシュヴィッツが過剰だと？　ヨーロッパのユダヤ人の大量殺戮が防衛の行為だと？　それでは、ドイツが宣戦もなしに襲撃した相手、当のエルンスト・ノルテがかつて述べた言葉を借りれば、「世界史上最大の略奪・殺害遠征」の餌食にされたその相手に刺激されてやった、一種の予防殺人だというのか。ドイツ人の第一の犯罪について、ヨアヒム・フェストが自分の新聞で述べている免責の試みほど、見るもあわれで本筋をそれたものがかつてあったろうか。

アウシュヴィッツの原型とその予防的性格をロシアに求める命題を根拠づけるための彼の推論、言ってみれば、ソ連がヒトラー・ドイツに勝利した場合にドイツ人に加えたと思われる「アジア的行為（訳注＝ノルテはスターリン治下の暴虐行為をこう呼んでいる）」の先取り――こうした立論など全く認めることはできない。フェストは「ナチス犯罪の先例のない特異さについて多々述べられている考え方の、ひどい単純さ加減と一面性にたいする疑念」ともいっているだけに、議論を継続することは有用だとの希望が一切失われてしまう。

これは、ナチズムを**相対化**しようと公言しているわけで、弁解の余地はない。言語道断なのは、ノルテとフェストが単純な相殺論者であることではない――主観的には彼らはそうでないことは全く確かなのだ。言語道断なのは、むしろ、彼らが推論に基づいてヒトラーをスターリンの亜流、弟子とし、またナチズムやその国家的な制度化のようなドイツ帝国史上の純然たる創造物を、ボルシェヴィズムの出店扱いにしているところにあるのだ。

このようにドイツ人の全歴史を通じて最も破滅的な時代に対する国民の責任はとりとめもない個人的な関与の問題にされてしまい、六年になんなんとする戦争中に全人類に苦痛を感じさせたナチズムの殺人的攻撃力・破壊力は毒を抜かれた形とされ、ドイツ人の免責を狙うあらゆる試みの中でも最高に知的な形式が科学性の衣裳をまとって、提供されているのだ。「因果関係」つまり「赤色テロ」と「褐色テロ」の間にあるという因果関係をめぐる推論、これこそがここで問題にする本来の犯罪行為なのだ。

喜ばしいことに抵抗は極めて活発であった。

シュトゥットガルト大学のエルンスト・イェッケル教授は、一九八六年九月十二日付けの「ツァイト」紙上、「なすりつけ屋のみじめな実践」と題する一文の中で次のように述べた。

「ナチスによる殺害が無類のものでないとして、いったい何が変わるというのだろうか。そうなら、西ドイツは罪の償いなどしなくていいというのか。西ドイツの首相はもはやヤド・ワシェムで頭をたれる要がないというのか。」

ドイツ人はナチスの残虐行為に特別の関心を向けなければならないこと、そして「不確かな暗示的な比較をもち出すことによって、これを相対化してはならない」ことは、争う余地がないとイェッケルは言う。

ミュンヘンのマルティン・ブロシャート教授は、同じく「ツァイト」紙で、ノルテが科学的な方法を「不遜にも軽蔑して」ナチスによる大量の民族殺戮の相対化を企てたことについて驚きを表明し、こう書き記した。

「西ドイツの国民による新旧の歴史との自己批判的な関わり合いをとり上げようとする人間は、五〇年代後半以来この国家機構の中でようやく発展してきた政治文化の最良の要素のひとつを奪うものである。その場合は、苦しみを通じて身につけるに至った自国の歴史にたいする道徳的敏感さが、他国民と比較してあたかも文化的、また政治的欠点であるかのような、また、歴史的な理由からしばしばもっと粗野ないし素朴で、しかも政治的にたいていは有害なそれらの国民の、歴史意識を真似することが大切であるかのような根本的に誤った見方こそ、もっとも背信的である。」

その他にもビーレフェルト大学のユルゲン・コッカ教授は、「徹底的に工業化し、比較的高度に組織化されたヒトラー帝国における官僚主義的かつ冷淡で完璧な大量殺人システムと、時代遅れのスターリン帝国における過度の内乱、大量粛清、奴隷労働、餓死といった残酷な混合物の間には質的な相異」があると言う。

ベルリンの歴史家ハーゲン・シュルツェは、これを補足して、一九八六年九月二十六日の「ツァイト」紙で次のように述べている。

「スターリンのロシアにもポル・ポトのカンボジアにも、ナチスのユダヤ人殺害が示した合目的性と技巧性に類するものがない――大量殺人の産業化とは、ドイツの発明物なのである。」

先に引用したユルゲン・コッカは、「われわれが通常伝統的に好んで引合いに出し、発展段階、社会構造、政治的主張から見てわれわれに親しい類似の関係にあり、それでいて、異常なファシズムないし全体主義に堕さなかった西欧の社会」との比較を行うよう薦め、「この比較で明らかになるドイツでの動きの特異性は、スターリンやポル・ポトとの比較によって排除されるべきではないだろう。この特異性は依然として重要であり、脅威であり、かつ恥ずべきものである」と述べている。

これらの文章から相対論者の側の中枢部分、すなわちその比較モデルの選択方法が暴露される。ふだん西側においては東側との比較が許されず、すべての点で対照したり同一視したりすることが嫌われる。ところがドイツ最大の恥辱の具体例で、十分な理由があって忌避される東方の権力組織、弾圧機構が突如として、大々的に原型とされるのだ。

世界のどこかに相対化したいというこうした願望があるのだろうか。この国のアカデミズムの世界の相対論者がやっているような論議をしている国民が他にあるだろうか。たとえひとりでもソ連国民の口から、ヴォルクタ（訳注＝ソ連の町。収容所があり強制労働が行われた）の免責のためにアウシュヴィッツを持ち出したり、ドイツの絶滅機構を指摘して収容所群島の慰めにしたりしたのを聞いたり、読んだりしたことがあっただろうか。地球上のどこに、この西ドイツの報復的な憤懣——自国の罪を他国の責任に転嫁する意図や目的をもっていろいろと暴力機構を並べたてる腕前——を、示した例がまたとあるだろうか。

これらの問いかけについては、すべてきっぱり否と答えることができる。今世紀のさまざまな形式の国家犯罪を比較のモデルとして対置すること、ナチス行政機構による大量殺戮の国家をヨーロッパやその他外国の模範的な議会制民主主義の機構と対比させないこと、これがドイツの不可解なところであり、特異なところなのだ。

自らの罪を抑圧したり否定する庶民だけでなく、そしてまたアカデミックな相対論者のだれ一人として、一度もこの考えに思い至ることがなかったのだ。

歴史についての意識状況できわめて特徴的なのは、論議が——ノルテやフェストに反対する一連の主張に至るまでも——ユダヤ人に対する大量殺戮に全面的に集中していることだ。量的に言えば最大の、ドイツの武装侵略による非ユダヤ人犠牲者グループ——戦争の結果としてまた絶滅措置や強制連行措置によって殺害されたソビエト国民——のことは、全く触れられずにいる。ユダヤ人の大殺戮とは別の犠牲者についての指摘が、全くと言っていいほど欠けている——それは、いつだってそうなのだ。

ナチス集団犯罪はソ連体制のそれと比較できると主張する人びとは、相殺という中心思想の枠組みの中で、後者を実に詳しく描写する。それにもかかわらず、組織的かつ故意に殺された何百万人というソ連の戦争捕虜は、「因果関係」との関連では断じて浮上してこないのだ。ともかくこのことは、すでに述べたように、非ユダヤ人の大殺戮、つまりドイツ占領下のヨーロッパの至るところで行われた、ナチスの人種分類からすれば「アーリア系」であった人びとの大量殺害に対する、西ドイツ国民の無視の態度と完全に符合する。ナルヴィクからパレルモまで、またブレストからスモレンスクに至る地域、とりわけポーランドにおけるその犠牲者の数は、これも重ねて言うが、ユダヤ人ホロコーストの数に十分匹敵する。例によってユダヤ人の大量殺戮に話が限定されたままであるとするなら、それはとりもなおさず絶滅の全体規模を半減していることに他ならない。私はユダヤ人として、そのような事実の隠蔽により、犠牲者全体の数を実際の規模の半分にあえて減ずるためのたんなるアリバイにユダヤ人の大殺戮を利用させることはしないだろう。

加えて、この論議で論じられなかった別の問題がある。つまり、もしヒトラー・ドイツが永続的と言わないまでも、長期にわたって勝利を収めていたとするなら、世界や人類はいったいどうなっていただろうかということだ。もしイギリスが一九四〇年、四一年に降服するか、あるいはソ連が一九四一年から四二年へかけての冬に征服されていたとするなら、事態はいったいどうなっていただろうか。そして、事実上勝利を収めたソ連が後年原子爆弾を保有したように、ヒトラー・ドイツがこれをもつに至ったとしたら、いったいどうなっていただろうか。そうした問いは仮説であり、史的仮定法にすぎないとの大声の反論も耳にする。それはその通りだ。それでも、私はそのような声に妨げられずに、国家的制度となったナチズムとその同義語であるアウシュヴィッツの特異性を認識するのにきわめて有用と思われる結論を引き出す。このドイツが、全世界とまでは言わなくとも、ユーラシア大陸の広大な部分を実際より四十年長く支配した場合を考えてみるがいい。またそれとともに、帝国治安本部の絶滅機関が存続した場合を考えてみるがいい。その代表者たちは一九四二年一月二十日のヴァンゼー会議において、総数一一〇〇万のユダヤ人を「最終解決」の潜在的犠牲として予定したではないか。いつ果てるとも解らぬままに勝利に酔い続ける、ヒトラーのような男の驕りを想像してみるがいい（彼は世界史が自分が思っていたのと別の方向へ動いて行ったため、口内に向けてピストルを発射したとき、まだ五十歳台の半ばだったではないか）。一般に、また歴史家のこうした論議でもさほど取り上げられないのが、ナチスの絶滅機関がまさに連合国の軍事的勝利によってのみ破壊され、ガス室がもっぱらこれによって永遠に幕を閉ざしたという事実である。仮にナチス・ドイツが、現実にソ連がもっていたほどの時間をもっていたとしたら、どうなっていただろうか。私たちは一九四五年以来今日に至るまで、身の毛のよだつ事象をいやというほど知っている。私たちはそれ以来の局地戦争で流された幾多の犠牲者の血と涙を知っている。張り合う二大強国アメリカとソ連の間に山積する対立関係、そして第三世界における文字通り爆発的な人口の増加という、とても解決できそうにない地球的規模の問題を知っている。われわれは核の黙示録による人類の自滅の危険を、そして、信頼によってではなく、相も変らず薄氷を踏むがごとき恐怖のバランスによってやっと人類の自滅を免れていることを知っている。それにもかかわらず、何ぴとと言えども、国家機構としてのナチズムが超大国の地位を占めていたら、その非合理性、現実性の欠如、獣性によって、想像もつかないやり方で人類の運命を確定してしまっていただろうということについて、不分明のままでいるわけにはいかないのだ。

ナチス国家の特異性は、それが絶対に改善できないところにあった。ナチス国家は法則にしたがって出現したが、またその法則にしたがって破滅した。ナチス国家の自滅に決定的な役割を果たした行為は、それまで利害が一致しなかった西欧諸国とソ連をこのうえない脅威に直面させ、あえて同盟に踏み切らせたことにあり、これが最終的にナチス・ドイツに止めを刺したのだ。

ナチズムの短かくも悪の大勝利の歴史的な前提は特異なものであった。その国家の歴史は特異であり、その絶滅機構は特異であった——アウシュヴィッツは特異なものであった。

これについて、重要な証人を喚問する。その引用とその詳述は、この点に関して、皮肉にも私がずっと前の章「ドイツ帝国一八七一——一九四五への訣別——人間としての方向性の喪失の歴史」の中ですでに指摘した要点に行きつく。

それはケルンの新進歴史家アンドレアス・ヒルグルーバーのことである。彼はその著『二つの滅亡——ドイツ帝国の崩壊とヨーロッパ・ユダヤ人の終末』をもって、エルンスト・ノルテと並んでここで語る相対化論の唱導者に数えられる。その著作の中でヒルグルーバーは、ソ連が一九四五年にドイツ人攻撃者をドイツの領土内で最終的に粉砕しようとしたとき、東方の大敵の性質からいやでも当時のドイツ国民とナチス国家の同一化がなされたとする、極めて議論の余地ある立論に至っている。

この立論にたいしては、この状況はナチス国家が国民大多数そのものの支持を得て展望もなく作戦行動していた結果であることを、基本的な問題として述べなければならないだろう。ナチス組織と国民大多数の同一化は、したがって決して一九四四年、四五年に由来するものではなかった。これに加えて『二つの破滅』の命題は紛らわしく、そのうえ相対化するという難点がある——つまり、帝国の滅亡は反ユダヤ主義を中心に据えた支配の性格から生ずるというのだ。その反ユダヤ主義は、主としてユダヤ人に向けられてはいたが、それと同時にこれに類すると見なされない人びとにも向けられていたのである。歴史的怪物と言うべきこの国家の滅亡は、ナチス以外の全人類が願ったことだ。これをヨーロッパのユダヤ人の滅亡と等置することは、ナチスを相対化しようとする多くのバリエーションのひとつである。これは、この歴史家の意図ではなかったかもしれないが、彼の本からみてとれる。それによりアンドレアス・ヒルグルーバーは、アウシュヴィッツの特異性を疑う者の列に伍したのだ。

その同じ歴史家は、一九八二年に出版した著書『失敗した大国――一八七一年から一九四五年のドイツ帝国のスケッチ』の中では、ドイツ帝国史の深奥に根ざした連続性がどれほどヒトラー・ドイツの「助成の要素」になったか、説得力ある証拠を挙げて実証していたものだ。私の章「ドイツ帝国一八七一――一九四五への訣別」の中ですでに一度引用したが、その中ではこう述べられている。

「大ドイツ帝国の没落を意味する一九四五年の世界史的転換点から遠ざかれば遠ざかるほど、歴史家としての私には四分の三世紀のドイツ史がそれだけで完結した統一体だった、との印象が一層強まる。ビスマルク時代、ヴィルヘルム期、第一次世界大戦、ワイマール共和制、そうして第三帝国と第二次世界大戦とを区切る時代の切れ目にかかわりなく、一貫して互いを結び付けている要素がある。これは、多くの断絶、新出発こそ現代ドイツ史の特徴だとみなす大抵の同時代人、とくにドイツの同時代人が意識している以上にはっきりと浮かび上がってくる。」

一九八二年にアンドレアス・ヒルグルーバーはこのように記した。そこには、一九八六年夏の歴史家の論議で共闘していた人びとのスターリン原型論の一言もない。ヒトラー・ドイツとソビエト体制の間の「因果関係」についての一言もない。その代わりに、ここにはまだソ連が全く存在しなかった時代に起源のある自主的な国家伝統、利害への関心、世界的強国への要求の効果についての紛れもない証拠がある。ヒルグルーバーは、今日では多くの者から相対化論者と見られているが、その著『失敗した大国』の中では、ソ連のテロルをナチスの絶滅機構の原型としようとする推論そのものの矛盾を論証している。

さらによい例がある。あたかも、アウシュヴィッツが特異なものであるかどうか、または、他に較べられるものがあるかどうかという問題をわざと引き合いに出すかのように、アンドレアス・ヒルグルーバーは一般にこれが論じられる四年前に、『失敗した大国』の「要約」と題する最終章の中で次のように述べている。

「過剰な世界政策上のいらいら状態（ヴィルヘルム期）、過労状態（第一次世界大戦）、硬直状態（ヴァイマール共和国）、そして狂信状態（第三帝国と第二次世界大戦）の中で、最終的には**特異な**犯罪を犯してまで不可能なことを達成しようとするこの〈挑戦〉に対して、ひとつの〈解答〉が求められた。ドイツ国家の歴史的推移のいくつかの個別的な点において、また、最終段階の決定においてなされた非合理な要素を見逃すことができないにしても、この〈解答〉は、多くの点でドイツの歴史の特殊性とその時代の動向の出会いから説明することができる。この最終段階に例外的な性格を与える**特異な**犯罪は、大国ドイツ帝国の歴史の一部なのである……。」（強調は筆者ラルフ・ジョルダーノ）

これに付け加えるものは何もないだろう。ただ、二十世紀も終りに近づき、四十年以上存続している西ドイツの多元化した社会では、保守的な単純化論者やナチス相対化論者が考えていたような最終的なケリをつけることは容易ではない、と言っておこう。

ドイツ人であることの重荷について

あとがきにかえて

1

それは、私が制作したテレビ番組「死の歳市」、ドイツの陪審裁判所におけるナチス裁判のドキュメンタリーが放送された夜のことだった。その日の真夜中ごろ、私は何だったか忘れたが交通違反をしでかしてしまい、そのため二人の警官に停止を命じられた。街燈の光の下で車を降りると、警官たちも車を止め、両腕をブラリと下げながらこう尋ねた。「あなたはさきほど……今夜のあれはあなたの番組ではなかったですか。ええとあれは……」。私はうなずいた。私たちはある家の入口の方に行き、話し合った。彼らはたっぷり一時間、勤務をほっぽらかした。私はほとんど話さず、もっぱら彼らが話した。長いこと抑制し、彼らの心の中に鬱積したものについて話すかのようだった。私は彼らが言ったことの趣旨を昨日のことのように覚えている。彼らは罪を自覚したのだ。彼らは、テレビ番組の内容や私が論評したことについて、責任を感じる、自分たちもこのぞっとするような出来事に手を貸したような気がする、と繰り返し途方に暮れたように私に語った。「あのことが全く嘘であったとしても、いまいましいったらないですよね。それに私たちは、個人的にはこのことと全然関係ないのだけど——それでもね！」

二人の顔つきは生きた疑問符とも言え、私に回答を迫っていた。私はそこに立ち、彼らを見つめた。番組では、エスターヴェーゲン、ダッハウ、ザクセンハウゼン＝オラーニエンブルク、アウシュヴィッツなどの地区（訳註＝いずれもユダヤ人強制収容所があったところ）と数名の殺人責任者が映し出された。その中には、ブーヘンヴァルト強制収容所のグスタフ・ゾルゲ、カール・シューベルト、マルティン・ゾンマーがいた。それに解放後にベルゼン収容所で遺体を集団墓地に埋め込んだブルドーザーも映っていたが、腕や脚が渦を巻くような様子は、死者が亡霊のごとく蘇生したかのような印象を与えていた。

私は二人の警官の年齢を尋ねた。もっとも、二人とも青年だったので問う必要もなかったのだが。一人は「二十歳」と答え、もう一人は「二十五歳」と答えた。あれは一九六五年のことだった。

2

あれは私にとって重要な体験だった。

第三帝国に対して無実でしかありえなかった者の間に第二の罪がひき起こしたことを認識するための、機が熟していた。彼らは答えを知らずに問いを発していた。彼ら、そして一九四五年以前に生まれはしたが年齢からして無実でしかありえなかった人たちがみな、両親と祖父母の世代が二十年間も引きずり続け子孫に押しつけて来た過去の瓦礫と直面することになったのだ。前世代の言い分によれば、爆弾で破壊された都市の瓦礫を片付けねばならなかったので、こちらの屑は取り払う時間がなかったとのことだ。しかし、放送があった一九六五年には、都市の整備はとっくにすんでいた。そうこうするうちにあれからまた二十年以上も過ぎたというのに、若者は相変らず同じ圧力に身を曝されていると感じ、同じ重荷を負い、罪もないのに重荷を負わされていると考えている。彼らの両親と祖父母たち、とにかくその大多数は、もうなんの危険もなくなっているというのに、自分自身およびナチズムに率直かつ誠実に結着をつける気などさらさらない、という正体を現わしてしまっていた。というのも、彼らはそうしたことを試みようとさえしなかったのだから。

これが罪もないのに重荷を負わされた者たちが見出す世界だ――この世界にはどっちみち明るい展望がない。いつまでもへらない大量失業、将来の職業不安、エコロジー政策の危機的情況あるいはすでに手遅れの情況を抱えている――しかもこれは、世界で最も高密度に核ミサイルが配置されている領土内でのことなのだ。

むろん、そして幸いなことにも、これで全てではないし、生活全体がそうであるわけでもない。別のもの、簡単に言えば正常なもののための空間と場所もある。つまり、歓びや苦しみ、誇りや怒り、あらゆることに笑いを見出したい気持やその結果としての幻滅、美味しい食事や精神的養分をとってリラックスしたいという気持、こうしたことすべてを伴う、祝福されてもいれぱいまいましくもある正常な生活、要するに平凡な市民の日常生活のためのものだ。これが西ドイツ社会の基本的状態であり、それはそれなりに結構なことだ。この状態は明瞭であるし、しかも意識的に自覚されている。市民の大多数が自分では体験したことがないナチズムとその遺産と対決するときよりも、ずっと明瞭で、自覚的である。

しかし、ナチズムとその遺産はあらゆるところに存在し、誰もがたえずそれに出会うし、繰り返し高い波をたてる。あの経験は実に根深いものだ。それは大衆の経験、国民的体験だ。ナチズムとその遺産との対決は西ドイツにとって中断することのないテーマである。ドイツ史の地下室にある死体の山は、下手人の世代やその子供、さらにはその孫のことなど問いはしない。死体の山がそこに実在するだけだ。ドイツ人であることの重荷。

3

第二の罪を負う二つの大きな集団がこれまでにはっきりと確認されている。第一は、年齢からして第三帝国の出現と存続に対して責任がある世代――一九〇〇年頃から一九二〇年前後にかけて生まれた人びとで、息子や娘、そして孫の立場からすれば「祖父母」の世代である。この世代の圧倒的多数は一九四五年後、過去を抑圧し否定する決意をした。このテーマに関連する様々なアンケート調査の結果はすべて、周知のようにこの世代が並々ならず過去に拘束されており、ドイツ国粋主義の資質がナチズム的なものと結びついていることを証明している。

第二の集団は、一九三三年以降の第三帝国の歴史の政治的展開に責任をもたせるには当時はまだ若すぎたが、他の誰よりもヒトラー・ドイツの影響を受けている――年齢の上下はぼやけるが、およそ一九二八年以降三〇年代にかけて生まれた世代である。この二つの集団の下限の者は、現在では息子や娘の世代に、上限のものは「祖父母」の世代につながっている。「両親」になっているのはヒトラー・ユーゲントの世代である。第三帝国に発生した事実に対して完全に責任なし、というわけではないが、年齢からして彼ら自身の行為に対する完全な責任が発生するのは一九四五年以降のことである――ハーケンクロイツから受けた刻印と、狂気じみた現実無視の時代の下で過ごした青春の陶酔との対決という点で。しかし何よりもその責任は、告白すべきだったことを抑圧し否定するか、または告白するかの決定にかかっている。一九四五年に十五歳から二十歳だった者にとって、例外を除けば全ては裁判の対象や刑法上の判断の埒外で起こったのだった。

現在「両親」になっているこの人びとはその親たちよりも若く行動的だったので、ナチ色に染まったその肌を外面的には素速く、そして容易に洗い落した。罪を負い歪められた彼らの父母の歴史観は、一九三三年よりもずっと昔にまでさかのぼる。しかし今日では、過去との対決の心構えの点で「両親」たちが「祖父母」たちの拒絶的態度と本質的に異ならぬ態度を明らかにしたことが確認できるのだ。

今日五十歳台から六十歳台になっているこれらの世代は、現在西ドイツの政治権力の決定権を持つ座についており、今世紀末までその座にとどまるだろう。

一九三〇年生まれのヘルムート・コール首相もその仲間に属するが、彼は「あとで生まれて来た者の恩恵」という言葉を創り出した。

この言葉は、これまでに新しく造られた概念の中でも最も人を惑わす一つに数えられる。それはその真底の性質からして誤りであり、不誠実であり、当該世代の内部に広く行きわたっている度しがたい傾向を、不誠実な表現で露呈している。この世代の場合、初めに痛々しいほどの純真さがあった。「少年団《ピンプフェ》」、つまりヒトラー・ユーゲントや「ドイツ女子青年同盟（ＢＤＭ）」に属する世代ほど、無抵抗にナチズムの教化を受けたものは他にないからである——それを認識するのに必要な期間の後にそのことを告白していたなら不利にはならなかっただろう。

「両親」たちの大部分はまさにこのことをしなかったのだ。

ヘルムート・コール自身が、人格の奥底で真になされたのではない、嘘りの学習過程の典型的な例である。コール首相は、ナチズムにとらわれていなかったことをたえずお喋りし、ナチズムとの断絶を断言しているが、怪しげにお茶を濁して繰り返しナチズムに立ちもどり、まさにそのことによって、どれほど完璧に彼が青年時代に受けた影響の中にとらわれているかをはっきり示している。何をやらかすにしても、第三帝国に対する宣伝じみた関わり方には哀しみの営みなどいっさいないことが、不快かつ不器用な、しかもまさに不本意なやり方で露呈され、彼の全体的な心の習性から判断すると、この人物に哀しみの営みのための能力がないことは明らかだ。

その代り、途方もなく感じやすい十五歳までの年月に受けた刻印に相変らずがんじがらめになっているので、まさに彼の言うとらわれのなさはすべてうまくいかなくなる。名状しがたい非歴史的な比較や想念を述べたりするときに、型にはまった彼の本性は露呈する。ミハイル・ゴルバチョフの名をヨーゼフ・ゲッベルスに続けて言ったり、東ドイツを一九八〇年の強制収容所として非難するような者は、たんに自分自身の人生のナチス段階を克服しなかったばかりか、過去の抑圧を六十歳台になっても続けようとしているのだ。

そうした人物は、過去との対決に関しては反省すらしないレベルにとどまり、改心するには年をとりすぎていることを示している。これで次のことが理解できるようになる。すなわち、ビットブルクの兵士の墓をめぐる誤ったジェスチャー、犯人と犠牲者のための共用の死者の聖堂を建立しようという公に認知されざる和解の美辞麗句、第三帝国をドイツ国家の歴史の中の短命なエピソードとして極力目立たぬように博物館の巨大なフレスコに組み込む試み、そしてナチズムの性急な相対化、矮小化、そして軽視——これを擁護する大部分の学者とジャーナリストはコールと同じ世代に属する。政治の世界の彼らの先輩たち（訳註＝アデナウアーなど）は過去にとらわれていたので――このことを認めようとはしなかったが――ある種の態度はとろうとしなかった。しかし、コールの世代は、自分たちの人生はナチズムの影響はうけていない、と反省のない誤ったことを自ら口にし、先輩たちが避けていた態度へと誤り導かれてゆくのだ。

それはともかく、「両親」たちのうち比較的若い世代が、第三帝国で起きた事実について自らを「罪なくして重荷を負わされた者」の中に数えうることが正しいとしても、そのことが信用されるのは、彼らが罪なくして得たこの関り合いを認めたときにだ。しかし「あとで生まれて来た者の恩恵」という言葉は明白にそれを否定している。

一九四五年前後に私のような経験をした人物なら、コール首相のようなこうしたメンタリティーとは精神的な内戦状態に陥りかねないのである。

あれは一九八七年一月二十五日に予定されていた第十一回連邦議会選挙前の、ドイツ・テレビのいわゆる「首脳の集い」でのことだった。野党も含めた各党の党首やスポークスマンといった首脳陣が集まっていたが、女性は一人しかいなかった。そして彼女が映った。そのシーンはわずか数秒間だったが、忘れ難いほどにものすごいものだった。

一九一五年生まれのヨーゼフ・シュトラウスがその場にいた。彼には、いまだに残っている「強い男」への憧憬が不首尾ではあったが十分に集中していた。この人物は「シュピーゲル事件」やその他の事件で西ドイツの政治スキャンダル史を作っていた。彼はまた義務的民主主義者の権化であり、チリの独裁者アウグスト・ピノチェト、南アフリカの人種差別の白人政権といったテロリスト国家との外交上の協調が、同時に彼の真の内政上の野心を蔽い隠していた。彼はまた原子力産業のロビイストの代表でもあれば、無制限の武器輸出の賛成者でもあった。「われわれは今こそヒトラーの影から歩み出なければならない！」といったいつも歓声をあげて迎えられる合言葉を、手のつけようもない者や度しがたい連中に与えてきた反過激主義の権化でもあった。このフランツ・ヨーゼフ・シュトラウスが、この番組で一人の若い女性に対して毒づいたのだ。この女性は動ぜず、折り目正しい態度で他のすべての出席者と異なる意見を述べた。年齢からして典型的な「孫」世代のこの女性は、緑の党のユッタ・ディートフルトだった。シュトラウスは言った。

「あなたがたは現代のナチです！」

これでいまわしさが極点に達した。**憎しむ**フランツ・ヨーゼフ・シュトラウスが仮面をはぎ、自らの正体を明らかにしたのだ。ドイツから逃げだしたいという衝動を私は、一九四五年以後ずっと抑制してはきたが、これが眠り込むことはなかった——その衝動をシュトラウス発言ほど刺激したものはなかった。

これが、第一と第二の罪を負った年輩者が、法律上も事実上も、また政治的、道徳的、歴史的にも実際に罪のない世代と付き合っていく方法なのだ。

あなたがた、つまりこれらの息子や娘や孫たちに、私の本は捧げられているのである。

4

しかし、献辞は白紙委任ではない。

なぜなら、彼らも責任を負っているし、ナチズムとその遺産との運命的な対決から決して免責されていないからだ。罪なくして重荷を負わされた者の責任は、その祖父母や両親の罪の負債、つまり彼らが行ったことと放置したことに対して自分たちがいかなる立場にいるのか、という問いに始まるのである。自分たちがユダヤ人および非ユダヤ人やホロコーストに対して、またその前提になったドイツの侵略戦争に対して、さらにはその父母が一九四五年以降罪を抑圧し、否定したことに対して、あるいは犯人たちとの大いなる和解と人間としての方向性の喪失に対して――要するに、自分自身がその犠牲者である第二の罪に対して、どのような立場をとるのかという問いに始まるのだ。

罪なくして重荷を負わされた息子、娘、そして孫たちの責任はそこに始まるのだし、誰もそれを彼らから取りさることはできない。

しかし、彼らのすべてがこうした問いを発し、責任をも引き受けようとするわけではない。この年代の反ユダヤ主義者と、ヘンリク・M・ブローダーが非常に美事に彼らと区別した左翼の「新しい」反ユダヤ主義も、私の献辞の対象には含まれない。反シオニズムの隠れ蓑に身を滑り込ませた新しい反ユダヤ主義は、殺人的・伝統的な反ユダヤ主義に接ぎ木したものなので、私は特に嫌悪すべきものと思っている。一九六八年以来、これらの左翼がPLOと一体になっているのは忘れがたい。PLOは相も変らずユダヤ人を海に追い出し、近東におけるイスラエルの占領政策を、第二次世界大戦におけるヒトラー・ドイツのヨーロッパ占領政策になぞらえている。パレスチナ人は望みならばその政策を保持してもよいし、**彼らは**ユダヤ人を「ナチ」と罵倒してもよかろう――しかし、どんな年齢層であってもドイツ人に関しては、こうした愚かしくも無知蒙昧な同等化に賛同することを過去の記憶が禁じている。それはわれわれのうちの誰にもふさわしくないのだ。

イスラエルに対する批判？　いつだってある。しかし、罪なくして重荷を負わされた息子、娘、そして孫たちを含めたドイツ人について言えば、イスラエル批判は、ナチス時代を誠実に研究すれば必然的に呼び起こされる歴史的な**ためらい**というフィルターにかけられる。左翼反ユダヤ主義の「こだわりのなさ」は、両親たちのそれと優るとも劣らぬ偽りである。若者の立場や無実を示威的に主張することも、共感を呼ばない。これらすべての問題についてかつてこだわると言明した者だけが、こだわりなしでいられるのだ。

いや、この本の献辞は決して白紙委任状ではない。この対象者の中には、息子、娘、そして孫たちの間にもいる若い義務的民主主義者や反過激派も含まれていない。また倒錯した反共主義者も含まれない。同様に、指令された反ファシズムとその国家的基盤の信奉者、それに、組織されていようといまいにかかわらず、西ドイツ内の断乎たるスターリン主義者の残党も含まれない。

にもかかわらず私は献辞を誠実に守り、それを正当なことだと考えている。その理由は、罪なくして重荷を負わされた者に希望をかけるためだけではなく、それにもまして彼らが**世代間の契約違反の**犠牲者だからなのである。

私があるギムナジウム（訳註＝九年制の中高等学校）の生徒と討論していたとき、一人の少女が、「私は、あの時代の怖るべきことについていつも聞き、読み、そして見もしています。一体だれがそうしたことをやったのですか。私のおじいさんとおばあさんは**とても良い人です！**」と言った。そこで私は「あなたはおじいさんとおばあさんとナチス時代についても話したことがありますか」と尋ねた。その少女はためらいながら「いいえ……」と答えた。これではいくら良い人であってもどうしようもない。むしろこれで話は終ってしまう。第一の罪の犯罪者の印である精神的分裂——私的には人間的だが、政治的には非人間的半面を示す——は第一の罪の犯罪者の特徴であったが、それは第二の罪においても完全に守られ続けているのだ。

両親や祖父母たちは、その子供たちとまたその子供たちに、あらゆる愛、家庭、温かさ、隠れ場、社会保障をすべて与えたかもしれない。しかし彼らは、子孫の政治的保護の義務を果さなかった――とにかく大部分の人はそうだった。世代間の契約においては、働く者が定年退職者を養うための年金だけが問題になるのではなく（今の定年退職者もかつてはその前の世代の年金を確保した）、子孫、未来、幸福、そして自由な生活空間のための用意をする問題でもある――そして第二の罪がこの協定を破ったのである。第二の罪を負わされた人びとは、自分のイメージを傷つけないために子供たちを窮地に置き去りにしたのだ。彼らが顔の前に仮面をつけるどんな動機――自己愛、弱さ、反抗、恥、洞察力の欠如――を過去・現在にわたって抱いているにせよ、彼らが除去しなかった歴史の重荷は息子、娘、そして孫たちに残された。

個々の破局が集まって集団的悲劇になる。私は、「シュピーゲル」誌のシリーズ「それは私たちがやったのではない。いまいましい」を一気に読み通すことができなかった。テーマを明確に示す「ナチスの子供たちは両親の過去とどう暮らしているか」というサブタイトルがついたこの悲劇は、ペーター・ジヒロフスキが、関係者との衝撃的なインタビュー、というよりは彼らのモノローグを収録したものである。私自身も犠牲者だった――だが、これらの当事者たちも彼らなりにそうだったのだ。しかもこの二つのタイプの犠牲者を生んだのは同一人なのだ。これらの証言の背後には比べもののない苦しみが見えてくる。それは私の魂を麻痺させるほどの衝撃を与えた。これらナチス党員の子供たちにかかる圧力が、同じ年頃の一般の子供たちに対しては、これほど集中的、圧倒的かつ個人的にかかることはないかもしれない。というのは、両親や祖父母がすべて以前、強制収容所の司令官や直接の犯行者だったわけではないからである。その他の罪なくして重荷を負わされた息子、娘、そして孫たちの運命は、インタビューを受けたナチスの子供の運命、および彼らがその代表として語ったすべての者――数十万、数百万人――の運命とは、原則的に違うのではなく段階的に異なるだけだ。私の本は彼らに、特に彼らに献げられている。

5

私は次のようなことが、囁かれたり大声で語られるのをまぎれもなく聞く。「『第二の罪――ドイツ人であることの重荷』は純粋な〈アンチ〉、無所属、局外者の見地の作品である……」。

ああ、やはりたったそれだけのものなのか！　それならば私は逃げ出して、さっさと終りにしてしまうこともできたろう。一九三三年と一九四五年の間のあの十二年間、およびその後の本書に記したような四十年間――それで十分、いや十分以上だ。しかし残念ながら、私にはそれができない。私は、巻頭に掲げたハイネの箴言とまったく同じ意味で、この国とドイツ的なものにくぎ付けになっているのだ。それは私が何を望むかを問わず、私をしっかりつかむ。希望もなく、変化の見通しもないままに。ドイツとドイツ的なものは、私に身を離せないようにしてしまったのだ――私がどこにいこうとも、それが私をつねに追ってくる。

しかし私は、この国における私の諸問題を知ってほしいと思う。それが私だけの問題ではないからだ。西ドイツはヤヌスの頭、つまり二つの顔をもっているし、これまでもいつももっていた。最初からだ。それはドイツ史の中で最も自由な国家だ――だがこの本に書いたような国でもある。西ドイツ社会は、生きのびた被迫害者にとってそのヤヌスの頭がつねに不気味だったし、今もそうであること、そしてそれが存在し続ける限りそうあり続けることを知っているだろうか。

この社会は、その内部に今も、そしておそらく今世紀末を過ぎても、忘れることもできなければ忘れようともしない生き証人が残っていることを知るべきである。この社会は、豊かな車社会の渋滞時に出る廃気ガスをやむをえず吸うと、アウシュヴィッツのガス室やヘルムノのガス車を思い出さざるを得ない人がいることを知るべきである。どんな傷口や一滴の血を見ても、バビィ・ヤール、リーディツェ、ザビボールのことを考える人がいることを、また、意味もはっきりしないのにやたらと使われる「出《アイン》動《ザッツ》」という言葉をきくたびに、身をすくませる人がいる――ナチスの殺人司令部の命名による「出動《アインザッツ》部隊」があった――ことを知るべきである。そうした人たちは、「リングア・テルティイ・インペリイイ」、すなわち第三帝国の言語、非人間の言語はもう用いない――本書の場合のように提示する必要がある場合は別として。

第二の罪の世代は、自分の陣営からつねに**反対例**――本来の告発者――例えばレナーテ・フィンクが出現したことを認めなくてはならないだろう。

一九二六年生まれの彼女は、「一介の妻であり母」と呼びならわされた女性のタイプである。彼女はかつては燃えるようなナチス党員だったが、一九七八年に「若き日の堕落」に関する書物を出版した。彼女はナチス時代の自分の生活をそう名づけたのだ。この本は『時代はわれわれと共に動く』という、特に良いとも言えぬ題名だが、本の内容そのものは、私がこれまでに読んだものの中でも最も容赦のない誠実な告白の一つに数えられる。

この本を書いた動機について彼女はこう書いている。

「ナチス体制の悪夢全体がとっくに過ぎ去ってから、私は、あのような青春を過ごした後での自分独自のアイデンティティを見つけるのに多くの年月を必要としました。その後、罪と恥が私を圧迫し、私の口を長いこと閉ざしてしまいました。でも私の子供たちの質問に対し、この子たちは誰からも答えをもらえませんでした。せいぜい自分自身では体験しなかった人からだけでした。それで私は、私がこれ以上黙り続ければ再び罪を負うことになる、と悟りました。ですから私は語るつもりなのです。」

第二の罪に対抗するこの本にはこう書かれている。ドイツのもっと多くの人がこの元ナチの女性のように解放の勇気をもったならば、この私の本は余計だったし、決して書かれなかっただろう。

ドイツ人であることの重荷についてのこの本を。

訳者あとがき

本書は Ralph Giordano : Die zweite Schuld oder Von der Last Deutscher zu sein, 1987, Rasch und Röhring の全訳であり、これを『第二の罪——ドイツ人であることの重荷』と直訳した。著者のラルフ・ジョルダーノは長らく西ドイツ放送局（ケルン）でテレビ番組の制作などにあたっていたジャーナリストで、原書が出版された一九八七年はあたかもナチス時代の歴史の評価をめぐる激しい論争（「歴史家論争」）が行われていた時期にもあたり、ジョルダーノの本もたちまち多くの話題を集めてベストセラーとなり、本書への読者からの手紙をあつめた本も出ている。

イタリア系の姓をもつジョルダーノは一九二三年、北ドイツ・ハンブルクに生まれた。父方の祖父はイタリア人、祖母はドイツ人、母はユダヤ人だった。このためナチスの時代には悪名高い「人種法」の対象となり、拷問をうけて尋問されたあと高校を放校されるなどユダヤ人としていいしれぬ迫害をうけた経験をもつ。戦後は直ちにジャーナリズムの世界に入り、西ドイツ放送局時代には百本以上のテレビ・ドキュメンタリー番組をつくり、本書のほかに一家の歴史をもとにした『ベルティーニ家の人びと』（一九八二年）という小説を書いて、これもベストセラーとなったことがある。一九八九年には『ヒトラーが戦争に勝っていたら』を書き、副題にあるように「最終勝利後のナチスの計画」を明らかにして話題になった。

さて「第二の罪」とは何をいうのであろうか。本書での著者自身の定義によれば次のようになる。「第二の罪というからには**第一の罪**がなくてはならない——この場合はヒトラーの下でのドイツ人の罪のことだ。そして、**第二の罪**とは、一九四五年のあとになって第一の罪を心理的に抑圧し、否定したことだ。今日に至るまでこれが西ドイツの政治文化の本質的な特徴の一つで……」「……これはナチスの過去とそのなかでの自分の役割について正直に対決しようとせず、重苦しい記憶を振り払い、自ら経験し共に担ってきた国民史のなかの、面目まるつぶれの一章から脱出をはかろうとしてきたことをいう。西ドイツのすべての政党政治家の多くがその共犯で、彼らは選挙民の票を集めたいばかりにヒトラーを信奉していた人びとの国民的集団がナチスの過去を心理的に抑圧・否定することに大いに迎合し第二の罪に加担したのだ。」

ジョルダーノはこのように「第二の罪」を定義し、これについての分析を、ミッチャーリヒ夫妻が一九六七年に書いた『哀しむ能力のないこと』をしばしば引用しながら進めていく。これは社会心理学者夫妻による労作で、西ドイツの精神史を理解する上で不可欠の、そして恐らくもっとも重要なものの一つとされており、ジョルダーノも「この本はヒトラーのもとで平均的ドイツ人、そして一九四五年以後の二十年の平均的ドイツ人の性格を辛辣に描写した古典的なもの」と高く評価する（邦訳はあるが、不幸なことに稀にみる悪訳であり、ほとんど理解不能の箇所が多い）。ジョルダーノはミッチャーリヒ夫妻に多くを負いながら、ジャーナリストらしく具体的な事実、個人的な体験を軸に、議論を歯に衣きせずに説いている。

このミッチャーリヒには、次のような指摘がある。
「……何百万もの殺人を〈克服〉できないことは明らかである。こうした過去における犯罪の規模が余りに大きいため、犯人に対する裁判が無力になってしまうことが、そのことをシンボリックに凝縮している。しかしながら、そのように狭い法律的意味での解釈はまだ克服されていない過去という言い方の本来の意味を表していない。〈克服する〉というのはむしろ、一連の認識過程を意味している。フロイトによればそれは〈心に刻み、反復し、徹底的に研究する〉ことなのである。」（原文二十四頁）

この引用には、西ドイツのフォン・ヴァイツゼッカー大統領の有名な一九八五年五月八日の演説（拙訳『荒れ野の四十年』岩波ブックレット）のなかのキイ・ワードである過去の「克服」、「心に刻む」がみられる。大統領が「心に刻むというのは、ある出来事が自らの内面の一部となるよう、これを誠実かつ純粋に重い浮かべることであります。そのためには、とりわけ誠実さが必要とされます」というとき、これは明らかにミッチャーリヒを踏まえていると考えていいであろう。ミッチャーリヒの著書が、重要な大統領演説の、重要な先駆であることの一例である。

このように大統領は過去を「心に刻む」ことによって真に「克服」することを説くのだが、では「過去の克服」とは何をいうのであろうか。このきわめて包括的な言葉については別の本が次のように整理している。

「過去の重荷が克服されてはじめて、ドイツの民主制の再建が成立することが分かっていた。こうして過去の克服がドイツの戦後政治の前提となったのであった。これには多くの側面があった。つまり、負担調整、不正に対する補償、物質的損傷に対する賠償、新しい信頼の醸成と反省、である。」（ユルゲン・ヴェーバー編『連邦共和国の主権回復一九五〇―一九五五』）

こうした精神的・道義的側面と物質的側面とをあわせた真摯な営みのなかから、ある高名な歴史学者のいう「自らの歴史にたいする道徳的敏感さである」が生まれたのである。かれは、これが政治文化の上で西ドイツの達成した最もすぐれた成果であると指摘してもいるが、そこに至るには「過去の克服」という広範かつ重い課題に西ドイツが取り組みつづけた事実をわれわれとしても忘れてはなるまい。

ところがジョルダーノは、本書でこの「過去の克服」がいかに不十分かつ欺瞞的か、舌鋒鋭く説く。すでに引用したように「……ナチスの過去とそのなかでの自分の役割について正直に対決しようとせず、重苦しい記憶を振り払い、自ら経験し共に担ってきた国民史のなかの、面目まるつぶれの一章から脱出をはかろうとしてきた」のが戦後のドイツだというのである。しかも、その態度の厳しいことは、みずから次のように宣言しているとおりである。

「**罪**といった、人をいきり立たせるような言葉はこの国では御法度なのに、本書ではこの言葉をのっけから断固として使うことにする。……この本が**非難攻撃**の書であるという異議がでたとしても、私は反論しない。……ナチスの時代に関連する罪をテーマにすることは、すべて思い上がりであり偽善的だ、と疑ってかかる態度が西ドイツに定着している。**非難攻撃**に対するこのような独特のアレルギーの背後には、罪の問題をジャーナリズムで扱うことを頭から誹謗しようという意図が隠されている。西ドイツ社会一般の意識は、罪への不安でパニックに襲われたようになってきたし、今でもその傾向はある」と。

読者はここの所で混乱されるであろう。西ドイツでは「過去の克服」という真摯な営みのなかから、「自らの歴史にたいする道徳的敏感さである」が生まれたといいながら、ナチスの時代の罪を語ることは「すべて思いあがりであり偽善的だ、と疑ってかかる態度」が定着しているというのであるから。

確かに一見矛盾しているかにみえる。しかし、ことは評価にかかわる問題であって、事実に関する問題ではない。西ドイツで行われている「過去の克服」がすでに重苦しすぎるものであり行きすぎであるとの、密かな、あるいは公然とした声も当然ある。戦後五十年近いというのに、いつまで前の、あるいはその前の世代の罪を負いつづけなくてはならないのか、という呻きにも似た声である。「われわれは永遠の罪人か」という自問も聞こえる。それどころか、「アウシュヴィッツなどというのは嘘だ」と公然と唱える人物さえいるのである。

ジョルダーノの批判は確かに厳しい。しかも、第二の罪がかつては「むしろ庶民の言葉だったのに、今では学者・インテリの論争家がナチスの時代を相対化し、軽視しようとかなりの大声を挙げている」傾向さえ指摘されている。これは一九八六年から一年以上にわたって保守系の歴史家などがナチズムの罪を相対化しようとしてマス・メディアを舞台に展開した「歴史家論争」をいうのだが、明らかにそうした意図がみてとれる。

ただ、「過去の克服」が不十分だという、ジョルダーノのこのような批判も大きく「過去の克服」の一部なのである。ジョルダーノ自身、重い過去の歴史と真剣に取り組む営みのなかから、「多くのことが変わった。そして、はるかに公正な生活感情をもった世代が育ってきて」いるのに、「西ドイツはできることならさっさと終わりにしてしまいたい過去にケリをつけることに困難を極めている」ことも認めている。

さて一九八九年秋ないし九〇年初頭まで、西ドイツにとってドイツの統一は「ボジティブ・タブー」、つまり口にするなら必ず肯定しなくてはならないテーゼでありながら、冷静な論者の間では、不可能論が圧倒であった。遠い将来の課題として国是に掲げてはいても、国際環境などから判断してその困難さを説き、当面は不可能であることを立証するのがごく普通であった。ことに七〇年代初頭の東方政策以降は「ドイツ人としてのネイションは一つ、しかし国家は二つ」が常識であった。統一を声高に唱えるとすれば、ポーランドの失地回復を要求する極右、難民団体の幹部であって、その声は高かったが、必ずしも大きくはないようにみえた。

ジョルダーノ自身も本書執筆の時点では、再統一はないと見、また空疎な再統一談義は危険であると述べている。

しかし昨年十一月九日にベルリンの「壁」が崩壊したあと、統一慎重論・不可能論も急激に崩壊した。一夜にして統一の是非についての論議は終わり、事実上東ドイツの「吸収合併」に向かってまっしぐらといってもいいかもしれない。

そうしたなかで、東西ドイツの「過去の克服」はいまどういう位置にあるのか、将来のドイツでどういう意味をもつことになるのであろうか。ことに西ドイツで統一慎重論が圧倒的にみえたのも、かつてのナショナリズムの暴発の再来を恐れ、ドイツの罪の深さを自覚することからくる統一の困難さに由来する面が大きかったろう。そのことと、これからの「過去の克服」はどう関わるであろうか。東西の分裂、ベルリンの占領状態といった戦後の「重石」がとれることになって、「ドイツ人であることの重荷」はどうなっていき、「過去の克服」はどうなっていくのであろうか。

一方、一九九〇年の東ドイツの流行語に「風見鶏」というのがある。この間までの共産主義体制を支え、これに協調し、追随してきたのに、昨秋の「無血革命」以後、さも昔からの民主主義者であったかのように振る舞い、権力の座に擦り寄る人びとをいう。民主改革を推進した側から見れば、東ドイツには「克服」すべき二つの過去、ナショナル・ソーシャリズム（ナチス）の時代とウルブリヒト＝ホーネッカー下のスターリン型ソーシャリズムの二つの独裁的社会主義があるはずなのに、つねに国家につき従い、過去を「抑圧し、否定」している日和見主義者たちのことである。ジョルダーノ風にいうなら、これはさしづめ「第三の罪」ということになろうか。

東ドイツで戦後権力をにぎることになった共産主義者たちが、果敢にファシズムと闘ったことは紛れもない事実だが、彼らはこれを一般国民にまで拡大し、国民もナチスの反対者であったかのような前提で政策を進めた。ナチズムの後継者は西ドイツ、東ドイツはドイツ史のいい部分を受け継いでいる、という論法だった。これをジョダーノは独裁体制下の「指令された反ファシズム」「上からの反ファシズム」と呼ぶ。この政策によって、「ヒトラーの下でのドイツ人の罪」を「一九四五年のあとになって抑圧し、否定」してきたのである。

東ドイツは国として消滅する。それだけに「第二」「第三」の罪を背負う主体もはっきりしなくなる。そうしたなかで、東ドイツのペンクラブが国家の統一後も西ドイツのそれとは統一しない方針をだしたのは、東ドイツとしての「過去の克服」をつうじてアイデンティティの問題を追及しつづける一つの方向であろう。また、初めて自由選挙で選ばれた人民議会が開会冒頭、かつての被害者にわびる決議を採択したことも記憶されてしかるべきであろう。「ドイツ」に問題を解消させてしまわない、という姿勢がここにあるからである。

一方、一九九〇年三月、西ドイツのヴァイツゼッカー大統領がプラハを訪れたとき、迎えるチェコスロバキアのハベル大統領は「われわれ両民族間の真の友情のための基本的前提は真実である」「ここにいる客人は自民族に向かって、多くのドイツ人、正確には今日のドイツ人の多くの先祖たちが世界に、特にわれわれに対してもたらした苦しみについての多くの厳しい真実を語ってこられた」と前置きしたあと、「われわれの側は語るべきことを語ってきたか」と自問し、自分たちも悪の黴菌に感染し、互いに密告し合ってきた、そしてズデーテン地方に何百年も住んでいたドイツ人たちを追放したが、これは罰ではなく、復讐であった、われわれのなかにもドイツ人に協力した人間がいることを口にしてこなかった――と率直に語って感動を呼んだ。八五年五月八日の演説で「かつて敵側だった人びとが和解しようという気になるには、どれほど自分に打ち克たねばならなかったか」と説き、本当に犠牲者の親族の気持ちになれるものだろうかと問うていたヴァイツゼッカーへの、ハベル大統領の答えであろう。ここでは「過去の克服」を志す良心が東西ヨーロッパの間に響き合っている、といってもいいであろう。

こうした「過去の克服」という真摯な営みが、統一ドイツ市民たちの共有財産になっていくのかどうか、またそのことが近隣諸国との関係にどういう影響を及ぼしていくことになっていくのか、大いに関心をそそられる。

さて、ここで日本はどうなのであろうか、という当然の疑問がでてくる。ナチスの時代の犯罪をみずから裁いてきたドイツと、放置してきた日本と比べれば、ジョルダーノの立場はドイツ人に対して厳しすぎるとの印象もあろう。「第一の罪」も「第二の罪」も論じることの少なかった日本人には、よくもそこまでと思われることも、ジョルダーノからみれば不十分きわまりないということになる。しかしジョルダーノ自身が認めているように、これだけの「非難攻撃」の本が西ドイツで高い評価を得ているという事実を踏まえ、日本との比較をしながら真剣に読んでいい本であるかと思われる。思い当たる所の多い、そして考えさせられる所の多い本である。

翻訳は、永井清彦、片岡哲史、中島俊哉の三人が、この順に全体をほぼ三分して担当、永井が全体の調整に努めた。ジョルダーノの原文は「バロック調」の文体とでも評したらいいのか、これが放送に長く携わっていた人物の文章かと言いたくなる位、かなり破格かつ晦渋であって、邦訳は相当の困難を伴った。担当の編集者、稲井洋介氏はこの原文と訳文の草稿を極力照合し、正確かつ読みやすいという「二兎を追う」努力を最大限に助けてくれた。にもかかわらず、おもわぬ誤りもあろう。ご叱正を頂ければ幸いである。

一九九〇年六月九日

訳者を代表して　　永井　清彦

人名索引

ア　行

カ　行

サ　行

タ　行

ナ　行

ハ　行

マ　行

ヤ　行

ラ　行

本書の初版は1990年に小社より刊行された

第二の罪
——ドイツ人であることの重荷《新装復刊》

二〇〇五年五月二〇日 印刷
二〇〇五年六月一〇日 発行

訳者© 永《なが》井《い》清《きよ》彦《ひこ》
片《かた》岡《おか》哲《てつ》史《し》
中《なか》島《じま》俊《しゅん》哉《や》

発行者 川村雅之
印刷所 株式会社精興社
発行所 株式会社白水社
東京都千代田区神田小川町三の二四
電話 営業部〇三(三二九一)七八一一
編集部〇三(三二九一)七八二一
振替 〇〇一九〇―五―三三二二八
郵便番号一〇一―〇〇五二
http://www.hakusuisha.co.jp
乱丁・落丁本は、送料小社負担にてお取り替えいたします。

松岳社(株)青木製本所

ISBN4-560-04971-8

Printed in Japan